中国冷链物流发展报告

China Cold Chain Logistics Development Report

（2023）

中国物流与采购联合会冷链物流专业委员会
Cold Chain Logistics Committee of CFLP
国家农产品现代物流工程技术研究中心
National Engineering Research Center for Agricultural Products Logistics
玉湖冷链（中国）有限公司
Yuhu Cold Chain (China) Limited
万纬冷链
VX Cold Chain

中国财富出版社有限公司

图书在版编目（CIP）数据

中国冷链物流发展报告 . 2023 / 中国物流与采购联合会冷链物流专业委员会等编 . —北京 : 中国财富出版社有限公司 , 2023.9

（国家物流与供应链系列报告）

ISBN 978-7-5047-7983-0

Ⅰ . ①中…　Ⅱ . ①中…　Ⅲ . ①冷冻食品—物流管理—研究报告—中国— 2023　Ⅳ . ① F252.8

中国国家版本馆 CIP 数据核字（2023）第 177054 号

策划编辑	郑欣怡	**责任编辑**	庞冰心	**版权编辑**	李　洋
责任印制	尚立业	**责任校对**	杨小静	**责任发行**	敬　东

出版发行	中国财富出版社有限公司		
社　　址	北京市丰台区南四环西路 188 号 5 区 20 楼	**邮政编码**	100070
电　　话	010-52227588 转 2098（发行部）	010-52227588 转 321（总编室）	
	010-52227566（24 小时读者服务）	010-52227588 转 305（质检部）	
网　　址	http：//www.cfpress.com.cn	**排　　版**	宝蕾元
经　　销	新华书店	**印　　刷**	宝蕾元仁浩（天津）印刷有限公司
书　　号	ISBN 978-7-5047-7983-0/F · 3577		
开　　本	787mm×1092mm　1/16	**版　　次**	2023 年 9 月第 1 版
印　　张	21.75　彩　页 2.25	**印　　次**	2023 年 9 月第 1 次印刷
字　　数	469 千字	**定　　价**	280.00 元

《中国冷链物流发展报告》

（2023）

编 委 会

编委会主任

崔忠付　中国物流与采购联合会副会长兼秘书长

编委会副主任（按姓氏拼音排序）

陈君城　万纬冷链首席合伙人

董国银　上海光明领鲜物流有限公司总经理

范端炜　招商局集团派出专职董事

高　戈　开利运输冷冻（中国）总经理

郭　强　正大供应链有限公司总经理

韩天舒　百胜中国传胜供应链物流总经理

蒋文胜　香港玉湖集团副董事长、玉湖冷链董事

李艳丽　中物联冷链委人力资源部助理秘书长

林昌炬　新夏晖高级副总裁

刘国栋　中国重型汽车集团有限公司战略客户部部长

秦　岭　中外运冷链物流有限公司总经理

舒建国　冰轮环境技术股份有限公司常务副总裁

孙长胜　大连港毅都冷链有限公司常务副总经理

王国利　国家农产品现代物流工程技术研究中心首席专家

危　平　顺丰冷运总裁

熊星明　荣庆物流供应链有限公司董事、CEO

姚乐炜　中远海运集装箱运输有限公司冷箱贸易区总经理

张太喜　漯河双汇物流投资有限公司董事长

编委会委员（按姓氏拼音排序）

毕烦雅　钟薛高食品（上海）有限公司副总裁

陈超平　云通物流服务有限公司董事长

崔　尧　绝味食品股份有限公司供应链总监

董　开　福瑞祥控股集团有限公司总经理

樊平燕　中集冷链科技有限公司总经理

冯　飚　比泽尔制冷技术（中国）有限公司大中华区董事总经理

冯仁君　郑州凯雪冷链股份有限公司董事长

何德权　亚太冷国际供应链有限公司总裁兼首席执行官

胡树赞　广州长运集团有限公司党委书记、董事长

黄邦郁　广东新供销天业冷链集团有限公司董事长

黄郑明　上海郑明现代物流有限公司董事长

姜　旭　北京物资学院物流学院院长、教授

焦守臣　河南新飞电器集团有限公司党委书记、总经理

李　俊　红星冷链（湖南）股份有限公司副董事长

李　强　青岛澳柯玛冷链集成有限公司董事长、河南澳柯玛专用汽车有限公司董事长

李清文　江苏省精创电气股份有限公司总经理

李小红　湖南佳惠集团董事长

李永锋　金拱门(中国)有限公司策略采购高级总监

刘树强　天津港强集团有限公司董事长

刘曦泽　亚冷集团董事长、创始人

吕小琴　四川港投新通道物流产业投资集团有限公司副总经理

宁　萌　京东物流供应链事业部冷链产品负责人

潘　炜　启橙中国创始人兼CEO

彭　浩　增益冷链（武汉）有限公司董事长

钱旭东　开利运输冷冻（中国）销售总监

史加波　中机十院国际工程有限公司副总经理

孙国庆　上海莱奥制冷设备有限公司董事长

孙晓宇　鲜生活冷链物流有限公司总裁

唐宏超　北汽福田汽车股份有限公司欧航欧马可事业部党委书记、总裁

王立山　山东源仕新材料有限公司董事长

王汝慧　南京卫岗乳业有限公司副总裁

王瑞生　青岛海尔开利冷冻设备有限公司副总经理

吴　君　大连鲜悦达冷链物流有限公司总经理

吴　强　上海鑫源供应链管理有限公司董事长

吴　翔　镇江恒伟供应链管理有限公司首席执行官

谢　鹏　上海汉钟精机股份有限公司制冷事业部负责人

谢　玉　上海快行天下供应链管理有限公司总经理

辛　明　中铁铁龙集装箱物流股份有限公司总经理

徐彦峰　安徽江淮汽车集团股份有限公司轻型商用车营销公司总经理
助理

杨　文　浙江星星冷链集成股份有限公司总经理

殷喜德　冰山冷热科技股份有限公司总经理

尤德超　深圳美团优选科技有限公司美团优选冷链负责人

余　锋　霍尼韦尔中国总裁

曾燕青　远洋物流物流业务中心副总经理

张　超　上海世权物流有限公司总经理

张景涛　G7易流总裁

张燕燕　星源（上海）贸易有限公司物流总监

周　亮　华润万家（控股）有限公司物流中心副总经理

朱林河　内蒙古伊利实业集团股份有限公司物流总监

朱生伟　蒙牛集团低温事业部物流总经理

朱　鑫　江苏月仙冷藏设备集团有限公司总经理

《中国冷链物流发展报告》
（2023）
编　辑　部

前　言

　　《中国冷链物流发展报告（2023）》是中国物流与采购联合会冷链物流专业委员会（以下简称中物联冷链委）连续十三年编写出版的冷链物流领域的专项行业研究报告。十余年间，中物联冷链委始终专注于冷链物流行业，探究冷链物流行业现状，梳理冷链物流行业发展路径，《中国冷链物流发展报告》是中物联冷链委为心系冷链物流行业的各位读者展现的冷链物流行业年度全景图，希望可以通过严谨翔实的文字和数据让更多人了解冷链物流，共同推动冷链物流发展。

　　2022年是特殊的一年，三年战"疫"至此落幕，新时代就此开启。回顾2022年，冷链物流行业在疫情的重压之下，始终保持上涨态势。第二批国家骨干冷链物流基地建设名单发布，《交通运输部办公厅关于开展冷藏集装箱港航服务提升行动的通知》《"十四五"现代物流发展规划》等相关政策相继出台，推动了我国冷链物流逐渐向高质量转型发展。随着RCEP（《区域全面经济伙伴关系协定》）的正式生效，跨境冷链物流企业从绝境中迎来新机遇。这些都是报告涵盖并展现给读者的。

　　在结构布局方面，2023年的报告共分为八章：第一章"2022年冷链物流发展情况分析"，从冷链物流行业环境，冷链物流市场需求，冷链物流百强企业发展，冷链物流行业现状、问题与发展趋势四个方面基于宏观的角度对冷链物流整体发展环境进行分析；第二章"2022年全国食品冷链需求情况分析"，从水果、蔬菜、肉类、水产品、乳制品、速冻食品和医药七大细分品类的生产、进出口和产业情况进行分析；第三章"2022年全国冷库情况分析"，对2022年冷库政策情况、冷库市场概况和冷库市场运行情况进行分析，并对冷库行业热点进行专题阐述；第四章"2022年全国冷链运输市场情况分析"，从冷藏车政策情况、冷链运输概况、冷藏车市场情况进行深入剖析，针对冷链运输热点进行专题研究；第五章"2022年冷链物流技术专题"，分别从冷链仓储核心技术、冷链运输核心技术、其他冷链相关技术三方面探寻应用实施；第六章"2022年区域冷链物流发展专题"，聚焦国家骨干冷链物流基地建设，探寻河南和深圳区域冷链物流发展情况；第七章"2022年冷链热点赛道新发展"，重点集中于冷链细分新品类、冷链仓储新发展、冷链运输新格局、冷链技术新方向四方面内容；第八章"冷链物流资料汇编"，汇总了2022年中央部委和各地方政府出台的冷链物流相关政策和冷链物流标准。

十余载初心如一，中物联冷链委一直致力于从专业的角度来丰富研究报告。《中国冷链物流发展报告（2023）》力争通过全面客观的行业调研，联合多家行业企业和多方专家共同探讨，希望可以更专业、更客观、更全面地为读者呈现冷链物流行业分析，如有疏漏与不足之处，恳请批评指正。

中国物流与采购联合会副会长兼秘书长　崔忠付

2023 年 6 月 15 日

目　录

第一章 2022年冷链物流发展情况分析

2022年，中央各部委及地方政府出台多项政策支持冷链物流基础设施建设，加速完善冷链顶层设计，推进冷链物流高质量发展。在此背景下，冷链物流行业步入战略发展机遇期。本章围绕2022年冷链物流发展状况，针对行业环境、市场需求、重点企业发展与行业现状及问题等方面进行深入分析。本章内容共分为四节，第一节从宏观经济形势、物流业运行情况、冷链物流发展政策和标准等方面对我国冷链物流行业的发展环境进行了分析；第二节对冷链物流行业宏观数据进行了统计测算，包括冷链物流需求量、冷链物流市场规模、冷藏车保有量、冷库容量等核心指标；第三节针对我国冷链物流企业发展情况进行了分析比较，包括冷链物流企业营收、主营业务、地域分布、发展方向等；第四节主要探讨了冷链物流行业的发展现状、现存问题与未来趋势。

第一节 冷链物流行业环境分析

一、宏观经济形势分析

2022年，面对风高浪急的国际环境和艰巨繁重的国内改革发展稳定任务，在以习近平同志为核心的中共中央坚强领导下，各地区各部门认真贯彻落实中共中央、国务院决策部署，坚持稳中求进的工作总基调，高效统筹疫情防控和经济社会发展，有效应对内外部挑战，国民经济顶住压力持续发展，经济总量再上新台阶，就业、物价总体稳定，人民生活持续改善，高质量发展取得新成效，经济社会大局和谐稳定。

初步核算，全年国内生产总值1210207亿元，按不变价格计算，比上年增长3.0%。分产业看，第一产业增加值88345亿元，比上年增长4.1%；第二产业增加值483164亿元，增长3.8%；第三产业增加值638698亿元，比上年增长2.3%。分季度看，第一季度国内生产总值同比增长4.8%，第二季度国内生产总值同比增长0.4%，第三季度国内生产总值同比增长3.9%，第四季度同比增长2.9%。从环比看，第四季度国内生产总值与第三季度持平。

（一）全年粮食增产丰收，畜牧业生产稳定增长

全年全国粮食总产量68653万吨，比上年增加368万吨，增长0.5%。[①]其中，夏粮产量14740万吨，增长1.0%；早稻产量2812万吨，增长0.4%；秋粮产量51100万吨，增长0.4%。分品种看，稻谷产量20849万吨，比上年下降2.0%；小麦产量13772万吨，比上年增长0.6%；玉米产量27720万吨，比上年增长1.7%；大豆产量2028万吨，比上年增长23.7%。油料产量3653万吨，比上年增长1.1%。全年猪牛羊禽肉产量9227万吨，比上年增长3.8%。

（二）工业生产持续发展，高技术制造业和装备制造业较快增长

全年全国规模以上工业增加值比上年增长3.6%。分三大门类看，采矿业增加值增长7.3%，制造业增加值增长3.0%，电力、热力、燃气及水生产和供应业增加值增长5.0%。高技术制造业、装备制造业增加值分别增长7.4%、5.6%，增速分别比规模以上工业增加值快3.8个、2.0个百分点。分经济类型看，国有控股企业增加值增长3.3%；股份制企业增加值增长4.8%，外商及港澳台商投资企业增加值下降1.0%；私营企业增加值增长2.9%。分产品看，新能源汽车、移动通信基站设备、工业控制计算机及系统产量分别增长97.5%、16.3%、15.0%。12月，全国规模以上工业增加值同比增长1.3%，环比增长0.06%。1—11月，全国规模以上工业企业实现利润总额77180亿元，同比下降3.6%。

（三）服务业保持恢复，现代服务业增势较好

全年服务业增加值同比增长2.3%。其中，信息传输、软件和信息技术服务业增加值增长9.1%，金融业增加值增长5.6%。12月，服务业生产指数同比下降0.8%，降幅比上月收窄1.1个百分点。1—11月，全国规模以上服务业企业营业收入同比增长3.9%。其中，信息传输、软件和信息技术服务业，科学研究和技术服务业，卫生和社会工作

---

① 数据存在四舍五入情况，未进行机械调整。全书同。

企业营业收入分别增长8.3%、8.3%、8.1%。

（四）固定资产投资平稳增长，高技术产业投资增势较好

全年全国固定资产投资（不含农户）572138亿元，比上年增长5.1%。分领域看，基础设施投资增长9.4%，制造业投资增长9.1%，房地产开发投资下降10.0%。全国商品房销售面积135837万平方米，下降24.3%；商品房销售额133308亿元，下降26.7%。分产业看，第一产业投资增长0.2%，第二产业投资增长10.3%，第三产业投资增长3.0%。民间投资增长0.9%。高技术产业投资增长18.9%，快于全部投资13.8个百分点。其中，高技术制造业、高技术服务业投资分别增长22.2%、12.1%。高技术制造业中，医疗仪器设备及仪器仪表制造业、电子及通信设备制造业投资分别增长27.6%、27.2%；高技术服务业中，科技成果转化服务业、研发设计服务业投资分别增长26.4%、19.8%。社会领域投资增长10.9%，其中，卫生、教育投资分别增长27.3%、5.4%。12月，全国固定资产投资（不含农户）环比增长0.49%。

（五）货物进出口较快增长，贸易结构持续优化

全年货物进出口总额420678亿元，比上年增长7.7%。其中，出口239654亿元，增长10.5%；进口181024亿元，增长4.3%。进出口相抵，贸易顺差58630亿元。一般贸易进出口增长11.5%，占进出口总额的比重为63.7%，比上年提高2.2个百分点。民营企业进出口增长12.9%，占进出口总额的比重为50.9%，比上年提高2.3个百分点。机电产品进出口增长2.5%，占进出口总额的比重为49.1%。12月，货物进出口总额37713亿元，同比增长0.6%。其中，出口21607亿元，下降0.5%；进口16106亿元，增长2.2%。

（六）居民消费价格温和上涨，工业生产者价格涨幅回落

全年居民消费价格指数（CPI）比上年上涨2.0%。分类别看，食品烟酒价格上涨2.4%，衣着价格上涨0.5%，居住价格上涨0.7%，生活用品及服务价格上涨1.2%，交通通信价格上涨5.2%，教育文化娱乐价格上涨1.8%，医疗保健价格上涨0.6%，其他用品及服务价格上涨1.6%。在食品烟酒价格中，猪肉价格下降6.8%，粮食价格上涨2.8%，鲜菜价格上涨2.8%，鲜果价格上涨12.9%。扣除食品和能源价格后的核心CPI上涨0.9%。12月，居民消费价格同比上涨1.8%，环比持平。全年工业生产者出厂价格比上年上涨4.1%；12月同比下降0.7%，环比下降0.5%。全年工业生产者购进价格比上年

上涨6.1%；12月同比上涨0.3%，环比下降0.4%。

（七）就业形势总体稳定，城镇调查失业率有所回落

全年城镇新增就业1206万人，超额完成1100万人的全年预期目标任务。12月，全国城镇调查失业率为5.5%，比上月下降0.2个百分点。本地户籍劳动力调查失业率为5.4%；外来户籍劳动力调查失业率为5.7%，其中，外来农业户籍劳动力调查失业率为5.4%。16~24岁劳动力调查失业率为16.7%，比上月下降0.4个百分点；25~59岁劳动力调查失业率为4.8%，比上月下降0.2个百分点。31个大城市城镇调查失业率为6.1%，比上月下降0.6个百分点。全国企业就业人员周平均工作时间为47.9小时。全年农民工总量29562万人，比上年增加311万人，增长1.1%。其中，本地农民工12372万人，比上年增长2.4%；外出农民工17190万人，比上年增长0.1%。农民工月均收入水平4615元，比上年增长4.1%。

（八）居民收入增长与经济增长基本同步，农村居民收入增长快于城镇

全年全国居民人均可支配收入36883元，比上年名义增长5.0%，扣除价格因素实际增长2.9%，与经济增长基本同步。按常住地分，城镇居民人均可支配收入49283元，比上年名义增长3.9%，扣除价格因素实际增长1.9%；农村居民人均可支配收入20133元，比上年名义增长6.3%，扣除价格因素实际增长4.2%。全国居民人均可支配收入中位数31370元，比上年名义增长4.7%。按全国居民五等份收入分组，低收入组人均可支配收入8601元，中间偏下收入组19303元，中间收入组30598元，中间偏上收入组47397元，高收入组90116元。全年全国居民人均消费支出24538元，比上年名义增长1.8%，扣除价格因素实际下降0.2%。

（九）人口总量有所减少，城镇化率持续提高

2022年年末全国人口（包括31个省、自治区、直辖市和现役军人的人口，不包括居住在31个省、自治区、直辖市的港澳台居民和外籍人员）141175万人，比上年年末减少85万人。全年出生人口956万人，人口出生率为6.77‰；死亡人口1041万人，人口死亡率为7.37‰；人口自然增长率为-0.60‰。从性别构成看，男性人口72206万人，女性人口68969万人，总人口性别比为104.69（以女性为100）。从年龄构成看，16~59岁的劳动年龄人口87556万人，占全国人口的比重为62.0%；60岁及以上人口28004万人，占全国人口的19.8%，其中65岁及以上人口20978万人，占全国人口的14.9%。

从城乡构成看，城镇常住人口92071万人，比上年年末增加646万人；乡村常住人口49104万人，比上年年末减少731万人；城镇人口占全国人口的比重（城镇化率）为65.22%，比上年年末提高0.50个百分点。

总的来看，2022年高效统筹疫情防控和经济社会发展取得积极成效，稳住了宏观经济大盘，经济总量持续扩大，发展质量稳步提高。但同时也要看到，国际形势依然复杂严峻，国内需求收缩、供给冲击、预期转弱三重压力仍然较大，经济恢复基础仍不牢固。下阶段，要坚持以习近平新时代中国特色社会主义思想为指导，全面贯彻落实中共二十大精神和中央经济工作会议部署，坚持稳字当头、稳中求进，更好地统筹疫情防控和经济社会发展，更好地统筹发展和安全，全面深化改革开放，大力提振市场信心，着力稳增长、稳就业、稳物价，推动经济运行整体好转，努力实现质的有效提升和量的合理增长。

二、物流业运行情况

2022年，国际环境复杂严峻、国内疫情散点多发，不确定性、不稳定性因素增加，对物流发展带来明显冲击，行业运行波动性加大。面对复杂环境，国家政策支持引导力度持续强化，物流发展支撑体系不断健全、制度环境进一步改善，多措并举促使物流业保持韧性恢复，实现高质量发展，有力地支撑了产业链供应链循环畅通，有效保障了民生顺畅有序。

（一）物流与经济协同恢复发展，需求规模再上新台阶

2022年1—12月，中国制造业采购经理指数（PMI）均值为49.1%，较2021年全年均值下降1.4个百分点，降幅较为明显；非制造业商务活动指数均值为49.1%，我国非制造业景气水平同样出现了下滑。2022年，在新冠肺炎疫情的持续影响下，我国经济呈现"增速逐渐放缓，波动不断加大"趋势，经济下行压力持续较大。特别是在年底，受各地短期内病毒感染人数较快上升影响，我国经济探底运行，但这种探底运行是在外部冲击较大的情况下的短期现象，不具备持续性。随着疫情防控优化政策出台，在各地平稳度过疫情高峰期后，我国经济秩序逐步回归正轨。

从物流行业景气水平来看，2022年物流行业景气水平整体处于历史低位。年内全国多地、多频次受到疫情因素影响，物流劳动力供给阶段性趋紧，重点城市、物流节点畅通性波动频繁，对整体物流景气运行造成一定影响。从年内走势看，景气指数除4

月外，总体尚可，保持在48%~50%，第三季度总体呈波动恢复态势，第四季度受疫情和季节性因素影响有所回调，特别是进入12月，政府疫情防控策略优化调整，初期全国各地区陆续暴发疫情，工业和商贸企业人员到岗率下降、开工率不足、产能利用降低，产业链供应链稳定性出现一定波动，回落相对明显。

中国物流与采购联合会统计显示，2022年我国物流需求规模再创新高，实现稳定增长。2022年，全国社会物流总额为347.6万亿元，按可比价格计算，同比增长3.4%。从年内走势看，第一季度物流运行实现平稳开局，第二季度受超预期因素冲击，回落明显，第三季度企稳回暖，第四季度稳中趋缓。尽管受到国际国内等多重超预期因素的反复冲击，但物流支撑实体经济畅通运行的局面基本稳定，物流需求规模进一步提升、结构调整基础进一步稳固、需求动力进一步丰富。综合来看，社会物流总额增速基本延续恢复态势，全年顶住压力实现恢复性增长。2012—2022年我国社会物流总额情况如图1-1所示。

图1-1　2012—2022年我国社会物流总额情况

资料来源：中国物流与采购联合会、中国物流信息中心。

从近三年数据来看（见图1-2），2020—2022年社会物流总额增速波动性明显增大。社会物流总额与GDP变化存在较高相关性，且增速持续领先于同期GDP水平，物流需求规模持续稳定增长，是促进国民经济产业链供需衔接和实体商品流通的重要基础。

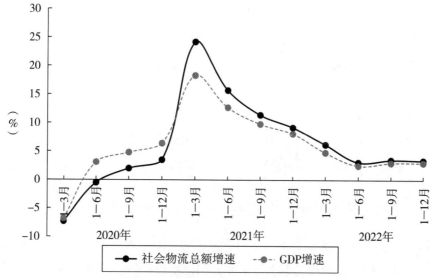

图1-2　2020—2022年中国社会物流总额及GDP增速

资料来源：中国物流与采购联合会、中国物流信息中心。

注：增速按可比价格计算。

（二）顺应构建新发展格局，物流需求结构加快优化调整

近年来，我国构建新发展格局扎实推进，取得一定成效。从社会物流总额结构看，各领域物流需求与产业升级同步调整。工业物流需求对社会物流总额增长贡献率超过70%，发挥了"压舱石"作用。新型消费模式较快发展，居民消费相关的物流需求占比基本稳定。绿色发展理念助力循环经济发展，再生资源物流需求实现高速增长。

工业领域物流总体稳定。2022年工业品物流总额超过300万亿元，比上年增长3.6%。从年内走势看，第一季度平稳开局，第二季度受超预期因素冲击增速明显回落，但第三季度、第四季度仍保持4.8%和2.7%的增长，工业领域物流总体呈稳定恢复态势。从工业领域物流需求结构看，能源行业、消费品生产需求保持稳定，装备制造、高技术制造业物流需求支撑依然强劲。全年高技术制造业物流总额同比增长7.4%，增速快于工业品物流总额3.8个百分点；装备制造业物流总额同比增长5.6%，增速快于工业品物流总额2.0个百分点。

进口领域物流缓中趋稳。2022年，进口物流整体处于较低水平，按可比计算，全年进口物流总额同比下降4.6%。从环比看，第四季度在部分工业产业恢复加快、国际供应链修复等积极因素的带动下，进口物流量整体较第三季度略有改善，同比增速由负转正，小幅增长0.3%。

民生领域物流需求稳定增长。2022年，全年单位与居民物品物流总额同比增长3.4%，保持平稳增长。其中，电商物流需求韧性较强，实物商品网上物流额增速超过6%。我国依然是全球第一大网络零售市场，超大规模市场优势成为支撑民生物流的重要动力。

再生领域物流需求快速增长。2022年，全年再生资源物流总额同比增长超过18%。"双碳"目标加快推进，再生资源物流成为实现战略的重要抓手，相关的废弃物循环利用体系加快形成，带动再生领域物流需求实现较高增长。

（三）受相关因素影响，物流运行成本有所上升

2022年，受国际供应链不畅、国内疫情扰动等因素影响，社会物流总费用较上年有所提升，社会物流总费用达17.8万亿元，同比增长4.4%。从年内走势看，第一、第三季度基本平稳，第二、第四季度物流运行成本相对较高。全年社会物流总费用与GDP的比率为14.7%，同比提高0.1个百分点，反映社会物流运行效率总体有所回落。2012—2022年社会物流总费用增速和社会物流总费用与GDP的比率如图1-3所示。

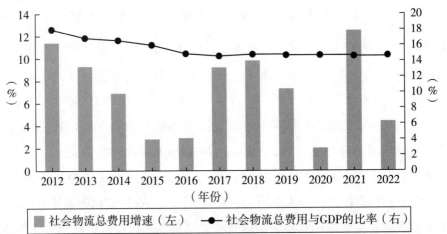

图1-3 2012—2022年社会物流总费用增速和社会物流总费用与GDP的比率

资料来源：中国物流与采购联合会、中国物流信息中心。

三、冷链物流发展政策环境分析

（一）国家层面冷链政策

2022年政府对冷链物流行业保持高度重视。据不完全统计，2022年国家层面出台

的冷链相关政策、规划超过52项，多部门多维度共同指导部署推动冷链物流行业高质量发展，部分冷链物流相关政策如表1-1所示。

表1-1　　　　　　　　2022年国家发布的部分冷链物流相关政策

序号	发布时间	发布机构	政策名称	内容摘要
1	2022-01	农业农村部	《农业农村部关于落实党中央国务院2022年全面推进乡村振兴重点工作部署的实施意见》	加强农产品流通体系建设。大力推进农产品仓储保鲜冷链物流设施建设，支持特色农产品优势区和鲜活农产品生产大县整县推进，促进合作联营、成网配套
2	2022-01	交通运输部、科学技术部	《交通领域科技创新中长期发展规划纲要（2021—2035年）》	壮大供应链服务、冷链快递、高铁快运、双层集装箱运输、即时直递、无人机（车）物流递送等新业态新模式
3	2022-02	国务院	《"十四五"推进农业农村现代化规划》	推进长江三角洲区域农业一体化发展，先行开展农产品冷链物流、环境联防联治等统一标准试点，发展特色乡村经济
4	2022-02	中共中央、国务院	《中共中央　国务院关于做好2022年全面推进乡村振兴重点工作的意见》	推动冷链物流服务网络向农村延伸，整县推进农产品产地仓储保鲜冷链物流设施建设，促进合作联营、成网配套
5	2022-03	国家发展改革委	《2022年新型城镇化和城乡融合发展重点任务》	推动县乡村（户）道路联通，促进城乡道路客运一体化。建设联结城乡的冷链物流、电商平台、农贸市场网络，建设重要农产品仓储设施和城乡冷链物流设施。推动城乡基础设施管护一体化
6	2022-04	国务院办公厅	《关于进一步释放消费潜力促进消费持续恢复的意见》	加快发展冷链物流，完善国家骨干冷链物流基地设施条件，培育一批专业化生鲜冷链物流龙头企业
7	2022-04	交通运输部、国家铁路局、中国民用航空局、国家邮政局、中国国家铁路集团有限公司	《关于加快推进冷链物流运输高质量发展的实施意见》	结合国家冷链物流骨干通道网络建设，依托农产品优势产区、重要集散地和主要销区所在地货运枢纽、主要港口、铁路物流基地、枢纽机场，统筹冷链物流基础设施规划布局，推动铁路专用线进入物流园区、港口码头，完善干支衔接、区域分拨、仓储配送等冷链运输服务功能，提升冷链运输支撑保障能力

续表

序号	发布时间	发布机构	政策名称	内容摘要
8	2022-05	国务院	《扎实稳住经济的一揽子政策措施》	在农产品主产区和特色农产品优势区支持建设一批田头小型冷藏保鲜设施，推动建设一批产销冷链集配中心
9	2022-05	财政部办公厅、商务部办公厅	《关于支持加快农产品供应链体系建设 进一步促进冷链物流发展的通知》	抓住集散地和销地两个关键节点，进一步聚焦发展农产品冷链物流，提高农产品流通效率和现代化水平
10	2022-09	农业农村部、水利部、国家发展改革委、财政部、自然资源部、商务部、中国人民银行、中国银行保险监督管理委员会	《关于扩大当前农业农村基础设施建设投资的工作方案》	在结合实际需要、分区分片合理集中建设冷藏保鲜设施的基础上，通过项目带动整省、整市、整县推进，加快完善农产品产地冷链物流设施节点布局、服务网络和支撑体系
11	2022-09	农业农村部办公厅	《中华人民共和国农产品质量安全法》	支持冷链物流基础设施建设，推动农产品流通现代化，扩大高品质市场供给
12	2022-12	国务院办公厅	《"十四五"现代物流发展规划》	发挥国家物流枢纽、国家骨干冷链物流基地的资源集聚优势，引导商贸流通、农产品加工等企业向枢纽、基地集聚或强化协同衔接
13	2022-12	国家发展改革委	《"十四五"扩大内需战略实施方案》	推进国家骨干冷链物流基地布局建设，提升冷链物流规模化、集约化、网络化发展水平，加快实施农产品产地仓储保鲜冷链物流设施建设工程
14	2022-12	中共中央、国务院	《扩大内需战略规划纲要（2022—2035年）》	加快建设农产品产地仓储保鲜冷链物流设施，提高城乡冷链设施网络覆盖水平，推动食品产销供的冷链全覆盖

（二）重点政策解读——《"十四五"现代物流发展规划》

2022年12月，国务院办公厅印发《"十四五"现代物流发展规划》（以下称《规划》）。《规划》是我国现代物流领域第一份国家级五年规划，具有重要里程碑意义，必将有力推动构建现代物流体系，推进物流提质、增效、降本，提升产业链供应链韧性和安全水平，有效助力稳增长、稳就业、稳物价，为构建新发展格局、推动高质量发展、推进中国式现代化提供有力支撑。

1.《规划》充分认识新阶段新形势

对于新阶段面临的新形势、新要求，《规划》作了系统分析和完整表述：统筹国内国际两个大局要求强化现代物流战略支撑引领能力，建设现代产业体系要求提高现代物流价值创造能力，实施扩大内需战略要求发挥现代物流畅通经济循环作用，新一轮科技革命要求加快现代物流技术创新与业态升级。

2.《规划》准确把握总体要求

《规划》紧密结合现代物流发展基础和面临形势，明确提出了指导思想、基本原则和主要目标，共同构成全文的总纲，也是"十四五"现代物流发展的指导方针。

《规划》提出的指导思想是，以习近平新时代中国特色社会主义思想为指导，坚持稳中求进工作总基调，完整、准确、全面贯彻新发展理念，加快构建新发展格局，全面深化改革开放，坚持创新驱动发展，推动高质量发展，坚持以供给侧结构性改革为主线，统筹疫情防控和经济社会发展，统筹发展和安全，提升产业链供应链韧性和安全水平，推动构建现代物流体系，推进现代物流提质、增效、降本，为建设现代产业体系、形成强大国内市场、推动高水平对外开放提供有力支撑。根据以上指导思想，《规划》确定了市场主导、政府引导，系统观念、统筹推进，创新驱动、联动融合，绿色低碳、安全韧性的基本原则。

《规划》提出的主要目标是，到2025年，基本建成供需适配、内外联通、安全高效、智慧绿色的现代物流体系。具体目标有：一是物流创新发展能力和企业竞争力显著增强；二是物流服务质量效率明显提升；三是"通道+枢纽+网络"运行体系基本形成；四是安全绿色发展水平大幅提高；五是现代物流发展制度环境更加完善。以上主要目标和具体目标，形成了宏观要求和微观实操相衔接、未来发展和既有基础相兼容、定量指标和定性表述相结合的主要目标体系。

3.《规划》展望2035年，创新多元发展

《规划》展望2035年，现代物流体系应更加完善，具有国际竞争力的一流物流企业成长壮大，通达全球的物流服务网络更加健全，对区域协调发展和实体经济高质量发展的支撑引领更加有力，为基本实现社会主义现代化提供坚实保障。主要创新点在于：一是首次将"提升产业链供应链韧性和安全水平"列入指导思想；二是将原来"降本增效"的提法改为"提质、增效、降本"；三是明确了现代物流体系的基本内涵，即"供需适配、内外联通、安全高效、智慧绿色"；四是在主要目标中明确了"形成一批具有较强国际竞争力的骨干物流企业和知名服务品牌"；五是明确提出"完成120个左右国家物流枢纽、100个左右国家骨干冷链物流基地布局建设……建设20个左右国家物流枢纽经济示范区"的量化指标。

4.《规划》扎实推进主要任务和重点工程

《规划》第三至第六部分，部署了4个方面22项主要任务和11个专栏14项重点工程，是全文主体内容的集中体现。这些任务涉及资源整合、通道建设、服务体系、价值链条、民生保障、应急能力、提质增效、产业融合、数字赋能、绿色物流、供应链战略、国际网络、农村物流、商贸物流、冷链物流、高铁快运、专业物流、市场主体、科技与人才体系等诸多方面，体现了融合创新发展的战略意图。这些主要任务和重点工程，既是现代物流深度融入产业体系、支撑流通体系，促进形成强大国内市场，维护产业链供应链安全韧性，构建新发展格局的光荣使命，更是现代物流高质量发展的客观需要。

5.《规划》核心工程突出重点

与《物流业调整和振兴规划》和《物流业发展中长期规划》相比，本次新增的重点工程应该引起特别关注。一是国家物流枢纽建设工程。《规划》提出优化国家物流枢纽布局；发挥国家物流枢纽联盟组织协调作用，形成稳定完善的国家物流枢纽合作机制；积极推进国家级示范物流园区数字化、智慧化、绿色化改造。二是铁路物流升级改造工程。《规划》提出大力组织班列化货物列车开行，形成"核心节点+通道+班列"的高效物流组织体系；到2025年，沿海主要港口、大宗货物年运量150万吨以上的大型工矿企业、新建物流园区等的铁路物流专用线接入比例力争达到85%左右。三是国际物流网络畅通工程。提出《规划》建设国际物流设施提升工程、西部陆海新通道增量提质工程。四是现代供应链体系建设工程。《规划》提出建设现代供应链创新发展工程、制造业供应链提升工程。五是冷链物流基础设施网络提升工程。《规划》提出国家骨干冷链物流基地建设工程、产地保鲜设施建设工程。

6.《规划》切实加强实施保障

一分部署、九分落实。《规划》第七部分提出了优化营商环境、创新体制机制、强化政策支持、深化国际合作和加强组织实施五条实施保障措施。有的是针对多年没有解决或解决不好的"老问题"提出的"好政策"，也有一些是根据现实需求出台的"新举措"。这些"好政策""新举措"，坚持问题导向，直面行业诉求，针对性、可操作性强，值得期待。

（三）2022年国家及地方冷链政策图解

2022年中央级各部委多维度指导部署推动冷链行业健康发展，其中，国务院出台政策超过11项。近年冷链国家层面政策发布情况如图1-4所示。

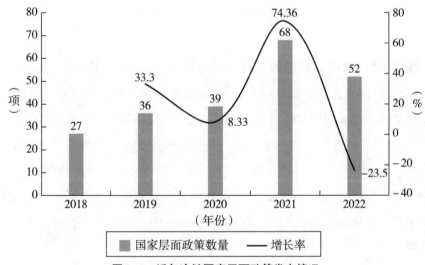

图1-4　近年冷链国家层面政策发布情况

资料来源：中物联冷链委根据国务院、各部委网站数据整理得到。

注：根据中物联冷链委不完全统计，2022年国家层面出台的冷链相关政策超过52项，图中按52项进行分析。

从发文时间来看，2022年是"十四五"关键之年，也是第二个百年奋斗目标的开局之年，冷链行业备受关注。具体来看，国家第一季度发布冷链相关政策数量最多，达到了18项，多数为冷链智能装备研发和农产品冷链物流设施建设；第二季度、第三季度、第四季度分别发布11项、11项和12项，重点聚焦冷链疫情防控、农产品冷链物流设施建设（见图1-5）。从发布内容来看，2022年度国家冷链物流政策聚焦于七大核心发展方向，分别为发展规划、基础建设、绿色发展、装备研发、细分品类、运输方式及疫情防控。其中，细分品类建设聚焦于肉类、医药、农产品领域；基础建设以农产品产地建设为主；疫情防控更加聚焦于进口冷链。

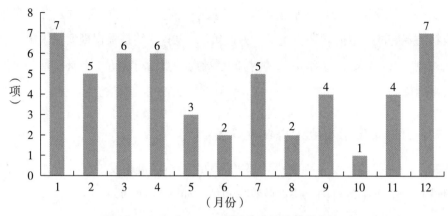

图1-5　2022年1—12月国家冷链政策发布情况

资料来源：中物联冷链委根据各省区市政府部门网站政策资料收集得到。

2022年各地方政府根据国家战略方针陆续出台相关规划政策，据不完全统计，2022年各省的冷链相关政策超过481项。各地冷链物流政策主要以补齐设施短板、畅通冷链物流通道、提高冷链服务质量为核心，逐步推动完善各地冷链物流体系。

2022年是"十四五"规划的第二年，各省市政府纷纷积极响应"十四五"规划，据不完全统计，2022年全国各省市出台"十四五"冷链相关政策超过96项，约占全国地方政策的19.96%。各地"十四五"冷链物流政策重点围绕国家骨干冷链物流基地、农产品冷链物流基础设施建设、绿色冷链、细分品类冷链物流等多维度。

四、冷链物流标准分析

（一）我国冷链物流标准化体系建设现状

冷链物流对减少农产品产后损失、扩大消费品优质供给、保障食品药品消费安全具有十分重要的作用。在标准化战略和冷链物流标准化工作加持下，我国在冷链物流相关政策出台、体系构建、标准制定、标准试点示范以及标准化协调管理机制方面取得了一定的成绩。

1.冷链物流标准基本情况

我国农业标准涵盖范围广，包括种植标准、养殖标准、农产品加工标准、农产品质量安全标准、冷链物流标准等。在我国已颁布标准中，与农产品冷链物流相关的标准有400余项，涉及术语、管理与技术、设施设备等多个方面，为促进我国农产品冷链物流产业健康发展、保障农产品供应、推动交易方式创新提供了技术和工程保障。同时，部分与农产品冷链物流相关的标准处于正在起草阶段或征求意见阶段。《食品安全国家标准　食品冷链物流卫生规范》作为冷链物流强制性国家标准，规定了食品在冷链物流过程中的基本要求、交接、运输配送、储存、人员和管理制度、追溯及召回等方面的要求和管理准则，适用于各类食品出厂后到销售前需要温度控制的物流过程。

2. 冷链物流标准政策

从国家层面来看，政府制定多项顶层规划、出台系列政策措施，助推农产品冷链物流标准化体系的建设。连续多年的中央一号文件，强调加强农产品冷链物流建设的重要性。2019年以来，《中共中央　国务院关于深化改革加强食品安全工作的意见》《国务院办公厅　关于加快发展流通促进商业消费的意见》《关于推动农商互联完善农产品供应链的通知》等，都对农产品冷链物流发展提出了明确路径和目标。国家市场监管总局等九部门印发的《生产性服务业标准化三年行动计划（2019—2021年）》中指出，围绕智慧、共享、绿色等方面，加强现代物流标准的研究和制定，重点研究共同配送、多式联运、冷链物流智能化物流设施设备等方面标准，完善基础类标准、加快技术和管理类标准的制修订工作。2019年7月30日，中共中央政治局会议召开，首次把城乡冷链物流设施建设作为补短板工程，纳入新型基础设施要求全国各地加快建设，主要是为了加快推进农商互联、完善农产品供应链，保证人民餐桌食品安全，实现城乡物流高质量发展。

从地方层面来看，山东省、河南省、辽宁省、吉林省、江苏省、四川省等省份，青岛市、沈阳市、广州市等地市积极响应国家政策，纷纷制定出台适用于自身区域发展的农产品冷链物流标准化政策。

3. 农产品冷链物流标准化管理机制

我国标准化工作采取政府主导的协调一致和分工协作相结合的管理模式，县级以上地方人民政府标准化行政主管部门统一管理本行政区域内的标准化工作，"标准化行政主管部门"与"有关行政主管部门"共同承担标准化工作的开展、考评、激励和监督等管理职责。目前，我国已建立部级、省级、市级以及县（区）级等多层级政府标准化工作的协调机制，提出促进标准化改革发展的方针政策，强化标准化工作各部门间的协作配合，统筹协调行政区域内标准化工作；同时加强区域标准化工作的合作交流，如京津冀建立标准化议事协调机制，陕西、甘肃等六省份和新疆生产建设兵团质监局成立"新丝路标准化战略联盟"，华北5省份成立"华北区域标准战略联盟"，上海、南京、广州等9个城市建立"城市标准化创新联盟"，共同探索区域内标准互认和资源共享，制定相关领域团体标准或城市间联盟标准。

在农产品冷链物流标准化建设方面，为推进京津冀协同战略发展实施，天津市商务局、北京市商务局、河北省商务厅、天津市市场监督管理委员会、北京市市场监督管理局、河北省市场监督管理局共同组织制定《冷链物流温湿度要求与测量方法》《水产品冷链物流操作规程》《畜禽肉冷链物流操作规程》等系列标准，助推农产品冷链物流标准体系建设。

4. 农产品冷链物流标准化先进经验

（1）政府。

各级政府部门通过开展试点示范、出台冷链物流体系发展规划等手段来推进农产品冷链物流标准化。商务部、国家标准化管理委员会开展农产品冷链流通标准化示范工作，确定由31个试点城市和285家试点企业参与农产品冷链流通标准化示范。潍坊市编制了《潍坊市农产品冷链物流发展规划》，明确农产品冷链物流发展重点、布局和具体工作措施，建设由本地消费、周边省市销售和国际出口三种渠道共同构成的农产品采集、加工、展销、仓储、运输和配送物流网络体系。威海市编制《冷链物流行业发展应用研究》及《威海市城市共同配送实施方案》，构建"政府+第三方专业机构+企业"的冷链物流服务机制，搭建威海市冷链物流公共信息服务平台，建立冷链物流标准化体系，引导家家悦集团、燕喜堂医药连锁集团等30多家企业投入5亿多元对与标准冷库关联的月台、货架、叉车等设备设施进行标准化改造，逐步形成相互配套、有机结合、互为支撑的标准化设备设施体系；同时，威海市推动冷链物流收货、验收、贮藏、发货、运输等环节流程标准化，提高冷链物流运作效率和服务水平：依托家家悦集团等大型连锁企业，建立零售商驱动型果蔬冷链物流模式；依托泰祥集团等屠宰加工企业，完善推广肉类冷藏运输和全程监控技术；依托好当家集团等水产品加工企业，建立从产地源头、远洋捕捞到消费终端的水产品冷链全服务链模式。成都市商务委牵头市口岸与物流办、市农委等多个部门委托第三方专业机构制定《成都农产品冷链物流配送体系规划》，明确成都市冷链物流基础设施建设重点和配送节点布局，出台了《生鲜农产品城市冷链物流技术规范 第1部分：果蔬》《生鲜农产品城市冷链物流技术规范 第2部分：畜禽肉》等9个地方标准。厦门市出台了《厦门食品冷链系列标准》，涵盖食品冷链物流储存、运输、销售、质量追溯等全产业链。

（2）企业。

企业通过制定企业操作管理规范、严格执行冷链操作管理制度等措施来推进标准的贯彻执行。山东中凯兴业贸易广场有限公司制定服务流程和操作规范，打造冷链仓储、城市配送、长途冷链运输的冷链物流服务网络，形成仓储、包装、分拣、装卸、配送一体化服务。烟台齐畅供应链管理有限公司根据商品不同的温度属性要求，建立了较为成熟的冷链体系和严格的温度带操作规范。江苏随易信息科技有限公司制定了企业冷链流通操作规范，构建涵盖冷链流通标准化的全部对象和全过程的操作管理体系。山东喜旺集团建立从采购、储存、生产加工、产品运输到销售终端整个供应链的冷链运行、检查、应急、追溯系统，严格落实原材料、产成品出入库、零售终端门店产品出入库时间、产品温度、载具温度交接人员双向签字确认制度。安鲜达为加强完善自身的服务标准，在企业内部先后推出了近120个农副产品冷链物流服务标准，以便更好地为客户服务，同时增强竞争优势。

（二）我国冷链物流标准化体系建设存在的问题

1. 标准体系不健全、不完善

现行农产品冷链物流标准文本中有关基本术语、定义和同一关键性指标参数不一致，缺乏统一性，甚至矛盾。部分标准年代较远，更新周期较长，不能适应产业发展需求。部分标准的可操作性差，与企业实际情况脱节、有冲突。标准结构性缺失，缺少关于农产品电子商务、净菜加工流通、中央厨房等新兴领域方面的标准。此外，农产品品类的多样性，生物学属性的特殊性，在流通时间、空间上的多变性，导致标准制定的复杂性。

2. 标准制定和实施涉及部门多

由于农产品冷链物流行业具有交叉性、复合型等特点，涉及农业农村、发展改革、商务、交通运输、铁路、民航、邮政、工信、市场监督等诸多部门。目前，农产品冷链物流相关部门各自为政，地区分割限制，传统管理体制、监管规则、监管模式已经难以适应跨界融合、新业态不断涌现、新模式不断变化的需求。从地方标准看，15项山东省农产品冷链物流标准涉及山东省标准化研究院、山东省农业农村厅、山东省商务厅等6个归口单位。从行业标准来看，39项NY（农业）行业标准，涉及农产品加工标准化技术委员会、全国畜牧业标准化技术委员会等6个归口单位。

3. 标准交叉重复问题突出

现行农产品冷链物流相关标准文本涉及的作业环节、流程和操作工艺存在重复与交叉，不同作业环节的标准内容衔接性和兼容性较差，这些问题会导致行业秩序混乱，也间接导致标准的使用率低。我国冷链物流标准由各产业技术组织、科研机构、各行业组织协会根据各自特点来制定。不同地区的地方标准存在重复现象，部分国家标准、行业标准和地方标准三者之间关系混乱，标准制定的主体不明确，缺乏协调性，内容上存在一定的重复性。部分品类的标准也存在重复现象，一种产品两套标准、多套标准问题突出。

4. 标准宣贯有待加强

长期以来，我国农业标准工作重制定轻应用，将更多的精力投入标准制修订中，对标准宣传贯彻工作重视程度不够，宣传贯彻力度小、机制不灵活；又因农产品冷链流通企业标准化意识淡薄、标准制定缺乏实践指导性，我国农产品冷链物流经常出现"有标不依"的问题，标准发布后推广实施效果不明显，这与目前第三方机构协调推进机制、考核评价制度、激励机制、监督和问责机制等不完善有关。

5. 国际标准采标率低

随着经济全球化的发展，尤其是"一带一路"倡议的推广，我国与世界农业发展更为紧密，生鲜农产品的进出口越来越频繁，农产品冷链物流也面临着全球化的进程。但我国农产品加工、流通相关标准多针对我国国情，与其他国家和地区的生产力发展水平不匹配，国际采标率极低，我国主导制定的国际标准仅占国际标准总数的0.5%，出现同一种产品国内外指标不统一，严重影响了农产品的进出口贸易。

（三）我国冷链物流标准发展方向与趋势

国务院办公厅印发《"十四五"冷链物流发展规划》，为当前和今后一个时期我国冷链物流高质量发展明确了顶层设计和系统指引。该规划是我国冷链物流领域第一份五年规划，首次从构建新发展格局的战略层面，对建设现代冷链物流体系作出全方位、系统性部署，提出一系列务实、可操作、可落地的具体举措，具有重要意义。该规划聚焦"6+1"重点品类，包括肉类、水果、蔬菜、水产品、乳品、速冻食品等主要生鲜食品以及疫苗等医药产品，聚焦制约冷链物流发展的突出瓶颈和痛点难点卡点问题，对"十四五"时期冷链物流发展作出全面部署。冷链物流标准的发展方式与趋势，应该围绕《"十四五"冷链物流发展规划》展开。

围绕优化冷链物流"通道+枢纽+网络"布局，促进冷链物流与产业融合发展，强化冷链物流信息化建设，发展铁、公、海、河多式联运冷链物流新服务模式和推进应急冷链物流体系建设等方面，通过实施国家冷链物流和温控供应链双循环网格化基地建设工程、农产品仓储保鲜冷链物流设施建设（上行）工程、城市冷链配送与电商冷链快递建设（下行）工程、国际大循环温控产业链供应链网络建设工程（平衡）、多式联运冷链物流智能标准化改造工程、国家智慧冷链物流公共服务平台建设工程、食药品供应链全（双）追溯信息网络平台建设工程、国际化品牌冷链物流企业培育工程、冷链物流复合型人才与三大标准体系建设工程，构建我国冷链物流标准体系。全面构建"全链条、网络化、严标准、可追溯、新模式、高效率"的标准体系，为全国冷链产品流通提供关键要素支撑，为冷链产品全国集散、城市配送及进口外运充当重要节点，全面补齐冷链物流基础设施、技术、工艺流程短板，加速供应链五流深度融合和平台化建设，进一步增加冷链物流基础设施增量，实现冷链物流发展同产能目标、市场需求高度匹配。加强国家物流标准的制定、培训贯彻和推广应用。

我国冷链标准体系的完善，应重点梳理完善冷链装备与设施标准，易腐食品、医药制品等各环节的保鲜工艺和品质要求，以及结合现代流通模式和信息化技术的发展，完善冷链管理标准，并在标准层级上给予其明确的定位。

冷链的主体种类繁多，各主体保鲜工艺千差万别，既有差异化的保鲜要求，也有共性的保鲜条件，因此，冷链标准体系应在明确冷链主体的基础上，根据保鲜工艺的要求归类梳理制（修）订计划。随着现代化物流模式的出现，应把控流通主体各环节温度、时间及包装形式等条件，注重各环节转接节点的控制，针对流通模式归类制定管理标准。

1. 标准制定

（1）明确冷链主体及其保鲜流通条件等基础技术标准的制定。

冷链的主体，从现阶段看主要是易腐食品和需要流通的医药制品，以及一些特殊的商品，如鲜花等。而针对冷链流通主体的保鲜条件，应结合现有标准体系进行归类梳理完善，按照易腐食品的分类汇总共性流通条件，针对医药制品和特殊货物明确个性化的流通条件要求。其中，针对种类繁多的易腐食品，建议按照国家标准《易腐食品控温运输技术要求》（GB/T 22918—2008）、行业标准《易腐食品冷藏链技术要求 果蔬类》（SB/T 10728—2012）、《易腐食品冷藏链技术要求 畜禽肉》（SB/T 10730—2012）等标准思路，归类制定标准，避免一个产品对应一个或多个标准。

（2）完善冷链装备产品标准。

按照冷链流通主体的保鲜要求，全面梳理现有标准体系，制定或者修订符合现代流通需求的冷链装备与设施技术标准，特别应注重其产品标准的分类制定或修订。冷链装备与设施分布于冷链流通的各个环节，因此需要分环节梳理冷链装备产品标准体系。

（3）完善冷链管理标准。

冷链流通既有"动"环节（运输），也有"静"环节（仓储、加工、超市等），管理相对较复杂。如果将整条链按照要求连接起来，管理标准十分重要。我国现有的冷链标准体系尚缺少易腐食品冷链各环节具体的包装标识类标准和中间环节质量检查标准，以及流通交接环节操作要求等管理和工作标准。

（4）加强易腐食品冷链保鲜条件与流通过程之间的基础性标准研究。

易腐食品保鲜条件与货架期有着密切的关系，如保鲜条件在流通过程中发生变化，其货架期就会变化。达不到标准保鲜条件的易腐食品的货架期就会缩短，高于标准保鲜条件要求的易腐食品，将增加流通成本。因此，需要根据我国现阶段冷链流通的现状和消费者的饮食习惯，提出相关的技术指标，结合相关的管理标准确定提前终止流通的措施。

2. 标准贯彻

（1）做好标准培训工作。

通过公文文件、集中培训、微博、直播、现场宣传、电视、报刊等多样化方式，宣传农产品冷链物流标准化的作用和基本知识，加大对冷链物流理念和重要性的宣传力度，提高公众对全程冷链生鲜农产品质量的认知度。冷链物流标准制定完成以后，起草单位或标准化专业技术归口单位应根据标准的作用、内容、注意事项等组织宣传贯彻培训。

（2）完善政策支持体系。

以《中华人民共和国标准化法》为指引，明确农产品冷链物流标准制定和实施过程中有关各方的权利、义务和责任。鼓励地方立法推进冷链物流标准化战略实施，制定符合本行政区域冷链物流标准化事业发展实际的地方性配套法规、规章，夯实冷链物流标准化法治基础，完善支持冷链物流标准化发展的政策保障体系。重视顶层设计，加强指导和组织协调，健全农产品冷链物流标准服务规范体系。加强与高校、科研机构合作，强化标准化基础研究工作。统筹整合各类财政专项资金和发展基金，加大对冷链物流标准化体系发展的支持，探索建立市场化、多元化经费投入机制，鼓励、引导社会各界加大投入，促进农产品冷链物流标准创新和标准化服务业发展。出台各级、各类贯标奖励政策，采用以奖代补的方式，对农产品冷链物流标准化体系建设先进地区、先进企业的标准化工作予以支持。

（3）健全监管反馈机制。

依据相关法律法规、强制性标准和操作规范，健全农产品冷链物流标准实施监管体系。充分发挥行业协会、第三方征信机构和各类现有信息平台的作用，完善冷链物流企业服务评价和信用评价体系，并研究将冷链物流标准的落实情况纳入信用评价体系，并加强信用信息共享和应用。在政府招投标项目和政府购买服务中，将优先选取按冷链物流标准执行的达标冷链物流企业，对严重违法失信企业开展联合惩戒。对农产品冷链物流标准的实施效果进行监督评价和复审，形成标准实施效果反馈机制，不断改进标准，提高标准的适用性、有效性、资质性和品牌性。

3. 强化标准体系的贸易属性与国际化

在国际农产品贸易中，欧盟、美国、日本等发达国家和地区，为维护本土农业生产者利益、控制国外农产品进入，利用世界贸易组织（WTO）协定、技术性贸易壁垒协议（TBT协议）、实施卫生与植物卫生措施协定（SPS协定），构建起包含一系列相对苛刻标准、带有极强贸易保护色彩的技术性贸易壁垒。这就意味着我国农产品冷链物流标准体系必须具备极强的应变性、灵活性，能够有效适应地区性、国家性技术贸易壁垒变化，确保农产品出口有的放矢，争取国际市场上更高的话语权和竞争力。

通过各种信息渠道收集国际标准、国外先进标准及有关国家的技术法规，加强对国外标准的研究，学习发达国家先进的标准制定经验。对高进口率和高出口率产品，优先参考相关国际标准化组织及国外有关国家、区域组织已有的农产品冷链物流标准，兼顾国内的生产能力和发展现状来制定标准，增强我国农产品在国际市场的竞争力。在积极采纳、对标国际标准的基础上，努力参与国际标准制定。对我国的优势特色主导产业，通过"跟踪—参与—主导"策略，强化技术支撑，争取主导地位，优化我国农产品冷链物流标准体系。要积极设立专门机构对接CAC（国际食品法典委员会）、IFOAM（国际有机农业运动联盟）、ISO（国际标准化组织）等，配备专职人员负责统一对外，对接各组织秘书处及其他成员，并负责国内协调、联络工作。担任国际标准化组织技术机构职务，争取成为专业委员会委员、成为主席国，主导标准制定和决策权。探索构建"一带一路"标准联盟，并争取成为盟主，负责组织、管理和信息传递工作，积极开展农产品标准化工作国际合作，推进农产品冷链物流标准的融合与创新，强化"一带一路"沿线国家的农业合作发展。

4. 加强冷链物流标准知识体系建设和复合型人才培养

加快农产品冷链物流标准知识体系建设。鼓励行业专家、协会组织、龙头企业、高等院校等积极编制冷链物流相关教材及培训材料，融入冷链物流前沿知识、操作技能，引入冷链物流标准、法律法规，加快构建冷链物流产业知识、标准知识体系。加强农产品冷链物流复合型人才引进、培训、培育工作。强化人才交流，坚持"引进来"和"送出去"相结合，鼓励相关行业协会、企业引进市场急需的冷链物流专业人才。

构建多层次冷链物流人才培训体系，邀请行业专家，培育一批专业化冷链物流培训机构，联合冷链物流龙头企业、行业协会等社会组织、高等院校等，通过操作技能培训、管理知识培训、参观学习等活动，针对不同群体开展知识普及与实操相结合的多渠道、系统化、个性化、多元化农产品冷链物流培训，并加强培训后续跟踪指导，增强培训效果。支持高等院校设置冷链物流相关学科专业，发展职业教育和继续教育，形成多层次的人才培训、培育体系，推动人才队伍建设。

五、预制菜标准现状分析

（一）标准存在的问题

1. 标准化与差异化的矛盾

众口难调的需求促进相关企业打造产品差异化，同时又在强调规模化、标准化。预制菜是标准化、批量化生产的成品或半成品，受原材料、工艺、储运等条件限制，产品细分要求同质化明显，但品种丰富、口味多样是中餐的优势，也是消费者的需求。满足不同消费者的需求与开发标准化产品形成矛盾，不少中小型预制菜加工企业出现了盲目的需求跟风、产品效仿，导致无法突出品牌优势。

2. 缺乏规范性、引领性的行业标准

作为食材热门领域，预制菜产业没有引领性的国家标准和行业标准，各地方按当地食品加工的标准来衡量，导致规范准入条件不统一，对预制菜原材料、加工工艺、包装标识、储存冷链运输以及微生物、添加剂、农药残留指标等规定边界不清，调研结果也显示，消费者对预制菜食品安全不放心，缺少标准难以推动预制菜行业健康、有序发展。

3. 国家层面强制性标准缺失

目前预制菜行业生产缺少针对预制菜的标准，大多在执行企业标准、罐头标准、速冻食品标准。2022年4月，国联水产公司牵头申报的《预制菜产品规范》团体标准经中国烹饪协会评审，符合立项条件、批准立项。团体标准的制定，在一定程度上推进了预制菜标准化的进程。据公开数据统计，目前国内近七成的预制菜企业处于小而散的状态，运输流程复杂，产品具有特殊工艺和特异性，一旦某个环节发生意外，就会导致食品安全事件。要想消费者吃得放心，企业发展得安心，出台标准提高准入，全力守护"舌尖上的安全"，早日让预制菜行业步入科学管理和标准化轨道，构建完善的质量安全监管体系和强制性规范势在必行。

（二）标准制定情况

截至2022年11月28日，预制菜标准的制定情况核心数据如下：①现行目录有编号的预制菜标准有69项，其中地方标准3项、团体标准43项、企业标准23项；②山东、广东、北京发布的预制菜标准排名前三；③预制菜标准集中在2022年大批量发布，2022年预制菜行业相关标准汇总如表1-2所示。

表1-2　2022年预制菜行业相关标准汇总（2022-10-24更新）

序号	标准分类	标准编号及标准名称	颁发部门	发布日期	实施日期
1	团体标准	T/CCA 024—2022 预制菜	中国烹饪协会	2022-06-02	2022-07-02
2		T/CHA 024—2022 预制菜生产质量管理技术规范	中国饭店协会	2022-06-28	2022-07-28
3		T/CHA 023—2022 预制菜品质分级及评价		2022-06-28	2022-07-28
4		T/JCIA 0021—2022 预制菜点质量评价规范	江苏省餐饮行业协会	2022-03-30	2022-04-11
5		T/GDIFST 006.2—2022 预制菜质量安全通用要求	广东省食品学会	2022-08-30	2022-10-20
6		T/GDIFST 006.1—2022 预制菜术语和分类方法		2022-08-30	2022-10-20
7		T/GDID 1046—2022 清远鸡系列预制菜	广东省企业创新发展协会	2022-07-30	2022-07-30
8		T/GDID 1047—2022 清远乌鬃鹅系列预制菜		2022-07-30	2022-07-30
9		T/GDNB 99.1—2022 预制菜标准体系构建总则	广东省农业标准化协会	2022-05-16	2022-06-01
10		T/GDNB 99.2—2022 预制菜术语、定义和分类		2022-05-16	2022-06-01
11		T/GDCCA 005—2022 预制菜冷链温度控制规范	广东省冷链协会	2022-09-22	2022-09-22
12		T/SDSFX 0009—2022 预制菜通用设计实施指南	山东省饭店协会	2022-05-17	2022-05-17

序号	标准分类	标准编号及标准名称	颁发部门	发布日期	实施日期
13	团体标准	T/SDJKR 008—2022 预制菜（水产类）油炸带鱼	山东健康肉产业联合会	2022-06-30	2022-07-01
14		T/SDJKR 009—2022 预制菜（水产类）烤鱼		2022-06-30	2022-07-01
15		T/SDJKR 006—2022 预制菜 中式菜肴成品		2022-06-30	2022-07-01
16		T/SDJKR 007—2022 预制菜成品 炭烤肉		2022-06-30	2022-07-01
17		T/WZFCX 0001—2022 温州预制菜	温州市饭店餐饮烹饪行业协会	2022-08-02	2022-08-09
18		T/WFSC 013—2022 预制菜质量要求 鲜切蔬菜（含第1号修改单）	潍坊市蔬菜协会	2022-04-22	2022-05-01
19		T/WFSC 012—2022 预制菜良好操作规范 鲜切蔬菜		2022-04-22	2022-05-01
20		T/WFFA 3—2022 预制菜产业园区建设指南	潍坊市食品协会	2022-06-28	2022-07-01
21		T/STMS 4—2022 预制菜 精致初加工食材	汕头市美食学会	2022-07-23	2022-08-23
22		T/STMS 3—2022 预制菜 堂食菜品		2022-07-23	2022-08-23
23		T/LHFIA 002—2022 预制菜 土豆烧牛肉	漯河市食品工业协会	2022-09-23	2022-09-23
24		T/LHFIA 001—2022 预制菜 红烧肉		2022-09-23	2022-09-23
25		T/LYFIA 037—2022 预制菜 沂蒙炒鸡 加工技术规范	临沂市食品工业协会	2022-08-15	2022-09-01
26		T/LYFIA 038—2022 预制菜 沂蒙全羊汤加工技术规范		2022-08-15	2022-09-01
27		T/LYFIA 034—2022 预制菜加工技术规范		2022-05-23	2022-06-01
28		T/SPSH 35—2022 预制菜 盆菜	佛山市顺德区食品商会	2022-08-18	2022-08-27
29		T/SPSH 36—2022 预制菜 酸菜鱼		2022-08-18	2022-08-27

序号	标准分类	标准编号及标准名称	颁发部门	发布日期	实施日期
30	地方标准	DB4501/T 3—2022 预制菜冷链配送操作规范	南宁市市场监督管理局	2022-05-31	2022-06-30
31		DB4501/T 2—2022 预制菜分类		2022-05-31	2022-06-30
32		DB4501/T 1—2022 预制菜术语		2022-05-31	2022-06-30

（三）企业对现行标准的问题反馈及解决办法

1. 多地发布预制菜相关标准，企业觉得目前预制菜领域亟须解决的标准化问题主要有3个方面

第一，标准术语、定义规范。从顶层设计上分门别类，解决不同预制菜类别套用问题，衔接生产许可及添加剂使用规范。

第二，理化指标、微生物指标、农残标准规范。不同类别物料配制而成的产品，如畜禽同海鲜的组合，理化指标参考标准原则，主料适用。不同料包组合而成的产品，按料包类别区分标准执行，微生物指标按食用加工方式确认。

第三，产品分类及食品安全规范。产品分类和食品安全指标较模糊，缺乏统一标准，主要包括包装规格指南及使用管理规范。

2. 为了更好地与企业实际操作相结合，帮助企业提质增效，各企业希望预制菜相关标准从以下四点入手

第一，应按即食、即热、即烹、即配来设定微生物限量指标，按储存方式来设定产品类别，按主料（标识）来设定污染物限量指标。

第二，希望政府能在卫生标准、食材安全、包装规范、储运方式，甚至烹饪手法等各个环节，各行其道，这就使得行业亟须出台相应的行业标准，加以规范。

第三，政策措施的内容应"贴地""对位"，契合企业和社会当下真实、紧迫的需求，做到有用、管用、实用。政策措施的条文尽可能简单明了，便于准确理解、落地操作，保证形成合力而不是互不相容或相互抵消。

第四，要加强监管，对不达标企业执行惩罚措施。

（四）预制菜产业标准化建议

预制菜产业标准化是推进农业"接二连三"融合发展，为农产品从田间到餐桌、从初级产品到终端消费无缝对接的农业产业链提供技术保障，结合预制菜产业发展现状和标准化现状，可从以下六个方面加以推进和巩固。

1. 建立健全预制菜全产业链标准体系

研究制定预制菜产业标准体系，合理规划标准体系布局，围绕预制菜产业链的所有环节，构建层次恰当、结构合理、全面配套、划分清楚的全产业链标准体系。

2. 积极开展预制菜标准研制

加强基础通用标准、急需关键标准的研制与落地，鼓励促进有地域特色的预制菜地方标准和团体标准的形成及应用，逐步制定完善预制菜前、中、后端系列标准，增加标准有效供给，推动预制菜高质量发展，助力乡村振兴。

3. 开展预制菜标准化试点工作

产业园是预制菜产业发展的重要抓手，以产业园为平台，推动产业链上下游企业凝聚共识，引导和鼓励预制菜产业园区开展标准化示范试点建设工作，以标准化助力产业园区充分发挥"试验田"和"示范区"的作用。

4. 开展预制菜发展评价指标体系标准研究

开展预制菜评价工作，以评价为指引推动预制菜产业高质量发展，并根据预制菜评价实践过程中遇到的问题和经验，建立动态的预制菜评价指标体系更新机制。

5. 开展预制菜标准验证与应用

定期对预制菜标准实施情况进行评估，选取有代表性的预制菜产业园和企业开展标准的应用示范，应用经验和成果有助于预制菜标准在全国范围内推广及实施。

6. 推进预制菜标准化人才培育和交流

加强预制菜人才培养，如广东将其纳入"粤菜师傅"工程，强化预制菜标准化人才培养机制建设，培养"预制菜＋标准化"复合型人才。

第二节　冷链物流市场需求分析

2022年，中国物流与采购联合会冷链物流专业委员会通过对蔬菜、水果、肉类、水产品、乳制品和速冻食品这六大类食品（其他食品产量较少或基本不采用冷链物流运输，故没有计算在内）的年产量进行统计，并结合各品类的冷链流通率进行测算，得出2022年我国食品冷链物流需求总量为3.30亿吨，比2021年增长0.28亿吨，同比增长9.17%。2018—2022年我国食品冷链物流需求总量及增速如图1-6所示。

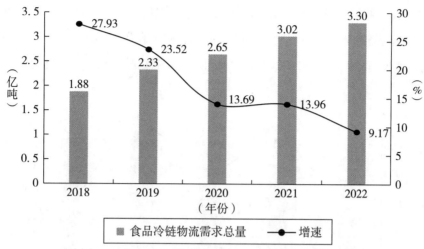

图1-6 2018—2022年我国食品冷链物流需求总量及增速

资料来源：中物联冷链委。

注：增速按可比价格计算。

其中，蔬菜冷链物流需求总量为10400万吨，水果冷链物流需求总量为8127万吨，肉类冷链物流需求总量为5720.74万吨，水产品冷链物流需求总量为4540.41万吨，乳制品冷链物流需求总量为2137.62万吨，速冻食品冷链物流需求总量为2065.62万吨。

按照冷链食品平均价格与2021年持平的条件计算，2022年我国冷链物流总额约为8.50万亿元，同比增长5.66%，约占2022年社会物流总额的2.45%，2018—2022年我国冷链物流总额及增速如图1-7所示。

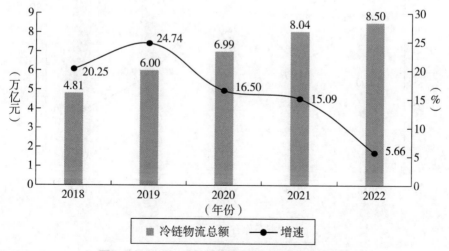

图1-7 2018—2022年我国冷链物流总额及增速

资料来源：中物联冷链委。

注：增速按可比价格计算。

　　根据2022年我国冷链物流总额和冷链物流费用占比情况，中物联冷链委分析测算得到2022年我国冷链物流市场总规模为4916亿元，比2021年增长330亿元，同比增长7.21%，仍保持稳定增长态势。2018—2022年我国冷链物流市场总规模及增速如图1-8所示。

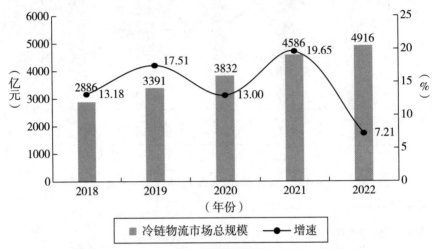

图1-8　2018—2022年我国冷链物流市场总规模及增速

资料来源：中物联冷链委。

注：增速按可比价格计算。

　　2022年全国冷藏车市场保有量达到38.23万辆，较上年增长4.08万辆，同比增长11.96%。2018—2022年我国冷藏车保有量及增速如图1-9所示。

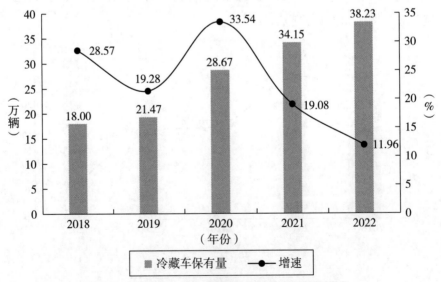

图1-9　2018—2022年我国冷藏车保有量及增速

资料来源：中物联冷链委。

注：增速按可比价格计算。

据中物联冷链委不完全统计，2022年全国公共型冷库总量达到2.1亿立方米，折合约8400万吨，新增库容542万吨，同比增长6.88%。2018—2022年我国冷库总容量及增速如图1-10所示。

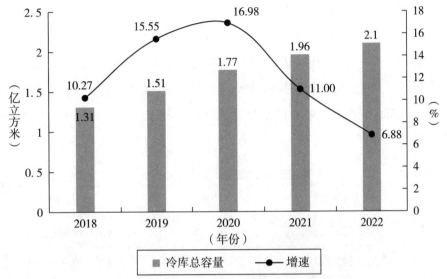

图1-10　2018—2022年我国冷库总容量及增速

资料来源：中物联冷链委。

注：增速按可比价格计算。

第三节　冷链物流百强企业发展分析

一、基本情况

在2021年中国冷链物流重点企业中，民营企业有73家，国有企业有12家，外资企业有2家，合资企业有10家，其他企业有3家。民营企业仍是冷链物流重点企业的主要组成部分，各类性质企业比例仍保持基本不变，冷链物流市场始终保持在活跃度较高的运行状态。

2021—2022年中国冷链物流重点企业中原重点企业有86家，新晋重点企业有14家，新晋重点约占原重点的16.28%，整体市场企业竞争压力较大，企业发展稳定度一般。疫情对冷链物流企业的发展与经营都造成了较大的影响。同时，也正是因为疫情让更多人看到了冷链物流发展的空间，进一步推动了更多玩家进入冷链物流的赛道。新晋与跌出的冷链物流重点企业分布于各个名次阶段，但主要集中于31~60名和81~100名，通过变动情况可以看出，冷链物流行业企业主要进出还是集中在排名的中/后段，前段重点企业相对稳定，企业发展呈现出逐步成长、逐渐做大做强的态势。在区域分布上，华东、华北、华中整体变动较大，其中华东区域跌出重点企业净数量较大。在疫情波动以及政府强监管背景下，部分企业经营受到了较大的影响。同时华东、华中和华南，仍然保持着较强的发展活性，市场稳定度有待提升。整体对比来看，华南、西南、东北及西北区域保持相对稳定的发展状态。2021年中国冷链物流百家重点企业汇总如表1-3所示。

表1-3　　　　2021年中国冷链物流百家重点企业汇总

序号	企业名称	序号	企业名称
1	顺丰速运有限公司	16	上海世权物流有限公司
2	成都运荔枝科技有限公司	17	北京澳德物流有限责任公司
3	新夏晖	18	上海源洪仓储物流有限公司
4	荣庆物流供应链有限公司	19	上海快行天下供应链管理有限公司
5	漯河双汇物流投资有限公司	20	天驰控股发展（青岛）有限公司
6	上海郑明现代物流有限公司	21	江苏汇鸿冷链物流有限公司
7	上海光明领鲜物流有限公司	22	唯捷（厦门）供应链管理有限公司
8	京东物流	23	云通物流服务有限公司
9	北京首农东方食品供应链管理集团有限公司	24	南京天环食品（集团）有限公司
10	江苏卫岗集团有限公司	25	海南罗牛山食品集团有限公司
11	传胜供应链	26	一重新能源发展集团有限公司
12	济南维尔康实业集团有限公司	27	佛山市粤泰冷库物业投资有限公司
13	大昌行物流（中国）	28	上海绝配柔性供应链服务有限公司
14	优合集团有限公司	29	武汉金控现代供应链管理有限公司
15	中外运冷链物流有限公司	30	辽渔集团有限公司

续表

序号	企业名称	序号	企业名称
31	北京新发地农产品网络配送中心有限责任公司	54	河南大象物流有限公司
32	重庆雪峰冷藏物流有限公司	55	上海鲜冷储运有限公司
33	青岛新协航国际物流有限公司	56	福建省顺翊农产品冷链物流有限公司
34	镇江恒伟供应链管理有限公司	57	福建信运冷藏物流有限公司
35	大连港毅都冷链有限公司	58	湖北三峡银岭冷链物流股份有限公司
36	广州拓领物流有限公司	59	上海平文物流有限公司
37	北京康安利丰农业有限公司	60	河北冰峰供应链管理有限公司
38	聊城市龙成物流有限公司	61	北京快行线冷链物流有限公司
39	上海宇培供应链管理有限公司	62	嘉里志甄（上海）供应链有限公司
40	河南华鼎供应链管理有限公司	63	安徽大众冷链有限公司
41	深圳市泛亚物流有限公司	64	江西鲜配物流有限公司
42	湖南云冷冷链股份有限公司	65	万鑫冷链集团
43	山东海派冷链物流有限公司	66	河南汇普物流有限公司
44	黑龙江昊锐物流有限公司	67	广州保事达物流有限公司
45	上海鑫源供应链管理有限公司	68	北京亚冷控股有限公司
46	红星冷链（湖南）股份有限公司	69	小码大众（北京）技术有限公司
47	济南瑞丰物流有限公司	70	北京中冷物流股份有限公司
48	大连鲜悦达冷链物流有限公司	71	内蒙古昕海铭悦运输有限公司
49	广东华雪冷链物流有限公司	72	上海众萃物流有限公司
50	福建恒冰物流有限公司	73	吴忠市茂鑫通冷藏运输有限公司
51	江苏极地熊冷链有限公司	74	广州长运冷链服务有限公司
52	广州鑫赟冷冻运输有限公司	75	广东新供销天业冷链集团有限公司
53	阳谷鑫源物流有限公司	76	漯河市恩远物流有限公司

序号	企业名称	序号	企业名称
77	汇通图腾国际物流有限公司	89	黄山斯普蓝帝物流有限公司
78	湖南惠农物流有限责任公司	90	漯河市顺安运输有限责任公司
79	山东盖世国际物流集团有限公司	91	黑龙江沃野风华运输有限公司
80	成都银犁冷藏物流股份有限公司	92	福建省羊程冷链物流有限公司
81	河北宝信物流有限公司	93	北京易冷供应链管理有限公司
82	重庆友生活冷链物流有限公司	94	佛山市鼎昊冷链物流有限公司
83	北京京隆伟业供应链管理有限公司	95	上海鲜林供应链管理有限公司
84	广州蓝链集团有限公司	96	郑州华夏易通物流有限公司
85	浙江统冠物流发展有限公司	97	北京优鲜配冷链科技有限公司
86	漯河市翔通物流有限责任公司	98	南宁壮宁食品冷藏有限责任公司
87	河南藏金源仓储有限公司	99	陕西果业集团冷链物流有限公司
88	上海质达物流有限公司	100	山东大鹏物流有限公司

二、业务布局

2021年冷链物流重点企业中业务着重布局的前三名分别是：冷链仓储、干线运输、城市配送。为了能够增强企业客户黏性，综合性业务得到了进一步扩展，供应链业务、冷链园区以及其他增值服务都成了新的业务增长点。大部分冷链物流企业涉及3~6项业务，在新冠肺炎疫情的影响下，各大企业在扩充自身业务范围的同时，更加注重自身核心业务的稳定和发展。重点企业通过拓宽业务范围提高抗风险能力，在整体精力分配可控的情况下，进一步实现业务拓展。

按区域入围企业数量排序：华东＞华北＞华南＝华中＞东北＞西南＞西北，华东区域入围企业数量最多，是冷链物流最为集中的区域。按区域重点企业营收排序：华东＞华南＞华北＞华中＞西南＞东北＞西北，华东入围企业总营收最高，占重点总营收的比例为29.2%，2021年这一数据为39.6%，华东区域性营收优势相对减弱；华南区域排名较上年提升，区域整体行业营收能力增强较为显著；按区域重点营收均值排序：

华南>西南>华北>华东>华中>东北>西北，华南入围企业平均营收最高，西南区域营收均值排名提升幅度较大，区域整体行业平均营收能力提升较为显著。2021年中国冷链物流百家重点企业区域营收情况如图1-11所示。

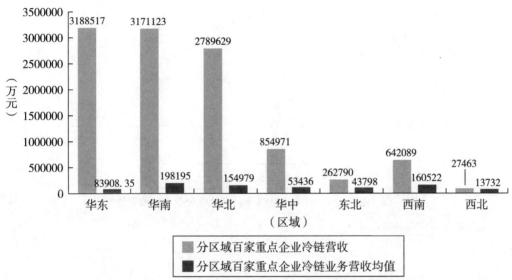

图1-11　2021年中国冷链物流百家重点企业区域营收情况

资料来源：中物联冷链委。

三、集中度

近5年来冷链业务发展迅速，重点企业营收规模不断扩大。2021年重点企业冷链业务营业收入合计达1093.66亿元，同比增长57.43%；占2021年冷链物流市场规模的23.85%，重点企业市场占有率相较于2019年的16.21%、2020年的18.13%逐年增长，冷链市场集中度不断提高，2021年首次突破23%。

就冷链物流百家重点企业来看，2021年冷链物流重点企业前5名的营收达到289.96亿元，占到重点总营收的26.51%；前10名的营收达到571.23亿元，占到重点总营收的52.22%，头部集聚效应进一步提升；冷链物流重点企业后50名的营收只占重点总营收的7.73%，中小企业依然占据多数，冷链物流行业仍呈现散、小、杂的特点。2021年冷链物流重点企业整体营收水平进一步提升，重点前5名营收同比增长17.04%，前10名营收同比增长39.46%，前30名营收同比增长65.59%，前50名营收同比增长62.36%。2016-2021年冷链物流百家重点企业总营收变动情况如图1-12所示。

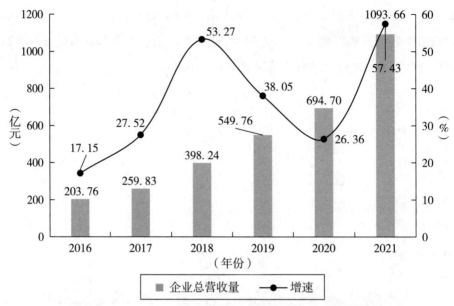

图1-12　2016—2021年冷链物流百家重点企业总营收变动情况

资料来源：中物联冷链委。

四、趋势变化

　　2021年冷链物流重点企业入围门槛营收为9880万元，较上年提高320万元，涨幅达到3.35%。除2016年受经济形势影响入围门槛营收有所回落外，其余年份冷链物流重点企业入围门槛保持逐年上升，表明冷链物流企业竞争越来越激烈，同时整体冷链物流企业不断发展壮大，企业营收水平逐年提升。2021年在全国疫情影响依旧严峻的情况下，冷链物流重点企业入围门槛仍然持续提升。

　　在2020年新冠肺炎疫情以及一系列突发情况的共同影响下，冷链物流发展热度进一步提升，但整体行业发展速度逐步趋于理性，给行业同人带来了更多重新思考的机会。在此发展背景下，冷链物流重点企业中有14家出现收入负增长情况，其中最高降幅突破52%。行业发展环境严峻，但大部分企业还是在挑战中寻求新的发展机遇，冷链物流重点企业中有86家呈现出稳步提升的发展势头。

　　调研数据显示，企业收入呈现负增长的核心原因主要集中于疫情等突发事件所带来的消极影响。新冠肺炎疫情暴露出行业发展以及企业经营等一系列问题，如企业业务结构单一化以及抗风险能力相对较弱等。此次出现收入负增长的15家企业中，有多家企业反馈存在重点客户业务衰退或流失等情况，这也再次暴露出客户群体以及业务结构单一带来的发展隐患。

根据调查数据，2021年冷链物流企业收入实现增长的三大核心原因分别是业务体量增长、业务范围扩大、科技水平提高。在新冠肺炎疫情深度影响的大环境下，优先确保企业的稳定长期发展成了核心关键之一。伴随着新发展格局下，冷链需求量进一步提升，扩充自身业务体系，提高运作效率，充分实现技术赋能等措施，成了企业增强发展韧性的关键手段。

第四节　冷链物流行业现状、问题与发展趋势

2022年我国整体经济发展仍然面临着巨大压力。前三季度在多地疫情频发带来的影响下，居民消费信心不足，投资增长受到制约，企业生产面临要素短缺，一系列因素导致我国经济发展经历较大波动。国家高度重视"统筹疫情防控和经济社会发展"，多次要求各地不得层层加码，发布一揽子促消费政策，推动产业链、供应链持续改善，经济大盘顶住压力持续恢复。

物流产业的提质增效是支撑国家经济建设的重要抓手，对促发展、稳增长、保民生具有至关重要的作用。中共十八大以来，我国物流业发展进入快车道，冷链物流作为保障民生食安的关键通路，受到了各个层面高度关注和广泛支持。虽然在物流业总收入中的占比还不高，但回顾过去的这一年，冷链物流行业依然稳中有进。

一、冷链物流行业现状

（一）冷链产业环境持续改善

国家发展改革委、交通运输部、商务部、应急管理部等先后针对冷链网络、运输体系、农产品供应链、制冷方式等完善政策方针。在资金支持方面，国务院指导国家开发银行、中国农业发展银行等设立千亿元基础设施基金重点支持冷链基础设施建设。标准方面，2022年6月1日起，《冷链物流分类与基本要求》和《食品冷链物流交接规范》两项国家标准正式实施。在《国家标准化发展纲要》《市场监管总局等八部门关于实施企业标准"领跑者"制度的意见》等文件要求下，《质量分级及"领跑者"评价要求 食品冷链物流服务》团体标准的制定、发布与实施工作已完成。另外，《冷链物流术语》国际标准正式立项，《冷库低碳评价指标》团体标准也已经正式启动。国标、行标

以及团标的制定，有效提升了行业准入门槛。

（二）冷链物流市场需求基本稳定

2022年社会消费品零售总额达到44万亿元，与2021年基本持平。其中，新型消费发展态势较好，实物商品网上零售额增长6.2%，占社会消费品零售总额比重进一步提升，达到27.2%。实体零售保持增长，限额以上零售业实体店商品零售额增长1%，消费场景不断拓展，消费体验不断提升。餐饮受疫情冲击较为严重，对应冷链的需求滑落明显，但生鲜零售市场对冷链的需求有所增加。伴随着疫情对消费市场的影响逐渐弱化，消费市场持续回暖。需求的向好，为冷链物流发展打造了黄金时代。受益于"生鲜电商+冷链宅配""中央厨房+食材冷链配送"等服务模式的变革，冷链物流行业发展进入快车道，冷链物流市场需求持续扩张。

（三）预制菜等成为冷链新的需求点

在传统冷链物流需求不振的情况下，预制菜、生鲜直播带货等赛道对冷链需求贡献不小。2022年，中共中央、国务院出台《扩大内需战略规划纲要（2022—2023年）》，随着国内超大规模市场优势的进一步释放，会有更多的消费领域助力冷链物流发展。2022年，预制菜产业不仅被食品企业视为第二增长曲线，也被地方纳入新一批"千亿产业集群"规划。从2014年外卖行业蓬勃发展，到2020年疫情催生家庭端消费需求，预制菜行业由速冻米面等极少数品类拓展至多种菜品，形成由B端延伸至C端、由一线城市逐渐下沉的树形发展路径。目前，预制菜行业规模超过2000亿元，相关企业超过7万家，近5年涌入大量市场参与者。2022年以来，广东、山东、福建、河北等地先后出台预制菜产业发展政策，瞄准万亿产业前景，争夺"预制菜之都""千亿产业集群"或"单项冠军企业"。预制菜产业热度从市场、资本向政策端延伸，产业的飞速发展进一步激发了冷链物流新增量的市场活力。

（四）冷链物流基础设施初具规模

中共二十大报告提出要"优化基础设施布局、结构、功能和系统集成，构建现代化基础设施体系"。2022年10月，国家发展改革委发布了第二批24个国家骨干冷链物流基地，加上此前发布的17个国家骨干冷链物流基地，截至2022年年底已布局41个国家骨干冷链物流基地，覆盖全国27个省区市。伴随着国家骨干冷链物流基地布局、产地销地冷链设施建设的持续推进，在国家及各地政府的政策引导和需求向好的双重作用下，冷链物流基础设施得到加速完善。2022年，针对冷库建设，国家层面出台相关政策超过20项，重点围绕冷库规划布局、节能减排、投资建设、运营管理、城乡发展、骨干培育、细分品类、技术赋能等多个领域向提出明确要求，进一步推动冷库领域向正轨发展。以冷库为依托的全国三级冷链物流网络已成雏形。2022年，全球经济环境依旧低迷，冷链物流行业继续承压前行，整体保持着逆势上扬之态。国内冷藏车市场稳步发展，全年销量波动较大，累计销售52010辆。伴随着相关政策引导，我国冷藏车逐步朝向合规化、绿色化、技术化方向发展。

二、冷链物流存在的问题和难点

立于当下，面对冷链物流的发展热潮，我们仍然需要保持理性，客观看待冷链物流目前现存问题。

（一）经济下行压力依然较大，消费信心不足，带来冷链需求波动

国家统计局数据显示，2022年全国餐饮收入43941亿元，同比下降6.3%。2022全年，全国餐饮收入增速、限额以上单位餐饮收入增速分别相较上年下降24.9个百分点、29.4个百分点，餐饮行业受疫情影响较为严重。2022年12月以来，随着优化疫情防控措施落地、助企纾困力度加大，各地餐饮业才开始逐步回归正轨。在此重压之下，冷链物流需求量受到较大影响，虽然受线上消费、预制菜等新兴产业高速发展带动，但整体增速仍然持续放缓。2022年，餐饮市场经受了疫情冲击等多重考验，充分展现了餐饮经济韧性强、潜力大、活力足等特点。全年行业虽面对多种不利因素，但各大餐饮企业仍然通过多种方式积极开展自救，相关政策也在支持餐饮业复苏。目前，餐饮行业逐渐复苏回暖，消费市场已曙光初现，冷链物流也将迎来新的发展机遇。

（二）冷链物流企业同质化服务严重，陷入存量博弈泥潭，从而加剧内卷化

到目前为止，很难看到冷链物流企业之间具有非常明确的服务差异化。同质化竞争是所有冷链物流企业需要思考的问题。现在大部分的企业都处于存量市场，客户数量有限，行业过度竞争，势必会导致服务价格下降，企业无法处于适当的发展环境中。同质化竞争造成现在行业发展内卷化加剧，而非良性发展状态。企业需要在此特殊的情况下，探寻突围发展之道。

（三）现有冷链基础设施设备阶段性、区域性饱和，资源浪费和低效率等问题严峻

目前来看，有很多地方的冷库已经严重过剩，但仍然还在投资建设，导致资源浪费。此外还有些地方虽然建设了很多冷库，但是其运营管理能力又无法匹配，造成资源闲置。所以冷链物流企业在投资建设之前一定要进行谨慎考量和理性分析。冷链物流企业一定要在轻资产和重资产之间寻找平衡点。

（四）疫情考验着冷链物流企业的综合服务能力，特别是供应链韧性有待加强

2022年，从宏观层面来看，疫情之下，无论线上线下都遭受了不小的冲击，如上海全域封闭期间，对物流服务有着直接影响。但经历挑战之后，无论是政府层面、消费者层面还是市场层面，都对供应链及物流的通畅表现出了前所未有的高度重视与支持，这是危机之下的机遇与机会。从微观层面来看，冷链物流企业在疫情之下，面对严峻的发展环境，还需作出更多思考并提供更多解决方案，如无接触配送解决方案、闭环运作体系建立、疫情防控方案等。在抵御不确定性环境危机的同时，冷链物流企业还应不断提升自身专业能力水平。

三、冷链物流行业发展趋势

（一）充分发挥《"十四五"冷链物流发展规划》（以下称《规划》）和国家骨干冷链物流基地的引领作用

长期以来，国内冷链物流仍面临着诸多困境，区域发展失衡和物流体系不健全等问题依然突出，冷链物流发展缺乏系统性、科学性的总体规划指引。《规划》为进一步纾解冷链物流现实难题，推动新时期冷链物流高质量发展绘制了清晰的路径。后续举措和实施要兼容并包，考虑带动更多冷链企业的发展，同时企业也要主动加强与国家冷链战略的紧密结合。冷链物流领域的发展已经驶进了快车道，在政策催化+行业空间+技术进步的多重刺激下，冷链已经由粗放型发展向高质量发展过渡，未来成熟的基地和冷链物流园区会集展示交易、电子商务、一站式采购、大数据、智慧冷链物流、检验检疫等多种功能于一体，减少农产品产后损失和食品流通浪费，扩大高品质市场供给。

（二）持续深化产业融合，以产业为根基，以融合促创新

冷链物流贯穿第一、第二、第三产业，连接生产端与消费端，发展潜力巨大。冷链物流的发展需要依托产量、消费需求等优势，因此在推动冷链物流发展的同时，要关注种植业、养殖业、加工业、零售业等多业态与冷链物流的深度融合。重视冷链物流与农产品优势产区融合发展，减少资源浪费和重复建设，探索产业＋冷链双轮驱动的发展理念。"十四五"时期冷链物流行业逐步进入高质量发展阶段，对高品质、精细化、个性化的冷链物流服务的需求日益增长。在"预制菜""品类餐饮"等需求多样化的驱动下，冷链物流领域进一步细分化发展。交通运输部等五部门联合出台的《关于加快推进冷链物流运输高质量发展的实施意见》提出，要"研究完善冷链物流细分领域运输服务标准规范，加大宣贯力度，提升标准规范应用水平"。在政策的不断加持下，冷链物流服务场景实现多样化发展。

（三）把握冷链市场需求，以市场为导向，以需求促发展

新阶段的冷链物流需要依托产业形态和消费需求的变化而变化，不能固守传统仓干配等发展模式，要在深入研究新赛道、新场景的基础上，拓展产地直采直发、一件代发、共仓共配等新服务。立于2023年，在新市场格局的催化下，冷链物流行业发展呈现出诸多新态势，同时也迸发出业务发展新机遇。在冷链物流的发展热潮下，各类基础设施建设持续加速。在冷链物流发展火热的背后，出现管理及运营水平参差的现象。在此基础上，行业开始孕育出冷链物流园区规划、运营、培训、管理一体化业务模式。同时，伴随着冷链物流行业的发展，物流业逐步呈现出甲方物流乙方化的发展特性。部分食品甲方企业，依托于自身商流或产品体量优势，自建物流体系，并伴随着自身物流服务能力的提升，开始尝试对外赋能，将成本中心转化为营利中心。在此背景下，冷链物流企业竞争压力也在进一步加剧。

（四）深化行业科技赋能，以数据为抓手，以数智促转型

在人力成本高企、冷链物流需求碎片化等背景下，全球冷链物流企业持续加大保鲜、制冷、调度、追溯以及数智化技术的研发投入，积极探索开发更加适配行业发展的冷链技术，以提高物流效率和降低成本。同时，企业也在尝试优化决策支持和提升客户体验，以期实现冷链物流高效、可持续发展。伴随着区块链、人工智能等新技术在冷链物流专业领域的逐步渗透，全链路进一步实现技术赋能，智能化冷链物流体系

雏形显现。智慧冷链物流是行业未来发展的核心方向之一，加强冷链智慧技术装备应用，探索自动立体货架、智能分拣、物流机器人、智能化温控等设施设备在冷链物流领域的应用场景，加大全链监控系统、智能周转箱、冷链无人仓配等创新技术的研发投入，都是打造高效、精准冷链物流数智新体系的关键手段。

（五）构建绿色低碳生态，以可持续为基石，以ESG促升维

中国作为世界第二大经济体，近年来也一直以积极的态度在推动ESG（环境、社会和公司治理）的实践，先后印发《2030年前碳达峰行动方案》《"十四五"冷链物流发展规划》等相关文件。在国家战略引领下，我国冷链物流企业积极践行ESG发展理念。绿色冷链物流不仅是经济与社会发展的客观要求，也是物流产业发展的必然选择。社会进步加速推动了绿色冷链的发展，世界各国普及环境教育和人们环保意识的不断提高，为实现绿色冷链创造了发展的基本条件。着眼当下，更多的冷链物流企业将绿色环保作为自身发展的核心战略之一，并在此领域进一步深耕和探索。绿色冷链是绿色物流的一部分，更是未来冷链技术的新趋势。

第二章 2022年全国食品冷链需求情况分析

本章共分为七节，分别对水果、蔬菜、肉类、水产品、乳制品、速冻食品和医药七大细分品类的生产、进出口、产业发展情况以及各细分品类的冷链需求情况进行分析。

第一节 水果冷链需求情况分析

一、我国水果生产情况

2022年我国水果总产量3.13亿吨，同比增长4.42%（见图2-1）。根据2022年我国水果产量和冷链流通率测算，2022年全国水果冷链需求量达到8127万吨，同比增长6.68%。

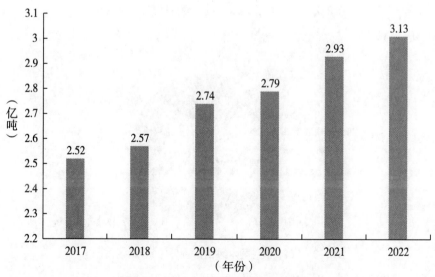

图2-1 2017—2022年我国水果产量

资料来源：国家统计局。

二、水果进出口情况分析

农业农村部数据显示，2022年1—12月，我国水果进口量累计793.21万吨，同比下降5.6%，进口额达156.88亿美元，同比增长7.9%；出口量为466.03万吨，同比下降5.2%，出口额达69.17亿美元，同比下降7.9%。

根据海关总署数据，2022年我国干鲜瓜果及坚果进口总量为753万吨，同比下降7.5%，进口额52.61亿美元，同比下降13.7%；出口总量334万吨，同比下降7.9%，出口额达354.68亿元，同比下降10%。从进出口国家/地区看，2022年进口额最大的国家/地区是泰国，占比41%；智利排名第二，占比22%（见图2-2）。2022年出口额最大的国家/地区是越南，占比23.4%；泰国排名第二，占比13.4%（见图2-3）。

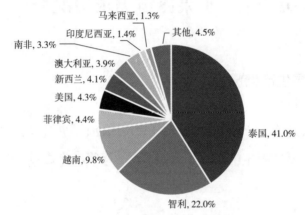

图2-2　2022年我国水果进口额分国家/地区占比

资料来源：海关总署。

图2-3　2022年我国水果出口额分国家/地区占比

资料来源：海关总署。

注：数据存在四舍五入的情况，未进行机械调整。

三、水果产业情况分析

（一）水果全产业流程（见图2-4）

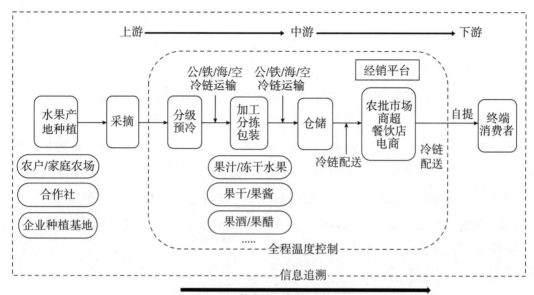

图2-4 水果全产业链流程

（二）水果产业发展现状

1.行业概况

（1）水果产业供需旺盛。

随着我国居民消费水平的不断升级以及健康意识的不断增强，消费者对于摄入食品的品类和品质也有了更高的需求。水果富含丰富的维生素、蛋白质以及多种微量元素，如今水果已成为我国居民日常生活不可或缺的食品。经济的全球化发展带动了世界各国的贸易往来，泰国榴梿、智利车厘子、墨西哥牛油果等进口水果纷纷涌入我国水果消费市场。得益于地势和气候的优势，我国国产水果种类繁多，加之近几年国产水果品质不断优化，我国水果供给市场多样化，消费者逐渐实现"水果自由"。鲜榨果汁、水果捞、鲜果茶等各种水果相关美食层出不穷，茶百道、喜茶等新式茶饮连锁品牌的火爆拉动了水果的需求量，在日常生活中，人们对水果的需求也逐渐常态化，人均水果消费量也在逐年增加。

（2）扶持政策持续加码。

产业的发展离不开国家政策的扶持，水果产业是我国第三大农业种植产业，对我国经济发展作出了重大的贡献，国家出台一系列水果产业的扶持政策，从规范、奖补、规划等方面促进我国水果产业的发展，包括水果种植、物流、销售等产业上下游的多个环节。各地政府也针对各地优势特色水果产业出台相应的规划引导政策。例如，2022年6月，广西壮族自治区人民政府出台的《广西推进水果产业高质量发展实施方案》提出"在桂南、桂西南片区发展火龙果、百香果等南亚水果优势区"。中央和各地政府的扶持政策是推动水果产业高质量发展的基石，政策的持续加码将为水果产业发展注入源源不断的生命力。

（3）水果产业品牌化发展

我国各地生产的水果十分多样化，仅仅桃子这单一种类就有蒙阴蜜桃、平谷大桃、龙泉驿水蜜桃、奉贤黄桃、荔波血桃等多个品类，产地遍布我国多个省区市，我国各地区基本上都有自己特有的水果。目前，我国果品类地理标志有九百多个，各地政府积极推动当地特色水果走向品牌化之路，纷纷打造具有地区特色的水果品牌。从企业品牌看，近些年我国水果经营企业越来越注重品牌建设，在"都乐""佳沛""新奇士"等国际品牌纷纷抢占我国水果市场时，"百果园""佳农""17.5℃橙"等中国水果品牌异军突起，打开了我国水果品牌市场。

2. **水果产业企业分析**

头部企业间竞争激烈，形成多强共存态势。我国水果市场体量庞大，产业链条复杂，产业整体市场分散，头部企业间竞争激烈，形成多强共存态势（见表2-1）。水果产业利润低、损耗大，行业一直存在内卷，其中，水果零售市场中存在"南百果、北鲜丰、西洪九"的说法，一直以来，百果园、洪九果品、鲜丰水果纷纷角逐"水果零售第一股"的称号，直到2022年9月，洪九果品在港交所挂牌上市，抢先成为"中国水果第一股"，随后不到半年，百果园也成功上市。

表2-1　　　　　　　　　水果产业重点企业情况

企业	百果园	洪九果品	鲜丰水果	宏辉果蔬
成立时间	2001年	2002年	1997年	1992年
上市情况	2023年1月16日上市	2022年9月5日上市	未上市	2016年11月24日上市
业务布局	全国140多个城市	全国300多个城市	主要辐射江浙沪皖渝川等省市	—
企业定位	集水果采购、种植支持、采后保鲜、物流仓储、标准分级、营销拓展、品牌运营、门店零售、信息科技、金融资本、科研教育于一体的大型连锁企业	专注于高端进口水果和高品质国产水果的全产业链运营	集新零售、智慧冷链物流和供应链B2B平台的全球化企业	专业农产品服务商

续表

企业	百果园	洪九果品	鲜丰水果	宏辉果蔬
供应链	种植、采购、加工、运输、仓储、销售	采购、运输、加工、仓储、销售	种植、采购、加工、运输、仓储、销售	采购、运输、仓储、销售
商业模式	采用本地O2O模式，线上线下一体化、仓店一体化	全产业链"端到端"模式，自主研发全球供应链管理系统——洪九星桥，进行数字化集成管控	采用B2B模式	外销采用FOB模式；内销以直营为主

资料来源：企业招股书、企业官网。

3. 发展趋势

（1）逐步迈入高品质、精品化快车道。

从消费端来看，据艾瑞咨询统计，消费者选择水果时最先考虑的因素就是水果的品质，其次是其营养价值、口味、营养成分和水果功效等，这也说明了消费者对水果质量的高追求。在推广全民健康的今天，消费者对高品质、精品化的水果的需求不断提高。一些商超开设了高端水果专区，如华润万家零售集团旗下的高端超市品牌——Ole'精品超市已在国内初具规模，里面售有增城荔枝、新西兰奇异果、智利车厘子等精品化、高端系列水果。此外，果切、精包装便于携带的水果、水果礼盒也深受当代年轻人的欢迎。从种植端来看，政府引导果农们打破传统的种植方式，开展精品化种植，建设精品化种植生产基地。由此可以看出，未来我国水果产业将迈入高品质、精品化快车道，开启水果品质革命。

（2）消费升级推动产业渠道下沉。

我国经济发展越来越好，随着水果产业在一、二线城市的市场增速放缓，三、四线城市消费潜力逐步体现，消费者对水果的需求量逐年增加，对水果的品类、品质的要求也逐渐提升。据央视财经报道，电商平台数据显示，2023年春节前水果的订单量同比增长超过150%，其中，智利车厘子、泰国榴梿、越南菠萝蜜等进口水果在三、四线城市销量增幅较大，订单占比接近50%。近几年，随着蜜雪冰城、喜茶、茶百道等茶饮企业陆续入驻三、四线城市，在带动常见水果需求量提升的同时，小众水果需求量也逐步增加，如油柑、雪莲果、释迦果、莲雾等，由此可见，

三、四线城市水果市场还有很大的增量空间，未来我国的水果产业也将向中低线城市市场下沉。

（3）产业链向上下游延伸。

传统的水果产业链链条冗长，上下游企业衔接效率低。为了更好地保障水果从田间到餐桌全链条的品质和供应，如百果园、鲜丰水果、洪九果品等一些水果产业的龙头企业逐渐开始向产业链的上下游纵向延伸布局，逐渐整合和覆盖水果供应链上多个环节，实现端到端的供应链链条，打造水果产业全渠道网络。水果产业链的延伸贯穿了从源头端水果种植到采摘、分级、预冷，再到中端水果的冷链运输、仓储、加工、分拣、配送，最后到水果线上线下的销售端。整合水果产业链各环节，保障上游优质稳定供应、中游全程温控追溯、下游双渠道一体化，可以改变我国传统水果产业链上下游割裂的情况，缩短产业链条，建立产业链标准化。

四、水果冷链需求分析

我国幅员辽阔，不同区域地理、气候差异显著，水果产业因地制宜，不同的种植环境造成了各地水果品类、产量各有不同，使水果产业具有明显的地域性和季节性。水果运输和储存都有着严格的要求，光照、温湿度、微生物等细微因素都会直接影响水果的品质和损耗率，冷链物流的出现保障了水果的品质，降低了水果的损耗程度，使水果的地域性和季节性不再泾渭分明。水果的反季冷藏储存、跨省和跨国冷链运输，使"冬季吃西瓜""一地吃全球"成为现实。

随着国家疫情管控政策的放开，水果出入境政策有所调整，进口水果的贸易市场正在逐步回暖，水果进出口订单数量急剧增加，这也加大了水果冷链物流需求。此外，2022年1月1日，我国与其他14个成员国制定的《区域全面经济伙伴关系协定》（RCEP）正式生效。伴随着RCEP的生效，我国与其他成员国之间进出口贸易实现了双边关税减让，水果进出口成本降低。四川首列中老铁路进口水果冷链专列抵达成都、湖南首列中越铁路水果冷链专列直达怀化，这些水果冷链专列的开通也意味着各省市逐渐打通与RCEP其他成员国的水果进出口冷链通道。随着之后越来越多的城市与RCEP其他成员国的对接，水果产业的进出口贸易将不断增加，水果冷链需求也将会稳步提升。

第二节　蔬菜冷链需求情况分析

一、我国蔬菜生产情况

2022年我国蔬菜总产量为79997.22亿吨，同比增长3.16%（见图2-5）。根据2022年我国蔬菜产量和冷链流通率测算，2022年我国蔬菜的冷链需求总量为10400万吨。

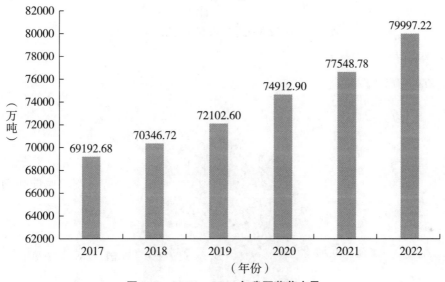

图2-5　2017—2022年我国蔬菜产量

资料来源：国家统计局。

二、蔬菜进出口情况分析

农业农村部数据显示，2022年我国蔬菜进口量33.7万吨，同比下降30.2%，进口额9.6亿美元，同比下降19.0%；蔬菜出口量1183万吨，同比增长6.5%，出口额172.2亿美元，同比增长9.2%；累计贸易顺差162.6亿美元，同比增长11.5%。

从进口来源国家/地区来看，我国蔬菜主要进口来源为印度、缅甸、美国、新西兰和越南，分别占进口总量的38.2%、14.1%、10.1%、6.4%和5.1%（见图2-6）。从出口国家/地区来看，主要出口地包括越南、日本、韩国、中国香港地区和马来西亚，分别占出口总量的12.3%、12.2%、9.8%、8.7%和7.8%（见图2-7）。

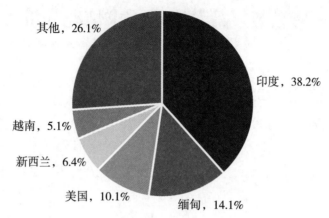

图2-6　2022年蔬菜进口额分国家/地区占比

资料来源：农业农村部。

注：存在四舍五入的情况。

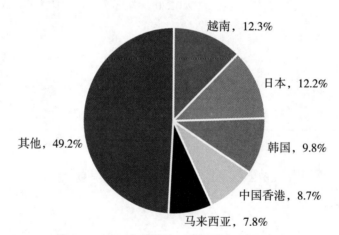

图2-7　2022年蔬菜出口额分国家/地区占比

资料来源：农业农村部。

注：存在四舍五入的情况。

根据海关总署数据，2022年我国鲜或冷藏蔬菜出口量达到620万吨，同比增长5.1%；鲜或冷藏蔬菜出口额60.98亿美元，同比增长2.3%。

三、蔬菜产业情况分析

（一）蔬菜全产业链流程（见图2-8）

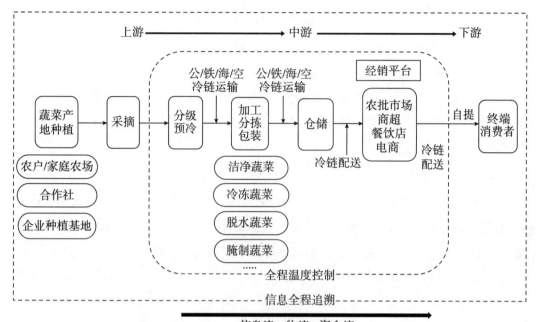

图2-8　蔬菜全产业链流程

（二）蔬菜产业发展现状

1. 行业概况

（1）产业规模逐渐扩张。

蔬菜是人们日常餐桌中必不可少的食物，我国作为蔬菜大国，蔬菜的日均产量和消耗量巨大。蔬菜产业是我国种植业发展的主导产业之一，随着种植业结构的调整和优化，我国蔬菜产业飞速发展。从需求端来看，近些年我国蔬菜消耗量稳中有增。从供给端来看，我国蔬菜播种面积逐年增加。蔬菜产业关系着国计民生，为了保障蔬菜的稳定供给，《中共中央　国务院关于做好2022年全面推进乡村振兴重点工作的意见》提到，大力推进北方设施蔬菜、南菜北运基地建设，提高蔬菜应急保供能力。随着各大蔬菜基地的建设完成，我国蔬菜产量将不断增加，产业规模不断扩张。

（2）产业模式不断创新。

对于种植端，过去蔬菜大多是土培种植，农民将蔬菜种子埋入土壤，经过浇水、光照、施肥等环节促进蔬菜生长。基于城镇化的发展、耕地等自然资源的稀缺和消费者需求的多元化，水培蔬菜、盆栽蔬菜种植产业应运而生。水培蔬菜种植是指替代土壤，蔬菜根系通过特定的营养液来吸收所需的水分、养分和氧气，主要应用在生菜、空心菜、西红柿等叶菜和果菜中。与传统土培相比，水培蔬菜种植产业机械化、自动化程度较高，蔬菜生产周期短。盆栽蔬菜以花盆等容器为载体进行种植，多以叶菜、果菜为主，除温室大棚外，家中阳台、露天等都可以进行小规模种植，同时具有食用性和观赏性。对于加工端，近些年预制菜、脱水蔬菜、真空和速冻保鲜蔬菜等新型蔬菜加工模式的不断兴起，为蔬菜产业带来了更高附加值，也为蔬菜产业带来了新市场、新机遇。科技助力蔬菜产业模式不断创新，使居民"菜篮子"和"菜盘子"更加丰富，带动蔬菜价值链不断提升。

2. 蔬菜企业分析

蔬菜产业扩张，相关企业注册量呈增长趋势。随着国家政策的支持以及消费者对绿色健康食品消费需求的增长，我国蔬菜行业发展不断增长。同时，预制菜行业的兴起，带动了蔬菜产业的扩张，蔬菜相关企业注册量呈增长趋势。企查查数据显示，仅2022年第一季度，我国蔬菜种植企业新注册了13.5万家，同比增长了60.7%。我国蔬菜产业重点企业情况如表2-2所示。

表2-2　　　　　　　　　我国蔬菜产业重点企业情况

企业	富景中国控股有限公司	寿光蔬菜产业控股集团有限公司	昆明晨农集团有限公司	乐义集团
成立时间	2020年	1998年	1992年	2010年
业务布局	全国	全国，辐射日韩、东南亚、欧美等地区	远销加拿大、韩国、澳大利亚、日本、新加坡、马来西亚、泰国等国家	全国，出口俄罗斯、哈萨克斯坦等国家
企业定位	盆栽蔬菜农产品生产商	蔬菜全产业链运营商	集蔬菜种苗培育、基地种植、产品加工、物流运输、产品包装、市场销售、农业观光、农业科普、农游体验于一体的现代化新型农业企业	集种植、生产、加工、销售、科研、试验、示范、推广、培训、生态观光旅游多功能于一体的农业产业公司
供应链	种植、销售	种植、加工、运输、仓储、销售	种植、加工、运输、仓储、销售	种植、生产、加工、销售

资料来源：企业招股书、企业官网。

3. 发展趋势

（1）科技赋能产业，全程机械化发展加快。

蔬菜产业作为劳动密集型产业，过去蔬菜种植、采摘等环节主要依靠人工进行，劳动强度大，往往需要雇用大量的劳动力，因此人工成本通常占蔬菜生产总成本的一半以上。随着技术的不断升级和人工成本的不断增加，我国的蔬菜产业逐渐转型升级，向现代化、机械化转变，从传统的粗放式管理转变到精细化管理。2021年年底，农业农村部发布的《"十四五"全国农业机械化发展规划》中提出，到2025年，全国农作物耕种收综合机械化率达到75%。并且为了更好地推动蔬菜产业机械化发展，2022年3月，农业农村部农业机械化管理司发布了蔬菜适宜品种全程机械化生产模式与典型案例。与国外相比，我国蔬菜产业机械化发展较晚，目前我国部分地区在蔬菜种植、采摘等关键环节已经实现机械化，部分蔬菜品种可以实现全程生产机械化，随着政策的不断引导和产业标准化体系的不断完善，未来我国蔬菜产业也将向全程机械化的路径推进。

（2）产业集群化发展。

近年来，随着农业产业的结构化调整和转型升级，我国各省区市纷纷提出要加快推进蔬菜产业集群发展，利用特色支柱产业和区域性发展优势，通过农民专业合作社、家庭农场等模式将小型分散地集中种植，形成规模化、标准化蔬菜生产基地或集散地，推动"企业＋基地/合作社＋农户""贩运大户＋合作社＋农户＋市场"等经营模式，加强产销两端对接，将蔬菜产业种、培、仓、运、配、销标准化，形成蔬菜产销一体化体系，构建精品化蔬菜产业集群，带动蔬菜产业高质量发展，补齐产业短板、促进农民增收致富。目前，山东寿光市、山东莘县、河北张北县、云南元谋县、河北邯郸永年区、河南新野县、广东湛江市、甘肃兰州市、甘肃张掖市等都建有大规模的蔬菜生产基地。

四、蔬菜冷链需求分析

受季节轮转和极端天气的影响，蔬菜产业具有一定的季节性、周期性和不确定性，蔬菜价格浮动较大，逐渐形成了"夏贱冬贵"的规律。因此，大白菜、胡萝卜、萝卜等耐储藏的蔬菜常会被农户和企业利用冷库进行当季储藏，以延长蔬菜的供应周期，错季销售。南方夏季多雨、北方冬季寒冷，不利于大部分蔬菜的生长，为了更好地保障和协调各地区蔬菜的供应，国家从1988年就开始实施"菜篮子"工程。

依托于我国冷链物流的不断发展，"南菜北运"和"北菜南运"的双向流通通道逐渐畅通。2022年，国务院提出大力推进北方设施蔬菜、南菜北运基地建设，这将加大产地端冷库的建设以及其他冷链设施设备的需求，并逐步完善蔬菜冷链物流网络布局，逐渐打通蔬菜产地"最前一公里"、销地"最后一公里"和配送"最后一百米"。

第三节　肉类冷链需求情况分析

一、我国肉类产量情况分析

根据国家统计局数据，2022年我国猪、牛、羊、禽肉总产量9227万吨，比上年增长3.8%（见图2-9）。其中，猪肉产量5541万吨，增长4.6%；牛肉产量718万吨，增长3%；羊肉产量525万吨，增长2%（见图2-10）。年末生猪存栏45256万头，比上年年末增长0.7%；全年生猪出栏69995万头，比上年增长4.3%。

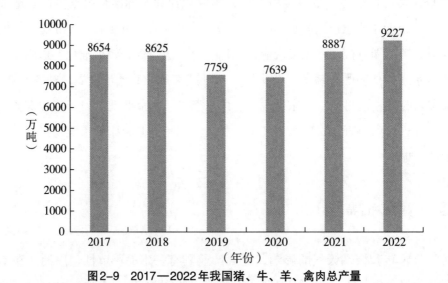

图2-9　2017—2022年我国猪、牛、羊、禽肉总产量

资料来源：国家统计局。

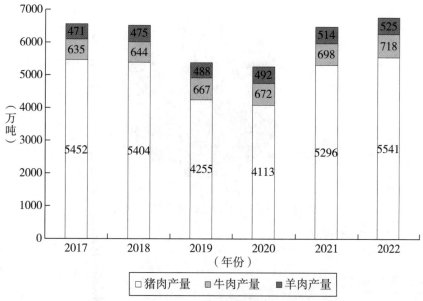

图2-10 2017—2022年我国猪、牛、羊肉产量

资料来源：国家统计局。

二、肉类进出口贸易分析

根据海关总署发布的数据，2022年我国肉类（含杂碎）累计出口40万吨，同比增长15.8%，累计出口额19.49亿美元，同比增长8.9%。肉类（含杂碎）累计进口740万吨，同比下降21.0%，累计进口额317.74亿美元，同比下降1.3%；其中，猪肉进口176万吨，同比下降52.6%；牛肉进口269万吨，同比增长15.3%；羊肉进口35.79万吨，同比下降12.8%；禽肉进口58.38万吨，同比下降16.2%。

（一）牛肉进口

农业农村部和海关总署数据显示，2022年我国牛肉进口量达269万吨，同比增长15.3%，进口额177.58亿美元，同比增长42.2%。巴西是我国最大的牛肉进口来源国，牛肉进口量占进口总量的41.1%，其次是阿根廷，占进口总量的18.2%，乌拉圭、新西兰、澳大利亚分别占比13.2%、8.0%和6.8%（见图2-11）。

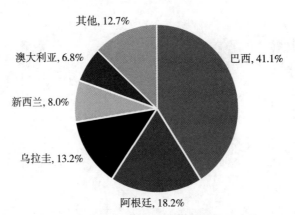

图2-11　2022年牛肉进口量国家/地区占比

资料来源：农业农村部、海关总署。

（二）羊肉进口

农业农村部和海关总署数据显示，2022年我国羊肉进口量达35.79万吨，同比下降12.8%，进口额20.76亿美元，同比下降12.6%。我国主要的羊肉进口来源国是新西兰和澳大利亚，其进口量分别占总量的54.6%和41.8%，共占比96.4%（见图2-12）。

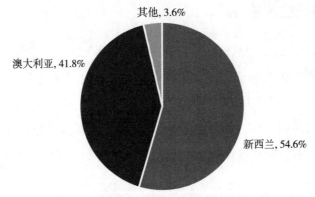

图2-12　2022年羊肉进口量国家/地区占比

资料来源：农业农村部、海关总署。

（三）猪肉进口

农业农村部和海关总署数据显示，2022年我国进口猪肉176万吨，同比下降52.6%，进口额38.98亿美元，同比下降61.7%。

（四）禽肉进口

2022年1—12月，我国禽肉进口量58.38万吨，较上年下降16.2%，进口额14.13亿美元，同比下降2.5%。

我国禽肉进口主要来源于巴西和美国，分别占比36.5%和24.8%，其次从俄罗斯的进口量占比10.9%，从泰国的进口量占比8.7%，从阿根廷的进口量占比6.3%，累计进口量占总量的87.2%（见图2-13）。

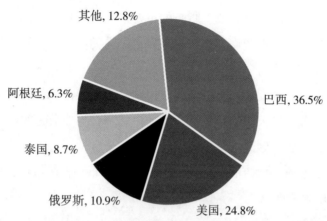

图2-13　2022年禽肉进口量国家/地区占比

资料来源：农业农村部、海关总署。

三、肉类产业情况分析

（一）肉类全产业链流程（见图2-14）

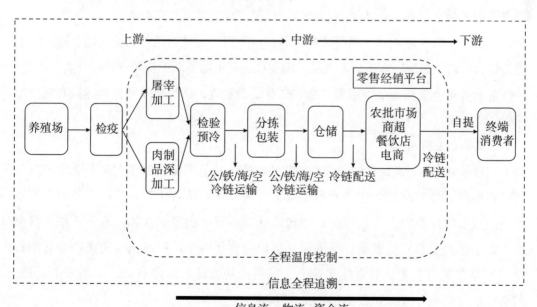

图2-14　肉类全产业链流程

（二）肉类产业发展现状

1. 行业概况

（1）产业多元化发展。

肉类作为人体所需优质蛋白质、脂肪的重要来源，一直以来都是我国居民日常餐桌的主力军，近些年人们消费需求越来越多样化，肉类产业随之不断革新，逐渐向多元化发展，从传统的热鲜肉、冷冻肉逐渐扩展到冷鲜肉，并且随着生产工艺的不断成熟，肉类制品按灭菌温度的高低也分为高温肉制品和低温肉制品。与过去高温肉制品相比，低温肉制品可以最大限度地保证肉类的口感和营养成分不被破坏，正好迎合当代年轻人对便利、快捷、健康的多重需求，并且随着餐饮行业不断连锁化，低温肉制品可以很好地满足连锁餐饮店的标准化需求，保证各个门店在口味、分量的一致，大大提高了门店的出餐速度。

（2）产业建设稳步前进。

畜牧业是农业的重要组成部分，其中，肉类产业是畜牧业经济发展的支柱产业之一。从20世纪90年代开始，随着时间的推移，我国对肉类的需求量逐年增长，需求量的增加推动了我国肉类产业建设。从生产端来看，2022年我国猪、牛、羊、禽肉产量9227万吨。从加工端来看，随着我国居民饮食习惯和固有思维的转变，消费者对腌腊制品、香肠制品、火腿等熟肉制品和半成品的接受程度不断提高，助推了肉制品深加工产业的发展。另外，近几年预制菜市场火爆，在此契机之下肉类预制菜产业开始崛起，包含水煮鱼、椰子鸡火锅等即烹食品，酱牛肉、无骨鸡爪等即食食品，速冻培根等即热食品以及免洗肉丝等即配食品。肉类预制菜市场不断向连锁餐饮、外卖、团餐、生鲜电商等行业扩张，全面覆盖大众和企业消费渠道，肉类产业消费端建设布局更加完善。

2. 肉类企业分析

细分领域龙头显现，区域品牌多且散。相较于其他国家，我国肉类产业市场有很大增长空间。在养殖端，中小养殖场众多，规模化养殖占比低，目前上游肉类养殖上市企业有牧原股份、温氏股份、中粮家佳康、罗牛山等；在加工和分销端，目前中下游上市企业有双汇发展、龙大肉食、雨润食品等。可以看出，肉类产业各细分领域都存在龙头企业，但整体产业上，肉类市场区域品牌多且散，市场集中度低。肉类产业重点企业情况如表2-3所示。

表2-3 肉类产业重点企业情况

企业	双汇发展	龙大肉食	中粮家佳康	牧原股份	温氏股份	新希望
成立时间	1994年	1996年	2016年	1992年	1983年	1982年
上市情况	1998年12月10日上市	2014年6月26日上市	2016年11月1日上市	2014年1月28日上市	2015年11月2日上市	1998年3月11日上市
业务布局	全国	华北、华东、华南、华中和西南	全国	全国	全国	全国
企业定位	集饲料、养殖、屠宰、肉制品加工、调味品生产、新材料包装、冷链物流、商业外贸等业务于一体的企业	以预制菜为核心的食品主体,以屠宰和养殖为两翼支撑,致力于成为中华预制菜最佳供应商、中国领先的食品企业	集生猪养殖、生鲜猪肉(屠宰)、肉制品生产、肉类产品进口等业务于一体的企业	集饲料加工、生猪育种、生猪养殖、屠宰加工于一体的猪肉产业链集团	以畜禽养殖为主业、配套相关业务的跨地区现代农牧企业集团	以现代农牧与食品产业为主营业务的民营企业集团
供应链	养殖、屠宰、加工、运输、储存、销售	养殖、屠宰、加工、销售	养殖、屠宰、加工、销售	养殖、屠宰、加工	养殖、加工、销售	饲料、养殖、加工

资料来源:企业招股书、企业官网。

3. 发展趋势

(1)全链品质安全要求更加严格。

目前,我国肉类产量尚不能充分保障国内市场供应,肉类进出口体量较大,随之而来面临的风险也较大。非洲猪瘟、高致病性禽流感等动物疾病会影响肉类的品质安全,2022年各大动物疫情不断冲击着肉类产业,韩国、日本、印度、泰国、匈牙利、波兰等国家纷纷出现非洲猪瘟疫情;美国、日本、比利时、加拿大等17个国家暴发高致病性禽流感;南非、以色列暴发口蹄疫疫情;泰国、巴基斯坦爆发结节性皮肤病疫情。进口肉检测出新冠阳性事件也频频爆出,在各种动物疫情和新冠肺炎疫情的双重重压下，肉类进口安全问题被推上风口浪尖，同时，国内肉类掺假、变质、滥用添加剂等安全问题屡见不鲜。近些年，国家和地方政府逐渐加强对肉类的监管，落实肉类食品安全的责任主体。2022年3月，农业农村部出台《2022年生猪等畜禽屠宰质量安全风险监测计划》，要求从部级和省级两级对跨省和省内流通屠宰企业的产品进行监测，加强屠宰环节质量安全风险管控。未来，随着肉类产业市场规模的扩张，肉类产业全链条产销一体化监管将更加严格。

（2）集中度不断提升。

我国肉类产业集中度较低，受市场波动影响较大，市场发展空间广阔。近些年，随着肉类产业结构改变和国家对肉类产业的政策扶持不断利好，肉类产业逐渐涌现一批领军企业，双汇发展、圣农发展、龙大肉食、雨润食品、牧原股份、上海梅林、得利斯等企业纷纷上市。肉类产业开始加速整合升级，部分企业利用自身资金、渠道等优势，开始打造全产业布局，向供应链上下游延伸，逐渐完善规模养殖、集中屠宰、精深加工、冷链储运、终端销售等全流程肉类产业链。人力和饲料成本提升、各大动物疫情的频发以及政府监管的加强，加速了小、散企业和个体农户的退出，一些中小企业逐渐被龙头企业收购或取代，在消费多元化、市场波动性较强的背景下，全产业链布局企业在市场竞争中更具竞争优势，抵抗周期性风险能力更强，中粮家佳康、双汇发展等企业纷纷加深产业布局，加速推动全渠道覆盖，肉类产业集中度将加速推进。未来，我国肉类产业集中度将不断提升，二八效应将逐渐明显。

四、肉类冷链需求分析

我国是肉类生产和进口大国，每年我国从世界各国进口大量的禽畜产品，美国农业部海外农业服务局（FAS）发布的全球畜牧业市场贸易报告显示，中国2023年总体肉类进口预计仍将增长。肉类产品流通量增加，推动肉类冷链物流规模快速增长。2022年7月，农业农村部办公厅、中国农业银行印发了《金融助力畜牧业高质量发展工作方案》，明确提出"支持现代加工流通体系建设……支持畜禽产品主产区配套建设冷却库、低温分割车间等冷藏加工设施和冷链物流设施，完善冷链配送体系和拓展销售网络，提升畜禽产品市场流通能力"。肉类产地冷链布局逐步完善，逐渐形成产销衔接、城乡覆盖、联通高效的冷链物流网络，"牧场＋超市""养殖基地＋精深加工＋超市"等新模式不断涌现。肉类生产、加工企业强化资源整合，积极拓展冷链物流业务，肉类冷链呈现出网络化、规模化、集团化的发展态势。

第四节　水产品冷链需求情况分析

一、我国水产品产量情况分析

国家统计局的数据显示，2022年全国水产品总产量达到6869万吨（见图2-15），根据2022年我国水产品产量和冷链流通率测算，2022年水产品冷链物流需求量为4540.41万吨。

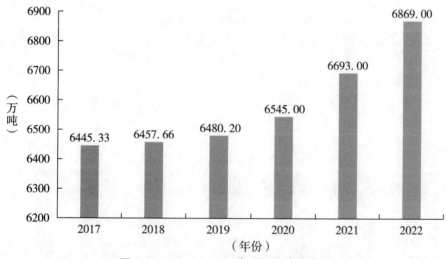

图2-15　2017—2022年我国水产品产量

资料来源：国家统计局。

二、水产品进出口贸易分析

根据海关总署的统计，2022年我国水产品进出口总量824万吨，同比增长11.7%；进出口总额达到424.26亿美元，同比增长17.7%。其中，进口量454万吨，同比增长20.2%；进口额198.4亿美元，同比增长35.8%；出口量370万吨，同比下降1.3%；出口额225.9亿美元，同比增长4.6%。[1]2022年受疫情防控影响，贸易顺差为27.5亿美元。

---

① 增长率（增速）按可比口径计算，全书同。

2017—2022年我国水产品进口额如图2-16所示。2017—2022年我国水产品出口额如图2-17所示。

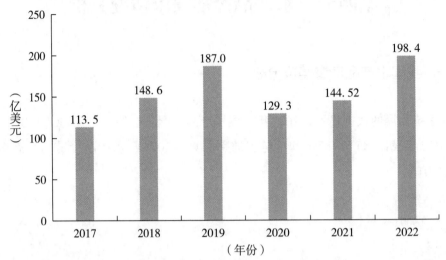

图2-16 2017—2022年我国水产品进口额

资料来源：海关总署。

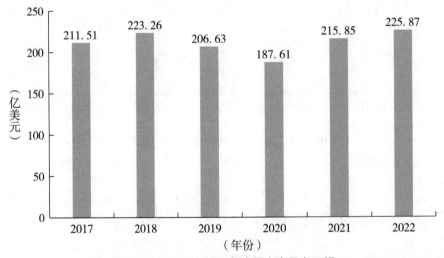

图2-17 2017—2022年我国水产品出口额

资料来源：海关总署。

三、水产品产业情况分析

（一）水产品全产业链流程（见图2-18）

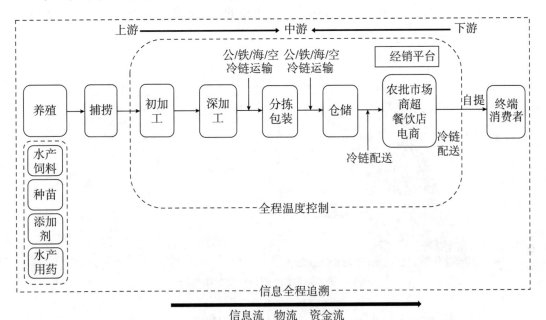

图2-18 水产品全产业链流程

（二）水产品产业发展现状

为大力发展水产品等优势农产品生产，培育一批特色水产品产业带，我国发布了一系列产业政策。2022年，国务院发布的《"十四五"推进农业农村现代化规划》中提出，强化科技支撑、质量控制、品牌建设和产品营销，建设一批特色农产品标准化生产、加工和仓储物流基地，培育一批特色粮经作物、园艺产品、畜产品、水产品、林特产品产业带。我国各省区市也积极响应国家政策规划，对各省区市水产品行业的发展作出了具体规划，支持当地水产品行业稳定发展，我国水产品行业迎来政策发展红利。

1. 行业概况

产业链上下游行业呈增长发展趋势。水产品行业产业链上游参与主体为水产饲料、种苗等水产养殖相关行业及船舶、渔具等水产捕捞相关行业；中游为各类水产品及水产加工等；下游为水产品的应用环节，主要为餐饮、医药、休闲食品等领域。具体来看，上游饲料产量整体呈现增长趋势，中游加工呈波浪式增长。

2. 水产品企业分析

水产品行业门槛低，参与企业众多且集中于中小企业。整体来看，行业竞争格局十分分散，参与企业尚未形成核心竞争力和行业优势，未形成一定规模的龙头企业。

（1）水产饲料行业竞争格局相对分散。

目前整个行业的竞争格局呈现出海大集团和通威股份作为两强的第一梯队，澳华、恒兴、粤海、旺海、天参、汇海等作为中型企业的第二梯队，剩下的大多是服务地方特色养殖品类的小企业（见图2-19）。

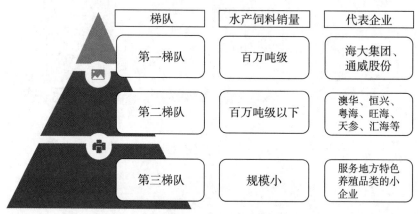

梯队	水产饲料销量	代表企业
第一梯队	百万吨级	海大集团、通威股份
第二梯队	百万吨级以下	澳华、恒兴、粤海、旺海、天参、汇海等
第三梯队	规模小	服务地方特色养殖品类的小企业

图2-19 我国水产饲料行业竞争格局

（2）水产养殖中小企业数量繁多，区域分布较为集中。

一方面，我国水产养殖行业的参与者主要为中小企业（见图2-20），前瞻研究院的数据显示，注册资本在100万元以下的企业数达到了72.16%。另一方面，从代表性企业分布情况来看，产业链较为完善。

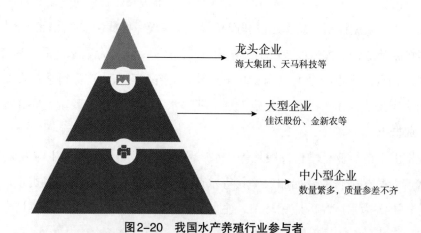

龙头企业
海大集团、天马科技等

大型企业
佳沃股份、金新农等

中小型企业
数量繁多，质量参差不齐

图2-20 我国水产养殖行业参与者

（3）水产加工参与者众多，头部企业打造差异化竞争优势。

从行业竞争格局来看，水产加工行业进入门槛相对较低，行业格局仍较为分散。目前行业参与者较多，各有优劣，在产品、渠道上进行差异化竞争（见表2-4）。

表2-4　　　　　　　　中国水产加工行业企业及主要产品

企业简称	产品类别
好当家	海水养殖、食品加工
中水渔业	远洋渔业捕捞、产品加工、运输
佳沃食品	中高档水产品的贸易、加工及销售
大湖股份	淡水水产品加工
百洋股份	冷冻罗非鱼产品生产和销售
国联水产	水产品食品加工以及预制菜产品研发

（三）水产品产业发展趋势

1. 探索综合发展模式，全产业链赋能行业发展

一方面，国内外市场对水产品安全性提出更高的要求，但水产品的安全问题并不是加工环节造成的，而是在上游的养殖环节，因此，水产品加工企业尝试控制产业源头，通过全产业链的打造来提升水产品的安全。另一方面，随着行业竞争赛道的转换，产业链竞争成为决定成败的关键。水产品企业纷纷加入全产业链的队伍，从而提升了产品竞争力和品牌影响力，如好当家建立起海参育种育苗—养成捕捞—研发加工—销售服务一体的绿色环保、可追溯的海参全产业链体系，打造并完善了海参产业链的规模化养殖模式。

2. 调整产品结构，冰鲜水产品拓宽市场空间

随着人们消费理念和消费习惯的改变，健康、便捷的鱼制品已成为主流产品，而浅加工的初级冰鲜加工品在保持原有新鲜口味和营养的同时，还可以根据消费者的需要分割成不同规格的冷冻小包装。在此情况下，水产加工企业应抓住发展机遇，延长水产加工产业链，通过水产加工的投资和研发，改进冷冻保鲜技术，完善加工流程，提升水产品综合效益和附加值，打造多品类产品。

3. 水产预制菜成为水产加工行业的重要转型升级方向

水产预制菜成为水产加工行业的转型升级方向。疫情期间，线下餐饮消费场景缺失，消费者对方便、快捷的水产预制菜产品的需求提升。据艾媒咨询数据，2022年我国68.7%的消费者购买水产预制菜的次数增加，水产预制菜关注度提升，预计2026年我国年水产预制菜市场规模将达2576亿元，行业有较大的发展空间。

四、水产品冷链需求分析

2022年，我国各省区市积极响应国家政策规划，围绕水产品冷链物流发展作出了

具体规划，比如福建省发布的《福建省贯彻"十四五"冷链物流发展规划实施方案》中提出，强化水产品产地保鲜加工设施建设，构建设施先进、技术优化、功能多样、绿色环保的一体化冷链物流配送中心。政策指引的逐步落地，将推动我国水产品冷链物流朝着信息化、绿色化、多元化等方面发展。其一，随着物联网、大数据和云计算等技术的发展和应用，冷链物流也越来越注重信息化管理和控制，在运输、储存和分销等环节实现全程可追溯和监控；其二，随着环保意识的不断加强，水产品冷链物流也越来越注重环保和可持续发展，采用环保型的运输和储存设备，减少能源消耗和碳排放；其三，随着消费者对水产品的需求更加多样化，冷链物流也越来越注重多元化的服务和产品，如多样化的包装材料、定制化的物流方案等。未来，随着科技的不断进步和市场的不断变化，水产品冷链物流也将不断适应和引领行业的发展趋势。

第五节　乳制品冷链需求情况分析

一、我国乳制品生产情况分析

2022年，我国乳制品产量为3117.7万吨，同比增长2.0%。根据2022年我国乳制品产量和冷链流通率测算，2022年我国乳制品的冷链需求总量为2137.62万吨。2017—2022年我国乳制品产量如图2-21所示。

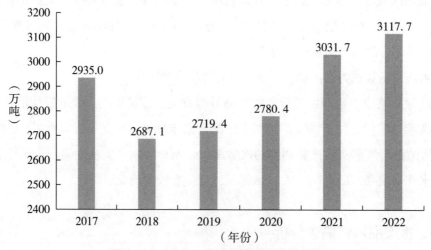

图2-21　2017—2022年我国乳制品产量

资料来源：国家统计局。

二、乳制品进口情况分析

根据海关数据，2022年我国乳制品进口量327万吨，同比下降17.1%。2022年我国乳制品进口额为139.36亿美元，同比增长0.8%。2022年1—12月我国乳制品进口量及同比增长率如表2-5所示。2017—2022年我国乳制品进口量及进口额如图2-22所示。

表2-5　　　　　　2022年1—12月我国乳制品进口量及同比增长率

时间	进口量（万吨）	进口量同比增长率（%）
1月	48	-5.5
2月	26	3.6
3月	27	-30.2
4月	26	-21.3
5月	27	-30.2
6月	24	-22.1
7月	25	-25.5
8月	26	-25.9
9月	25	-6.1
10月	23	-10.6
11月	26	-15.9
12月	25	-6.4

资料来源：海关总署。

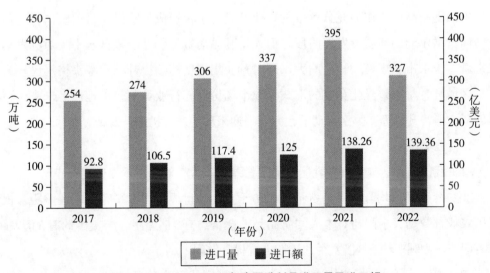

图2-22　2017—2022年我国乳制品进口量及进口额

资料来源：海关总署。

三、乳制品产业情况分析

（一）乳制品全产业链流程（见图2-23）

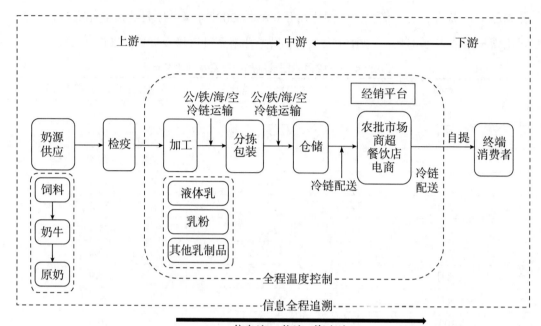

图2-23　乳制品全产业链流程

（二）乳制品产业发展现状

中国乳制品行业作为充分竞争的行业已经过了快速成长阶段，目前整体行业已逐步转向价增驱动的高质量发展阶段，但人均乳品消费量仍处于较低水平，对标发达国家来看，未来市场规模增长空间大。同时行业集中度持续提升，双寡头格局已较为稳定，区域乳企常以差异化竞争的形式获取市场份额，行业竞争趋于理性。未来，在科技创新、消费升级等多因素推动下，行业将迎来新的发展机遇。

1. 行业概况

（1）我国与发达国家人均乳制品消费量差距较大，对标来看提升空间广阔。

2022年我国人均乳制品消费量为12.0千克，与世界平均水平存在较大差距。根据美国农业部数据，中国与日本人均奶制品消耗量约有3倍差距，与美国约有5倍差距，与英国、澳大利亚约有8倍差距，长期来看提升空间广阔。

（2）中国乳制品市场规模逐年增长，市场规模已突破5000亿元。

随着中国经济发展、城镇化水平提高、人口出生率及年青一代饮奶习惯的改变，我国乳制品行业销售额持续增长，市场规模逐步扩大，我国乳制品市场仍保持良好的发展势头。2020年我国乳制品销售规模达到了6385亿元，预计2025年我国乳制品市场规模将达到8100亿元（见图2-24）。

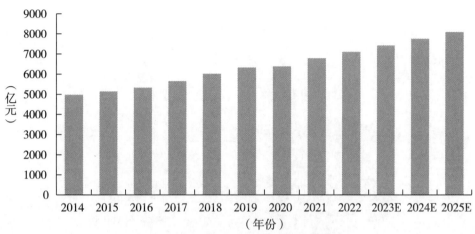

图2-24　我国乳制品市场规模及预测趋势

资料来源：前瞻产业研究院。

（3）乳制品产业链条长，横跨第一、第二、第三产业。

乳制品行业上游主要为奶源供应产业，具体包括牧草饲料种植、饲料加工、奶牛养殖（涉及疫病防治、挤奶设备等产业），最终形成原奶，上游主要参与者有奶牛养殖企业，如现代牧业、乳山、圣牧、赛科星、优然牧业等；中游主要对原奶进行加工形成各种产品，包括液体乳、乳粉及其他乳制品（奶酪、炼乳等），目前我国的乳制品构成以液体乳为主（液体乳包含巴氏杀菌乳、灭菌乳、发酵乳和调制乳产品），中游乳制品生产重点企业主要有伊利股份、安慕希、飞鹤等；下游为渠道消费环节，上述产品通过线下渠道（超市、便利店等）和线上渠道（淘宝、抖音等）送达消费者，下游的重点流通渠道则包括沃尔玛、永辉超市等大型商超，全家、美宜佳等便利店以及淘宝、京东等线上平台。

2.乳制品行业企业分析

作为成熟、充分市场竞争的行业，我国乳制品行业竞争格局稳定，形成两家全国性乳企、多家深耕一个或多个省市的区域性乳企及众多限于单个省份或城市内经营的地方性乳企，三类市场主体共存并错位竞争的格局（见图2-25）。具体来看，第一梯队为全国性乳企，销售网络覆盖全国，收入水平和市场占有率处于行业断层领先地位，目前形成以蒙牛乳业和伊利股份为首的双寡头格局。第二梯队为区域性乳企，在重点区域市场占据一定领先地位，与全国性乳企形成有效互补，如三元股份、光明乳业、君乐宝、新乳业等。第三梯队为地方性乳企，此类企业生产经营规模较小，通常仅在单一省市经营，市场份额小并且竞争力有限，如天润乳业、科迪乳业、燕塘乳业等。

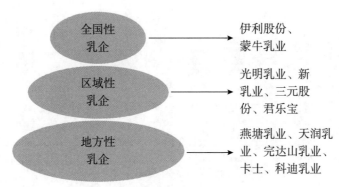

全国性乳企 → 伊利股份、蒙牛乳业

区域性乳企 → 光明乳业、新乳业、三元股份、君乐宝

地方性乳企 → 燕塘乳业、天润乳业、完达山乳业、卡士、科迪乳业

图2-25　中国乳制品行业竞争梯队

从细分行业来看，一方面，常温奶领域双寡头优势明显。我国常温奶市场已形成伊利股份、蒙牛乳业双寡头竞争格局。另一方面，低温奶拓展存在壁垒，区域乳企优势明显。相较于常温乳制品，低温乳制品由于保质期短，运输半径有限，全国化拓展存在天然壁垒，且区域性乳企通过"奶源＋渠道＋品牌认知"构筑的优势地位短期内难以被撼动，市场格局较为分散，总体呈现区域化竞争状态。根据阳光乳业招股说明书，2019年我国低温鲜奶市场排名前三的企业分别为光明乳业、三元股份和新乳业，市场占有率分别为12%、9%和6%。

3. 乳制品行业发展趋势。

（1）以科技创新为抓手提升核心竞争力。

2022年以来，有关部门已批准成立多个相关科研创新平台，如国家奶牛胚胎工程技术研究中心、国家母婴乳品健康工程技术研究中心等，为乳业创新发展筑牢基础。在政策红利支持下，乳制品企业（简称"乳企"）依托科研平台，不断推动产品创新，持续打造覆盖消费者全生命周期及全消费场景的产品线，如三元股份联合权威三甲医院及专家团队，围绕抑郁症、骨质疏松等人群，开展相关乳品健康临床医学循证，提高新品市场影响力。

（2）个性化需求推动产品多元化发展。

随着市场消费升级，以及消费者健康理念的改变，消费者对乳制品的口味、营养成分、品牌等方面的要求越来越高，乳制品企业需要根据消费者的需求，推出更加个性化的产品。为适应新的消费趋势，乳制品企业结合消费场景和消费需求研究，打造个性化、多元化的乳制品，如伊利牛奶推出了具有丰富膳食纤维、高营养蛋白的安慕希系列酸奶，后期又针对学生乳糖不耐受推出QQ星学生饮用奶无乳糖牛奶等。

（3）消费升级推动高端奶市场进一步发展。

其一，随着人们健康意识的增强，人们对食品的健康价值和质量要求越来越高。高端奶通过优质的原料、科学的生产工艺和环保的包装等手段，保证了产品的品质和卫生安全，受到了越来越多消费者的青睐。其二，消费升级的发展趋势，促使人们对牛奶的品质和口感要求也越来越高。高端奶在口感和品质方面都有着明显的优势，能够满足消费者对高品质牛奶的需求。其三，随着人口老龄化的加剧，人们对营养和健康的需求也越来越高。高端奶在蛋白质、钙质等方面的含量更高，能够满足老年人对营养的需求。

四、乳制品冷链需求趋势

受乳制品企业区域布局、居民消费需求等影响，未来乳制品冷链物流将更加注重多式联运、安全可追溯和定制化服务，以满足不断增长的市场需求。其一，乳制品生产和销售的区域性特点明显，乳制品企业需要将乳制品运输到各地的销售点，因此，将出现更多的多式联运方式，如铁路、公路、水路、航空等多种运输方式的组合，以满足不同区域的需求。其二，乳制品冷链物流将越来越注重产品的安全和可追溯性，通过利用新技术、新设备和新材料，加强产品的防伪、追溯和监管，以提高消费者对产品的信任度和满意度。其三，由于乳制品的特殊性，不同企业和消费者对冷链物流的需求也有所不同，因此，将出现更多的定制化服务，以满足不同客户的需求和要求。

第六节 速冻食品冷链需求情况分析

一、我国速冻食品产量情况分析

近年来，随着冷链物流的发展，2018—2022年，我国速冻食品行业市场规模持续扩大，预计未来几年我国速冻食品市场将延续增长的态势。

从产品品类上看，2022年在速冻食品市场中，速冻米面制品和速冻调制食品占据了主要的市场份额，其中，速冻米面制品为第一大品类，占比40%；速冻调制食品为第二大品类，占比28%；其他速冻食品占比提升至32%。2020—2022年我国速冻食品市场占比情况如图2-26所示。

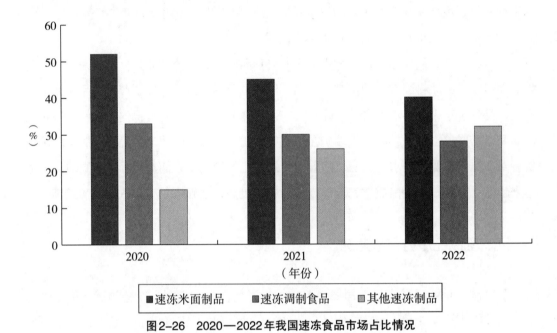

图2-26　2020—2022年我国速冻食品市场占比情况

资料来源：观研天下、华通证券研究部。

二、速冻食品产业情况分析

速冻食品因其方便快捷、营业丰富而备受喜爱。特别是疫情期间，速冻食品成为大众的首选目标。目前，我国速冻食品处于需求繁荣、行业规模快速扩张的发展阶段，但对比国外发达国家，我国速冻食品人均消费量偏低，尚有很大的提升空间。同时，行业集中度持续提升，目前已形成"三足鼎立"的局面，但细分领域市场尚有发展空间。未来，得益于餐饮业的快速发展和预制菜产业的崛起，行业将迎来新的发展机遇。

（一）速冻食品全产业链流程（见图2-27）

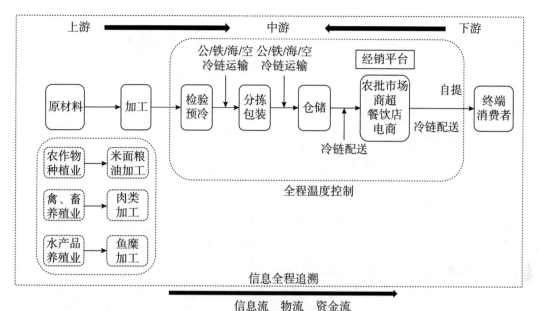

图2-27　速冻食品全产业链流程

（二）速冻食品产业发展现状

1. 行业概况

（1）我国速冻食品人均消费量偏低，有很大的提升空间。

根据艾媒咨询的调查数据显示，2019年我国人均速冻食品消费量为9千克，远低于美国的65千克、欧洲的35千克、日本的20千克的人均水平（见图2-28）。相比发达国家或地区，我国速冻食品行业起步较晚，人均消费量提升空间较大。

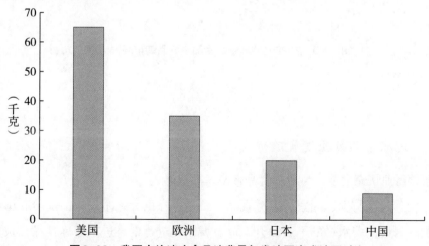

图2-28　我国人均速冻食品消费量与发达国家或地区对比

资料来源：艾媒咨询。

（2）速冻食品处于产业链的中游位置。

速冻食品产业链主要涵盖农业、初加工业、速冻食品制造商、渠道商和终端销售等多个环节。其中，上游为原材料供应商、初加工企业，中游为速冻食品制造企业、冷链设备供应商，下游为冷链物流产业、销售渠道。目前速冻食品有两大成熟的线下销售渠道，一是通过商场、连锁超市、便利店等方式，对接C端消费者；二是通过自营、经销等方式配送给餐厅、企事业单位、酒店等B端客户。

2. 速冻食品企业分析

马太效应凸显，市场份额向龙头企业集中。从竞争格局来看，速冻食品市场集中度较高，目前已形成安井、三全、思念"三足鼎立"的局面（见图2-29）。具体来看，在速冻米面制品领域，市场集中度较高，目前以三全、思念以及湾仔码头为代表；在速冻调制食品领域，由于调制食品进入门槛较低，大量竞争者涌入，市场集中度较低，目前主要品牌有安井、海霸王、海欣、惠发等。

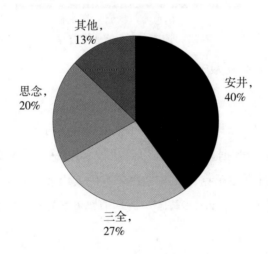

图2-29　2022年我国速冻食品主要品牌市场占比率

资料来源：中商产业研究院。

（三）速冻食品行业发展趋势

1. 餐饮行业快速发展，为速冻食品带来发展机遇

一方面，我国与发达国家的速冻食品消费量存在巨大差距，目前随着我国经济的不断发展，居民消费水平的不断提升，以及城镇化进程的推进，速冻食品已被更多人的接受并成为日常饮食的一部分，消费结构逐渐向发达国家靠拢，未来行业有很大的发展空间。另一方面，餐饮行业中以火锅为代表的大众化消费需求不断提升，带动速冻调制食品快速发展。同时，餐饮外卖的迅猛增长，扩大了速冻食品的消费半径，行业迎来加速发展期。

2. 速冻食品企业寻找第二增长曲线，预制菜成为下一个新蓝海

近年来，传统速冻食品面临产品同质化严重、业务增速放缓等问题，企业急需寻找业务第二增长曲线。随着预制菜业务的迅猛发展，速冻食品企业纷纷引入预制菜业务。一方面，企业进行产能扩建，比如海欣拟募资用于水产品精深加工及速冻菜肴制品项目，以扩建预制菜项目产能。另一方面，企业加大预制菜新品研发力度，如安井宣布拟投资10亿元，在湖北省洪湖经济开发区建立预制菜肴生产项目。

三、速冻食品冷链需求趋势

预制菜企业的供应链建立与运营离不开冷链物流的支撑。然而，预制菜市场的发展还在初期，冷链运输目前尚未形成规模效应，企业前期在设备、车辆、仓储建设等方面的投入都十分高，导致冷链运输的成本高企，尤其在C端市场，情况尤为突出，平均下来物流成本甚至可达三成。未来，预制菜的产业化发展将给冷链物流带来新的发展机遇。

（一）预制菜工厂发展带动冷链物流设备升级

目前，多数预制菜企业通过工厂进行预制菜加工。在企业发展初期，预制菜工厂一般为中小规模生产，当市场需求稳定后就会实现大规模生产。预制菜工厂需要借助大量的自动化设备实现自身的规模化发展，此时，可与设备厂商联合研发生产设备，涉及半成品的搬运、运输、储存等各类冷链物流设备，进而带动冷链物流设备升级。

（二）预制菜中央厨房进一步推动我国冷库建设

2022年，各地相继发布对预制菜产业园区的规划。产业园区遍地开花，仅广东就有11个预制菜产业园区。2022年5月，广东肇庆市启动建设7000亩的粤港澳大湾区预制菜产业园区。预制菜产业园区大多会配建中央厨房体系，同时配套急冻、冷库等冷链配套设施。未来，我国自动化冷库应用也将得到发展。

（三）预制菜推动冷链物流与配送体系进一步发展

一方面，预制菜领域的企业全国化发展，将推动第三方物流企业扩大网络布局，实现全国化的冷链仓储、运输以及配送网络部署。另一方面，预制菜需求的不断增长，吸引了家电、物流企业先后布局，如格力电器结合自身优势成立预制菜装备制造公司、京东推出预制菜专属解决方案，这些都将推动预制菜领域冷链物流与配送体系的进一步发展。

第七节　我国医药冷链物流发展现状及趋势

一、我国医药冷链物流行业发展现状

（一）医药冷链物流市场规模持续增长

医药冷链物流行业具有安全性要求高、需求突发性强、成本高及专业性强的特点，根据产品类别的不同，主要分为药品冷链、疫苗冷链、血液制品冷链以及生物样本库冷链。近年来，我国医药冷链行业快速发展。经分会不完全统计、测算，2022年我国医药冷链物流市场销售额达5458.62亿元，同比增长18.93%（见图2-30）。

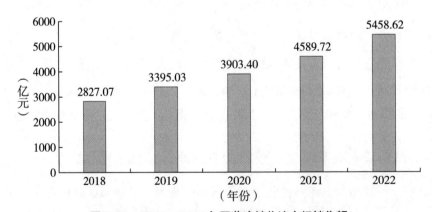

图2-30　2018—2022年医药冷链物流市场销售额

资料来源：中物联医药物流分会。

注：2021年数据不含新冠疫苗。

从细分产品看，我国医药冷链物流市场中运输的产品包括疫苗、血液制品、其他生物制品、IVD（体外诊断试剂）及医疗器械（IVD除外），其中，疫苗占比12.82%，血液制品占比11.69%，其他生物制品市场占比达到42.51%，IVD占比达27.48%，医疗器械（IVD除外）占比为5.5%（见图2-31）。

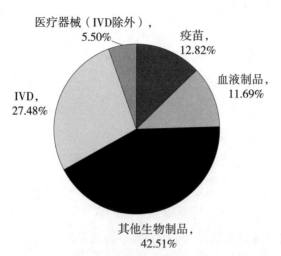

图2-31　2022年我国医药冷链物流市场产品结构

资料来源：中物联医药物流分会。

（二）医药冷链物流费用规模不断扩大

近年来，国家陆续发布利好政策，并且人们对医药安全的重视度提高，导致对医药冷链产品需求不断增加，我国医药冷链得以快速发展。2018—2022年我国医药冷链物流费用总额如图2-32所示。

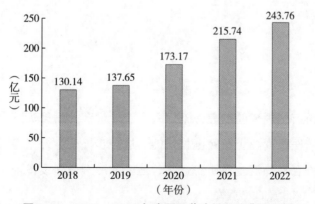

图2-32　2018—2022年我国医药冷链物流费用总额

资料来源：中物联医药物流分会。

（三）医药冷链物流基础设施设备体量逐年增加

1. 医药冷库面积持续增长

我国医药物流仓储仍以阴凉库及常温库为主，随着疫苗、血液制品、生物制品等销售额的增长，医药冷链仓库需求也随之增加。在疫情催化下，医药冷链物流基础设施建设迎来重要发展机遇期。据中物联医药物流分会对业内企业的调研，近期（2年）已有约60%的企业有计划在新增冷库，其余企业表示会根据具体业务发展情况对冷库进行扩容扩建。根据不完全统计，2022年我国医药冷库的面积稳定增长，为108.7万平方米，同比增长10.44%。

2. 2022年我国医药冷链企业自有冷藏车数量同比增长约13.54%

我国医药冷链企业自有冷藏车数量也呈现增长趋势，为医药冷链运输提供有力保障。中物联医药物流分会经过对行业重点企业的调研，经不完全统计。截至2022年，我国医药冷链企业自有冷藏车数量为14500台（见图2-33）。

图2-33　2016—2022年我国医药冷链企业自有冷藏车数量及增速

资料来源：中物联医药物流分会整理。

（四）医药冷链第三方物流初显规模

随着医药冷链市场规模的扩大，不仅入局企业增多，而且头部企业的经营能力也在巩固加强。传统医药商业企业冷链物流能力进一步提升，第三方医药冷链物流企业初具规模，社会综合性物流企业纷纷进驻，配套的冷链设施设备企业越加完善，市场呈现"万马奔腾"的欣欣向荣景象。

以第三方医药冷链物流企业为例，经过中物联医药物流分会调研，约20家头部企业的市场规模占行业比重已经升至29%，凸显了第三方物流企业在医药冷链物流中的重要性（如图2-34）。

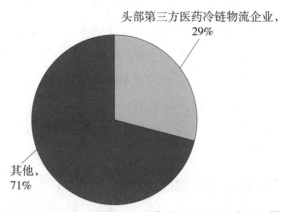

图2-34 2022年头部第三方医药冷链物流企业市场规模占比

资料来源：中物联医药物流分会。

（五）协会制定系列标准，规范行业发展

行业协会加紧落实国家颁布的一系列法规政策，制定医药冷链物流行业标准。由中物联医药物流分会制定的《药品冷链物流运作规范》《医药产品冷链物流温控设施设备验证 性能确认技术规范》《道路运输 医药产品冷藏车功能配置要求》等医药冷链物流国标、行标在行业中广泛推广应用（见表2-6）。

表2-6 中物联医药物流分会医药冷链相关标准制修订情况

标准类型	标准名称	标准编号	制定情况（发布日期）	实施日期
国家标准	《医药产品冷链物流温控设施设备验证 性能确认技术规范》	GB/T 34399—2017	2017-10-14	2018-05-01
	《药品冷链物流运作规范》	GB/T 28842—2021	2021-11-26	2022-06-01
行业标准	《药品阴凉箱的技术要求和试验方法》	WB/T 1062—2016	2016-10-24	2017-01-01
	《药品冷链保温箱通用规范》	WB/T 1097—2018	2018-07-16	2018-08-01
	《道路运输 医药产品冷藏车功能配置要求》	WB/T 1104—2020	2020-05-11	2020-06-01
团体标准	《医药冷藏车温控验证 性能确认技术规范》	T/CFLP 0013—2018	2018-04-11	2018-05-01

《药品冷链物流运作规范》通过线下＋线上的方式共举办16场宣贯培训活动，吸引了500余家企业，共800余名质量管理人员深入学习标准；开展了17批试点，454家企业成功入选，11批达标，130家企业成功入选，4批示范，26家企业成功入选；共查询到250余条招投标项目，包含省疾控、医院、生产等80余家企事业单位，涉及北京、上海、广东、浙江、江苏等18个省及直辖市，在疫苗、中药饮片、检验标本等冷链配送项目方面，将该标准的试点、达标、示范资质作为招投标的加分项目。

二、我国医药冷链物流仍然面临诸多挑战

（一）医药冷链现代物流体系亟待建立

目前我国医药冷链物流行业处于发展初期，行业仍呈现规模小、散、乱的现象。我国大型商业公司几乎都有冷链物流部，但缺乏上下游的整体规划和整合，现代物流体系建设还有很长的路要走。

（二）基础设施设备水平尚需提高

近年来，医药冷链冷藏车数量、冷库容积、医药保温箱等设施设备规模大幅度提高，但仍存在基础硬件设施落后、市场化程度低、区域发展不均衡等问题亟待解决。

（三）运营效率和管理水平亟待提高

医药冷链第三方物流发展滞后，缺乏专业化。此外，物流成本压力较大，医药冷链运输成本远远高于医药物流行业成本整体水平，这极大地考验了企业的运营效率与管理水平，未来，如何有效降低冷链运输成本，需要全行业的共同努力。

（四）信息共享机制不健全

行业的服务网络和信息系统不够健全，缺乏准确性和及时性的信息共享机制，供应链上下游企业之间的信息互不相通，难以提高冷链物流的配送效率，冷链物流的成本和商品损耗也很高。

三、医药冷链物流的发展趋势

（一）第三方物流体系逐步完善

第三方医药冷链物流企业具有专业的冷藏运输体系，可为客户提供一站式、整体优化的物流服务，建立生产企业、流通企业与医院、药房、连锁药店等之间的经营战略联盟，提升流通效率，降低医药企业物流成本，有利于对市场变化进行快速响应，进而增强市场竞争力。因此，建立第三方医药冷链物流企业与医药企业的一体化平台，是市场发展进程中不断探索的必经之路。医药冷链物流经过资源整合，可以为医药企业提供更加便捷的医疗服务。

（二）供应链整合

未来，医药冷链物流的供应链将逐渐整合，形成覆盖全链条、具备强大供应保障能力的物流体系。同时，电商物流、跨境物流等领域将逐渐融入医药冷链物流的生态体系。

（三）技术升级

随着自动化和信息化技术的发展，医药冷链物流将更加智能化和自动化。发达国家信息化管理技术已发展成熟，医药冷链物流行业效率处于高水平。我国应引进先进的冷链物流技术，实现药品全程监测与记录，通过数据分析与处理，快速反馈并维持药品的运输环境，使医药冷链物流在生产、储存和运输环节更具备可控性、更加智能化。

第三章 2022年全国冷库情况分析

本章共分为四节，依次对国家和各地方的冷库政策和关于推动氨制冷剂在冷链行业安全应用的提案、冷库市场概况、冷库市场运行情况、冷库热点等内容进行阐述。

第一节 冷库政策情况分析

一、国家相关政策情况

2022年是"十四五"规划关键之年，是第二个百年奋斗目标开局之年。继2021年12月国家发展改革委下发《"十四五"冷链物流发展规划》后，2022年各级政府陆续出台相关配套和支持政策。据不完全统计，2022年全年，国家层面出台的冷链相关政策、规划超过了52项，其中与冷链仓储相关政策达到了20项，国家冷库部分相关政策汇总如表3-1所示。

表3-1　　　　　　　　2022年国家冷库部分相关政策汇总

序号	发布时间	发布单位	政策名称	内容摘要
1	2022-01	农业农村部	《农业农村部关于落实党中央国务院2022年全面推进乡村振兴重点工作部署的实施意见》	加强农产品流通体系建设。大力推进农产品仓储保鲜冷链物流设施建设，支持特色农产品优势区和鲜活农产品生产大县整县推进，促进合作联营、成网配套
2	2022-01	国务院	《"十四五"节能减排综合工作方案》	城镇绿色节能改造工程。实施绿色高效制冷行动，以建筑中央空调、数据中心、商务产业园区、冷链物流等为重点，更新升级制冷技术、设备，优化负荷供需匹配，大幅提升制冷系统能效水平

序号	发布时间	发布单位	政策名称	内容摘要
3	2022-01	国务院	《国务院关于支持贵州在新时代西部大开发上闯新路的意见》	支持建设产地冷链物流设施，鼓励农业产业化龙头企业、农产品流通企业和大型商超在贵州建设绿色农产品供应基地，推动"黔货出山"
4	2022-03	国家发展改革委	《2022年新型城镇化和城乡融合发展重点任务》	推进城镇基础设施向乡村延伸。建设联结城乡的冷链物流、电商平台、农贸市场网络，建设重要农产品仓储设施和城乡冷链物流设施
5	2022-03	农业农村部	《农业农村部关于实施新型农业经营主体提升行动的通知》	参与乡村发展和乡村建设。鼓励新型农业经营主体发展新产业新业态，由种养业向产加销一体化拓展。支持县级及以上示范社和示范家庭农场建设农产品仓储保鲜冷链设施，改善生产条件
6	2022-03	财政部办公厅、商务部办公厅、国家乡村振兴局综合司	《关于支持实施县域商业建设行动的通知》	以人口相对聚集的乡镇为重点，支持升级改造一批商贸中心、大中型超市、集贸市场等，完善冷藏、陈列、打包、结算、食品加工等设施设备
7	2022-04	交通运输部、国家铁路局、中国民用航空局、国家邮政局、中国国家铁路集团有限公司	《关于加快推进冷链物流运输高质量发展的实施意见》	优化枢纽港站冷链设施布局。结合国家冷链物流骨干通道网络建设，依托农产品优势产区、重要集散地和主要销区所在地货运枢纽、主要港口、铁路物流基地、枢纽机场，统筹冷链物流基础设施规划布局，推动铁路专用线进入物流园区、港口码头，完善干支衔接、区域分拨、仓储配送等冷链运输服务功能，提升冷链运输支撑保障能力
8	2022-04	国务院办公厅	《国务院办公厅关于进一步释放消费潜力促进消费持续恢复的意见》	加快发展冷链物流，完善国家骨干冷链物流基地设施条件，培育一批专业化生鲜冷链物流龙头企业
9	2022-04	农业农村部、财政部、国家发展改革委	《农业农村部 财政部 国家发展改革委关于开展2022年农业现代化示范区创建工作的通知》	加强5G、物联网、快递网点等建设，加快农田水利、冷链物流、加工仓储等设施智能化转型

序号	发布时间	发布单位	政策名称	内容摘要
10	2022-05	国务院	《扎实稳住经济一揽子政策措施》	在农产品主产区和特色农产品优势区支持建设一批田头小型冷藏保鲜设施，推动建设一批产销冷链集配中心
11	2022-05	国务院办公厅	《"十四五"现代物流发展规划》	完善冷链物流设施网络。加快实施产地保鲜设施建设工程，推进田头小型冷藏保鲜设施等建设，加强产地预冷、仓储保鲜、移动冷库等产地冷链物流设施建设，引导商贸流通企业改善末端冷链设施装备条件，提高城乡冷链设施网络覆盖水平
12	2022-06	农业农村部办公厅、财政部办公厅	《农业农村部 财政部办公厅关于做好2022年农产品产地冷藏保鲜设施建设工作的通知》	合理集中建设产地冷藏保鲜设施。各地要认真落实"十四五"农产品冷链物流布局规划，加强产地冷藏保鲜设施与冷链集配中心、骨干冷链物流基地的有效衔接，整体构建功能衔接、上下贯通、集约高效的产地冷链物流体系
13	2022-07	农业农村部办公厅、国家乡村振兴局综合司、国家开发银行办公室、中国农业发展银行办公室	《农业农村部办公厅 国家乡村振兴局综合司 国家开发银行办公室 中国农业发展银行办公室关于推进政策性开发性金融支持农业农村基础设施建设的通知》	现代设施农业。支持农产品仓储保鲜冷链物流设施建设，重点发展农产品产地冷藏保鲜设施，建设产地冷链集配中心和骨干冷链物流基地
14	2022-08	国务院	《国务院关于支持山东深化新旧动能转换推动绿色低碳高质量发展的意见》	扎实推进乡村振兴。实施种业振兴行动，加快农产品仓储保鲜冷链物流设施建设，建设重要农产品和蔬果供应保障基地
15	2022-09	农业农村部办公厅	《农业农村部办公厅关于深入学习贯彻〈中华人民共和国农产品质量安全法〉的通知》	支持冷链物流基础设施建设，推动农产品流通现代化，扩大高品质市场供给

续表

序号	发布时间	发布单位	政策名称	内容摘要
16	2022-12	中共中央、国务院	《扩大内需战略规划纲要（2022—2035)》	加快建设农产品产地仓储保鲜冷链物流设施，提高城乡冷链设施网络覆盖水平，推动食品产销供的冷链全覆盖
17	2022-12	国家发展改革委	《"十四五"扩大内需战略实施方案》	推进国家易于冷链物流基地布局建设，提升冷链物流规模化、集约化、网络化发展水平，加快实施农产品产地仓储保鲜冷链物流设施建设工程

二、地方相关政策情况

2022年，各地方政府根据国家战略方针陆续出台冷库相关政策，从政策数量来看，据不完全统计，2022年各省区市发布冷库相关政策37项（见图3-1）；从发布省区市来看，河南、北京、内蒙古、陕西和广西等省区市政策出台数量位居前列；从规划内容来看，各省区市冷库相关政策主要围绕基础设施升级、数字化、冷库容量以及绿色化等方面进行规划，其中，多个政策围绕基础设施升级展开，数量超过20项，涉及数字化政策7项、冷库容量政策6项、绿色化政策5项。

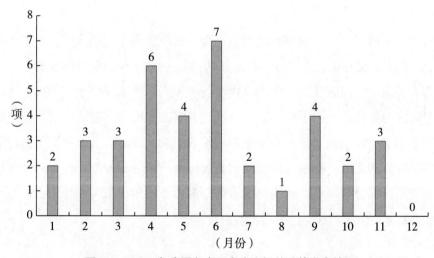

图3-1 2022年我国各省区市冷库相关政策发布情况

资料来源：中物联冷链委不完全统计。

首先，多个省区市提出冷链物流基础设施升级规划。其中，加强移动冷库应用成为热点。广西提出健全农村冷链物流体系，打造"1个县级冷链物流集配中心+N个产地保鲜仓（地头冷库）+N个移动冷库"模式。福建在构建农产品产地冷藏保鲜设施体系中提出，鼓励发展基于互联网、物联网的智能化移动式冷库。山东推进移动冷库循环共用，同时在加强产地预冷物流体系建设中提出"基点+移动冷库+集配中心"运行组织模式。

其次，福建、山东、广西、甘肃等地关注冷库信息化、数字化与智能化发展。一方面，加快数字化发展步伐。开展数字化冷库试点，推动形成一批可复制、可推广的经验。另一方面，提高智能化发展水平。推动冷库"上云用数赋智"，加强冷链智慧仓储管理、运输调度管理等信息系统开发应用。

再次，安徽、湖南、青海以及广西等地均围绕冷库扩容进行规划。其中，安徽提出到2025年全省冷库总库容1750万立方米；广西到2025年年底全区建成3000个以上农产品产地保鲜仓（地头冷库）。

最后，山东、安徽、江苏以及甘肃等地聚焦绿色低碳。一方面，在新建冷库等设施方面，严格执行国家节能标准要求，鼓励利用自然冷能、太阳能等清洁能源。另一方面，加快淘汰老旧高能耗冷库和制冷设施，支持有条件的冷库合理利用自然冷能、太阳能等清洁能源，提高冷库、冷藏车等设施设备保温材料的保温和阻燃性能。

三、重点政策分析——《关于推动氨制冷剂在冷链行业安全应用的提案》

2022年9月19日，应急管理部经商科技部，就政协第十三届全国委员会第五次会议第00202号（工交邮电类027号）提案正式函复中国冷链学会制冷节能降碳与制冷剂替代决策咨询专家团队成员、全国政协委员唐俊杰。该项《关于推动氨制冷剂在冷链行业安全应用的提案》由中国冷链学会组织专家支撑唐俊杰委员完成。该提案针对2013年两起涉氨责任事故导致社会对氨制冷形成误解、地方政府及其监管部门对氨制冷剂非理性限制的现象，提出非理性限制氨制冷剂严重阻碍冷链行业可持续发展、与绿色低碳发展目标背道而驰，并为推动氨制冷剂安全应用提出一些建议，应急管理部对提案给予答复，因此对该文件进行相关解读。

（一）提案背景

冷链行业是贯通第一、第二、第三产业、保障食品安全、衔接乡村振兴、促进消费升级的重要民生行业。广泛推广使用绿色、低碳、高效的氨制冷剂是推动冷链行业持续健康发展的关键环节，一直以来氨制冷剂都是冷链行业的主流选择。但近几年，氨制冷剂在我国冷链行业的应用受到了非理性限制，出现边缘化趋势。

一是两起涉氨责任事故导致社会对氨制冷的误解。2013年，吉林省长春市宝源丰禽业有限公司"6·3"特别重大火灾爆炸事故（简称"6·3"事故）和上海翁牌冷藏实业有限公司"8·31"重大氨泄漏事故（简称"8·31"事故）相继发生。根据国务院安委办通报的事故调查报告，"6·3"事故和"8·31"事故虽都是涉氨冷链企业发生的重大安全事故，但"6·3"事故实际上是火灾，"8·31"事故完全是由企业违法违规经营管理所致，都不是氨制冷技术本身的问题。但是，由于大量媒体采用"涉氨制冷事故"进行报道，个别卤代烃（俗称氟利昂）制冷机组制造商进行诱导性宣传，引起了公众对涉氨制冷的误解，使冷链行业用户和地方政府及其监管部门普遍"谈氨色变"。

二是地方政府及其监管部门对氨制冷剂非理性限制。由于对氨制冷的误解，加上大量跨行业（化工等非制冷行业）专家主导冷链项目评审出现的导向偏差，以及面对严厉的安全生产追责压力，地方政府及其监管部门普遍认定氨制冷企业一律存在"重大安全隐患"，无论安全管理措施是否到位，一律按照有重大安全隐患过度执法，大量氨制冷系统被非理性查封，并改造为氟利昂制冷系统，新建项目的氨制冷系统无法获批而变更为氟利昂制冷系统。

三是非理性限制氨制冷剂严重阻碍冷链行业的可持续发展。当前，我国消费不断升级，冷链市场需求持续增强，冷链行业进入高速增长期，预计到2030年，我国冷库库容将翻一番，达到1.5亿吨左右。非理性限制绿色、低碳、高效的氨制冷剂无疑会严重阻碍冷链行业可持续发展。

四是非理性限制氨制冷剂与绿色低碳发展目标背道而驰。非理性限制氨制冷剂，导致大量氨制冷剂被氟利昂制冷剂取代。氟利昂不仅消耗臭氧层，同时还是强温室气体，在制冷系统运行过程中极易泄漏。根据中国制冷学会测算，按照2030年全国冷库总容量1.5亿吨估算，全部采用第三代氟利昂 R507A 的制冷系统与全部采用氨/二氧化碳复合的制冷系统比较，每年将增加二氧化碳排放当量约4000万吨。

当前，我国新发展格局加速构建，亟须政府以"有形之手"破解难题，推动氨制冷剂在冷链行业的安全应用，主动对接"双碳"目标和人民群众对美好生活的需求。

（二）提案建议

首先，健全完善制度，严格执行法规和标准规范。根据氨制冷安全应用的发展趋势，不断完善修订符合氨制冷新技术的法规和标准规范；为涉氨制冷企业规范化生产和监管部门规范化管理提供有力的支撑；禁止用其他行业标准规范对涉氨制冷企业进行监管。

其次，提高地方政府和监管部门的科学管理水平。要科学、客观地认识氨制冷剂，转变"谈氨色变"的观念；要依法依规对涉氨制冷企业进行监管，推动行业安全健康发展；要准确界定监管责任，在氨制冷系统发生安全事故后，对监管部门规范履行安全生产监督职责的，应予以减责甚至免责。

最后，加大对氨制冷剂应用的支持力度。国家发展改革委和商务部要尽快出台政策，对新建或改建的涉氨制冷项目应优先立项，并加大比例给予补贴或专项奖励；生态环境部、应急管理部要监督地方政府立即停止一刀切的"氨改氟"的错误做法；各级政府要充分发挥冷链行业学会、协会等社团组织的作用，开展氨制冷安全应用的培训，提高从业人员的专业技能；要积极鼓励企业、高校和科研院所，在氨、二氧化碳等自然工质领域创新技术和安全应用方面，加大投入，积极探索。

（三）政策落实情况

1. 关于"健全完善制度，严格执行法规和标准规范"

一是参与制定审查《冷库设计标准》（GB50072—2021），强调"安全、节能、环保、经济、适用"原则，对制冷系统与设备选择、监测预警装置、氨制冷剂泄漏处置等提出明确要求。二是组织制定《氨制冷企业安全规范》（AQ 7015—2018），对制冷系统及作业场所的安全设施运行、维护和安全管理、应急救援等作出明确规定。三是制定《工贸行业重大生产安全事故隐患判定标准（2017版）》，明确将"包装间、分割间、产品整理间等人员较多生产场所的空调系统采用氨直接蒸发制冷系统"和"快速冻结装置未设置在单独的作业间内，且作业间内作业人员数量超过9人"两种情形作为使用液氨制冷行业领域的重大隐患，进行重点整治。四是印发《涉氨制冷企业液氨使用专项治理技术指导书（试行）》（以下简称《技术指导书》）等配套文件，其中明确"我国是《蒙特利尔议定书》缔约国，在专项治理过程中，应严格避免产生以'氟利昂制冷剂代替氨制冷剂'的简单化做法所带来的环境问题"。以上标准和《技术指导书》均未要求不得使用氨制冷，并对安全使用进行了规范。

2. 关于"提高地方政府和监管部门的科学管理水平"

在依法监管方面，应急管理部出台《关于加强安全生产执法工作的意见》，督促指导各省级应急管理部门明确各级执法主体管辖企业名单，原则上一家企业对应一个层级的执法主体。依据重点行业领域重大事故隐患判定标准，分行业领域建立执法检查重点事项清单并动态更新。对使用液氨制冷的冷链行业，明确具体的重点检查事项，依法开展执法检查和专项整治，未要求企业替换或者禁止使用氨制冷剂。近年来，应急管理部通过持续督导检查和明查暗访，不断规范地方监管部门执法工作，提高监管部门的科学管理水平，防止一般化、简单化、"大呼隆"等粗放式检查扰乱企业生产经营，推动涉氨制冷行业安全健康发展。在尽职免责方面，应急管理部印发了《应急管理行政执法人员依法履职管理规定》，从监督、保障两个方面，对应急管理行政执法人员履职尽责作出规定，坚持约束与激励并重，强调有错必纠、容纠并举，尽职免责、失职问责，既严格问责追责，又有效保护基层执法检查人员担当作为、干事创业的积极性。

3. 关于"加大对氨制冷剂应用的支持力度"

目前，全国持有制冷与空调特种作业操作证书的从业人员约26万人。科技部大力推进冷链行业技术发展，"十三五"期间，通过国家重点研发计划"变革性技术关键科学问题""材料基因工程关键技术与支撑平台""政府间国际科技创新合作重点专项"等重点专项，支持了"高性能热电膜及其高效发电和制冷技术研究""气波膨胀制冷新原理与关键技术""甲烷和二氧化碳催化转化及外场耦合化学键精准重构""场致效应增强二氧化碳还原及其机理研究"。"十四五"期间，通过国家重点研发计划"稀土新材料""政府间国际科技创新合作"等重点专项，支持了"稀土相变制冷材料的多尺度设计与先进制备工艺""可再生电力／热力驱动型制冷储冷一体化技术的协同开发"等项目，推动冷链行业制冷材料和装备新技术、新工艺的发展。

（四）未来发展

1. 完善行业标准

应急管理部将继续根据氨制冷安全发展趋势，组织冷链行业学会、协会和企业及专家，不断修订完善有关法规标准，健全安全管理制度。

2. 规范行业发展

应急管理部将进一步加强督促指导，推动地方应急管理部门持续聚焦两项重大隐患，按照《氨制冷企业安全规范》等标准，参照《涉氨制冷企业液氨使用专项治理技术指导书（试行）》要求，尊重企业自主经营和选择的权利，不得强制要求"氨改氟"，推动冷链行业安全使用液氨，防范遏制重特大事故发生，同时，严格落实《应急管理行政执法人员依法履职管理规定》，激励保证应急管理行政执法人员忠于职守、履职尽责、担当作为。

3. 加强行业自律

应急管理部将进一步发挥冷链行业学会、协会等社团组织作用，加强制冷与空调特种作业持证人员的培训工作，不断提升从业人员安全技能。同时，加强对监管执法人员的培训，着力提升执法人员业务素质水平。科技部将依托国家重点研发计划，进一步加强冷链行业新材料、新技术研发，为冷链行业可持续发展提供技术支撑。

第二节　冷库市场概况

一、冷库容量变化情况

2022年，冷库市场规模再创新高，但增速持续放缓。随着物流、电商等行业的快速发展，市场对冷链物流的需求也越来越大，推动了冷库行业的发展。尽管冷库行业规模持续扩大，但也存在一些问题和挑战，如技术创新不足、环保要求加强等。为了应对这些挑战，冷库企业需要不断提高技术水平、加强品牌建设、优化服务质量，以保持市场竞争力，并为客户提供更加优质的服务。2018—2022年我国冷库容量如图3-2所示。

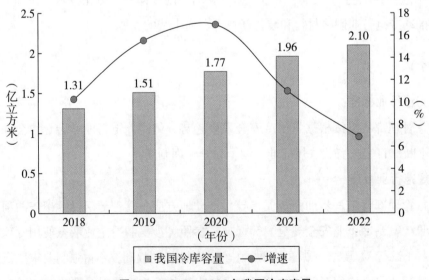

图3-2　2018—2022年我国冷库容量

资料来源：中物联冷链委。

二、国内冷库发展特点

（一）冷库增速放缓，市场供需匹配失效

近年来，随着国内物流行业的快速发展和消费升级，冷链物流市场需求迅速增长，冷库行业也得到了快速发展。2021年以来，行业经历多年的高速增长后，开始回归理性，冷库库容增长率分别降至7.7%和6.88%。在市场化作用下，我国冷库供需分布尚不均衡。链库大数据中心数据显示，从需求的角度来看，目前冷库需求主要集中在北上、两广、江浙等地区的一、二线及沿海城市，中西部冷库需求主要集中在四川、河南等地，当前冷库需求仍然呈现东西部发展不平衡格局；从供给的角度来看，目前我国冷库出租主要集中在东部、华南和中部地区，北部和西部地区冷库资源相对较少。

（二）冷库低碳标准扬帆起航，行业向绿色转型

一方面，在中国"双碳"目标和《"十四五"冷链物流发展规划》的指引下，冷库作为高能耗的产业，面临规模扩张和碳排放控制之间的突出矛盾，迫切需要加快减排降耗和低碳转型步伐。2022年9月15日，《冷库低碳评价指标》团体标准启动会在上海举办，该团体标准不但填补了行业标准空白，实现了低碳发展的标准引领、标准先行，同时有力支撑了国务院、国家发展改革委关于建设节能、低碳、高效、安全的冷库建筑的政策要求，助力冷链行业绿色低碳发展。另一方面，冷链物流企业积极践行碳中和理念，冷库建造向低碳节能转型。冷链物流企业深度植入低碳理念，打造光伏+冷库模式，解决冷库能耗问题。如2022年6月，融万低碳冷链物流园·天津项目举行开仓庆典。该园区的屋顶设置分布式光伏，"自发自用、余电上网"，保温材料使用高标聚氨酯冷库板，采用自动感应照明系统、加热地坪能量回收系统等。

（三）大型企业聚焦规模化扩张，小型企业追求精耕细作

大型企业可以通过规模优势获得更高的效益和竞争优势，而小型企业则更注重精益求精，提供更加专业化和定制化的服务。一方面，大型企业通常会自建大型冷库，以满足更广泛的市场需求。它们通常拥有更多的资源，可以承担更高的建设成本。此外，大型企业还可以通过规模效应获得更高的效益和竞争优势。另一方面，小型企业则更注重精益求精，通常会在一定的地区或市场上建设小型冷库，以提供更加专业化和定制化的服务。它们可能会为客户提供更高质量的服务，并且在服务上更加灵活。小型企业通常更加关注客户的需求，并且更愿意为客户提供个性化的服务。如北京亚冷控股有限公司从客户的角度出发，针对市区大仓储存、全保险安全储存、全温区可调等客户痛点，不断完善

冷库产品，设立了三重安全保障：一是冷库科学设计下的全温区可调；二是中央机房控制下的全国各仓温度一键可调；三是24小时物业服务和设备运维服务保障。

三、2022年影响冷库发展因素分析

（一）政策鼓励，冷库规模再创新高

2022年针对冷库建设，国家层面出台相关政策超过20项，重点围绕冷库规划布局、节能减排、投资建设、运营管理、城乡发展、骨干培育、细分品类、技术赋能等多个领域提出明确要求。如《农业农村部关于落实党中央国务院2022年全面推进乡村振兴重点工作部署的实施意见》提出"大力推进农产品仓储保鲜冷链物流设施建设，支持特色农产品优势区和鲜活农产品生产大县整县推进，促进合作联营、成网配套"。《"十四五"扩大内需战略实施方案》中提出"推进国家骨干冷链物流基地布局建设，提升冷链物流规模化、集约化、网络化发展水平，加快实施农产品产地仓储保鲜冷链物流设施建设工程等"。在宏观引导及监管力度不断强化的大环境下，我国冷库建设和冷链仓储业务逐步走上发展正轨。

（二）多业态发展，催生了冷库需求

随着我国经济的快速发展，各种新兴业态和商业模式不断涌现，这些新业态和商业模式的兴起，催生了冷库需求的增加。首先，预制菜行业兴起催生冷库市场新需求，带来冷链物流行业发展新机遇。随着预制菜消费市场的不断扩大，越来越多的企业加入预制菜行业。第三方机构数据显示，2022年预制菜市场规模为4196亿元，同比增长21.3%，为冷库行业带来了新的发展机遇。其次，随着医药行业的发展，越来越多的药品需要进行冷藏和冷冻处理，这就需要大量的冷库来储存药品，以保证其品质和有效性。最后，随着物流行业的发展，越来越多的物流企业开始涉足冷链物流领域，这就需要配备更多的冷库和冷链物流设备，以满足市场需求。如2022年10月8日，京东物流与泰森中国共建的位于山东日照的泰森山东自动化立体冷库开仓试运营。未来，随着我国经济的进一步发展和人民生活水平的提高，冷链物流市场的需求将进一步增加，冷库规模也将继续扩大。

（三）资本入局，冷链物流加速发展

近年来，随着我国经济的不断发展和冷链物流市场的不断壮大，越来越多的资本开始涌入冷链物流行业，冷库市场的热度也逐渐攀升。首先，众多企业和投资机构开始兴建新的冷库，以满足市场的需求。这些新建的冷库一般具有规模大、效率高、智能化等特点，可以更好地适应市场的发展需求，如万纬物流2022年新增13个高标库、

10个冷链园区（含5个干冷混合项目）。其次，随着行业的成熟和规范化，越来越多的冷链企业开始进行并购和重组，以提升自身的规模和竞争力，如中通冷链收购了冷链供应链平台"猫武士"51%的股权，成为其第一大股东。最后，冷链企业加速融资，扩大原有经营规模，提升了市场占有率。2022年资本高度关注冷链物流行业，冷链物流行业融资事件不断，如瑞云冷链完成2亿元Pre-A+轮融资，三菱商事、瑞穗力合等联合投资，磐霖资本、青松基金等股东大比例加仓。

第三节　冷库市场运行情况分析

一、冷库供需情况分析

链库大数据中心数据显示，2022年全国冷库求租面积超过265.6万平方米，同比增长25.46%，目前冷库需求主要集中在北上、两广、江浙等地区的一、二线及沿海城市，中西部冷库需求主要集中在四川、河南等地，当前冷库需求仍然呈现东西部发展不平衡格局，但随着中西部地区冷链物流的迅速发展，这种不平衡格局将得到极大缓解。

从求租地域分布来看，华东、华南、华北地区冷库求租面积较大，总占比达到了67.2%（见图3-3）。

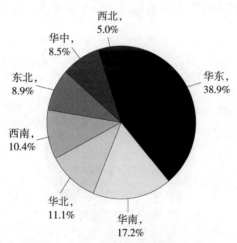

图3-3　各区域冷库求租面积占比

资料来源：中物链冷链委、链库网。

从不同需求方企业类型来看，在疫情的特殊背景下，生鲜电商与社区团购发展迅速，成为新消费主战场，冷库求租面积较大，以美团、盒马、多多买菜等企业为主要需求方代表，市场需求以资质证照合规、多温区（冷冻为主，配套干仓、冷藏、恒温库、加工车间）为找库前提。不同需求方冷库求租面积占比如图3-4所示。

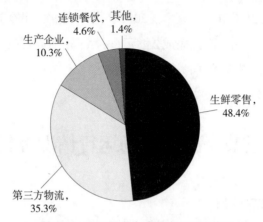

图3-4 不同需求方冷库求租面积占比

资料来源：中物链冷链委、链库网。

从需求方求租使用时长来看（见图3-5），其一，定制仓（长期租用）需求占比仅为8%，随着冷库供应市场的激增，以及全国骨干网络的投产，定制仓业务逐年萎缩；其二，3年租期需求占比仅为7%；其三，1年租期需求占比为46%，第三方物流仍占据市场主体地位；其四，1年租期以下的临租需求占比为39%，零租业务明显增多，不少小企业、小商户有越来越多的冷库租赁需求。由于订单呈碎片化趋势，对冷库的弹性化操作能力要求较高。

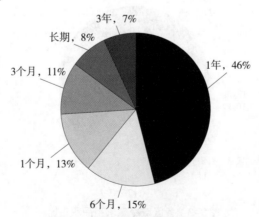

图3-5 冷库求租使用时长占比

资料来源：中物链冷链委、链库网。

2022年全国经营性冷库出租总面积超过2445.16万平方米，总出租量同比增长55.95%，经营性冷库出租量主要集中在广东、山东、江苏、上海、四川、辽宁、北京等地。

从区域分布来看（见图3-6），华东、华北、华南地区冷库出租面积占比排名靠前，尤其是广东、山东、江苏、上海等地冷库出租面积较多，也说明了目前我国的冷库资源主要集中在东部、华南和中部地区，一方面是这些地区冷链需求量大，带动冷库的需求量增大，另一方面这些地区的基础设施较为完善，冷库资源较多。北部和西部地区冷库资源相对较少，未来随着国内冷链基础设施的完善，这种局面将得到改善。

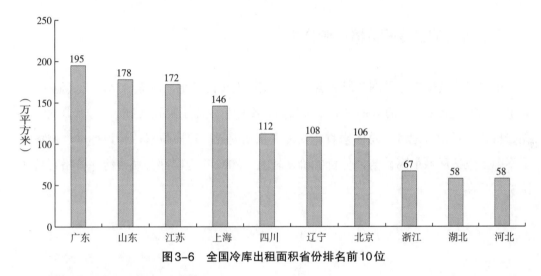

图3-6　全国冷库出租面积省份排名前10位

资料来源：中物链冷链委、链库网。

受综合因素影响，全国主要城市经营性冷库满租率约70%，市场供需关系进一步发生变化（见图3-7）。

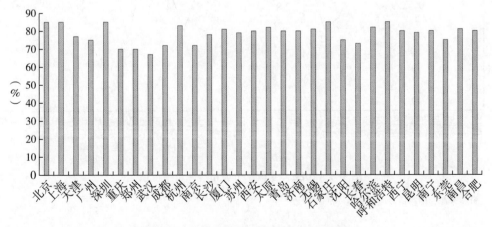

图3-7　全国主要城市经营性冷库满租率

资料来源：中物链冷链委、链库网。

2022年冷库供需格局：其一，整体呈现供应略微大于需求现象，部分区域需求高于供应；其二，在疫情防控常态化局面下，冷库供需关系依旧面临激烈的市场竞争，行业呈现稳步向前发展趋势；其三，冷库资源与需求量仍呈现出东部（沿海）地区较为集中态势，冷库供需空间分布不均等问题仍然存在；其四，冷库求租需求仍然集中在消费端，但逐步向产地端延伸，随着产地端冷链基础设施逐步完善，冷链市场下沉成为必然趋势。

二、部分地区冷库价格行情分析

中物联冷链委与链库网调研数据显示，整体上东南部地区冷库价格高于其他地区，其中，深圳、北京、上海等地区的租金较高，冷库租金高于4元/（托·天），其次是东莞、杭州、贵阳等地区。总体来看，受冷库供给差异、冷库位置、建设标准、服务水平不同，发达区域最高价与最低价的价差较大。2022年全国部分城市冷库价格行情如图3-8所示。

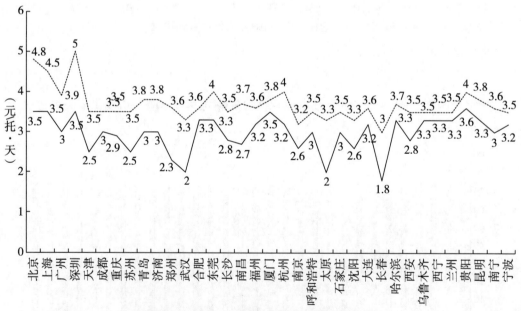

图3-8　2022年全国部分城市冷库价格行情

资料来源：中物链冷链委、链库网。

三、2022年冷链仓储大事盘点

（一）多部门政策资金双轮驱动，助力冷链发展

2022年4月，交通运输部联合国家铁路局等五部门出台《关于加快推进冷链物流运输高质量发展的实施意见》；5月，《财政部办公厅 商务部办公厅关于支持加快农产品供应链体系建设 进一步促进冷链物流发展的通知》发布；6月，国务院常务会议决定，利用政策金融性工具成立基础设施基金，聚焦城乡冷链基建投放，例如，农发行基础设施基金已向多个省、市、县累计投资了超过15亿元，并有配套10亿元贷款，项目包括多个城市的十多个冷链项目。

（二）冷链物流企业逆行：重重困难下保障生鲜物资供应顺畅

2022年多地疫情散发，面临通行受阻、人员隔离、油价上涨、需求萎缩、运价下探等诸多不利条件，冷链物流企业没有退缩、逆行坚守，最大限度满足了广大消费者的果蔬肉蛋禽等生鲜物资供给。

（三）全国将建600个县域农产品冷链物流中心，为小微农户提供优质优价服务

《全国供销合作社"十四五"公共型农产品冷链物流发展专项规划》的公益性体现在为小微农户提供优质优价服务，并承担政府应急储备任务。该规划提出，"十四五"期间，全国供销合作社系统将充分发挥组织体系和经营服务网络优势，构建以"三网一平台"也就是以冷链物流骨干网、省域网、区域网与公共服务信息平台为主架构的公共型农产品冷链物流服务网络，组织实施"612"工程，即建设600个县域产地农产品冷链物流中心、100个农产品冷链物流枢纽基地、200个城市销地农产品冷链物流中心。

（四）生鲜电商哑火，社区团购息鼓，预制菜迎风

2022年，以每日优鲜、美团优选、兴盛优选等为代表的生鲜社区团购平台大多数（或部分）偃旗息鼓甚至破产清算，给原本被视为增量市场的冷链企业当头一棒，不少企业的资金链因此受到重大影响。与此同时，像预制菜、生鲜直播带货等业态的兴起给冷链物流企业带来了新的订单，冷链企业在不确定性时代的风险博弈中艰难前行。

（五）冷链独角兽"链库"完成5000万元天使轮融资，冷链进入数字化时代

2022年12月1日，冷库行业独角兽——链库，完成5000万元天使轮融资，深圳投控东海领投，湾兴创投、汇海零度跟投，极值资本担任本轮财务顾问，融资由微众银行提供数字化创投服务支持。随着后疫情时代的正式到来，冷链行业正在发生一系列复杂的变化。例如，人工成本越来越高，对食品安全环境的要求越来越严，冷链物流需求越来越碎片化……这些正倒逼冷链行业逐步改变传统的发展模式，推行智能分拣、智能温控等冷链技术装备升级，以及数字化、物联网、区块链等技术在冷链物流领域的广泛应用。

（六）国家骨干冷链物流基地持续发挥引领带动作用

2022年10月，第二批共计24个国家骨干冷链物流基地名单由国家发展改革委正式公布，在未来3~5年时间，国家还将依托106个承载城市，布局100个左右国家骨干冷链物流基地。第二批在首批基础上将发挥更大作用，一是空间分布更加优化，有效拓展覆盖范围；二是辐射能力更广，有效支撑市场供应；三是优势条件更加明显，有效带动产业发展。

（七）政企联动高效务实，践行冷链"双碳"战略

2022年，应急管理部会在函复全国政协委员提案时表示，将进一步加强督促指导，推动地方应急管理部门持续聚焦两项重大隐患，按照《氨制冷企业安全规范》等标准，参照《涉氨制冷企业液氨使用专项治理技术指导书（试行）》要求，尊重企业自主经营和选择的权利，不得强制要求"氨改氟"，推动冷链行业安全使用液氨，防范遏制重特大事故发生。此外，在《低碳冷库评价指标》等标准的推动下，企业通过打造零碳冷链物流园、购置新能源冷藏车、使用循环保温箱等方式深入落实"双碳"战略。

（八）鲜生活、中通冷链、瑞云冷链、蜀海供应链等完成融资并购

以鲜生活、中通冷链、瑞云冷链、蜀海供应链等为代表的一系列公司相继完成了融资、并购等，这也为冷链物流行业未来发展带来了非常好的信号。

（九）多省份因地制宜，出台冷链规划和实施方案

据不完全统计，2022年围绕国家《"十四五"冷链物流发展规划》在各地贯彻实施的就有广东、安徽、江苏、河北、湖南等近10个省份，这些省份有效摸清了当地冷链产业的家底和发力点，带动了当地冷链产业链条的快速发展，本土冷链相关企业得到扶持和鼓励。

（十）取消所有进口冷链食品新冠病毒核酸检测

海关总署发布公告称，自2023年1月8日起，取消入境人员全员核酸检测，所有入境人员均需向海关申报入境前48小时内新型冠状病毒核酸检测结果。海关对健康申报正常且口岸常规检疫无异常的入境人员，放行进入社会面；对健康申报异常或出现发热等症状的入境人员，根据排查情况实施分类处置；相关省（自治区）按程序分类推动边境口岸有序稳妥恢复开通货、客运；自2023年1月8日起，取消所有进口冷链食品和非冷链物品口岸环节针对新型冠状病毒的核酸检测等措施。

四、国外冷库行业发展热点

冷库是工业生产和物流行业中重要的能源消耗环节之一，其能源消耗和碳排放量占比较高。因此，全球冷库节能减排已经成为行业的重要发展方向。以美国、日本等为代表的冷链物流企业积极践行低碳理念，将低碳运营作为企业可持续发展的重要发展方向，从绿色低碳、制冷剂以及智能化等多方面探索冷库节能新方式。

（一）零碳排放上升到战略高度，绿色冷库成趋势

全球冷库企业研发、应用各种节能技术，同时一些先进的节能技术也被应用于冷库建设中，以提高能源利用率，实现冷库零碳排放。首先，冷库零碳排放上升到战略高度，国外冷库物流企业纷纷提出零碳排放的战略目标，如Lineage Logistics公司承诺到2040年实现净零碳；日立物流集团制定了从2021年到2030年的二氧化碳减排计划，并逐年上调二氧化碳减排目标。其次，部分企业尝试太阳能冷库的建设，通过太阳能板来收集太阳能，利用太阳能转换成制冷能量，达到低碳环保的效果，如RLS Logistics公司位于新泽西州的四个地点中的三个地点100%的电力来自太阳能；日立物流集团通过在食品工厂和冷藏物流仓库的屋顶安装太阳能发电设备，努力减少二氧化碳排放量。

再次，部分冷库采用蓄冰技术，将电力储存在冷库内部的蓄冰设备里，利用夜间低峰期电力供应，制冷时利用储存在冷库里的冰来冷却空气，减少了白天高峰期的电力消耗。最后，美国的许多冷库使用能源回收系统，将制冷过程中产生的废热转化为能量，用于加热其他区域或者提供热水等。总体来看，以美国、日本为代表的国家，在冷库领域的低碳技术研发与应用非常成熟，通过这些技术的应用，实现冷库绿色低碳转型。

（二）制冷剂低碳转型，天然制冷剂引领行业发展

国外冷链物流企业实现了制冷剂绿色转型，既保证了物流运输的正常运作，又减少了对环境的影响。首先，冷链物流企业逐渐采用天然制冷剂，如二氧化碳、氨气等，这些制冷剂不会破坏臭氧层，且温室效应很低，对环境的影响较小。如 US Cold Storage（美国冷藏公司）明确提出，将重点使用二氧化碳作为环保制冷剂；2022年，Americold Logistics（美冷物流）有210个冷库使用了氨基制冷剂系统；日立物流集团提出到2030年，75%的使用设备（不包括租赁设备），将改用天然制冷剂。其次，冷链物流企业开始推广低 GWP（全球变暖潜能值）制冷剂，例如 R-32、R-1234yf 等，这些制冷剂的GWP值较低，对环境的影响也较小。再次，冷链物流企业通过制冷系统的优化，如改进冷却器、增加换热面积等措施，提高制冷效率，减少制冷剂的使用量。最后，美国冷链物流企业不断更新制冷设备，使用新型高效的制冷设备，如变频驱动器（VFD）控制的压缩机、高效的冷凝器等，提高制冷效率，减少制冷剂的使用量，如2022年 Americold Logistics 在两个冷库安装了VFD，通过控制制冷系统电机的速度和扭矩，每年可减少952000千瓦时的能源消耗。

（三）加速智能化渗透率，提高冷库运行效率

智能化技术在冷库领域的应用可以提高储存效率、降低运营成本，实现节能减排。首先，智能化温控系统可以通过实时温度监测和自动调节，实现对冷库内部温度的精准控制，减少能源消耗，提高储存效率，如 Emerson（艾默生）生产的 Copeland Scroll（谷轮冷冻涡旋）数字压缩机具有智能化温控功能，可以实现对冷库温度的精准控制。其次，RFID（射频识别）技术可以实现对冷库内物品的实时监测和追踪，提高物流效率和准确性，如德国 Fritzmeier 公司生产的智能化冷库物流系统就采用了RFID技术。再次，智能化数据采集和分析技术可以对冷库内部的温度、湿度、氧气、二氧化碳等环境参数进行实时监测和分析，帮助管理人员做出相应的调整和决策，提高冷库的运营

效率和节能效果，如Cold Chain IQ生产的智能化冷链管理系统就具有数据采集和分析功能。最后，智能化自动化分拣系统可以通过机器视觉和人工智能技术，实现对冷库内物品的自动分类、分拣和储存，提高物流效率和准确性，降低人力成本，如Daifuku（大福）公司生产的智能化自动化分拣系统就采用了机器视觉和人工智能技术。冷链物流企业借助智能化控制系统在冷库的应用，提高了物流效率、降低碳排放和运营成本，实现可持续发展，以Lineage Logistics、Americold Logistics等为代表的美国企业，采用了智能化温控系统和自动化分拣系统，对冷库货物的温度和湿度进行实时监测和调节，同时提高了物流效率和准确性，降低了能源消耗和碳排放。

五、国内冷库发展情况分析

（一）产地冷库

1. 发展现状

（1）政策强力驱动。

农产品关乎国计民生，作为乡村振兴的关键要素，其产收直接影响农民经济收入，然而与工业产品相比，农产品价格低廉，且在供应链环节损耗较高。为了做好"三农"工作，进一步拓宽农民增收渠道、促进现代农业发展和降低损耗，国家大力推动农产品产业建设，冷库仓储保鲜是农产品产业建设中的重要环节，2020年国家就已在全国范围内开始实施农产品产地冷藏保鲜设施建设项目，该项目启动的两年多时间里，各部委和各地方政府为产地冷藏保鲜设施的建设提供了大力的政策规划和扶持。据统计，2022年国家层面提及农产品产地冷链设施建设的政策共计10项。其中，2022年2月，《中共中央 国务院关于做好2022年全面推进乡村振兴重点工作的意见》明确提出，要推动冷链物流服务网络向农村延伸，整县推进农产品产地仓储保鲜冷链物流设施建设。农产品仓储保鲜是各省农业产业蓬勃发展的关键，吉林、天津、内蒙古、江西、湖南等省份也相继针对农产品产地冷藏保鲜设施建设出台了相关政策。产地冷库推动农产品"最初一公里"的打通，助力当季存储的农产品错季销售，消除季节性限制，充实农民的"钱袋子"，保障居民"菜篮子"供应。

（2）规模体量逐渐增长。

近些年各大电商平台展开混战，为了更好地抓住消费者对质量安全、健康、原产地形象等主观认可因素的消费心理，源头直供、产地直采已成为当前电商平台农产品主要的营销手段之一，这对源头产地端农产品品质安全提出了更严格的要求。在整个农产品供应链中，中下游冷库设施建设较多，上游冷库布局较少。过去我国在农产品采收后第一时间预冷和保鲜的意识滞后，导致农产品采后损耗较高。2021年，农业农村部规划设计研究院发布的《农产品产地流通及"最先一公里"建设调研报告》表示，中国果蔬和薯类产后损失率高达15%~25%，每年损失近2亿吨，中国产地仓储保鲜设施缺口约为2.3亿吨库容。受益于现代化物流技术的不断更新迭代和政策对产地冷库建设的财政补贴，产地冷库规模逐渐增长，农业农村部数据显示，2022年我国支持各类经营主体建设1.6万多个农产品产地冷藏保鲜设施。产地冷库作为农产品冷链的基点，其体量化建设在很大程度上解决了农产品在源头上的损耗和质量安全问题。

（3）小型冷库为主导。

产地冷库作为田间"冰箱"，牵动着整个农产品市场，虽然产地冷库建设乘着政策东风，但由于冷库前期投资成本大，回报率慢，而农产品的价格较低、季节性强，个体散户难以承担大型冷库的运营成本，个体农户、农村合作社、家庭农场常采用地窖加装制冷设备、小型冷库、小型移动冷库等进行储藏保鲜，不少冷库功能单一，库内商品化处理设备购置率低。而大型产地冷库建设目前以政府牵头为主，随着企业逐渐向供应链两端延伸布局，百果园等大型公司在产业园建设功能全面的规模化产地冷库。

2. 发展问题

（1）产地冷库分布散乱。

政策红利助力产地冷库建设，我国产地冷库得到了井喷式增加，各地的产地冷库批量建设和改造。产地冷库作为田间"冰箱"，与中转型冷库相比，集群化建设相对较差，产地冷库布局较为分散。由于资金、土地、能力等限制，市面上大中型产地冷库相对较少，小型冷库占比较大，目前我国不少产地冷库为农户和合作社等自建库，在功能、设备、系统等方面参差不齐，产地冷库市场较为散乱。

（2）产地冷库不规范。

由于产地冷库发展较晚，目前我国产地冷库建设比较落后，产地冷库面向乡、镇、村，集中式土建或库板式冷库应用较多，部分产地冷库由普通干仓改造，建设质量参差不齐，使用年限短，不少产地冷库功能单一、设备简单老旧。加之，小规模自建库比例较大，部分冷库设备投入不足，缺乏专业人员管控，温湿度难以实时监测，存在乱堆乱放和清理不及时等问题，不能第一时间被发现并得到解决。

3. 发展趋势

（1）集约化。

与美国规模化农业相比，我国农业以小农种植为主。我国地大物博，农产品种类丰富，但产出地较为分散，产地冷库建设集约度不高。随着近些年我国农业从分散化向集中化转型，连片化、规模化种植模式逐渐成为主导，"农村合作社＋家庭农场""农村合作社＋龙头企业""龙头企业＋农村合作社＋基地＋农户"等合作模式相继出现。各地纷纷打造"一县一品""一乡一品"特色产业，建设农产品产业园区和特色农业产业基地，形成具有地方优势的特色产业集群，助推了产地冷库的集约化发展。

（2）网络化。

据农业农村部整理的数据，仅2020年和2021年国家就已支持建设约5.2万个产地仓储保鲜冷链物流设施，新增库容1200万吨以上，覆盖全国约1800个县（市、区）、2.2万个村。农业是民生之基，为了更好地保障农业高质量发展，各地政府也积极推动产业冷库建设，2022年2月江苏省人民政府办公厅在《省政府办公厅关于加快农村寄递物流体系建设的实施意见》中表示，"十四五"期间，在全省新建不少于300个农产品产地冷藏保鲜设施。江西、吉林、福建、内蒙古等省份也纷纷出台政策表示要建设农产品产地冷藏保鲜设施。从以上情况可以看出，未来一段时间伴随着各地新建产地冷库的落地，我国产地冷库规模将进一步增大，随着产地冷库体量的增多，所覆盖县（市、区）、村面积逐渐增加，逐步形成全国产地全面化覆盖，构建起小至乡村，大至全国的产地冷库网络。

（3）移动化。

随着城镇化发展进程加快，城市不断扩张，为避免耕地减少，国家对农村用地的管理更加严格，《中华人民共和国土地管理法实施条例》第十二条规定了"严格控制耕地转为林地、草地、园地等其他农用地"。农产品预冷越早越好，传统土建冷库建设位置固定，若冷库距种植地较远，农产品在采后还需及时运输，并且土建冷库占地面积较大，受到土地约束，因此移动式冷库逐渐走进产地冷库市场。中集集团表示移动冷库属于"设备范畴"，不需要特殊报批报建，无论农村或者城市，农批市场还是海港城等工业园区，进行1.5级土地开发即可，临建不临用，不涉及建筑垃圾或者其他额外环保成本。移动式冷库灵活性强、便于运输，一旦某一产地收获季出现爆仓，移动冷库可以缓解产地冷库短缺的问题，避免因冷库盲目建设过多，导致冷库市场供大于求，可以为解决农产品"最初一公里"提供助力。但是，现阶段移动冷库存在一些问题待解决，如移动冷库由谁管理、是否标准化、如何进行调配等，随着这些问题的逐个击破，未来冷库移动化将成为产地冷库市场新需求。

（4）共享化。

共享早已进入日常生活。由于冷库造价高、运营成本贵，不少农户和企业都采用租赁的方式对农产品进行冷藏保鲜，但农产品季节性强，一旦到采收季大量上市，冷库供不应求，但过了季节，冷库需求量将有所下降，部分冷库空置，共享冷库很好地解决了农户或企业找不到冷库、冷库资源闲置等问题，浙江省慈溪市就采用了共享冷库模式，通过系统平台整合冷库租赁信息，为农户和企业匹配合适冷库并进行3D场景展示。

（二）流通冷库

1. 发展现状

（1）集聚效应逐渐明显。

流通冷库一般建设在水、陆、空交通枢纽处，辐射京津冀、长三角、珠三角等城市群，相当于区域中心仓。近些年冷链上下游产业逐渐向集聚化发展，各地政府纷纷整合优质资源，以打造规模化产业园和贸易区，也使冷链需求更加聚集。流通冷库由于其区位优势和区域冷链市场巨大的需求量，在政策、资本等作用下，集聚效应日益显现。

（2）冷库结构优化。

流通冷库是食品冷链的二级储存节点，近些年，随着上下游需求的多元化和冷链技术不断推进，流通冷库逐渐集冷藏储存、运输中转、加工、分拨等服务功能于一体，从单温冷库逐渐细分成高温冷库、中低冷库、低温冷库、超低温冷库等多温区组合模式。如今，一些新建大型冷库在建设时对冷库结构进行优化，使冷库服务覆盖面更广，例如，2022年8月正式运营的京津物流园冷库就是天津港规模大的全温区、全产业链冷库群。

2. 发展问题

（1）盲目建设。

国家和各地方政府为了推动我国冷库结构布局合理和完善，出台了冷库建设奖补政策。这也使不少企业想要乘着政策东风，入局冷库建设，但部分企业存在盲目跟风的心态，在冷库前期规划时专业性调研不足，对冷库的功能定位不明确，使最终建成的冷库实际功能与企业业务和客户需求不匹配。另外，由于冷库建设较多，同质化相对严重，使冷库市场供过于求，租金价格走低，部分流通量较弱地区的冷库出现严重空置化，流通冷库呈现低端难租、高端难找的局面。

（2）信息化建设薄弱。

流通冷库作为中转型冷库，连接着上游产地端和下游销地端，需要对接产品上下游两端数据信息，因此对信息化配置、数据处理能力、运营管理水平的要求较高。但目前我国冷库整体信息化建设尚不完备，大型流通冷库信息化建设相对完善，部分中小型流通冷库缺乏 WMS、WCS 等信息化系统，信息管理粗放，5G、大数据等技术利用率不高，在信息化路线布局方面难以达到最优化。

3. 发展趋势

（1）理性化。

冷库建设热潮反向造成了我国冷库租赁市场低迷，很多冷库陷入有库难租的困境，因此未来流通冷库在建造时需要更加理性化，不能一味想要享受政策红利。企业在布局流通冷库时，前期要对客户需求和冷库定位等进行充分考虑。企业在建造租赁型冷库时，要考量流通冷库建设所在地周边冷库情况，避免市场饱和导致的业务量低和同质化带来的恶性竞争。企业在自用流通冷库时，要衡量企业自身在扩张后与未来业务是否匹配，冷库资产是否会出现浪费或闲置情况，给企业带来较大损失。

（2）信息化。

伴随着冷库扎堆建设完成而来的难题是冷库如何管理。与销地冷库小批量或拆零不同的是，流通冷库作为干线冷链仓储节点，通常整货整出，周转率和吞吐量大，这对冷库作业管控提出很大要求。大数据、人工智能等信息技术与冷库的结合，推动了流通冷库作业管控逐渐走向精细化。目前，我国已有了一些先进的信息化技术，像万纬物流等部分冷库经营企业已利用信息化技术建立冷库信息平台，比如万纬物流的万物 V 联 IoT 平台就可以实现对能耗数据进行自动记录和实时管理。在日益内卷的冷库市场，信息化成为流通冷库建设的关键之一，也是冷库综合实力的体现，未来随着越来越多的流通冷库在信息化方面不断探索发展，将形成冷链干线数据网络，促进冷链干支线协同联动。

（三）销地冷库

1. 发展现状

（1）供需双向驱动规模增长。

从需求端方面来看，销地冷库衔接流通端和销售端，是传统商超、生鲜电商、社区团购等网络布局的关键节点。近些年，受疫情推动，我国居民消费结构和消费需求发生转变，生鲜电商、社区团购以及预制菜纷纷崛起，除 B 端企业需求外，C 端用户需求也逐渐显现。冷链食品时效性强，为了更好地保证配送时效和供应，资本纷纷布局销地冷库建设，从早期每日优鲜、叮咚买菜的前置仓模式，到百果园店仓一体化，近几年在产业布局延伸和融合创新的拉动下，销地冷库需求增长。从供给端方面来看，

2022年年初，中华全国供销合作总社发布了《全国供销合作社"十四五"公共型农产品冷链物流发展专项规划》，规划强调，在销地，依据消费特点和需求，依托系统连锁超市、农产品市场和电商平台等流通企业，建设200个以中央厨房、生鲜电商等业务为重点的城市销地农产品冷链物流中心。

（2）一体化模式成为主流。

从近些年生鲜电商、生产企业业务布局可以看出，为了更好在市场竞争中占据有利位置，提升产业链全链紧密联动，企业逐渐向产业链两端移动，实现冷链食品从采购、预冷、检验检疫、储存、运输、加工到配送等全周期的追溯管理，保证产品供应的高质保量。为了应对客户多元化需求，销地冷库从仅储存或包装等单一功能逐渐演变成具备储存、加工、分拨、城市配送等多功能的一体化冷库。未来销地一体化冷库将成为各大生鲜电商和生产企业的竞争武器。

（3）前置仓争议不断。

前置仓是生鲜电商在布局销地冷藏储存的运营模式之一，对于生鲜类产品来说，速度就是新鲜度的重要保障，前置仓配送时长多在0.5小时，与仓店一体0.5~1小时的配送时长相比，速度有着明显提升。然而，随着前置仓模式的开创者每日优鲜的倒闭，前置仓的可行性饱受行业内外争议。前置仓模式是将若干个小型仓库以高密度布局设置在城区内，每个仓覆盖范围有限，仅需要覆盖周边3~5公里。伴随着高配送时效而来的是前置仓模式所带来的高履约成本，据东北证券研报数据，每日优鲜的前置仓模式的履约费用高达10~13元/单，是传统中心仓电商的3倍左右、平台型电商的2倍左右、社区团购的6倍左右。反观，之前与每日优鲜同台竞争的叮咚买菜，从2017年的O2O模式转为前置仓模式至今，前置仓数量从2021年高峰期的1400个缩减到2022年的1100个，业务范围也逐渐收缩，厦门、唐山、中山、珠海、天津等城市业务相继关闭。但从叮咚买菜发布的2022年第四季度业绩报告数据上看，叮咚买菜2022年实现了正向经济性现金流。生鲜电商作为销地冷库的主要需求方之一，前置仓是否可行，对于企业布局销地冷库也产生了一定影响。

2. 发展问题

（1）建筑用地获取难。

销地冷库对于冷库位置的要求较高，主要集中在一、二线及高消费城市周边，以覆盖周边城乡居民消费需求。但随着工业用地紧缩，土地资源越来越难以获得，不少资本入局销地冷库建设，加剧了冷库用地紧张，销地冷库建设与发展规划之间产生矛盾。北京、上海等经济发达城市用地价格过高，加之由于政策引导，北京等一线城市冷库外迁，逐渐向周边城市延伸，使周边城市冷库扎堆建设，冷库数量多，存量小。

（2）如何监管成为难点。

目前，销地冷库由生鲜电商、大型商超、批发市场、生产企业等自建为主，主要围绕自身业务规划和需求进行布局。由于土地资源、成本、人员受限，中小型销地冷库较多，且部分销地冷库由普通干仓改造，由于普通干仓与冷库在建筑结构上存在差异，在改造过程中可能会出现设计缺陷和安全隐患，部分企业对冷库专业化改造意识薄弱，因此不合规比例较高，这些无形中增加了政府部门的监管难度。

3. 发展趋势

（1）高标准化。

与产地冷库相比，销地冷库布局建设相对较多，但目前我国销地冷库整体呈现"小、散、乱"的状态。销地冷库虽辐射周边各大城市群和都市圈，但由于自建库较多，部分库龄较长，在建规模、功能、规范程度等方面参差不齐。针对这些情况，2022年年初，国家发展改革委发布的《"十四五"现代流通体系建设规划》明确提出，要加强销地高标准冷库和冷链分拨配送设施建设。随着规划的不断推进，高标准化将成为销地冷库建造趋势，也是销地冷库市场未来的竞争核心，冷库的高标准化程度将成为需求方的选择标准之一。

（2）低碳化。

碳排放一直都是世界各国关注的焦点，我国受人口、工业结构等影响，碳排放总量较高，中国碳核算数据库（CEADs）数据显示，2022年我国碳排放量累计110亿吨，约占全球碳排放量的28.87%。冷库由于制冷剂等原因一直是我国能源消耗和碳排放大户，《"十四五"冷链物流发展规划》明确提出，要加快减排降耗和低碳转型步伐，这为冷库低碳化转型奠定了基础。加之，2022年9月，全国首个冷库低碳评价标准《冷库低碳评价指标》团体标准启动起草，对冷库低碳转型作出了引领。销地冷库作为城市大"冰箱"，保障和丰富居民菜篮子供应。未来随着"十四五"规划的达成和《冷库低碳评价指标》的正式实施，绿色、节能、低碳将成为销地冷库转型升级的核心要求之一。

（3）下沉化。

随着一、二线城市市场逐渐饱和，消费上浮空间和扩容空间余量较小，加之我国居民消费水平的提升，三、四线城市购买力显著提升，不少企业将目光聚焦于三、四线城市。喜茶等企业业务布局逐渐从一、二线城市向下渗透，收割三、四线城市市场红利，这也对三、四线城市冷藏仓储覆盖提出了需求，销地冷库布局正悄然发生改变，不再局限于一、二线城市，逐渐向三、四线城市下沉。三、四线城市用地租金便宜，企业可用地较一、二线城市多，政府对企业的扶持力度大，成为销地冷库新竞争市场。虽然三、四线城市市场空间较大，政府扶持力度大，但冷库作为重资产，需要考虑后期运营问题，企业不能一味进行扩张投入，避免扎堆建设导致冷库供过于求，仍需合理规划。

（四）港口冷库

1. 发展现状

（1）港口冷库迎来业务热潮。

作为消费和贸易大国，我国与全球很多国家都有着贸易联系，作为进出口贸易的重要枢纽，港口每年集散大量货物，《中华人民共和国2022年国民经济和社会发展统计公报》显示，2022年我国全年港口完成货物吞吐量156.8亿吨，比上年增长0.9%。港口冷库依各大港口而建，主要分为海港、空港和陆港，其中，海运承担了我国约95%的外贸货物运输量，因此我国海港冷库比例最高。港口冷库对于进出口食品质量保障意义重大，有利于降低食品损耗率，扩大市场贸易。前几年，受新冠疫情影响，蛇口港宣布暂停冷冻肉类和海鲜产品进口，佛山三水南港也宣布不接收冷冻肉类和鱼类进口，我国部分港口码头纷纷宣布暂停食品进出口业务，港口冷库业务间接受限。部分货物分流至其他港口，导致其他港口业务量直接飙升，但因消杀、道路管制等影响，港口货物堆积，大量进出口食品滞留港口冷库，导致港口冷库进出货难。随着2022年下半年我国疫情防控政策的放开，我国与各国贸易往来频繁，加之《区域全面经济伙伴关系协定》对食品进出口的拉动作用持续显现，港口冷库将迎来业务热潮。

（2）港口冷库项目建设纷纷提速。

受到新冠疫情、国际经济形势和地区政治冲突等多重影响，全球经济增长缓慢，各国进出口业务受到冲击。在多重因素叠加的背景下，我国进出口业务仍相对稳定，海关统计数据显示，2022年我国进出口食品近1.9万亿元，同比增长10.3%。疫情防控政策放开后，各个通关口岸逐渐恢复正常，进出口业务将迎来大飞跃，跨境冷链专班逐步开通，为了更好地满足飞速上涨的港口冷链需求，各港口加速对其相关配套设施设备进行升级，冷链相关企业也纷纷布局港口冷库建设，福鼎市沙埕港冷链物流项目、广西北部湾国际生鲜冷链园等冷库项目加快启动建设并竣工投用。其中，广州南沙国际物流中心冷链项目于2022年10月开始启用，其中一期冷库5.46万平方米。未来随着各大冷库项目的完全竣工，我国港口冷库货物储存量将迎来大幅提升，冷链物流枢纽功能会进一步增强，将夯实我国冷链物流行业发展的基础。

（3）宏观政策推动高质量服务。

为了推动港口冷链物流发展，在实现港口冷库设施转型升级的同时，我国政府对港口冷藏集装箱港航服务能力提升也作出明确要求。冷藏集装箱同土建冷库一样可用于食品冷藏储运，具有隔热性和可移动性，适用于铁路、公路、水路运输及多式联运等多种运输形式，随着世界各国贸易交流日趋增多，我国冷藏集装箱呈现迅速增长态势。交通运输部数据显示，近三年我国沿海港口冷藏集装箱吞吐量年均增长率达10%以上。为了更好地对冷藏集装箱规范，《交通运输部关于开展冷藏集装箱港航服务提升行动的通知》提出，到2023年年底，基于区块链和物联网的冷藏集装箱港航服务能力明显提升，主要海运企业新增物联网冷藏集装箱1.8万标准箱（TEU）以上；沿海主要港口新增冷藏集装箱插头6000个以上；基于区块链和物联网技术应用的冷藏集装箱港航单证平均办理时间大幅缩减；建立冷藏集装箱运输电子运单，初步实现道路水路运输系统信息有效衔接和共享开放，联运服务质量明显提升。

2. 发展问题

（1）基础设施设备参差不齐。

随着RCEP生效，成员国互相提供贸易红利，加速促进了进出口贸易往来。但面对业务量增长的局势，虽然近些年来，许多港口冷库通过新建或改造的方式进行升级，我国仍有部分小型港口冷库存在库容不足，设施设备老旧、供电能力不足的情况，容易造成脱冷、断链、追溯难等问题。加之现在冷链食品品类繁多，对温湿度提出了更精细化的管理要求。然而，目前部分港口冷库缺少超低温库和高标仓等设施，冷库自动化、智能化设备不足，无人化程度较差，不能很好地满足客户对冷链仓储精细化和多样化需求。

（2）信息化能力有待提升。

因疫情推动，我国要求对进口冷链食品进行全程追溯管理，为了精准监管进口冷链食品，我国已建立进口冷链食品追溯管理平台。各地政府也相应地建立了省级追溯管理平台，例如，海南省的冷链食品可信追溯平台、北京市的冷链食品追溯平台等。《"十四五"冷链物流发展规划》中明确提出，逐步将内贸冷链食品流通纳入追溯管理范围，推动国家、省级平台以及各类市场化平台间数据交换和信息共享，到2025年建成全国冷链食品追溯管理平台，实现多层次、多系统、跨区域冷链物流追溯闭环。

3. 发展趋势

（1）智能化。

随着5G通信、人工智能、大数据、区块链等先进技术的层出不穷，全球产业进入智能化转型时代。港口依托沿海沿边区位优势，是我国与全球各国相连接的重要桥梁，其智能化发展成为必然趋势。目前，我国大型港口的基础设施已进行智能化转型升级，2022年6月，北部湾港首个"智能装卸+无人闸口"集装箱堆场宣布正式投产，正式迈入了集装箱智能化时代。从国家层面，我国对港口基础设施智能化提供了引导，针对港口冷藏仓储智能化技术领域，交通运输部办公厅出台了《智能冷藏集装箱终端设备技术指南》，对系统构成、功能要求、相应技术要求和配套提出智能冷藏集装箱终端设备的环境试验方法，为冷藏集装箱智能化提供政策指导。未来，随着智能化技术的普及和应用，港口冷库将全面进入智能化时代。

（2）数字化。

随着迈入大数据时代，5G和数据可视化等技术在港口冷库应用，逐渐形成了"港口冷库+互联网"模式，尽可能地实现无人化，减少工作人员和进出口冷链食品的非必要接触，减少高昂的人力成本，提高作业效率。未来，港口冷库数字化赋能将便于多企、多品、多仓的集中化管理和数据交换，不仅大幅提升了进出口冷链食品的周转效率，也为冷链食品全流程追溯实现提供了助力。

（3）精细化。

港口冷库作为进口食品冷链的国内最先储存点和出口食品冷链的国内最后储存点，为果蔬、肉类、水产品等进出口冷链食品提供双向冷藏仓储。随着客户对质量安全要求的不断提升以及多元化需求的出现，港口冷库从过去的仓储中转逐渐向多功能一体化转型，并且与过去的粗放式不同，港口冷库逐渐进入精细化，多温冷库、高标冷库、超低温冷库等逐渐渗入需求市场，成为选择目标。近些年受疫情催动，预制菜颇受追捧，不少企业纷纷入局预制菜产业。由于预制菜种类较多，部分预制菜所需温控存在差异化，港口需提供精细化冷链仓储运营管理。可以看出，未来随着冷链食品行业业态的多元化发展，港口冷库将更加精细化。

第四节　冷库行业热点专题

一、浅析我国冷链仓储发展瓶颈及发展趋势

近年来，伴随着我国居民消费的升级、城镇化进程的加速，居民人均可支配收入

逐年增长，消费者更加关注食品的质量、口味以及安全等，"餐桌文化"呈现越来越多样化的特性。在政策的红利倾斜以及冷链物流急速增长的基础上，我国冷链仓储产业也同步迈进了高速发展的阶段。

冷链仓储是指通过科学制冷方式使库内保持一定的温度，对物品进行特殊的冷藏、冷冻、保鲜等处理，从而保证食品、工业原材料、生物制品和药品等产品在储存环节的质量，避免产品的腐烂、变质等问题的产生。

依赖于我国信息技术、线上购物模式的成熟，生鲜电商、社区团购、预制菜等新零售模式在新冠疫情反复频发的几年中，为全国各地的居民解决了出行受限、线下购物困难的问题，在保障民生需求的同时，也改变了人们的消费习惯，这些新兴需求的持续爆发也进一步扩大了市场对冷库的需求。

从2017年开始，我国冷库容量开始呈现逐年上涨的态势，六年间的年复合增长率约为8%，增长速度相对稳定。2022年，我国冷库容量为5686万吨，同比增长8.84%。

虽然我国冷链物流的发展有了巨大的提升，但仍然存在诸多局限。

从区域分布上来看，我国冷库主要集中在华东、华北、华中区域，其中，山东、广东、上海、江苏等地的冷库容量相对较高，冷链运输网络及体系相对健全，而中部农牧业主产区和西部特色农业地区冷库则较为短缺。

从发展进程看，对比发达国家，我国在冷库、冷藏车等冷链基础设施建设方面还不完善，对冷链物流行业快速发展造成一定阻碍。

相比于普通物流的仓储、运输，冷链物流是一项极其复杂的系统工程，管理难度和人力、物力、财力的支出，都不可小觑。比如，传统大型冷库建设用地面积较大、审批流程较长、资金投入大、建设周期长，远远不能满足目前决策快、建设快、调用灵活的冷仓需求。

在冷库技术方面，更高效的制冷技术及节能环保技术已经开始得到大规模应用，仓库管理过程实现高度自动化、智能化和信息化，诸多技术创新推动了冷库行业的发展，高标冷库的建设一定是未来冷库产业需求的聚焦点。

（一）扼住冷库咽喉的是什么

从中央到各地方的政府部门都非常重视冷链物流的发展。2021年年底，国务院办公厅正式发布《"十四五"冷链物流发展规划》，提出到2025年，布局建设100个左右国家骨干冷链物流基地。2022年，国家发展改革委印发《"十四五"现代流通体系建设规划》，聚焦健全冷链物流设施体系，提出推进国家骨干冷链物流基地布局建设，构建冷链物流骨干网络。其他相关文件也频繁提到在产地配备农产品产地预冷、冷藏保鲜、移动仓储、低温分拣等设施设备；在重要流通节点建设产地冷链集配中心，加强大型冷藏保鲜、仓储物流等保供公益性基础设施建设等；注重需求侧管理，加快提升全链条的网络化、协同化、标准化、数字化、智能化、绿色化和全球化水平，健全现代流通体系等不同的关注重点，为行业及企业的发展指引方向。

从类型来看，我国冷库的主要类型按其温度可区分为五类：低温库（-30～-23℃），占比约70%；中温库（-23～-10℃），占比约13%；高温库（-2～8℃），占比约10%；气调库（2~8℃），占比约5%；超低温冷库（-60~-45℃）1%；速冻库（-30℃以下），占比不足1%。

现阶段我国的冷库发展，具有一些鲜明的特征。

第一是成本居高不下。

一直以来，成本都是制约我国冷链物流发展的棘手问题，而作为冷链核心环节的冷库运营，如何实现降本增效、助力产业发展，也是业界关注的重点。冷藏库的建设成本要比普通仓库高出3倍以上，因此尽管冷链物流飞速发展，大大小小的从业企业的盈利情况普遍都不甚理想。在客观条件上，成本体现在人工、地租等显性成本上，具有基本的社会性与经济性的特征，不受企业或者人为控制，但在主观上，有数据显示，在需要进行提前大修的冷库中，高达30%是因平时管理经营不善、使用方法不当行为造成的。冷库的科学管理可以有效提高冷库利用率与周转率，让企业获得更多的利润回报。冷库的使用寿命也与管理是否合理有着紧密的联系，提高仓储的周转率、优化库存优化，是企业管理中非常重要的环节，可以保证商品的及时、高质量供应，提高客户满意度。

在冷库的管理中，应当采用先进的库存管理系统和先进的仓储管理技术，通过自动化仓储系统、智能仓储应用等，提高仓储效率和准确性。再如，利用优化冷仓配送中心的区域布局、优化货品集配、信息化与AI融入以及加强冷链技术研发创新等办法来优化库存，实现冷链仓储的高质量发展。此外，还可以对冷库进行技术与流程改造，如冷藏车进入冷库装卸货、将冷藏产品按温度等级分类放置等，降低货损和成本。

第二是与发达国家相比还存在明显的差距。

我国与美国、日本等发达国家相比在冷链流通方面仍存在较大差距。我国果蔬的冷藏运输率为35%、肉类为57%、水产品为69%，而发达国家的果蔬冷藏运输率为90%、肉类为80%、水产品为95%。其中，果蔬损耗率是发达国家的3倍左右，水产品则有两倍左右。农业农村部食物与营养发展研究所数据显示，按目前七大类食物约五成减损空间计算，若减少一半损耗，我国可每年节约2.3亿吨食物，满足1.9亿人1年的营养需求。

国内冷链基础设施建设仍较为薄弱。国际冷藏仓库协会数据显示，在全球人均冷库占有率方面，荷兰以0.96立方米／人的冷库容量位列第一名，新西兰为0.5立方米／人，美国为0.49立方米／人，分别位列第二、第三名。我国人均冷库容量为0.13立方米／人，在全球各国人均冷库容量中的排名较为靠后，人均冷库容量约为美国的1/4。

中国的冷库大多数服务功能单一。而在日本，按照《日本冷库法》的规定可以分为七级温度带。不同的产品适用于不同的温度区，温度越低，对设备和工艺的要求越高。

总之，国内的冷链物流起步较晚，发展较为粗放，行业监管体系和服务质量有待提高，需要加强技术研发、拓展市场、提高管理水平、注重节能环保、加强人才培养等，未来冷库产业依然有很大的发展潜力和空间。

第三是资源分布不平均。

从区域分布上来看，我国冷库主要集中在华东、华北、华中区域，其中，山东、广东、上海、江苏等地的冷库容量相对较高，冷链运输网络及体系相对健全，而中部农牧业主产区和西部特色农业地区冷库则较为短缺。在这些地方，运输率低、货架期短、食品安全存在隐患。

第四是老旧冷库占比较大。

在硬件方面，我国多数存量冷库的库龄已经长达20~30年，多按土建工程的模式建造，建筑结构一般高5米左右，但在实际操作应用中，利用率甚至达不到50%。尤其外包装为纸箱的产品容易因重压、吸潮等导致包装损毁的情况，产品质量受到影响，从而造成较大的经济损失，所以这类结构早已不适用于现代的冷链运作模式。

此外，这些老旧冷库设施设备陈旧、管道严重腐蚀、墙体脱落、地基下陷、压力容器没有定期检验，且多数在使用氨制冷机组，制冷管网系统老旧，存在较大的安全隐患，一旦发生泄漏，很容易引起大爆炸，因此以二氧化碳等为工质的制冷机组开始逐渐发展起来。

在软件方面，这类冷库匹配的操作人员也有很多是未经专业培训就上岗的，安全意识和专业水平都不够支撑现代化冷库的运转需求，因此亟须自动化技术的普及，以摆脱我国冷库的制冷设备大多采用手动控制或仅对某一制冷部件局部使用自动化技术的现状，从而实现整个冷链系统的降本增效。

作为业内知名的冷库开发商和冷链冷库运营商，恒伟冷链一路走来，已经成长为华东地区新型冷链供应链管理企业、省级农产品冷链龙头企业、中国冷链物流百强企业、长期为大型跨国企业提供第三方冷链物流服务。依托位于镇江、南京、天津、杭州、西安、哈尔滨、乌鲁木齐、淮安、赤峰、渭南、武汉等多个核心物流节点城市的基地开展业务，运营管理的仓库总面积超过35万平方米，可调配冷藏车500辆以上，年运输量逾50万吨，冷链仓储运输业务覆盖全国20个省区市，目前已完成华东、华北、西北、东北区域的物流地网构建。

2022年，恒伟冷链克服疫情的不利影响，新落地了天津荣晟康、武汉东西湖及哈尔滨二期3个新的建库项目，目前天津荣晟康项目已开工建设，规划面积6万平方米，武汉项目规划面积6万平方米，目前处于方案招标阶段。

在恒伟冷链负责人看来，中国冷链物流行业的现状是市场集中度不高，企业小而散，造成的结果是企业经营成本居高不下，执行标准不一、行业竞争无序、服务质量参差不齐。"中国冷链物流百强企业"数据显示，2021年冷链物流百强企业的冷链业务营收合计达927亿元，同比增长33.38%，仅占总行业市场规模的20.3%。

尤其是三年疫情带来的经济下行和外贸萎缩的影响，市场需求下降，进而导致同行业内价格恶性竞争频现，甚至出现了首年免费储存这样明显违背市场规律的操作，扰乱了市场和冷链仓储正常的服务价格体系，给企业的经营带来了较大的影响。疫情也凸显了用工难、招工难的问题，人才的缺口极大地暴露了冷链物流行业缺乏系统的专业人才培养体系。国内的大专院校设置冷链物流专业的极少，行业内人员流动性又大，旺季的用工矛盾很突出。对于有发展意愿的企业来说，每建一座新库，就需要准备整套的有经验的管理和操作班子。靠企业自己培养的效率低、人员成长速度慢，需要专业的培训体系为企业提供人才储备。

针对以上种种问题，尽管国家层面出台了支持冷链物流建设的系列文件，但是各地区实际落地的扶持政策并不多，冷链企业感受到的实质性帮助不多。比如，在税收、贷款、拿地等方面，要有比较接地气的政策倾斜，或者政府在统一的城市规划下，为保障民生建立对应的冷链物流园区，帮助冷链企业规范发展，不断壮大。

（二）竞逐"十四五"下半程

根据中物联冷链委的数据，2017—2022年，我国冷链物流市场规模连年增长，2021年，我国冷链物流市场规模为4773亿元，同比增长15.01%，主要受益于电商行业以及新冠疫苗运输等需求的拉动，我国的冷链物流市场规模持续上升。2022年，消费者对生鲜食品提出了更高的质量要求，市场对冷库及冷库设备需求呈现上扬的趋势。

随着市场需求以及政策环境的变化，冷库发展的方向也发生了明显变化。

首先是技术的升级，随着物联网、云计算、大数据等技术的发展和应用，冷库将构建智慧化体系，实现数字化、智能化和高效化发展，例如，智能终端温湿度监控设备的应用，接入全球冷链信息化监管平台，打破传统模式下的信息孤岛，将大数据准确上传到云平台，实现冷链产品数据的全流程追溯等。

其次是环保与节能，自从我国提出"双碳"目标后，绿色可持续发展与节能减碳的任务便落实到了每一个企业的头上，尤其是需要高能支撑的冷链企业。因此，在冷库的运营中，对环境更加友好的二氧化碳复合系统（复叠系统和载冷系统）得到积极推广应用；货架也在朝着更高的空间、全自动化方向发展；一些新建项目更是要求按照 LEED 绿色建筑认证标准进行设计。变频控制、冷凝废热利用、太阳能发电、雨水收集利用、新型保温材料等新的节能措施开始越来越多地被应用于新建冷库中。

（三）新业态拉动了高标冷库需求

自 2005 年开始，生鲜电商始终处于风口浪尖上，一方面引得投资方纷纷加入，另一方面是一家又一家品牌难以为继。但资本的加持并未能为生鲜电商找到完美的盈利模式和逻辑，在疫情之后，消费市场持续回暖，资本开始趋于冷静，生鲜赛道上的玩家呈现出整合求变的趋势，尤其是伴随着线下渠道的恢复，生鲜电商的空间再次被抢夺，需要从业者们从细节考量，理性地贴合用户的需求。

与之相比，预制菜因为利润更高，变现周期更短，成为冷链市场上一匹大杀四方的黑马。

目前预制菜行业规模超过 2000 亿元，相关企业超过 7 万家，近 5 年涌入大量市场参与者。资本的偏爱、各地政府的政策支持、跨界玩家的跃跃欲试都证明了预制菜领域依然大有可为，也呈现出了鲜明的特点。我国预制菜的下游消费市场仍以 B 端市场为主，占比约八成，中小企业是中坚力量，市场集中度较低。预制菜种类丰富多样，产品范围广泛，呈现出多元化发展的趋势。但由于传统食品企业、畜牧养殖企业、餐饮企业、生鲜电商，甚至物流行业企业等众多领域都在涉足预制菜，导致其在卫生标准、食材安全、包装规范、储运方式，甚至烹饪手法等各个环节都有各自的标准，亟须按照统一的行业标准，对其加以规范，保障消费者的利益，促进行业的健康发展。

这类新业态的涌现，对冷库建设提出了更高的要求，数字化的应用，采购与生产的协同，以及仓储的管理能力等，都亟须市场培养出数量与之匹配的高标冷库。

我国的冷库分为A、B和C三类。A类是指按照国际标准设计和建造的专业冷库，B类是指高标干仓和优质厂房参照专业标准改造成的冷库，C类是指传统农批市场和农民仓。其中，A类和B类为高标冷库，C类为低标冷库。未来，A类和B类冷库将成为冷库增量市场的主要类型。高标冷库不仅能对产品进行科学储存，寻求更优的成本，提供综合型的解决方案，还因为科技赋能而为企业的发展增强了核心竞争力，从制冷剂、制冷技术、保温材料、建筑结构、科学布局、自动设备等多个维度创造了更大的价值，更符合"双碳"目标。因此，国家支持绿色发展战略的新型高标智能化冷库，一些老旧冷库由于能耗高、效率低，将逐渐被市场淘汰。多温区、多功能、一体化的现代高标冷库开始引领国内冷库行业的发展，冷链仓储业务进一步步入高标准发展阶段，高标冷库在城市配送环节的渗透率也将逐步提升。

恒伟冷链将紧跟国家政策，依据业务需求及市场发展前景进行有序布局；以业务和客户为导向，以业务带动冷库区域布点为发展的主要基础，构筑全国冷链仓储基地网络。未来几年拟在上海、沈阳、廊坊、西安、郑州、济南、南京、长沙等地新增冷库，力争2025年实现国内冷库布点超过20个。

总之，随着消费升级和生鲜消费需求不断增长，包括冷库在内的冷链物流全链条已经成为保障食品安全和品质的重要载体。冷链物流的前景广阔，同时也面临着激烈的竞争。只有把握好冷链物流的发展趋势，不断提升服务质量和运作效率，才能更好地满足消费者的需求，提高食品产业的附加值，促进行业升级。

（作者：恒伟冷链）

二、万纬物流创新发展新蓝图

万纬物流是万科集团旗下成员企业，于2015年成立，历经多年发展，已成为国内出色的全温层综合物流解决方案服务商。

万纬物流核心业务布局47个城市，拥有170多个物流园区，仓储规模超过1200万平方米，服务超过1600家企业。万纬物流全国仓网布局，多形态的仓储产品、库内运营、干线及城配运输等资源使万纬物流的服务链条覆盖从田间地头到餐桌的各个供应链环节，从而形成一体化供应链为实体经济保驾护航。2023年，万纬物流获评全国冷链仓储百强企业，冷库容积位列全国第一。对照全球冷链联盟数据，万纬冷链规模已进入全球前四。

万纬冷链具备完善的全温层仓储网络和运输资源池，可为商超零售、连锁餐饮、快消、肉类、果蔬、乳制品、医药7大行业头部客户提供多温区仓运一体化供应链服务。

万纬物流的核心优势体现在以下几个方面。

（一）物流科技应用

万纬物流利用科技的力量为仓储管理注入新活力，提高运营效率与服务质量，帮助企业更好地进行管理与决策，为客户创造真实价值。

万纬物流自主研发的OTWB系统集成（OMS订单管理系统、TMS运输管理系统、WMS仓储管理系统、BMS账单管理系统）是行业最佳实践业务模型，专注于仓储及运输的实物现场管理与执行过程，覆盖从订单下达到仓储、运输及结算的全周期流程，提升了冷链运营服务的效率及精准度。它通过整合仓储环节、促进高效运营协同、规范现场作业流程、提高作业效率，为企业降低成本、增加效益提供了强有力的支持。

万纬供应链控制塔(Project-V)是一种集成供应链各个环节的智能化解决方案。根据需求，提供定制化数据采集、分析，预测和预警服务，实现对整个供应链的可视化、实时监控和控制，可以帮助企业更好地把握供应链的状况，及时发现问题并采取行动，提高供应链的可靠性、灵活性和效率。同时，万纬供应链控制塔也可以通过协同作业、资源优化和风险管理等功能，实现供应链各个环节的优化和协同，以最大化整个供应链的效能。

VX-Link是万纬物流面向客户全新推出的数据交互平台，打破了信息壁垒，架起客户与万纬之间沟通的桥梁，为客户提供了更多便捷的在线化服务，支持数据报表汇总、线上预约、一件查询等多样化功能。

冷链智慧园区平台利用AIoT技术在食品安全质量、能耗优化、运营优化多维度、安防消防等方面实现全面数字化升级。运用物联网技术连通制冷系统及道口设备，建立理论能耗模型，深化能耗管理；重构上位机系统，简化制冷操作，优化控制策略，进一步节能降耗；通过为叉车加装物联网设备，从点检、碰撞、利用率、作业效率、电池、维保等方面自动采集叉车运行数据，提升管理，加强安全；运用物联网和AI技术将车辆在园区各环节流程数字化，自动采集车辆等待、停靠靠、作业等数据，实现智能调度，支撑精益运营管理。智慧安防包含AI监控平台、人车通行系统和巡查记录仪指挥调度系统，结合中心IOC空地一体作战，确保园区安全；智慧消防平台通过物联网技术接入各园区传统消防主机、电气火灾监控，消防水系统监控，全面保障园区消防。

（二）提供一体化供应链解决方案

万纬物流致力于为客户提供高效、敏捷、落地的数智能化供应链解决方案。万纬物流与国内先进的人工智能决策技术服务商——杉数科技合资，从产能优化、生意布局、供应链网络规划、库存优化、统仓共配等供应链规划决策及执行角度陆续研发了河图（供应链规划）、Planivers（需求、库存及补货计划）、数奕（生产计划）、水滴（智慧仓储）、Ponyplus（路径优化）等多个产品。通过数字世界的算法复刻出现实生活中供应链各环节数据，串联生产、物流、销售全链路信息，统筹规划，建立灵活应对变化的韧性网络模型。同步利用万纬物流丰富的仓储运输资源和优质运营服务能力，实现优化方案真实落地，持续为客户创造真实价值。在复杂多变的市场环境下，通过供应链算法决策平台帮助企业以变应变，实现更精准的洞察、分析和优化，快速降低存货、物流及生产成本，帮企业搭建韧性的供应链网络，从容应对市场的不确定性。

（三）建立食品安全管理体系

万纬物流汲取行业经验、头部大客户经验、国际管理经验，集百家之长，将所有优秀经验和管理工作要求沉淀在万纬物流食品安全管理体系中。建立全链条食品安全标准，参与多项规范和标准的编制，将多年的积累编写成《万纬冷链食品安全管理体系》，涵盖温湿度管理、有害生物管理等9个模块，共计40章，9万余字，要求其所有园区严格遵守。将温度管理、虫害控制作为底线，始终贯彻食品安全预防管理的质量理念。

过去一年，万纬物流还在多个客户的食品安全审核中获得高分，包括星巴克年供应链服务商最佳质量奖、沃尔玛年食品安全年度评审全国第一、费列罗年全球供应商最高荣誉——Ferrero Excellence、百胜中国食品安全审核全国第一。通过FSSC22000、HACCP、ISO9001/14001/45001等多项国际认证。在食品安全国际最高标准BRC认证过程中，获得了两个全国第一：首家获取BRC AA级别认证的第三方冷链企业；首家申请即获得BRC AA级别认证的企业。

万纬物流全面践行ESG理念，坚持绿色可持续发展。

在绿色建筑认证方面，万纬物流创造了两个"第一"：万纬杭州钱塘新区冷链园区是国内首个LEED物流与分拨中心体系铂金级项目；万纬上海奉贤临港园区获得德国莱茵TUV与英国建筑研究院净零碳建筑认证证书，是国内首个物流园区净零碳建筑认证项目，也是首个零碳智慧物流示范园区。园区搭建了数字化管理平台，通过节能降耗及分布式光伏的应用，实现近2.6万吨标准煤的能源节约，减少二氧化碳排放近6.8万吨，减少二氧化硫排放超200吨，项目节能率达到50%以上。

截至2023年6月底，万纬物流累计绿色建筑认证面积超过770万平方米、101个项目获得绿色三星认证、12个冷链园区获得LEED铂金奖/金级（其中7个铂金级，5个金级），未来还将推动所有新建冷库100%通过绿色仓库认证，新建冷库做到分布式光伏100%覆盖。

（作者：万纬物流）

第四章　2022年全国冷链运输市场情况分析

本章共分为四节，依次对冷藏车国家和各地方政策、冷链运输概况、冷藏车市场运营情况、冷藏车发展趋势等内容进行阐述。

第一节　冷藏车政策情况分析

一、国家层面政策赋能

冷藏车是冷链物流必不可少的核心运输设备，通过维持货物的温湿度，运输果蔬、水产品、肉类、乳制品、速冻食品、疫苗等对温湿度有特定要求的货物。受益于我国冷链物流市场需求的激增，我国冷藏车保有量飞速增长。目前冷藏车市场较散乱，冷藏车非法改装和超载的事件屡次出现，《"十四五"冷链物流发展规划》提出，要"提高冷藏车发展水平。严格冷藏车市场准入条件，加大标准化车型推广力度"。为了更好地管理冷藏车市场，2022年3月蓝牌新规正式落地执行，蓝牌新规对轻卡的总重、冷藏车发动机排量、货箱尺寸等方面制定了明确的要求，蓝牌冷藏车在冷藏车市场中占比较大，新规的实施将推动冷藏车市场规范化。此外，国务院也连续在政策中提到要推广标准化冷藏车。2022年冷藏车国家政策汇总如表4-1所示。

表4-1　　　　　　　　　　2022年冷藏车国家政策汇总

序号	发布时间	发布单位	政策名称	内容摘要
1	2022-04	国务院办公厅	《国务院办公厅关于进一步释放消费潜力促进消费持续恢复的意见》	大力推广标准化冷藏车，鼓励企业研发应用适合果蔬等农产品的单元化包装，推动实现全程"不倒托""不倒箱"

续表

序号	发布时间	发布单位	政策名称	内容摘要
2	2022-04	交通运输部等五部门	《关于加快推进冷链物流运输高质量发展的实施意见》	研究设置冷链配送车辆卸货临时停车位，推动出台冷链配送车辆便利通行政策，提升城市冷链配送服务质量
3	2022-12	国务院办公厅	《"十四五"现代物流发展规划》	推广蓄冷箱、保温箱等单元化冷链载器具和标准化冷藏车

资料来源：中国政府网。

二、地方层面政策落实

各地方政府也积极响应国家政策，辽宁、江苏、福建、广东等纷纷出台了冷链物流发展规划，从各省区市出台的冷藏车相关政策可以看出，地方政策主要贯穿国家规划，集中以推广应用标准化冷藏车、冷藏车购买补贴为主。2022年冷藏车各省区市政策汇总如表4-2所示。

表4-2　　　　　　　2022年冷藏车各省区市政策汇总

序号	发布时间	发布单位	政策名称	内容摘要
1	2022-01	重庆市商务委员会	《重庆市商贸物流发展"十四五"规划》	推广适合城乡道路条件的冷藏运输厢式车车型，鼓励使用具备多温区配载能力与全程温控监测能力的冷链配送厢式车
2	2022-01	江西省人民政府	《关于降本增效促进市场主体发展若干政策措施》	出台城市配送冷藏车便利通行等政策
3	2022-03	海南省发展改革委、海南省财政厅、海南省邮政管理局	《海南省现代物流业发展奖补资金管理实施细则》	对物流企业新建冷库（1万立方米及以上）、购买冷藏设备、冷藏车辆，总投资500万元以上的，按投资额的30%给予补贴，最高不超过500万元
4	2022-03	甘肃省人民政府办公厅	《甘肃省加快农村寄递物流体系建设行动方案》	推广应用移动冷库、恒温冷藏车、冷藏箱等新型冷链设施，增加冷链运输车辆，提升末端冷链配送能力

续表

序号	发布时间	发布单位	政策名称	内容摘要
5	2022-03	福建省人民政府办公厅	《福建省加快农村寄递物流体系建设实施方案》	购置、改造升级冷藏车辆，提升末端冷链配送能力
6	2022-03	宁夏回族自治区人民政府办公厅	《加快全区农村寄递物流体系建设实施方案》	合理增加大型冷链运输车辆和中小型末端配送冷藏车，提升农产品外销干线冷链运输能力和末端冷链配送能力
7	2022-04	云南省人民政府办公厅	《云南省加快农村寄递物流体系建设实施方案》	推广应用移动冷库、恒温冷藏车、冷藏箱等新型冷链设施设备
8	2022-06	海南省人民政府办公厅	《海南省超常规稳住经济大盘行动方案》和《海南省稳经济助企纾困发展特别措施》	对新建冷库1万立方米以上、购买冷藏设备、冷藏车辆等，总投资在500万元以上的，按照投资额的30%给予最高500万元补贴
9	2022-06	重庆市人民政府办公厅	《重庆市进一步释放消费潜力促进消费持续恢复若干措施》	大力推广标准化冷藏车，鼓励企业研发应用适合果蔬等农产品的单元化包装，推动实现全程"不倒托""不倒箱"
10	2022-07	河南省人民政府办公厅	《河南省进一步释放消费潜力促进消费持续恢复实施方案》	大力推广标准化冷藏车
11	2022-07	江苏省人民政府办公厅	《江苏省冷链物流发展规划（2022—2030年）》	研究制定标准化冷藏车配置方案，加大标准化车型推广力度，统一车辆等级标识和配置要求，推动在车辆出厂前安装符合标准要求的温度监测设备等。加快轻型、微型新能源冷藏车和冷藏箱研发制造，加快形成适应干线运输、支线转运、城市配送等不同需求的冷藏车车型和规格体系
12	2022-09	山西省人民政府办公厅	《山西省进一步释放消费潜力促进消费持续恢复实施方案》	推广应用移动冷库、恒温冷藏车、冷藏箱等新型冷链设施设备

续表

序号	发布时间	发布单位	政策名称	内容摘要
13	2022-09	广东省人民政府办公厅	《广东省推进冷链物流高质量发展"十四五"实施方案》	加大标准化冷藏车推广力度，逐步淘汰非标准化冷藏车，严厉打击非法改装冷藏车
14	2022-10	辽宁省人民政府办公厅	《辽宁省冷链物流高质量发展实施方案（2022—2025年)》	推动冷链运输设施设备升级。加强冷藏车生产企业及产品生产一致性监督管理，推广应用多温层、新能源冷链运输车辆，支持城市冷链配送车辆安装使用尾板。加强温湿度监测设备、卫星定位装置、视频监控设备、电子围栏在冷链运输车辆、保温箱、集装箱的推广应用。加快铁路机械冷藏车更新升级，研发和制造适应小批量、多批次、高时效运输需求的铁路冷藏车型
15	2022-11	福建省人民政府办公厅	《福建省贯彻"十四五"冷链物流发展规划实施方案》	发展目标。冷藏车、冷藏箱、重点冷链产品全程监控基本实现全覆盖
16	2022-11	广东省农业农村厅、广东省生态环境厅	《广东省生猪屠宰行业发展规划》	鼓励屠宰加工企业加强冷链基础设施建设，配备冷库、低温分割车间等冷藏加工设施，配置冷藏车等冷链运输设备
17	2022-12	内蒙古自治区发展改革委	《内蒙古自治区现代流通体系建设方案》	推广冷藏集装箱、冷藏车、移动式冷柜等末端冷链设备

资料来源：各地政府官网。

三、重点政策分析——绿通政策

（一）政策背景

绿通又叫绿色通道，是鲜活农产品运输绿色通道的简称。交通运输部表示绿通政策的主要目的是提高鲜活农产品的公路运输效率，减少运输途中的损耗，更好地解决群众"菜篮子"供应问题。从1995年起，我国就已开始了绿色通道的初步建设，开通了山东寿光至北京、海南至北京、海南至上海、山东寿光至哈尔滨四条蔬菜运输绿色通道，在收费站设立专用通道口，对整车合法运输鲜活农产品车辆给予"不扣车、不卸载、不罚款"和减免通行费的优惠政策；2005年，交通部、公安部、农业部等七部委联合提出在全国建立布局为"五纵二横"鲜活农产品"绿色通道"网络；2016年，全国"五纵二横"鲜活农产品流通"绿色通道"全部开通；2010年，我国所有收费公路（含收费的桥梁、隧道）全部纳入绿通范围，整车合法装载运输鲜活农产品车辆免收车辆通行费；2019年国家对"绿色通道"政策进一步优化；2023年，"绿色通道"政策再次调整。从1995年至2022年，绿通政策已实施28年之久，绿色通道政策也在不断优化，鲜活农产品绿通范围、实施范围、免检额度都逐渐扩张，为鲜活农产品运输制定了标准，在一定程度上降低了鲜活农产品流通物流成本。绿通主要政策汇总如表4-3所示。

表4-3 　　　　　　　　　　绿通主要政策汇总

序号	日期	发文单位	政策名称	内容摘要
1	2003-12	中共中央、国务院	《中共中央 国务院关于促进农民增加收入若干政策的意见》	要支持鲜活农产品运销，在全国建立高效率的绿色通道
2	2005-01	交通部、公安部、农业部、国家发展改革委、财政部、国务院纠风办	《全国高效率鲜活农产品流通"绿色通道"建设实施方案》	在全国建立布局为"五纵二横"鲜活农产品"绿色通道"网络，统一界定鲜活农产品的范围
3	2006-07	交通部、公安部、农业部、商务部、国家发展改革委、财政部、国务院纠风办	《关于进一步完善"五纵二横"鲜活农产品流通绿色通道网络实现省际互通的通知》	将与"五纵二横"绿色通道线路平行的已建成高速公路纳入网络
4	2009-12	交通运输部、国家发展改革委	《关于进一步完善和落实鲜活农产品运输绿色通道政策的通知》	进一步优化和完善鲜活农产品运输"绿色通道"网络；明确界定"绿色通道"政策中鲜活农产品的范围；落实配套措施，强化监管手段；做好相关服务工作

序号	日期	发文单位	政策名称	内容摘要
5	2010-11	交通运输部、国家发展改革委、财政部	《关于进一步完善鲜活农产品运输绿色通道政策的紧急通知》	从2010年12月1日起，全国所有收费公路（含收费的独立桥梁、隧道）全部纳入鲜活农产品运输"绿色通道"网络范围，对整车合法装载运输鲜活农产品车辆免收车辆通行费
6	2019-07	交通运输部、国家发展改革委、财政部	《交通运输部 国家发展改革委 财政部关于进一步优化鲜活农产品运输"绿色通道"政策的通知》	严格免收车辆通行费范围：整车合法装载运输全国统一的《鲜活农产品品种目录》内的产品的车辆，免收车辆通行费。优化鲜活农产品运输车辆通行服务：建立全国统一的鲜活农产品运输"绿色通道"预约服务制度；建立鲜活农产品运输信用体系等
7	2023-01	交通运输部办公厅、国家发展改革委办公厅、财政部办公厅、农业农村部办公厅	《交通运输部办公厅 国家发展改革委办公厅 财政部办公厅 农业农村部办公厅关于进一步提升鲜活农产品运输"绿色通道"政策服务水平的通知》	一、严格执行鲜活农产品品种目录。二、统一规范"鲜活""深加工"判断标准。三、统一规范"整车合法装载"查验标准。四、统一规范计重设备合理误差认定标准。五、加强查验方式探索优化。六、加强通行服务保障。七、加强配套政策落实

资料来源：中国政府网。

（二）政策调整

2023年年初，交通运输部办公厅、国家发展改革委办公厅、财政部办公厅、农业农村部办公厅联合出台了《交通运输部办公厅 国家发展改革委办公厅 财政部办公厅 农业农村部办公厅关于进一步提升鲜活农产品运输"绿色通道"政策服务水平的通知》。这次绿通政策针对鲜活农产品品种理解不一致、细化标准不统一等问题进行梳理解决，主要集中在鲜活农产品品种、"鲜活""深加工"判断标准、"整车合法装载"查验标准、计重设备合理误差认定标准、查验方式、服务保障和配套政策七个方面。在之前政策的基础上，这次政策调整主要体现在以下两个方面。

1. 目录修订

（1）将马铃薯、甘薯、山药、芋头、鲜玉米、鲜花生，以及仔猪和蜜蜂（转地放蜂）列入目录中。

（2）新增加了樱桃番茄（圣女果）、香菇（不含干香菇）、粉蕉（苹果蕉）、大蕉、金香蕉、鸽蛋、火鸡蛋、鸵鸟蛋等品类。

（3）按照学名对原有品种进行了规范表述和更正，将"西红柿"调整为"番茄"、"鲜牛奶"调整为"生鲜乳"、"蘑菇"调整为"双孢蘑菇"等。

（4）新增蔬菜、水果产品的别名及常用商品名称对照表，明确了樱桃与车厘子、苹果与蛇果之间的从属关系，将车厘子、蛇果纳入其中。

2. 统一规范判断、查验、误差认定标准

（1）新鲜蔬菜：参照《新鲜蔬菜分类与代码》关于"蔬菜叶片或其他可食用部位具有一定的光泽和水分，没有发生萎蔫现象"的规定进行判断。

（2）粗加工鲜活农产品：目录中去皮、去叶、清洗、分割等粗（初）加工鲜活农产品，也可以正常享受"绿色通道"政策。

（3）鲜活农产品深加工：可参照《农业农村部等15部门关于促进农产品精深加工高质量发展若干政策措施的通知》中，关于"农产品精深加工是在粗加工、初加工基础上，将其营养成分、功能成分、活性物质和副产物等进行再次加工，实现精加工、深加工等多次增值的加工过程"的规定进行判断。

（4）整车合法装载：要求车货总重和外廓尺寸的最大限值按照《汽车、挂车及汽车列车外廓尺寸、轴荷及质量限值》和相关规定执行；鲜活农产品与不超过车辆核定载质量或车厢容积20%的其他农产品混装，参照整车合法装载车辆执行；运送不可拆解大型物体的低平板专用半挂车不享受"绿色通道"政策。

（5）计重设备合理误差认定：统一由出口收费站负责对车货总重进行认定；对车货总重超限超载幅度未超过5%的鲜活农产品运输车辆，比照整车合法装载车辆执行；对称重检测结果有异议的，依法向相关部门申请计量仲裁检定。

（三）政策运行情况

1. 政策惠民落实处

菜篮子工程是关乎国计民生的头等大事之一。从2005年"绿色通道"政策正式实

施开始，合法运载鲜活农产品车辆逐步扩大通行费减免范围，从"五纵二横"网络扩张到全国所有公路、桥梁、隧道。新疆交投集团官网数据显示，2022年该集团累计减免通行费28.71亿元，减免车辆1.06亿辆次，其中"绿色通道"车辆累计减免210.27万辆，减免金额6.51亿元。农产品作为低利润行业，通行费的减免大大降低了鲜活农产品的流通成本。近几年，国家大力推动产地基础设施建设，绿通新政策的出台，将加速农产品产地流通，减少因争议产生的货物滞留情况，保障产销两端鲜活农产品流通质量。

2. 多地响应落实新政策

随着新规的出台，全国多地迅速开始实施这一惠民利民的政策。广东、浙江、湖北、甘肃、重庆等地提出开展绿通车辆抽免检工作，在符合免费通行条件的基础上，达到免检要求且已预约通行的ETC绿通车辆可以实行抽免现场查验，直接通过高速公路。此外，为了保障绿通新政策的顺利落实，加强工作人员对绿通新规的理解，河北、甘肃、江西等高速收费站也纷纷组织员工开展绿通新政策专题培训，确保在查验时可以快速准确地辨识绿通货物，避免过去因对政策掌握不准确、执行不到位造成的误判行为，产生负面舆论，并通过官网、公众号、发放宣传单等方式向司机宣传绿通新政策，加强司机对绿通产品的类别、品种以及查验流程的认识。

3. 绿通争议有所缓解

绿通政策在促进鲜活农产品产销地对接、保障"菜篮子"市场供应等方面作出了积极贡献，但是近些年绿通政策引发的争议不断，由于对"新鲜"和产品品类的理解程度存在差异，收费站仅凭肉眼观察就以不新鲜、不属于某品类等理由而拒绝运载车辆免费通行的现象屡见不鲜，引起了广泛关注，绿通政策是否便民也引发了大众的讨论。由于《鲜活农产品品种目录》规定的品类和各品类下属的细分产品较多，运输司机对绿通产品的具体分类并不是很了解，很难甄别清楚，常有司机在运输货物时存在不确定货物是否属于绿通货物的情况。另外，绿通政策对于鲜活农产品混装运输有明确要求，但由于收费站工作人员对绿通政策的具体内容把握不够准确，曾出现部分收费站将篷布认作混装被要求缴纳高速过路费的事件。因此，不少运输司机纷纷表示即使可享受"绿色通道"免费政策也不愿意拉绿通货物，这就应了运输行业中的俗话："穷死不拉管，饿死不拉卷，打死不拉绿通。"这次绿通政策的调整，在一定程度上缓解了绿通农产品判定的争议，但由于政策开始实施时间较短，不少车主表示目前仍保持观望态度，未来一段时间，随着绿通政策的持续推进，对绿通免费产品的误判情况将逐渐减少。

4. 查验效率有待优化

目前，绿通车辆查验主要采用的工作方法为人工查验的方式，工作人员需要对《鲜活农产品品种目录》内的免费通行产品全面掌握，凭借自身经验和责任心对往返绿通车辆进行查验。然而，人工查验避免不了的问题就是花费时间长、误差大、效率低，而鲜活农产品易腐败，对运输通关时效性要求较高。人工查验伴随着开箱问题，绿通车辆对产品混装比例有明确的要求，超过混装要求则不能享受绿通免费优惠政策，为了避免司机蒙混过关偷逃通行费，绿通检查人员往往要对车厢多部位深入查验，一旦有大量绿通车辆通行，必将延长排队等待和查验时间，而绿通车辆滞留时间过长，出现车辆拥堵局面，可能会导致运送的鲜活农产品出现腐损等问题。

（四）绿通未来发展

1. 智能化

近些年，互联网和大数据等新技术的研发，使绿通政策不断向智能化驱动，2019年，《交通运输部 国家发展改革委 财政部关于进一步优化鲜活农产品运输"绿色通道"政策的通知》提到，鲜活农产品运输车辆通过安装ETC车载装置，在高速公路出、入口使用ETC专用通道，实现不停车快捷通行。为了提高鲜活农产品保通保畅的效率，一些车流量较大的收费站开始引用智能化设备对绿通车辆进行检查。例如，西安六村堡收费站作为陕西省出入车流量第一的收费站，安装了一套"钻60"绿通车辆检测设备，通过成像技术分辨所运货物是不是绿通产品和混装情况，仅需一到两分钟就可完成检测，将放行速度提高近10倍。2023年的绿通新政策提出要加强查验方式探索优化，利用安装数字辐射透视成像检测设备和大数据分析等措施，加快探索建立涵盖货源场地分析、实车状态研判、重要节点抽查、技术手段检测、信用积分激励等全链条全过程的智慧检测机制，实现对鲜活农产品运输车辆的精准识别、高效检测和优质服务。未来，将加强对车辆智能检测技术的不断研发、推广和应用，通过智能化新技术的赋能提高绿通车辆检测和单车放行速度。

2. 精准化

一直以来，绿通政策都在不断改进和优化，《鲜活农产品品种目录》中可享受免费通行的农产品品类不断增加，其所属细分品类的划分也不断规范。随着消费需求的多元化，牛油果、车厘子、火龙果等产品的国产化，农产品品类越来越丰富，农产品市场正逐步多样化，加大品类的细分效应。车厘子、蛇果、西梅等国产化水果在今年的绿通新规中被纳入享受"绿色通道"政策的鲜活农产品目录。然而，农产品品类逐渐丰富，部分农产品难以分辨，客观上增加了"绿色通道"政策在划分和执行方面的难度。加之不同地域对同一产品的叫法存在差异，也影响了部分司机对绿通产品的认知出现差异。绿通免费通行产品的辨别是目前绿通主要聚焦的问题，今年绿通新政策也特别对绿通免费范围和产品品类有了严格规范，未来很长时间，绿通将对免费通行产品进行精准化定位。

3. 集约化

对于运输市场而言，市场分散度越高意味着恶性竞争越大，目前，从事绿通运输的车主主要以散户为主，市场竞争激烈。在这种竞争情况下，车多货少、运价下行、油价上涨是绿通运输现存的问题。与企业车队相比，散户缺少强大的后台背景可以依靠，货物损坏和收货方以各种理由拒绝收货的情况屡见不鲜，散户需要自己承担全部运输风险，在不断内卷的竞争格局中，绿通运输中的散户在价格战中容易被淘汰，只有体量化的企业和车队不会被市场边缘化，在市场淘汰赛中存活。

4. 引导化

在绿通政策执行过程中，个别地方对鲜活农产品品种理解不一致、查验尺度把握不统一，产生了一些争议。2023年年初，交通运输部办公厅会同国家发展改革委办公厅、财政部办公厅、农业农村部办公厅印发的《交通运输部办公厅 国家发展改革委办公厅 财政部办公厅 农业农村部办公厅关于进一步提升鲜活农产品运输"绿色通道"政策服务水平的通知》，聚焦当前存在的突出问题，重点解决鲜活农产品具体品种识别问题，进一步细化"新鲜""深加工""整车合法"等认定尺度。放眼于未来，绿通政策还可继续深化探索与冷链物流行业引导趋势的结合，如在低碳、新能源、应急保障等方面，建立专项绿通政策，提高政策灵活度及适配度，引导行业向正轨发展。

第二节　冷链运输概况

一、公路冷链运输

（一）行业发展态势

1. "最初/最后一公里"优势持续释放

相较于铁路、海运等交通方式，公路运输更加灵活。一方面，公路交通网络覆盖面广，能够到达偏远地区和城市中心区域，为冷链运输提供了更广阔的市场。另一方面，公路冷链运输能够快速到达终端市场，保证货物的新鲜度和品质，满足消费者的需求。

2. 公路冷链货运量保持稳定

目前我国冷链运输主要还是依靠公路运输，据中物联冷链委发布的我国冷链物流需求总量，公路冷链运输主要货物运输量占总冷链运输的89.73%，未来将继续保持这个比例。

3. 公路冷链运输比例逼近90%

随着我国冷链物流市场整体规模的逐年增长，公路冷链物流市场规模也随之增长，同时由于公路运输的便捷性，前瞻产业研究院数据显示，预计到2028年公路冷链市场规模将超过8700亿元，年复合增速约为12%。

4. 设备主体趋向合规化

2022年，随着多地区、多领域出台涉及冷链物流政策，冷链物流标准化体系逐渐完善，冷藏车行业监管也在逐渐加强，如《国务院办公厅关于进一步释放消费潜力促进消费持续恢复的意见》《江苏省冷链物流规划（2022—2030年）》均对标准化冷藏车提出了相关的要求，设备主体向标准化和规范化方向发展。

（二）行业发展问题

1. 行业管理乱象依然存在

冷链物流行业是一个关键的环节，涉及食品安全和医药等领域。然而，管理乱象在该行业中依然存在，表现在以下几个方面。其一，政策一刀切。政策制定者常常采取一刀切的方式，对所有企业实施同样的监管措施，导致企业难以承担过重的监管成本，也难以在市场竞争中立于不败之地。其二，监管不到位。冷链物流行业监管部门存在监管不到位的问题，部分企业存在违规操作，监管部门未能及时发现和惩处违规行为。其三，"劣币驱逐良币"。由于价格竞争激烈，一些企业为了降低成本，采用低质量的产品和服务，降低了整个行业的服务质量和安全水平，同时也排挤了一些优质企业。

2. 相关设备标准认定及普及效果较差

近年来，国家为支持公路冷链发展，针对该领域先后出台多项标准，但是其在实际应用中的普及速度相对较慢，主要存在以下几个问题。其一，行业认知不足。一些冷链企业和从业人员对新版标准的认知不足，缺乏对标准的深入理解。这导致在实际操作中，很难做到标准的全面贯彻和执行。其二，技术设备投入不足。新版标准对冷链物流设备和设施的要求更高，需要企业在设备和设施方面进行投入。然而，一些小型冷链企业缺乏资金和技术支持，难以满足新版标准的要求。其三，监管力度不足。新版标准对冷链物流行业提出了更高的要求，需要相关部门对企业实施更严格的监管和检查，以确保标准的有效实施。但是，在实际监管中，由于种种原因，监管力度不足，导致标准的普及和实施受到一定的影响。

3. 冷藏车投保难

受冷藏车标准不统一、信息追溯体系不健全等因素影响，冷藏车发生事故时极易出现难以定损、主体责任划分不清等问题，导致理赔时间过长、赔付过程复杂、赔偿金额过高、赔付争议过大等。上述现象导致保险企业在冷藏车保险业务上面临着较高的赔付风险，同时也是大部分保险公司对冷藏车投保问题持谨慎态度的主要原因。

4. 行业竞争压力持续加大

随着我国经济的不断发展，冷链物流行业的市场需求不断增加，同时国内外企业的竞争也日益激烈，冷链物流行业的竞争压力持续加大。其一，价格竞争激烈。目前，我国冷链物流行业的市场竞争以价格为主，企业之间的价格战不断升级，导致行业整体的营利能力下降。其二，服务质量竞争加剧。除了价格，服务质量也是冷链物流企业之间竞争的重点。在服务质量方面表现出色的企业往往能够获得更多的市场份额和客户信任。其三，技术创新竞争加剧。现代冷链物流需要运用一系列高科技设备和技术手段，如传感器监测、云计算、人工智能等。在技术创新方面表现出色的企业能够降低成本、提高效率，进而在市场上占据优势。其四，行业准入门槛提高。随着国家对冷链物流行业的监管加强，行业准入门槛也在不断提高。一些小型企业将面临更大的竞争压力。

（三）行业发展趋势

1. 公路冷链运输标准逐步完善

公路冷链运输是冷链物流的重要组成部分，其标准的完善对于保障食品安全、医药品质、保障人民身体健康有着重要的意义。目前，随着政府的高度重视，公路冷链运输标准逐步完善。其一，冷藏车辆运输相关的管理规范持续完善。其二，食品冷藏运输标准的制定。我国已经制定了相关的食品冷藏运输标准，对食品冷藏运输的温度、湿度、时间等方面作出了详细规定。其三，医药冷藏运输标准的制定。我国相关部门制定了医药冷藏运输标准，对医药品的冷藏运输的温度、湿度、时间等方面作出了详细规定。其四，企业自身标准的制定。一些知名的冷链物流企业已经制定了自身的公路冷链运输标准，提高了企业的服务质量和市场竞争力。未来，随着技术的不断进步和市场需求的不断增加，公路冷链运输标准将持续完善，为保障食品安全、医药品质、保障人民身体健康提供更加坚实的保障。

2. 行业门槛初步设立

随着我国经济的快速发展和人民生活水平的提高，冷链物流行业的重要性越来越凸显。为保障食品安全和人民身体健康，冷链物流行业门槛初步设立，主要表现在认证资质、配备先进技术设备等方面。在认证资质方面，冷链物流企业需要获得相关的认证资质，如ISO 9001、ISO 14001等，以及食品安全认证、医药品质认证等相关资质认证。在技术设备方面，冷链物流企业需要配备先进的技术设备，如冷藏车辆、冷库、监控系统等，确保冷链物流过程中的温度、湿度等参数符合要求。未来，随着行业规模化的发展，冷链物流行业也会在人才素质、运营规范等方面提出相关要求，不断提升行业门槛。

3. 公路冷链运输管理要求逐步完善

食品安全和运输安全问题的日益突出，对公路冷链运输管理提出了更高的要求。首先，国家相关部门出台了一系列支持公路冷链运输的政策和法规，如《中华人民共和国食品安全法》《中华人民共和国道路运输管理条例》等，加强了对公路冷链运输的监管。其次，随着科技的不断发展，公路冷链运输设备的技术不断更新和升级，如温度监测、追溯系统等，提高了运输质量和安全性。最后，公路冷链运输企业逐渐形成了自律机制，制定和执行相关管理要求，如车辆管理规定、温度监测规定等，提高了运输质量和安全性。未来，政府将加大监管力度、完善标准制度、推广新技术、加强人才培养和促进行业协同发展，为公路冷链运输行业的发展提供坚实保障。

4. 设备持续升级

为响应国家号召，各省市积极推动冷藏车行业的发展，如2022年《广东省推进冷链物流高质量发展"十四五"实施方案》提出，加快淘汰高能耗和国三及以下排放标准的冷藏车，适应城市绿色配送发展需要，鼓励新增或更新的冷藏车采用新能源车型。鼓励使用绿色、低碳、高效制冷剂和保温耗材。一方面，随着新能源技术的发展，叠加节能环保的大趋势，未来新能源冷藏车将持续渗透冷链物流市场。另一方面，物联网、云计算以及大数据等技术的普及和应用，市场对冷藏车在技术含量、高附加值等方面提出了更高的要求，未来智能化将是冷藏车的发展趋势。

二、铁路冷链运输

（一）行业发展态势

1. 政策助力铁路冷链发展

2022年，国家发展改革委印发《关于做好2022年国家骨干冷链物流基地建设工作的通知》，公布了24个国家骨干冷链物流基地名单，在健全冷链物流网络体系、保障区域生活物资供应、促进冷链物流与相关产业联动发展等方面具有重要作用。2022年4月，交通运输部、国家铁路局、中国民用航空局、国家邮政局、中国国家铁路集团有限公司五部门印发《关于加快推进冷链物流运输高质量发展的实施意见》，提出推动铁路专用线进入物流园区、港口码头，加快铁路机械冷藏车更新升级，鼓励铁路企业开行冷链班列，推动冷链班列与冷链海运直达快线无缝衔接，积极发展"海运＋冷链班列"海铁联运新模式。2022年，一系列冷链物流政策的出台为我国铁路冷链货运发展创造了有利条件和良好环境。

2. 铁路基础设施建设持续完善

2022年，全国铁路固定资产投资稳步提升。全国铁路固定资产投资完成7109亿元，同比基本持平。投产新线4100公里，其中，高速铁路2082公里。新增营业里程约5000公里，其中，高速铁路新增营业里程约2000公里。具体来看，川藏铁路攻坚态势进一步发展巩固，《中华人民共和国国民经济和社会发展第十四个五年规划和2035年远景目标纲要》确定的102项重大工程中的铁路项目顺利推进；京雄商高铁雄安新区至商丘段、天津至潍坊高速铁路、瑞金至梅州铁路等26个项目开工建设，和田至若羌铁路、合杭高铁湖杭段、银川至兰州高铁中卫至兰州段等29个铁路项目建成投产。截至2022年年底，全国铁路营业里程达到15.5万公里，其中，高铁4.2万公里。

3. 铁路沿线生鲜货量持续提升

2022年，随着中欧班列开行规模不断扩大，多条国际冷链专列相继开通，如川渝两地首次通过中老铁路冷链专列进口水果、中欧（沈阳）班列开行首趟冷链专列、黑龙江开行国际冷链专列"龙运号"直达俄罗斯莫斯科、中老铁路首列老挝香蕉冷链专列抵达怀化、粤港澳大湾区首列"中老泰"国际冷链班列等，极大丰富了运输手段，降低了冷链成本。国铁集团数据显示，2022年开行中欧班列1.6万列、发送160万标箱，同比分别增长9%、10%；西部陆海新通道班列发送货物75.6万标箱，同比增长18.5%。

（二）主要问题

1. "门到门"运输问题依旧存在

对比公路、航空等冷链物流运输方式，铁路冷链"门到门"运输的效率相对较低，难以满足一些紧急的需求。首先，铁路冷链"门到门"运输覆盖范围受到运输距离的限制，长距离运输成本较高，短距离运输则难以实现"门到门"服务。其次，铁路冷链"门到门"运输涉及许多中转环节，包括起点站和终点站之间的中转，以及货物在站内的转运等，这些中转环节容易导致货物延误和损坏。最后，对于一些需要特殊服务的客户，如高端餐饮、生物制品等，铁路冷链"门到门"运输的服务质量难以满足需求。

2. 规模效应难以达成

尽管近几年来铁路冷链物流的运量逐年都在增加，但铁路冷链在冷链运输市场规模中占比仍然是最少的，相关数据显示，铁路冷链运输货物量占比不到1%。铁路冷链运输速度低、周期长，时长是公路冷链运输的2倍，完全没有发挥出铁路冷链物流自身的优势。

3. 资源可得性较差

在铁路运输领域，冷链资源相对较少，难以满足市场需求。其一，目前铁路冷链资源存在分散的情况，铁路各个部门之间协调不够，导致资源利用效率不高。其二，部分铁路冷链设备年限较长，技术水平相对落后，导致设备的可靠性和使用效率不高。其三，铁路冷链资源建设需要大量的投入，包括设备采购、技术改造、设施建设等方面，但目前铁路冷链资源建设的投入还不足。其四，铁路冷链资源的运营管理缺乏规范化，缺乏统一的标准和管理体系，导致资源利用率不高。

4. 高铁利用不足

短期来看，我国高铁开展冷链物流运输业务面临一些限制条件。首先，高铁冷链设备的体积和重量较大，难以适应车厢的空间限制，导致冷链运输能力低。其次，高铁冷链运输涉及许多环节，包括装卸货、中转运输等，这些环节受到高铁运营时间表和运营规定的限制，导致运输效率低下。最后，高铁冷链运输的服务水平相对不高，缺乏完善的运输流程和服务体系，导致运输效率和服务质量不高。

（三）行业发展趋势

1. 构建高铁冷链快运产品体系

根据货物品类、客户对象需求，构建高铁冷链快运产品体系。一方面，开发"门到门"服务，其货物主要包括生鲜货物、医药制品、生物样本和生物制剂等，高铁冷链快运可为此提供当日达、次晨达、次日达等"门到门"时效产品；另一方面，打造干线运输服务，其货物主要为快递电商企业的批量货物，高铁冷链快运可提供次晨达和次日达时效产品，如2022年"双十一"当天，银西高铁聚焦医药冷链、食品冷链等新兴需求，推出时限产品和定制产品，同时，联合行业上下游企业提供"小批量、多批次、高时效"全程控温的"门到门"铁路快运冷链服务。

2. 丰富运输组织模式

首先，载客动车组模式，面向"少而精"的高端市场，提供"当日达"门到门急件运输服务，如北京—上海间沿途各站。其次，高铁确认车模式，面向生产制造和快递物流企业等客户，采用"站到站"运输组织模式，提供批量中高端快件货物次日达运输服务。最后，载客动车组不售票车厢和改造载客动车组车厢模式，面向生产制造和快递物流企业等客户，对客座率较低的车次预留车厢或者改造车厢，采用"站到站"运输组织模式，满足快运量较大的特定区间或某些特定时段两地间快递运输需求，如"双十一"黄金周。

3. 整合社会企业运力

"冷链专列"已经初步实现了冷藏集装箱"站到站"的运输，但还存在从"站到站"向"库到库"的短板。通过加深与公路运输或物流公司等多方的合作，铁路冷链完全有可能实现从"站到站"的冷链物流向"库到库"的冷链物流服务方式，即铁路线延伸至冷链物流配送中心冷库或食品加工生产基地的厂库设施中，铁路冷藏车可以直接进入冷库进行装卸及转运作业，这不仅实现了完整意义上的全程冷链物流，还能够提高装卸作业和转运效率，并且很好地解决公铁联运方式中的铁路大批量与公路小批量运输的匹配问题，实现高效率、高质量的公铁联运无缝衔接。

三、水路冷链运输

（一）行业发展态势

1. 港航服务能力持续提升

2022年4月，交通运输部发文部署，在全国沿海地区开展了为期两年的冷藏集装箱港航服务提升行动。目前，冷藏集装箱港航服务提升行动已取得了一定的成效，一方面，冷藏集装箱物联网设备安装比例同比大幅提升。另一方面，枢纽海港新增堆场冷藏集装箱插头数同比大幅增加。2023年以来，上海港、天津港、厦门港、宁波舟山港等多个国际枢纽海港新增冷藏集装箱插头 5000 个以上，港口冷藏集装箱堆存和供电能力进一步提升。

2. 冷藏集装箱需求量扩增

近年来，我国海运冷藏集装箱运输快速发展，我国进口冷链货物 80% 以上是通过海运的，沿海港口冷藏集装箱吞吐量近三年年均增长率达 10% 以上，保持快速增长态势，冷藏集装箱海运服务网络不断拓展，运输组织模式不断优化，冷藏集装箱智能化水平和港口堆场供电堆存能力不断提升。

3. 进出口业务持续走高

2022 年，我国货物贸易进出口总值 42.07 万亿元，在 2021 年高基数的基础上继续保持了稳定增长，规模再创历史新高，同比增长 7.7%，实现连续六年保持世界第一货物贸易国地位。其中，出口 23.97 万亿元，增长 10.5%；进口 18.1 万亿元，增长 4.3%。

4. 黑天鹅事件影响冷链海运波动发展

2022 年世界局势动荡，新冠疫情的反复和俄乌战争事件持续发酵，对全球贸易和海运产生了重大影响。在冷链海运领域，黑天鹅事件可能会导致货物的运输延误、货物的损失、航线的调整等问题。一方面，全球疫情暴发导致各国政策变化频繁，包括入境限制、隔离措施等，这些措施导致冷链货物的进出口受到限制和延误。此外，由于疫情防控要求，国家对冷链货物的检测和消毒要求也提高了，这也对冷链海运领域的业务形成了一定的影响。另一方面，俄乌战争导致全球政治经济环境变化，部分区域海关政策进行调整，从而导致冷链货物的进出口受到限制。

（二）行业发展问题

1. 内陆水路冷链市场空白

冷冻、冷藏食品的进出口作为港口的主要业务模式，带动了沿海主要港口的冷链物流快速发展。对比沿海各大港口，我国内陆港口在冷链物流方面发展相对缓慢。

2. 港口冷链基础设施不足

冷链设施设备的不足成为制约港口冷链物流发展的原因之一。首先，内陆水路冷链运输的基础设施建设相对滞后，包括码头、船舶、冷库等设施的建设和改善，这限制了内陆水路冷链市场的发展。其次，内陆水路冷链运输的技术水平和管理水平相对落后，在对货物的温度控制、安全运输等方面还需要进一步提升。最后，冷藏车保温车辆设备落后，在易腐食品的运输和储存过程中，无法提供系统性的低温保障。

3. 全链服务能力参差

冷链物流质量的提升离不开全过程的温度控制管理，然而目前冷链物流的信息化和标准化还不够完善，极大地影响了港口冷链物流全过程的增值效应。一方面，港口在冷藏集装箱装卸、搬运全过程的温控管理方面缺乏配套的信息化建设；另一方面，港口在产品装卸速度、各环节低温对接要求等方面，缺乏统一的管理标准。

4. 多式联运应用场景受限

目前来看，多数进出口冷藏集装箱采用公路运输，部分选择铁路。随着"公转铁""公转水"政策推出，多式联运得到了有效改善。但受海运自身短板影响，比如船舶平均航速较低、受自然条件限制运输过程风险较大以及营业范围受限等，多式联运通而不畅。

（三）行业发展态势

1. 港口冷链再发展

随着全球化的发展和物流行业的不断进步，港口冷链迎来了发展机遇。首先，随着国际贸易的不断扩大，许多货物需要在运输过程中保持低温或冷藏，以保证其品质和安全。这就需要港口冷链来提供相应的冷链物流服务，满足市场需求。其次，为了提高物流行业的服务质量和效率，许多国家和地区都出台了一系列政策和措施，以促进港口冷链的发展。比如，我国政府鼓励企业建设港口冷链基础设施，同时加强对港口冷链的监管。最后，随着消费升级的趋势，人们对商品的品质和安全要求越来越高。这就需要冷链物流企业提供更高质量的服务，满足消费者的需求。未来，随着国际贸易的加速和物流技术的不断进步，港口冷链将成为物流行业中不可或缺的重要组成部分。

2. 自贸港等将成为冷链海运新基地

随着国际贸易和物流业的发展，自贸港等地区已成为冷链海运新基地。其一，自贸港拥有得天独厚的自然条件和资源优势，便于与世界各地进行贸易和物流往来。同时，自贸港还能通过改善港口设施、优化物流服务等手段，提高冷链海运的效率和质量。其二，自贸港地区为吸引企业发展，不断推出税收、贸易、物流等方面的优惠政策，进一步降低冷链海运企业的经营成本。其三，自贸港地区积极引进世界先进的冷链海运设备和技术，提高冷链海运的效率和可靠性。同时，自贸港地区还能依托先进的信息技术和物联网技术，实现冷链海运的信息化和智能化。其四，自贸港地区拥有众多的物流企业和贸易商，为冷链海运企业提供了广阔的市场需求。同时，自贸港地区还能吸引国内外各类企业在该地区开展贸易和物流业务，进一步扩大了冷链海运市场的规模。未来，自贸港等地区的发展将为冷链海运企业带来更多的机遇和发展空间。冷链海运企业应积极参与自贸港建设，提高自身的竞争力和市场占有率。

3.冷藏集装箱应用多元化

随着技术的不断发展和应用的广泛化，冷藏集装箱已经从最初的食品行业扩展到其他行业，应用场景逐渐多元化。一方面，冷藏集装箱被广泛应用于食品行业的运输与储存，如肉类、水产品、蔬菜、水果等。另一方面，冷藏集装箱也被广泛应用于医药行业的运输和储存，如疫苗、生物制品、药品等。除了以上两个行业，冷藏集装箱还广泛应用于其他行业，如电子产品、危险品等的运输和储存。这些货物对温度和湿度的要求不同，但冷藏集装箱可以提供适当的环境，确保货物的质量和安全。随着技术的不断发展和应用的不断创新，冷藏集装箱在海运方面的应用前景将更加广阔。

4.多式联运成为主要运输方式之一

2022年1月，国务院办公厅印发的《推进多式联运发展优化调整运输结构工作方案（2021—2025年）》中提出，到2025年，多式联运发展水平明显提升，基本形成大宗货物及集装箱中长距离运输以铁路和水路为主的发展格局，全国铁路和水路货运量比2020年分别增长10%和12%左右，集装箱铁水联运量年均增长15%以上。多式联运作为一种运输方式，持续带动冷链海运的发展。一方面，多式联运提高了冷链海运的运输效率和降低成本。冷链海运可以与其他运输方式（如铁路、公路等）有机组合起来，形成一条完整的运输链。多种运输方式的协同配合，可以提高货物的运输效率和降低成本。另一方面，多式联运扩大了运输范围，提高了服务质量。多式联运可以将货物从内陆地区运输到海港，然后进行海上运输。多种运输方式的有机组合，可以扩大运输范围，提高服务质量。未来，以水路为核心的多式联运将得到快速发展。

四、航空冷链运输

（一）行业发展态势

1.高端消费需求推动航空冷链发展

随着消费者收入水平的提高，消费者对高端水果的需求也越来越多。航空冷链物流可以快速、高效地将高端水果从产地运输到消费地，保证了水果的新鲜度和品质，满足了消费者对高端水果的需求，如2022年"6·18"期间，南航物流启动24小时收运机制保障水果、海鲜等时令产品新鲜运抵，并提供冷库保鲜服务，全流程跟踪货物运输情况。2022年顺丰航空启动"水果季"，顺丰航空运营的"水果航线"与顺丰地面冷链、干线运输网络紧密衔接，为生鲜货物的远距离运输构建完整高效的物流供应链。

2. 安全需求持续深化

随着人们健康意识的增强，市场对医药用品、生物制剂等高价值温敏物资的需求快速增长。相比传统物流，温控物流产品服务对物流基础设施、物流环节管控、温控设备、应急保障能力等方面提出了更高的要求。而航空冷链物流在温控物流产品服务方面更具优势，其时效性更高、安全性更佳，行业迎来了快速发展机遇。

3. 设施设备逐步完善

随着航空冷链物流市场需求的增加，航空冷链企业持续加强技术创新、提高设备质量和运输效率，以满足市场的需求。其一，基建升级方面，许多机场已经开始进行冷链设施的升级和改造，如增加冷藏车、冷库等设施，扩大冷链物流的运输规模，以满足航空冷链的运输需求。其二，运输仓在航空冷链的运输过程中逐渐普及，由于航空冷链需要对货物进行中转和暂存，通过运输仓能实现温度控制、湿度控制、空气净化等功能，以确保货物在储存过程中的安全和保鲜。其三，无人机作为新的科技服务手段，可以快速、高效地进行货物的运输，而且可以避免天气、交通等原因造成的物流延误，逐渐运用到物流配送中，如顺丰集团旗下无人机公司丰翼科技开拓了一条医检无人机航线。

4. 航空冷链细分化发展特性显著

在航空冷链物流市场的不断扩大过程中，航空冷链物流的发展日趋结构化，促使我国航空冷链物流市场细分越发明显。一方面，医药冷链成为航空冷链最具潜力的增长点，特别是疫情期间，疫苗等医药物资的运输需求激增，加速推动我国航空冷链物流发展。中物联医药物流分会的统计数据显示，2022年市场规模达到5458.68亿元，预计2023年我国医药冷链的市场规模还将进一步扩大。另一方面，新零售和社区团购加速生鲜冷链物流快速崛起，大多电商巨头逐渐加快布局生鲜电商的步伐，如阿里盒马鲜生、苏宁苏鲜生等。

（二）行业发展问题

1. 建设标准不足

航空冷链物流因其发展较晚，尚未形成全国统一的管理法规。目前该领域出台的物流标准多为一些行业性的法规，如2013年国家食品药品监督管理总局发布的《药品经营质量管理规范》，2014年中国民用航空局发布的《货物航空冷链运输规范》等。

2. 行业运营规范度有待提升

整体来看，部分货运航空公司在航空冷链运输方面形成了基本流程规范，但缺乏整体运输流程的详细运输方案。首先，多数航空公司不能主动提供隔温的集装箱，无法保证温度敏感型货物在运输全过程中的温度，导致物品损坏；其次，航空冷链物流目前的配送模式主要为岗到岗，暂时达不到点到点的冷链运输；最后，航空冷链物流在整个运输过程中需与机场、海关和检验检疫机构合作，这些机构缺乏针对性的服务。

3. 信息化、专业化建设仍需加强

航空冷链物流除了在运营上形成一定规范，还要加强运输环境的监测，并通过相关的信息平台及时反馈数据，辅助各方进行决策。然而，我国航空冷链物流信息化程度不高、信息覆盖面窄，还需加强信息管理等技术的升级。

4. 标杆企业仍然缺位

近年来，航空公司、物流企业积极布局航空冷链物流行业，如上海吉祥航空物流建设"喜鹊到"空运物流整合平台，顺丰、圆通等物流企业早早布局货运航空领域，京东货运航空通过相关部门审批等，行业竞争持续加大。然而，从布局企业来看，我国航空冷链物流行业发展很不均衡，行业集中度较低，尚未形成头部企业聚焦效应。同时，对比国外发达国家，我国航空冷链物流企业业务布局以区域为主，缺乏全国性及世界级的业务。

（三）行业发展趋势

1. 行业规范化运作

航空冷链物流行业规范化运作是确保航空冷链服务质量和安全性的重要保障。对比国内外发展现状来看，国外在航空冷链物流方面已初步实现了标准化，而国内在食品、医药等领域冷链物流方面的标准化也在持续完善中。未来，随着航空冷链行业的发展，我国航空冷链物流标准化将持续完善，涉及航空冷链物流众多环节的标准也将陆续出台，进一步健全航空冷链物流标准体系。

2. 竞争格局逐步清晰

随着全球贸易和电商的不断发展，航空冷链物流市场规模将不断扩大，同时客户对冷链服务的要求也将越来越高，在服务网络、冷链设施和技术、服务质量和效率、成本控制和运营效率、生态系统整合能力等方面保持竞争优势的企业，将在市场中获得更大的份额。其中，顺丰速运、外运发展、上海东方航空货运等企业，在航空冷链领域有着丰富的经验和领先的技术，未来将是航空冷链领域的龙头企业。

3. 基建设施升维

随着社会经济的发展和科技的进步,航空冷链物流基建设施升级趋势将越来越明显,为航空冷链物流企业提供更加高效、安全、环保和便捷的服务。首先,在物联网、大数据、云计算等技术发展浪潮下,智能化技术将不断应用于冷链物流设施,实现物流信息的实时监控、追溯和预警,提高冷链物流运作效率和安全性。其次,环保理念将持续融入冷链物流设施的设计、建设和运营等流程中,采用节能环保的冷链物流设备和技术,降低能源消耗和污染排放。最后,航空冷链物流企业将开始搭建全球化的冷链物流网络,建立起覆盖全球的冷链物流配送网络和信息平台,实现全球范围内的货物运输和信息管理。

4. 一体化融合发展

一体化融合发展是未来航空冷链物流的发展趋势,航空冷链物流通过企业终端服务与产业链上下游服务融合发展,实现"门对门"运输服务和整个物流链的无缝衔接,进一步提升航空冷链服务的质量和效率,促进行业的可持续发展。一方面,航空冷链物流延展企业终端服务实现融合发展。航空冷链物流布局电商市场,将航空冷链物流运输末端环节纳入冷链物流运营服务环节,持续拓宽行业发展空间,如东航产地直达网尝试"从产地到餐桌",将生鲜货品从产地直接运抵客户手中。同时,快递企业不断完善航空冷链物流体系,拓宽服务内容,实现与航空冷链物流的融合发展,如顺丰搭建顺丰优选、顺丰速运以及顺丰航空的三位一体航空冷链物流体系等。另一方面,航空冷链物流企业围绕产业链上下游拓展融合发展。航空冷链物流企业除了具备专业的空中运输业务,其服务逐步向产业链上下游的各个环节拓展,如货代、运输、卡班等方面,实现航空冷链融合发展。

第三节 冷藏车市场情况分析

一、冷藏车市场增长情况

(一)冷藏车市场保有量与公路货运量情况

据不完全统计,截至2022年全国冷藏车市场保有量已突破38万辆,达到38.23万辆,同比增长11.96%(见图4-1)。

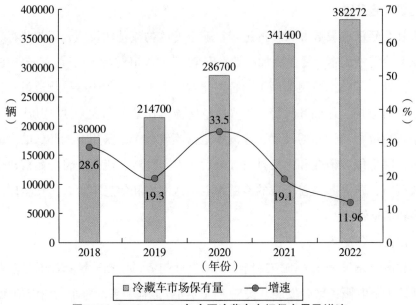

图4-1　2018—2022年全国冷藏车市场保有量及增速

资料来源：中物联冷链委。

注：增速按可比价格计算。

交通运输部、国家统计局数据显示，2022年全年货物运输量（即货运量）达506亿吨，其中，公路运输3711928万吨，同比下降5.2%（见图4-2）；货物运输周转量达226122亿吨公里，其中，公路货物运输周转量689580375万吨公里，同比下降0.2%。

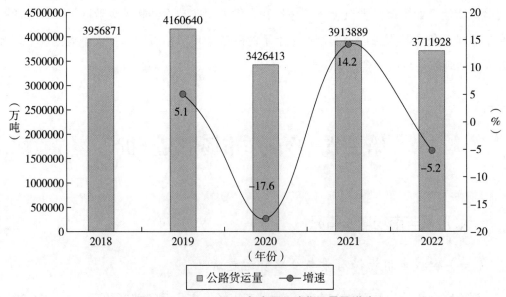

图4-2　2018—2022年全国公路货运量及增速

资料来源：交通运输部。

分省份来看，公路货运量累计位居前十的分别为山东、安徽、广东、河南、浙江、河北、湖南、江西、四川和广西，累计合计2098116万吨（见图4-3），占比56.5%；除云南、青海、宁夏、河南、四川累计货运量增速呈正增长，增速分别为7.8%、5.6%、2.6%、1.6%、0.6%，其余省份累计货运量增速均呈现负增长。

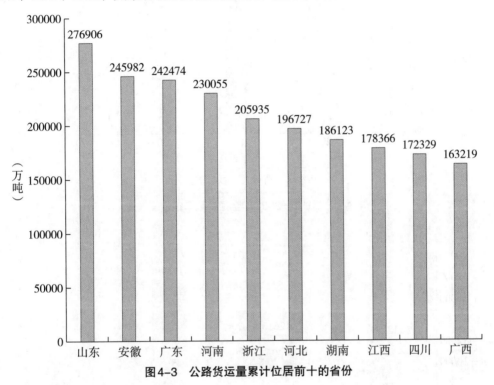

图4-3　公路货运量累计位居前十的省份

资料来源：交通运输部。

（二）冷藏车销售情况分析

1. 五年内首次下滑，全年冷藏车销量突破5.2万辆

2022年，全球经济环境依旧低迷，冷链物流行业继续承压前进。在经济下行压力、油价上涨及疫情等不利因素影响下，据终端上牌数据不完全统计，2022年冷藏车累计销售52010辆，与2021年冷藏车终端销量79895辆相比减少27885辆，同比下降超过30%，近五年来销量首次大幅度下滑，如图4-4所示。

据终端上牌数据显示，2022年各季度冷藏车累计销售情况如图4-5所示。2022年冷藏车销量市场走势波动较大，第一、第二季度冷藏车销量几乎持平，受到钢价下降和油价震荡下跌等影响，第三季度冷藏车市场销量涨幅明显，而第四季度冷藏车销量急速下降，销量跌破1万辆。

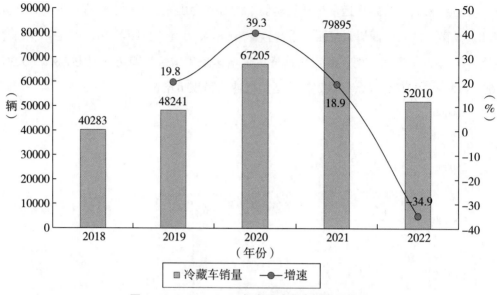

图4-4　2018—2022年全国冷藏车销量及增速

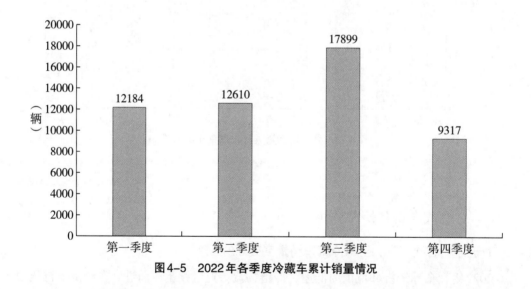

图4-5　2022年各季度冷藏车累计销量情况

2. 华东继续领军，山东销量突破5500辆

从区域流入来看，2022年冷藏车市场销量仍呈现分布不均，华东区域持续保持销量最高地位，销量达16506辆，占总销量的31.74%；华北、华中区域销量分别位居第二、第三，三个区域累计销量占比高达67.99%（见图4-6、图4-7）。从省份来看，2022年山东省冷藏车销量5521辆，领跑全国其他省份，占比10.62%，湖北、北京冷藏车销量也均突破4000辆，分别位于销量季军和亚军（见图4-8）。

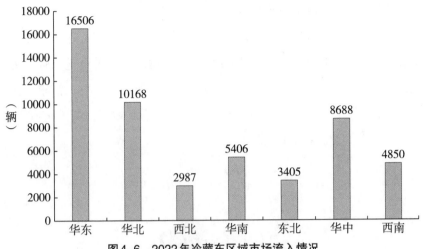

图4-6   2022年冷藏车区域市场流入情况

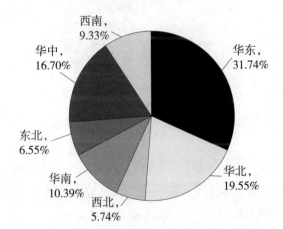

图4-7   2022年冷藏车区域市场流入占比

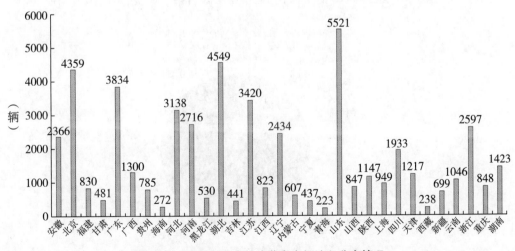

图4-8   2022年各省份冷藏车市场流入分布情况

3. 轻卡再突破，东北冷链干支新战场

从车型来看，目前冷藏车包括轻卡、重卡、微卡、轻客、中卡、微客专用车、MPV（多用途汽车）专用车、皮卡八种细分车型。我国冷藏车销量以轻卡为主，轻卡销量占全部销量的62.42%，主要是随着生鲜电商的崛起，城市配送需求量激增，面对庞大的市场需求，轻卡冷藏车作为城市冷链配送的主力车型，市场销量占比超过一半，是驱动冷藏车销量市场的关键（见图4-9）。

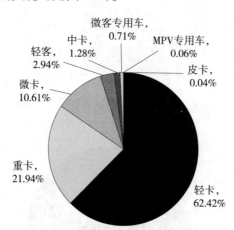

图4-9　2022年冷藏车细分车型结构占比

从冷藏车区域市场来看，与其他区域轻卡销量占比最多不同，东北区域重卡销量占比最多，占比61.88%，城际冷链运输需求较大，成为冷链干支运输的新战场。

4. 柴油冷藏车占据销量主位，新能源冷藏车道阻且长

按燃料种类来看，2022年冷藏车销量市场仍以柴油冷藏车为主，柴油冷藏车销量占比高达83.24%，汽油冷藏车销量占比11.11%，排名第二（见图4-10）。在"双碳"

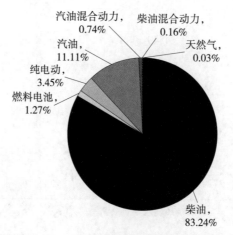

图4-10　2022年热销冷藏车燃料种类结构占比

战略的持续推进和政策支持下，新能源冷藏车的销量有所增长，但新能源冷藏车市场销量占比较低，原因在于新能源冷藏车实际续航里程较短，充电时间长且不方便，主要适用于城配冷链运输，对于城际冷链运输这种长途运输方式来说适用性差，企业对于新能源冷藏车的投入意愿较低。随着《"十四五"冷链物流发展规划》的布局加快，新能源冷藏车相关配套基础设施逐步完善，从长期来看，新能源冷藏车市场虽道阻且长，但未来可期。

5. 福田冷藏车霸榜，销量突破31%

从冷藏车生产企业竞争格局看，2022年销售冷藏车最多的企业是北汽福田，共销售16124辆，市场占比31%；第二名是中国一汽，共销售6618辆，市场占比12.72%；第三名是安徽江淮，共销售5557辆，市场占比10.68%，冷藏车销量排名前三的企业累计占据市场总份额的54.42%，市场集中度较高（见图4-11）。

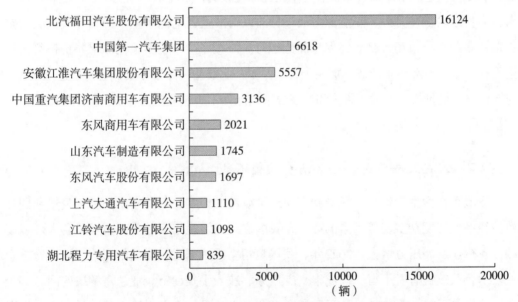

图4-11 2022年冷藏车销量排名前10的生产企业销量情况

（三）冷藏车生产情况分析

2022年，工业和信息化部公示了第352~366批《道路机动车辆生产企业及产品》，公示的所有批次新产品车辆中冷藏车共计749辆，其中，传统的冷藏车675辆（占比90.12%）、纯电动冷藏车36辆（占比4.81%）、插电混合动力冷藏车（包含增程）16辆（占比2.14%），位列前三，可以看出传统冷藏车仍占据了生产领域绝对主导地位。目前新能源冷藏车市场有了一定的发展，但整体销量和生产体量仍相对薄弱。随着新能源冷藏车研发制造，甲醇插电式增程混合动力冷藏车等新车型相继出现。未来，在政策利好的不断加持下，新能源冷藏车的生产比例将逐步扩大。

二、冷藏车市场发展因素分析

（一）原材料、油价上涨，冷藏车成本增加

受俄乌冲突等政治局面的复杂变化和疫情等因素影响，国际原油市场受到冲击，市场震荡明显，国际油价涨幅明显提高。据不完全统计，2022年国际油价呈现高位波动，仅上半年，我国汽、柴油价格经历了11轮调整。油价对运输行业影响较大，油价的涨幅直接影响了企业的运输成本。冷藏车由底盘、隔热保温厢体、制冷机组、温度记录仪等组件构成，制冷机组造成了冷藏车与普通货车相比油耗较高，油价的不断上涨让冷链企业的经营压力持续增加。另外，新能源冷藏车目前以磷酸铁锂电池为主。2022年我国碳酸锂市场涨多跌少，市场价格始终保持高位运行。冷藏车生产上游电池原材料价格的大幅上涨，造成了冷藏车生产成本加大，为了保障企业效益，部分冷藏车生产企业已开始相应地调整车辆价格，冷藏车售价和经营成本增加使不少企业望而却步，影响冷藏车市场扩张。

（二）宏观经济下行，企业消费欲望不足

冷藏车作为生产资料，易受到宏观经济波动的影响。近些年受到新冠疫情和国际政治经济形势复杂多变等因素的影响，我国宏观经济呈下行趋势，市场经营大环境萎靡，各行业发展压力增大。2022年，我国疫情多点式暴发，受疫情影响，不少冷链企业表示企业效益有所下滑，高成本、少业务、缺人手是冷链企业急需解决的问题。企业经济效益下滑，而冷链又属于重资产行业，必然导致企业对冷链基础设施设备投资的减少，并且冷链运输市场行情很差，运价低迷，冷藏车车主面临找货难、运价低的局面，造成终端消费市场对冷藏车的购买需求随之减少。

（三）蓝牌新规实施，新能源国补退出

2022年1月，《工业和信息化部 公安部关于进一步加强轻型货车、小微型载客汽车生产和登记管理工作的通知》对轻型冷藏车载质量系数、利用系数等方面提出明确的要求，蓝牌新规的实施加快了冷藏车大吨小标和超载问题的彻底整治。从上文冷藏

车销量可以看出，轻卡冷藏车是目前冷藏车市场销冠，蓝牌新规落地促使从事冷链城配运输的散户和小企业在选择车辆时，转战微型冷藏车等冷藏车市场，必将导致一段时间内轻卡冷藏车销量减少。另外，从2017年开始，新能源车辆在补贴方案和补贴上限方面呈现下降态势，新能源冷藏车单车成本随之提升。在蓝牌新规实施和国补逐渐减少的双重作用下，不少冷链企业表示保持观望态度，企业的持币待购现象将影响冷藏车销售市场。

三、冷藏车市场现存问题

（一）技术创新升级有待加强

冷藏车对技术的依赖性较大，与欧美国家相比，我国冷藏车技术存在差距。目前传统冷藏车采用机械或蒸汽压缩式制冷机组。由于近些年我国对节能环保逐渐重视，为了减轻环境压力，适应城市绿色发展需要，传统冷藏车碳排放问题逐渐引发关注，随着新能源冷链技术不断研发推进，纯电动冷藏车、插电混合动力冷藏车、燃料电池冷藏车等新型冷藏车相继出现，加快了传统高排放冷藏车的淘汰。在政策的加持下，新能源冷藏车不断普及应用，但目前新能源冷藏车技术发展不成熟，电池技术落后，充电时间长，续航里程受限，短时间无法取代传统冷藏车。

（二）行业竞争激烈

与冷库、冷藏集装箱等其他冷链设备相比，冷藏车行业的准入门槛较低，由于社会需求广泛，行业内企业分化较为明显，行业内卷严重，低价恶性竞争的现象十分普遍。中集车辆、河南冰熊等老牌冷藏车生产企业和北汽福田、中国一汽、安徽江淮等大型商用车企业凭借企业自身技术、质量和品牌等优势在冷藏车市场占据主导地位，主要倾向于企业规模扩张和新技术、新车型研发，而中小型企业主要以低价从竞争战场中杀出重围，一些小企业为了控制成本，擅自销售未经认证的改装冷藏车，扰乱冷藏车市场。《"十四五"冷链物流发展规划》提出要加快推进轻型、微型新能源冷藏车和冷藏箱的研发制造，不少企业看好冷藏车巨大的发展市场，不少新兴企业涌现，开始布局冷藏车市场，冷藏车市场重新洗牌，进入转型升级的新时代。

（三）冷藏车投保难

随着我国冷链物流快速发展，2022年冷藏车市场保有量就已超过38万辆，未来在

"十四五"政策不断落实的推动下，冷藏车市场规模将不断增加。然而，在如此巨大的发展空间下，冷藏车却被保险行业冷眼相待。冷藏车作为特种车辆，与普通车相比更容易老化，设备故障率更高、维修费用更高。由于冷藏车赔付比例高、事故率高、定损难、主体责任划分难等原因，许多保险公司表示不提供冷藏车商业险业务，而车辆统筹存在理赔不足、不可理赔等风险，冷藏车车主投保困难、投保贵。另外，受油价上涨、疫情等因素影响，冷藏车运营企业和车主经营压力大，叠加无保可上更增加了企业所承担的压力和风险。

四、冷藏车市场发展趋势

（一）合规化

目前，我国冷藏车市场中的散户比例较大，叠加疫情等因素，冷链相关企业和个体经营者承受压力较大，受益于成本限制，我国冷藏车市场中还存在大量的非法改装车辆，影响着行业的正轨发展。为了更好地整治冷藏车市场乱象，避免"劣币驱逐良币"的情况更严重，国家在《"十四五"冷链物流发展规划》中明确提出要"严格冷藏车市场准入条件，加大标准化车型推广力度，统一车辆等级标识、配置要求，推动在车辆出厂前安装符合标准要求的温度监测设备等，加快形成适应干线运输、支线转运、城市配送等不同需求的冷藏车车型和规格体系"。各省市纷纷加强冷藏车监管，广东省市场监督管理局组织开展了冷藏车专项执法行动，依法查处未经国家强制性产品认证擅自组装生产、出厂、销售或者在其他经营活动中使用违法冷藏车的企业。在这些综合影响下，在接下来的三年期限内，冷藏车市场合规化将加速追赶进度，未来如何实现冷藏车的合规性制造和运营，仍是行业关注的重点。

（二）绿色化

在国家"双碳"政策的背景下，绿色发展要求已经逐步趋严，目前冷藏车处在转型升级时期，将绿色作为发展核心之一。新能源产业的出现，为冷藏车绿色发展之路带来曙光，但新能源冷藏车目前在冷链领域的应用还十分受限，其技术及实际使用的局限性，造成了新能源冷藏车难以大面积投放使用，未来绿色化发展势必仍为行业主流方向之一。

（三）技术化

目前，我国在冷藏车上应用的新能源技术主要有纯电技术、氢燃料技术、混合动力（包括增程式混动）技术三大类，但从目前冷藏车能耗和不适合长途运输的情况可以看出，我国冷藏车在新能源技术和电池技术等方面发展尚不成熟，并且在冷藏车的关键部件及核心技术方面，仍然以国外技术为主流引导，国内冷藏车相关装备及核心部件的技术把控，还有较大的发展空间。现阶段，我国冷链物流场景逐渐多元化，对冷藏车提出了更高的要求，低能耗、低污染、高质量、可追溯等成为冷藏车购买者的普遍需求，冷藏车市场需求逐渐个性化、高端化，这都对冷藏车的技术含量有了高要求。未来随着冷藏车产业逐渐细分，冷藏车制造企业为了避免被淘汰出局，通过对技术进行不断更新迭代，打造竞争壁垒，将成为冷藏车企业的发展方向。

第四节　冷链运输热点专题

一、世权物流冷链运输业务发展路径及实施途径

我国冷链物流在很长一段发展历史中，几乎一直存在基础设施、信息化、标准化、技术和管理等诸多方面严重落后的问题，参差不齐的企业质量使整个冷链物流行业久久困于"小、散、乱、差"的固有状态中不能脱身。直到2008年，北京举办奥运会开始，国家对食品安全的保障工作提出了一系列严苛需求，才使冷链物流的种种乱象初步有了改观。近两年，随着城镇化水平的提升、城乡居民的消费升级以及三年疫情对民生保供需求造成的压力，冷链物流才在国家政策的支持下真正驶入了快车道，迅速发展起来。

可以看到，冷链资源目前在经济发达地区和沿海城市已经逐渐饱和，冷藏车市场保有量和冷库总容量都在大幅度增长，中央和地方政府也相继出台了相关政策支持冷链物流的发展。

市场前景的广阔在某种程度上也意味着争夺资源的市场竞争会十分激烈。过去的十年，冷链企业百花齐放，无论是第三方物流还是区域配送抑或是干线运输、冷库经营，均已呈现出越来越细分的趋势，虽然各个细分领域还没有出现全国性的巨头企业，但标准化、集约化、信息化、规模化无疑是企业在未来脱颖而出的一张门票。

铺设网点是冷链物流企业实现集约化运行的手段之一，但这需要大量的资金支持，

也需要专业化的服务去应对不同客户的不同需求，非常考验企业背后的实力。很多传统形态的中小冷链企业没有意识和能力去作出相应改变，在巨大的生存压力面前无法对抗风险，也无法在对网络需求更加集中的市场需求中作出调整，最终只能接受被淘汰的命运。

上海世权物流有限公司（以下简称世权物流）作为一家成立了多年的综合型冷链物流企业，始终致力于打造冷链共配第一品牌。企业深谙市场的需求和自身的发展优势，提供全方位的仓配一体化服务，业务模块涵盖仓储、城市配送、干线运输、零担班车、B2C。

世权物流以上海、北京、广州为中心，已陆续在苏州、杭州、南京、宁波、武汉、郑州、成都、昆明等地建立了共计11个仓储配送中心，仓储面积超过210000平方米，涵盖冷冻、冷藏、恒温三个温区，可满足客户多方位的不同需求。

世权物流搭建的全国运输网络，覆盖了全国23个省份的主要城市，有1200余辆自有冷链运输车辆资源、全国零担班车路线60余条、快速对流卡班23列，以上海、北京、广州为全国物流中心，负责对应区域的城市配送和全国性的零担运输和干线运输。华东区域上海仓、苏州仓、南京仓、杭州仓、宁波仓合计320条冷藏共配路线、230条冷冻共配路线。

华东地区一直以来都是冷链资源最为集中的地区，也是冷链物流企业的必争之地。未来，世权物流将继续加强、加大华东区域的配送网络、配送时效，将共配区域由点向面展开，同时也将继续建立温州仓、合肥仓。

在中国的农业版图中，合肥一直是一个不容忽视的区域，具有连接华中、华东的区位优势，是生鲜农产品集散交易的聚集地，也是冷链物流网络打造中的一个重要节点，起到了流通枢纽的作用。合肥国家骨干冷链物流基地的建立被赋予了四个主要功能：引领安徽农业产业化发展的核心集散地、长三角地区冷链物流资源配置中心、国家骨干冷链物流网络中的核心节点、参与"一带一路"建设和国际分工合作的发展新引擎。

合肥将基本建立"干线运输+区域配送"为主要特征的现代化多式联运网络，不断扩大冷链物流产业辐射范围，建立贯通南北、呼应东西、覆盖全国的生鲜农产品冷链物流网络，打造形成华中、华东地区冷链物流基地网络支点，成为连接国内、国际主要生鲜农产品生产地和消费地的关键节点，畅通冷链物流大通道。这些都将直接促进合肥市冷链物流产业和现代物流业发展，带动实现生鲜农产品产业化发展，推动区域经济社会发展。这也是世权物流在合肥建立冷链仓储的初衷。

（一）新零售新业态

过去几年，零售端发生的变革，使整个冷链行业进入了洗牌期。

冷链行业具备重资产、重运营的特点，冷链车辆、仓库等的资产投入，让冷链企业的成本水涨船高，投入至少是常温物流的2~3倍。疫情过后，在商流扁平化、订单碎片化、消费升级等因素的驱动之下，多种新零售业态使小批量、多频次的末端需求开始逐渐增多。

比起普货运输，冷链车辆的满载率一直不足，如果在碎片化、扁平化、定制化等需求越来越膨胀的情况下依然采用整车运输方式，就会加大空返率，提高成本。零担冷链，似乎是一个相对完美的解决方案。

零担物流的"担"是指古代的扁担，"零担"就是零散的，不够一个运输单位的货物，通常托运的货物重量或者容积不够整车的运输条件，与其他几批甚至上百批货物共用一辆冷藏车，就被称为"冷链零担运输"。因此，冷链零担的难点在于，虽然货物批量小，但涉及的冷链产品品类繁多，需要一一满足它们对温控的不同要求，相比整车、城配，涉及的装卸、运输、交付等环节都更为复杂和琐碎。

在运输组织方式上，为克服零担运输需要凑齐整车发货的速度问题，很多企业会制定路线、规定时间，或者上门装卸货物，抑或以分布在主要城市不同区域的营业网点作为收发货物的站点，方便集中货物，统一运输。相比对货品数量有较高要求的冷链整车和区域限制性较强的冷链城配，零担的方式更加符合市场的广泛需求。流通方式的改变，让冷链零担在公路冷链中的占比逐年递增，已成为冷链物流的另一片蓝海。

"零担运输要充分利用仓储的资源和配送网络的资源，整合碎片化、集约化、信息化。"世权物流负责人如是说。

目前，世权物流已经开通了上海—北京、上海—广州、北京—广州的零担快速卡班，未来，还将在北京开通至沈阳、长春、哈尔滨零担班车；北京至郑州、西安、银川的零担班车。

（二）向信息化发力

想要在搭建冷链网络的同时实现降本增效，就要实现精细化运营。而实现精细化运营，就需要信息化的辅助。在整个冷链物流周转过程中，信息化带来的安全、透明的服务过程可以让客户和经营者能够随时掌握高附加值产品的动态，及时预警，规避风险，在"十四五"期间也会成为企业新的发力点。

互联网技术的不断突破与进步，为冷链产业带来了新的机遇和挑战，很多冷链物流企业经历了向现代数字化转型的过程。所谓数字化，是以"信息化"以及"互联网＋"为基础，记录行业中各个环节所涉及的数据，并且结合新兴技术，形成监测、预警、测算、辅助决策等一系列功能，实现信息的互通互联。

所以在现在的冷链企业运营中，各种软件技术起到了越来越重要的作用。如 ERP（企业资源管理计划）系统可以将物流、信息流和资金流等所有资源进行整合管理，实现高效率运营。在客户方面，ERP 系统可以跟踪潜在客户和实际客户的需求，细化服务；在订单方面，ERP 系统可实现更精准的数据输入和管理，快速轻松地实现数据分类。此外，供应链的管理、财务的管理、生产管理的控制，都可以依赖 ERP 系统达成。

OMS（订单管理系统）也已经成了冷链物流企业非常关键的系统之一。它能够从各个渠道收集和整合信息，通过实时监控订单状态和处理过程，及时发现和干预问题，对决策作出调整。当客户下达订单，其下单、发货的所有过程都可以通过 OMS 完整追踪。

而 TMS（运输管理系统）则可以实现可视化监控，将发运量、库存水平等各种数据透明化，方便管理者站在全局的角度作出精准判断，提高科学化管理能力以及操作过程的稳定性。

另外，WMS（仓库管理系统）能够管理仓库内的物流和仓储活动，包括进货管理、出货管理、库存管理、准确统计、订单处理等，尤其将 WMS 应用于冷库产品，可以带来更高效的管理体验。它能够监管冷链产品从入库到出库，全程监控冷链环节，确保产品始终保持在适当的温度下。该系统可以自动处理订单信息，实现配送车辆，再结合扫码方式，大幅提高了订单处理速度。

冷链客户对高时效的需求日渐迫切，可视化以及全程监控，可以让货主及经营者运用全维度数据实时监控货物的在途信息，不断改进服务质量。冷链物流一直以来都是高成本、大消耗的行业，多个软件系统联动，有助于创造以服务质量为核心的良性竞争业态。

依托现有的运输网络，世权物流专门搭建了 OMS 和 To C 端 WMS 模块，与天猫、京东、抖音等主流电商平台迅速对接，实现一件代发。世权物流的专业流水线将扫码分拣、称重复核、自动封箱等设备有序整合，实现高效率、低差错率的作业品质。配备经验丰富的专业人员，全链路功能齐备，与 To B 板块的资源整合，保证了充分的人员储备，以应对"6·18""双十一"等爆量时段。世权物流发挥了 To B 板块的经验和资源优势，在仓库管理、温度控制等环节保持行业内前列水平。世权物流信息化蓝图如图4-12所示。

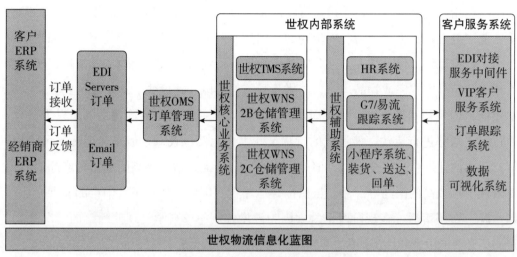

图4-12　世权物流信息化蓝图

无论何时，世权物流都将秉承"运输绿色，传递健康"的企业使命，始终坚持"用心服务，服务到心"的理念，以严谨的服务姿态和丰富的运作经验，不断地为客户提高效率、降低成本，通过量身定制打造全方位、个性化的冷链物流服务。

（作者：世权物流）

二、冰峰冷链浅析"最后一公里"及终端配送

随着我国居民人均可支配收入的不断增长，食品安全意识的逐渐升级，食品品质安全、鲜活农产品供应逐渐成为居民生活关注热点，冷链产业的发展对保障食品质量安全、提高居民生活水平、降低物流损耗和社会资源浪费起到了巨大的促进作用。

我国是农业大国，供应着14亿人口的饮食需求。由于农产品具有易腐烂、易变质等特点，在流通过程中必须要对其进行低温冷藏，以便有效降低生鲜农产品的损失率。数据显示，我国每年因为腐烂食品而造成的浪费高达700亿元，占食品生产总值的20%左右，元凶之一就是冷链运输体系不够完善。动物性食品的腐烂多数是由于微生物的滋生，植物性食品的腐烂一般是因为呼吸作用，低温环境不仅可以抑制微生物的生长也可以减缓呼吸作用，但前提是全程不脱冷，一旦某一个环节断链，就会伤害到产品

的质量，且这种伤害是不可逆的。因此，在冷链运输时，应该根据货物的种类、运送季节、运送距离和运送地点确定运输方法。我国主要的冷链物流运输途径包括公路冷链运输、铁路冷链运输、水路冷链运输和航空冷链运输四种。其中，公路冷链运输是常用的运输方式之一，适用于短途货物的集散运转，具备全程一体的服务优势，网络覆盖范围更宽泛，也更容易实现货物的"门到门"配送诉求，受天气等外界因素影响较小，价格较低，但是在安全性和时效性上还有待提升。铁路运输需要依赖火车配合冷藏集装箱的方式完成物品运输，同样不受气候影响，速度快、运输量也比较大、成本较低，但是初期投资大、建设周期长、机动性较差。水路运输就是以船只为载具，通过水上通路进行运输，能运载的货物量较大，运费也较低，但是速度慢，风险大。航空运输的速度快、安全性高，但是运量小、运价高，适合极高附加值的产品或者对时效性要求较高的医药等产品。虽然冷链运输在我国已经经过了数十年的发展，但因起步晚，发展落后，在现阶段也常常因为温度控制不够科学合理使断链的情况频发，造成不必要的浪费和经济损失。

在冷链运输中，"最后一公里"的配送环节，是整个冷链物流系统的最后一站，也是最重要的一站。短短的几公里，占总交付成本的41%，其操作难度也要远高于运输和仓储管理。尤其是近年来新兴业态的不断涌现，终端客户的要求越来越高，交货周期越来越短，运营维护成本与日俱增，管理和消杀也日渐细致、专业，使冷链"最后一公里"变得更为复杂。

埃森哲报告显示，66%的线上购物者表示，希望电子商务公司可以在大城市提供1小时送货选项。50%的线上购物者希望能够变更交货时间和包裹的位置；如果没有当日送货的选项；27%的线上购物者会选择取消订单；90%的线上购物者会实时跟踪包裹的配送状态，并希望及时送达。

这些数据都转化成了零售商和供应商的压力，想要让包裹在次日、当日甚至几个小时之内到达客户的手上，就要利用新的技术和装备来提升效率并降低配送的成本。比如，借助前置仓布局配合保温袋、温控箱等设备完成"门对门"的全程式冷链配送服务。

"最后一公里"对民生保供、调剂市场、维持社会稳定起到了极大的推动作用，也因此得到了各级政府在用地、税收、资金、人才等多方面的政策支持。

（一）风口来临，盈利却很难

过去十多年冷链行业得到了快速发展，一方面体现在人均收入的提升和消费升级。以发达国家发展经验来看，国民人均收入超过4000元后，冷链的需求量就会快速增长。

另一方面，我国政府也连续多年推出了冷链发展的系列扶持和促进政策。冷链行业成了新的风口，全国的冷库数量在不断地增加，冷藏车市场保有量也在持续上升。2020年，冷链物流相关企业达到了6592家，2021年受新冠肺炎疫情影响回落至5527家，而2022年成立的冷链企业有4000家左右。这表明冷链行业吸引了大量的社会资金流入，这些资金不仅投入在冷链运输设施的建设上，也投入在新模式的尝试上。与此相对应的是，很多冷链物流企业的发展却是举步维艰，同时企业规模难扩大，盈利困难。

相对于其他行业，冷链物流属于重资产投入的行业，现阶段也还处于重资产的市场竞争环境中。从事冷链物流需要冷库或冷藏车辆的资金投入，建设冷库，购买冷藏车的成本一般是干货物流的3倍，所以投入与回报风险较大。冷链物流又是包含较多制冷与保温技术和管理知识的综合领域，对冷链技术的掌握和对现代物流管理手段和方法的运用是从事冷链物流必不可少的基本条件。

纵然有风险，大量的非冷链行业的企业家或投资者仍在马不停蹄地进军冷链行业，不顾冷链市场需求的增长速度有限的客观条件，导致市场空间被过分切割，资源的过剩不仅会带来激烈的竞争，也会造成大量的资源闲置和浪费。而大多数冷链企业同质化服务又很严重，很难树立自身独特的定位和核心价值，容易滑向价格战的恶性竞争中。

数量如此之多的冷链企业林立，也造成了冷链市场的分散，服务水平、技术装备以及竞争力的参差不齐，让我国冷链运输领域的预冷环节缺失、经营分散、运输网络跟不上、缺乏有效的信息管理等，拉高了冷链成本，降低了企业利润。我国的常温行业利润率为8%~10%，冷链利润率仅为5%~8%，而在发达国家冷链的利润率保持在30%的水平。

综上所述，冷链物流行业虽然前景广阔，却存在一定的风险和挑战。未来如何控制成本、降低商品损耗率是冷链运输商需要思考的问题。同时，订单碎片化的发展趋势，会对冷链企业的运营带来更大的挑战，很多企业不得不更加注重运营。企业要想在市场中占有一席之地，首先需要制定科学合理的经营战略，提高企业的核心竞争力和市场竞争力，同时创新经营模式，提高管理水平和服务质量，实现稳步发展。

但是从另一个角度来看，也说明这个市场有很大的整合提升空间。在未来几年，位于冷链行业的头部企业将依赖自身优势迅速扩张，行业会涌现一批技术先进、运作规范、服务能力、核心竞争力强的专业化、网络化、规模化冷链企业，行业集中度得到大幅提升。

如在"最后一公里"方面，冷链物流也会更加注重在城市端仓库以及前置仓布局。

在前置仓和社区团购等生鲜零售新业态出现之前，生鲜电商最早借鉴的是"中心仓"模式，即由城市仓通过冷藏运输车直接将生鲜产品配送至终端客户，但该模式的运营成本高，并且在城市中运营受到了诸多限制。而前置仓的冷链物流服务体系，可以利用冷链运输（冷藏车）提前将产品配送至前置仓储存待售，等客户下单后，由前置仓完成"最后一公里"的上门配送。无论是订单响应速度还是配送成本，前置仓模式都比直接配送更有优势，该模式将总体成本最小化，保证客户下单后1~2小时可以收到货物，提升了购物体验。

但前置仓也有其自身的缺陷。首先，前置仓往往布局在城市腹地，租金昂贵，面积有限，SKU数量和总量也都有限，而客户的即时需求往往是不确定的，对储存产品品规带来了极大的难度，非常容易造成缺货或者滞销的局面。其次，前置仓模式对运营能力要求很高，不同地段消费者的喜好和消费能力不同，需要满足个性化需求，前置仓模式难以复制推广，运营方面存在极大难度。最后，前置仓模式加长了商品供应链，如果没有发挥出应有的作用，于成本而言是极大的浪费。

总体来说，便利、快捷和优质是前置仓的核心竞争力，对成本、客单价等方面的高要求则是要达成这种核心竞争力的必备条件。因此，有人因为前置仓一败涂地，也有人因为前置仓受益匪浅，并不是前置仓没有前景和出路，而是前置仓需要精准定位，才能发挥作用。商业的基本逻辑是成本高就意味着营收要更高，企业才能得以运转，但是在大环境下行的时候，大众的日常消费更在意的是性价比，而前置仓的设置则不符合市场平均的消费水平，需要精细化运营才能经受住时代的考验。

再如，在冷链配送包装上，很多线上下单的冰激凌并不能保证在途温度，导致送到客户手中时或是软化，或是彻底融化。实际上冰激凌的冷藏要求是维持在−22℃，尤其是含奶油量较高的冰激凌，对硬度和保质期都很敏感。冷链运输的要求则要维持在−18℃以下，否则就会有二次冷冻的风险。二次冷冻指冰激凌在运输过程中因为冷链没有达到要求而融化，后又在商场或者消费者家中冷柜再次冰冻。化掉再冻的冰激凌，只能算作冰和奶油的混合物，口感逊色，还存在卫生隐患。同样，鲜牛奶和水果如果没有保温包装，如泡沫箱和冰袋，也存在食品质量安全的风险；即便一些生鲜产品带有保温盒，如果没有冰袋或者冷冻液，也会出现到消费者手中变质的情况。更有一些需要低温贮运的外卖餐食，其外卖送餐箱里少见干冰、冰袋等。

冷链物流的价值在于能够提供"端到端"的配送服务，让每一件产品可以安全抵达每一个客户的手中，让"最后一公里"配送不脱链。在这过程中，配送技术和装备包装也起到了至关重要的作用。目前，用于保障生鲜食品的包装材质主要有泡沫箱、EPP（发泡聚丙烯）、EPS（发泡聚苯乙烯）、PU（聚氨基甲酸酯）等，像EPP这类材料虽然保温效果较好，但造价也高得多，甚至有的时候包装的价格比产品本身还要贵，而且存在包装材料难以回收的现象。考虑到竞争和降低成本的问题，在生鲜产品的包装上，商家们更喜欢用污染性较强但价格偏低的泡沫箱。末端配送包装技术依然有待于整体提升，生产和研发绿色环保、低成本的包装材料，将有效推动行业的高质量发展。

（二）冰峰冷链的战略规划

冰峰冷链是一家以仓储、分拣、城市配送、干线运输为核心的专业冷链物流企业，经过多年不断发展，公司目前已经实现了集团化发展，总集团注册资金1亿元，下设3个子公司管理3个业务模块，分别是河北冰小鲜供应链管理有限公司主要经营仓配业务；石家庄冰峰冷藏物流有限公司主要经营车管业务以及干线运输业务；石家庄运鼎驭捷汽车运输有限公司主要经营冷库园区的仓储业务。

在"最后一公里"及终端配送上，冰峰冷链专注于生鲜产品和冷链零担所匹配的货源。解决端到端的冷链配送往往是第三方冷链物流企业的重中之重，消费者对生鲜产品的配送服务需求，促进了冷链物流"最后一公里"服务的发展。对冰峰冷链而言，基本的运营为以下两种方式。

第一种是"泡沫箱+冷袋"的冷链物流模式。用"泡沫箱+冷袋"把生鲜产品打包成一个包裹，包裹内部形成适合生鲜产品保存的局部空间，包裹在物流运作时走现有的快递配送体系。这种模式成本较低，但是难以保证生鲜产品的品质。

第二种是生鲜产品冷藏车运输服务模式。冰峰冷链在冷藏车上配备专业的冷链设备，采用全程冷链运输以及专业定制的生鲜箱子，能够更好地起到锁鲜效果，同时又可循环使用，绿色、健康、环保。例如，一家外卖平台推出了冷热双温箱，采用干冰袋制冷，即可以满足冷、热食配送对温度条件的要求（包括冰激凌−18℃冷冻，以及冷饮0~4℃的冷藏需求），但在相对特殊的场景下还需要多注意，尤其是路况复杂、低速行驶制冷能力不够、多次开门卸货导致冷气散失等情形。

冰峰冷链具备河北省内"最后一公里"的终端配送能力，主要服务涵盖餐饮、茶饮、食材、生鲜，合作客户包含商超、中央厨房、经销商以及社区的民生保障与商业供给。其中，有全国连锁茶饮类京津冀地区400余家奶茶门店，每周一至周五中午12点前接收订单，当天完成备货拣选，次日开始串点配送，完成交付，月度末端服务300

余车次；也有全国上市连锁餐饮类河北区50余家门店，每天上午10点接单，当天完成备货拣选，次日凌晨1点开始配送，次日下午4点前完成交付，月度末端服务200车次。

在业务方向上，冰峰冷链已具备为客户提供一体化、多元化、定制化综合物流解决方案的能力，不仅提供仓储和配送端的高质量物流服务，还延展至供应链上游的产、供、仓、配等环节，以客户需求为前提，依靠信息化、流程化管理，利用物流科技系统和云服务技术，实现WMS、TMS、OMS的可视化，并且与易流、G7智能网络平台合作，实时监控仓储及车辆运输中的温控情况，对车辆时效运行状态实时监督，以安全、快捷、高效、客户满意为服务宗旨，为客户提供仓储管理、品质交付、干支结合、销售策划、附加增值服务等一站式解决方案。主要合作客户包括大型商超、连锁餐饮、社区团购、电商平台、新零售、乳制品与肉制品生产加工企业、医药制造企业、冷冻水产批发商等。

未来，在"最后一公里"终端配送方面，冰峰冷链将持续加码以石家庄为中心向周边辐射的网络搭建，优化冷藏车智能温度探头，实现后台系统的全程温度监控。产品送达目的地后，工作人员直接将其搬上冷藏货架，再使用保温箱将送达站点的产品配送到客户手中，确保全程不脱冷，减少损耗，保证品质。此外，冰峰冷链还在重点衔接的城际终端配送网络上精耕，包括石家庄—北京—张家口线路、石家庄—保定—廊坊—承德线路、石家庄—邯郸—安阳—郑州线路、石家庄—天津—唐山—秦皇岛线路、石家庄—阳泉—太原线路、石家庄—衡水—德州—济南线路。

（三）"十四五"后半程，高质量发展将持续

在新零售以及消费升级等种种压力下，国内冷链市场亟待成熟起来。为了使冷链物流系统更完善，能用更优质、更安全的生鲜产品来满足人民对美好生活的向往，2021年年底，国务院办公厅印发《"十四五"冷链物流发展规划》（以下简称《规划》），对建设现代冷链物流体系作出全面部署，为冷链物流高质量发展按下"快进键"。根据《规划》，要建设"四横四纵"8条国家冷链物流骨干通道，串接农产品主产区和19个城市群，形成内外联通的国家冷链物流骨干通道网络，打造"三级节点、两大系统、一体化网络"的"321"冷链物流运行体系；提出产销冷链集配中心建设；打造消费品双向冷链物流新通道，促进农民增收和消费升级。到2025年，全国将布局建设100个左右国家骨干冷链物流基地；聚焦产地"最先一公里"和城市"最后一公里"，补齐两端冷链物流设施短板，形成一批具有较强国际竞争力的龙头企业。

（四）《规划》出台以后，我国各省市也纷纷响应

《河北省"十四五"冷链物流发展实施方案》中提出，结合建设全国现代商贸物流重要基地的功能定位，整合提升环京津、沿海和冀中南三大冷链物流聚集区资源，补齐基础设施短板，畅通通道运行网络，提升技术装备水平，健全监管保障机制，加快建立现代冷链物流体系，提高冷链物流服务质量效率，改善城乡居民生活质量，为建设现代化经济强省、美丽河北提供有力支撑。完善产地冷链物流设施布局，合理设置田间地头停车、换装场地，完善果蔬"最先一公里"冷链配套设施。完善销地冷链物流设施布局，鼓励销地冷链集配中心、中央厨房等整合"最后一公里"配送资源，面向终端消费开展农产品集中采购等服务。完善集散型冷链物流设施布局，争取高碑店新发地农副产品物流园等一批冷链物流园区纳入国家骨干冷链物流基地；支持唐山、石家庄两个国家物流枢纽承载城市加快建设冷链物流设施，打造冷链物流集散中心。

从企业实地情况分析，冰峰冷链在京津冀地区的发展以及未来规划上，结合企业自身已有的仓储、干线运输和城市配送的板块，参考并学习《"十四五"冷链物流发展规划》以及《河北省"十四五"冷链物流发展实施方案》，强化基础冷链设施的建设，巩固城市末端配送网络的搭建，优化干线运输的节点成本。

首先，完善县、乡、村物流终端配送体系是突破"最后一公里"发展瓶颈的关键因素之一。用创新的思维整合各方资源，商务、农业、供销、交通运输、邮政等部门要统筹规划农村物流基础设施网络，按照"资源共享、多站合一、功能集约、便利高效"的原则，依托农村客运站、电商服务中心、邮政网点、综合服务社等，打造集电商、快递、物流、仓储于一体的"交通运输综合服务站"，满足农村物流各类物资有序集散和高效配送。

其次，根据企业自身优势建立或者优化前置仓，无论是订单响应速度还是配送成本，前置仓模式比直接配送都具有更大优势，但要通过精准化定位与精细化运营，实现总体成本最小化的目的，最大限度保证运输效率，降低成本。

再次，"分段运输，主干优先，分级结合，降维扩散"是所有商品种类在城际物流、同城快运、终端配送等环节实现总体成本最小化的有效手段之一，在成本持续降低的压力下，"最后一公里"终端配送行业必然会从原来集中直配向纵向分段运输演变。

最后，根据国家政策导向紧跟步伐。2022年交通运输部会同有关部门印发了《关于加快推进冷链物流运输高质量发展的实施意见》，聚焦冷链物流运输发展面临的重点

难点问题，出台一系列政策举措，加快推进冷链物流运输高质量发展。

（五）绿色低碳，节能减排成为主旋律

"十四五"时期，我国冷链物流进入高质量发展阶段，行业应当按照国家"双碳"目标，加快实行绿色发展，适应产业全面升级对冷链物流发展提出的新要求，满足人民群众对生鲜食品冷链物流服务提出的新需求。绿色发展的理念对于"最后一公里"配送同样具有深刻的研究意义。

优化冷链物流产业空间布局，加快冷链物流基地、物流节点和智慧物流配送园区建设。在有条件的物流园区打造智慧物流配送示范园区和智慧物流配送示范企业。

加强产地冷库建设。重点要在产地预冷设施建设中，试点运营智能化、标准化的移动式冷库，在区域和片区做创新实验。完善冷链网络终端建设，除对接大型超市、便利店、生鲜专卖店外，可在有条件的社区试点冷藏配送柜（城市冰箱），解决城市"最后一公里"瓶颈。

鼓励在鲜活农产品流通中采用低能耗、低排放设备设施，推广节能环保技术。发展建设节能型绿色仓储设施，鼓励加工、包装、分拣、装卸、存储等环节的设备更新改造，降低流通环节的能耗。支持冷库技术提升，重点推动安全、节能、可追溯冷藏车优先发展。

鼓励冷链运营新模式的发展，鼓励多温共配模式；推动冷链物流与电子商务融合发展；支持互联网电商平台企业与大型连锁超市和冷链运输企业合作，充分发挥资源整合优势，发展冷链共同配送、"生鲜电商＋冷链宅配""中央厨房＋食材冷链配送"等物流模式。

总之，在冷链物流供给规模增大和需求多样化的带动下，交通运输网络不断完善，市场集中化程度的提升，倒逼"两个一公里"迅速成熟。冷链市场需求增加、冷链行业监管规范、冷链产业资源投入力度持续增强等利好，将推动冷链领域全产业链加快转型升级，我国冷链物流将展现出强劲韧性和巨大潜力，持续向着高质量发展。

（作者：冰峰冷链）

三、五环顺通冷链运输发展专题

近年来，政府高度重视冷链物流行业的发展，先后制定出台了一系列相关政策文

件，如《"十四五"冷链物流发展规划》《关于加快我国现代物流业发展的若干意见》等，从政策、法规、行业标准等角度推动了整个物流行业转型升级，为冷链运输发展提供了积极的政策环境，鼓励企业加强冷链运输建设，提高运输效率和服务质量。

新发展格局下，随着农产品深加工的发展、城乡居民消费水平和消费能力不断提高、生鲜电商市场的迅速发展，冷链物流市场规模持续增加，在政策催化、消费升级、行业空间、技术进步的多重刺激下，冷链物流将迎来黄金发展期。

冷链配送中心主要分布在大中城市，以服务食品、医药等领域为主。一些特大城市缺乏必要的顶层设计，对冷链基础设施的重要性认识不足。冷链运输的资源主要集中在华东和西南地区，华南和西北区域运力资源较为分散。资源布局的逐步完善和消费市场的持续培育，带动了冷链运输的发展。

五环顺通隶属于北京首农食品集团有限公司，是一家以冷链物流为主营业务的新型供应链企业。在冷链运输业务上，主要为客户提供全国运输、城市配送、一件代发等一站式"端到端"综合物流服务。

在全国运输方面，公司积极响应《"十四五"冷链物流发展规划》的号召，在沈阳、杭州、上海、成都、南京、西安、武汉、潍坊、福州、广州等主要物流节点城市建立了一系列供应链中心，形成了拥有1000辆卡车的运输系统，构建了覆盖全国的运输网络。公司运用全球定位、温度监控等系统，通过东北、华北、华南、西北等区域的重点城市，为客户提供高效安全、快速响应的智能运输服务。

在城市配送方面，公司为客户提供"全过程、全方位、全周期"的商超共同配送及冷链餐饮配送服务。500余辆配送车随时待命，持有进京通行证、重点物资通行证，不受北京市重大活动影响。通过配送管理系统，公司根据客户下单的货品、地址等数据，智能生成运输路线，客户可通过系统实时掌控货品温度、配送进度、签收状态。目前，公司每日配送的产品涵盖肉、蛋、奶、饮料、冷冻水产、速冻食品、调料等6000多个品种，配送范围涵盖沃尔玛、家乐福、永辉、物美、盒马、京东等各大商超、电商4000多个点位。通过共同配送，公司集约各类客户的货品，缩短了配送里程，提高了车辆装载率，降低了客户运营成本，同时，也为缓解城市交通拥堵作出了贡献。

此外，公司着力提升管理能力，构建了"一个体系、三个平台、七项管理"的综合管理体系。在食品安全上，公司引入符合国际标准的ISO 22000食品安全管理体系，筑牢食品安全防线。在信息化建设上，公司运用仓储管理系统（WMS），对信息、资源、行为、出入库运作进行管理；使用运输管理系统（TMS），对配载作业、调度分配、GPS定位、运输温度等进行管理；运用食材销售ERP系统，涵盖采购、入库、分拣、销售、运输等环节服务的一体化订单管理；搭建供应链中台，通过线上线下全渠道订单的统一接入和加工，实现业务数据全生命周期管控，统一资源管理和调拨。在企业管理上，公司注重全员绩效管理、6S管理、精细化核算管理、节能降耗管理、员工学习发展规划、安全管理、客户服务管理七项管理。在客户服务上，公司采用项目经理管理模式，为客户提供专属定制化服务，满足个性化业务需求；独立于各业务板块之外，设立客户服务部，由公司副总经理、纪委书记定期回访，跟进服务。

未来，公司将持续以"精通冷链成就信赖"为品牌主张，以"精益服务提升资源流通价值"为企业使命，以"扩大冷链物流网络布局和提升三方冷链物流服务"为发展主线，以提高仓配一体化冷链服务的方式，不断优化客户结构，积累渠道资源，增强服务能力，推动企业高质量发展，致力以"精通冷链"的专业优势，以"精益服务"的高效能力成为冷链行业的中坚力量。

立于"十四五"发展半程，冷链运输发展的未来方向和趋势如下。

（一）未来方向

首先，通过构建高效、安全、可靠、经济的现代化冷链物流体系，加强城市生鲜食品"产地""中转地""销地"的"一体化"冷链物流体系建设，为消费者提供生鲜食品品质和安全方面的必要保证。

其次，开展"互联网+"冷链物流、加强技术研发和投入，使用环保节能的新型能源，创新"冷链物流+"新生态、新场景。不断提高冷链运输技术，提高冷链运输的效率和可靠性。

最后，提高冷链流通率和冷藏运输率、降低腐损率、提升冷链服务水平，建立"全程温控、标准健全、绿色安全、应用广泛"的冷链物流服务模式，满足居民消费升级需要。

（二）发展趋势

（1）平台化，多方共享共赢。冷链物流行业整体效率不高，平台化的运营通过互联网和信息技术对各个环节进行整合和协同，从而减少资源的信息不对称，提高运营效率。

（2）大型化，规模效益显著。近些年，冷链行业的市场集中程度在不断提高，头部企业的资源集聚效应和发展速度逐渐加快，业务发展呈现出复合式发展特点，有效带动冷链物流的行业规模和竞争力。

（3）集约化，资源整合共享。通过集约化经营，整合供应链上的各个环节，共享仓储设施、运输车辆等，实现资源的共享和协同作业，提高冷链物流行业的运作效率和服务质量，推动冷链物流行业的发展和转型。

（4）供应链化，产业协同高效。将物流纳入供应链管理的范畴，通过整合和协调供应链上的各个环节，实现冷链物流的高效运作和服务。通过资源的共享和信息的流通，提高冷链物流的效率和灵活性。

（5）低碳化，节能绿色发展。冷链物流的低碳发展，离不开各个环节上企业的节能减排工作，运输环节的绿色化是大势所趋。从应用政策层面，加快淘汰高排放冷藏车，鼓励支持新能源冷藏车。

（6）智慧化，软硬件智慧管理。冷链物流通过云计算、大数据等技术，整合供应链上的各个环节，实现对物流过程的智能化管理，通过提前预警、快速响应、异常处置等，提高物流效率，降低运输风险。

（作者：五环顺通）

第五章　2022年冷链物流技术专题

本章共分为三节，重点围绕冷链仓储、冷链运输及其他冷链物流相关技术进行详细阐述。

第一节　冷链仓储核心技术应用实施分析

一、青岛海尔开利的远洋平湖温控供应链产业园北区项目

（一）项目概况

作为制冷系统设备提供方，青岛海尔开利将制冷技术运用在远洋平湖温控供应链产业园北区冷库中。远洋平湖温控供应链产业园北区（见图5-1）面积约10000平方米，有用于冻品储藏的变温冷藏库6个（设计库温–22 ~–18℃），用于果蔬储藏的变温冷藏库6个（设计库温0~6℃），穿堂3个（设计库温7~15℃）。

图5-1　远洋平湖温控供应链产业园北区

为了满足冷库各种生鲜产品的储存温度，远洋平湖冷链系统配置低温冷风机21套，中温冷风机21套，具体信息如表5-1所示。

表5-1　　　　　　　　　　　　　　　冷库配置

制冷间名称	设计库温	面积	商品类别	库容	需求负荷	冷风机数量	总制冷量
	℃	m²		t	kW	台	kW
变温冷藏库1—6（低温）	−22～−18	8297	冻品	12120	862	21	1419
变温冷藏库1—6（高温）	0~6	8297	果蔬	9696	1551	21	2202
穿堂1—3	7~15	1292			284	6	316
汇总		17886			2697	48	3937

（二）技术特点

该项目采用开利定制化双温二氧化碳（CO_2）冷库解决方案，更节能环保，增强了系统对市场需求变化的适应能力。制冷系统示意如图5-2所示。

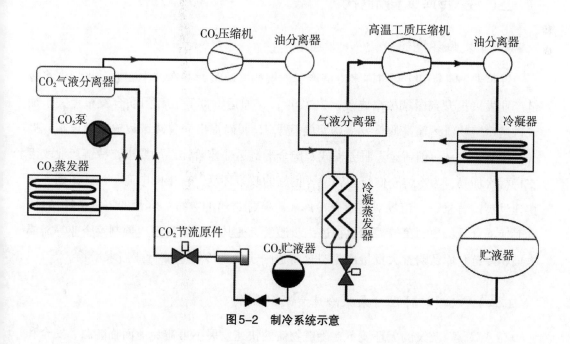

图5-2　制冷系统示意

项目所采用的R507/CO$_2$复叠制冷系统有如下特点。

（1）R507/CO$_2$复叠制冷系统可实现快速降温，温度稳定，降低能耗。

（2）R507/CO$_2$复叠制冷系统可以大大减少氟利昂的充注量，既可在CO$_2$中温时载冷运行，又可在低温时复叠运行。

（3）CO$_2$机组采用大排量CO$_2$亚临界活塞压缩机，能够适应不同工况下的性能要求。低温级系统采用直膨式制冷方式。

（4）R507螺杆机组采用螺杆压缩机，冷凝方式为蒸发冷。

（5）主控系统采用专门开发的复叠系统控制程序，可系统性地控制CO$_2$侧和R507侧并联机组的协调运行，减少低温系统冷凝压力波动，保证系统的稳定运行。

（三）应用效果

该系统的R507充注量1.5吨，CO$_2$充注量10吨，比传统的HFC桶泵系统碳排放量减少81%；制冷剂费用6.5万元，比传统的HFC桶泵系统减少73%。

（作者：青岛海尔开利）

二、进入冷库节能新时代

（一）发展环境

近年来，国家相继颁布许多冷链产业发展相关政策，并在"十四五"规划中将冷链产业发展提升到国家战略高度。2022年，交通运输部等五部门联合发布《关于加快推进冷链物流运输高质量发展的实施意见》，明确提出完善冷链运输基础设施、提升技术装备水平、创新运输服务模式及健全冷链运输监管体系的要求，冷链产业政策支持再次加码，为冷链仓储行业营造了良好的政策环境。在生鲜电商、社区团购产业快速发展的背景下，市场对前置仓冷库、冷链配送箱的数量、容量的需求持续增长，同时速冻食品、预制菜等需求也被进一步激发，尤其是大型商超、预制菜企业等需要大面积冷链仓库及购置大批量冷柜，这将进一步激发冷链仓储行业需求增长。

（二）"双碳"时代对未来冷库发展的影响

在"双碳"政策的大环境下，冷链物流的快速发展不可避免地面临能源、安全和环保等方面的挑战，所以冷链发展必须未雨绸缪，积极推广低碳绿色的制冷技术，保证冷链的可持续发展，用最小的能源消耗获取最大的制冷量，实现最精确的温度控制，从而降低成本、提高品质。螺杆制冷压缩机作为制冷系统的核心部件，降低其碳排放量对实现制冷系统降碳、助力我国"双碳"目标的实现具有重要意义。减少碳排放的方式有减少直接碳排放和减少间接碳排放两种，对于冷库应用而言，这两种方式的主要实现手段如下。

1. 减少直接碳排放：主要表现在冷库制冷设备中制冷剂的选择

不同制冷剂的GWP值大小不同，GWP值越大则说明该物质的温室效应越严重，即碳排放量越高。所以，选择不同的制冷剂也意味着直接碳排放量的不同，但由于制冷剂只有排放到大气才会产生相应的温室效应，如果能有效地降低制冷剂的泄漏量，即便选择GWP值相对较高的制冷剂，对温室效应的影响也有限（见表5-2）。

表5-2　　　　　　　　　冷库制冷设备中常用制冷剂特点

制冷剂	GWP值	安全等级
R22	1430	A1
R507A	3990	A1
R448A	1273	A1
NH_3（氨）	0	B2
CO_2（二氧化碳）	1	A1

制冷剂安全等级如图5-3所示。

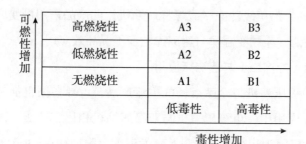

图5-3　制冷剂安全等级

冷库用制冷系统种类如图5-4所示。

2. 减少间接碳排放：有效提高电力能源的利用效率

在冷库应用中，可以使用高COP（运行能效值）的冷库制冷设备，COP即单位制冷负荷下的耗电量，COP越大则说明同样的制冷负荷下耗电量越小，越省电，因此碳排放量就越小。

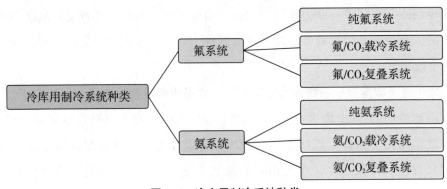

图5-4　冷库用制冷系统种类

（三）"双碳"背景下冷库用高效制冷系统解决方案

目前，国内冷库主要用氟利昂制冷，从安全角度考虑是目前最好的选择。汉钟精机针对以下三类不同使用场景，提供高效节能的整体解决方案，通过使用高COP制冷设备的方式，减少冷库实际运营中的耗电量，提高冷库对电力能源的利用率，从而减少冷库的间接碳排放量。

1. 变温库应用

针对物流中转冷库中会存在货物储存需求的不确定性，汉钟精机开发的RC2-D系列冷藏专用压缩机，可满足客户同一冷库不同货物储存温度要求。在变温库项目中，市场主流单级机由于运行范围限制，需要用到2套机组，其中一套用于高温库应用，另一套用于低温库应用，而使用RC2-D产品可同时满足此变温库应用。汉钟精机后续将推出LC系列新一代半封单级冷冻冷藏螺杆压缩机，此产品采用可变内容积比技术，使压缩机保持最佳性能，兼顾变温库与速冻库的变工况高效应用。

2. 低温冷藏库（冷冻库）与速冻库应用

在市场上，单级压缩机是冷库市场的主流产品，世界各国也都是以单级压缩机为主。但是在冷冻库应用中，单级压缩机与双级压缩机相比，性能上确实存在明显的差距。常规双级压缩机因为运行范围受限，蒸发温度上限往往在$-30℃$左右，所以无法应用于冷冻库中，汉钟精机通过技术优化，突破了这个限制，将双级压缩机的蒸发温度上限提高至$-10℃$，推出了宽温区双级压缩机。在冷冻库应用场景中，LT-S-L系列产品较市场常规低温单级螺杆压缩机综合能效提高20%～30%。对于冷冻库而言，压缩机耗电量占冷冻库总耗电量的85%～90%，所以这20%～30%能效的提升，对甲方用户而言非常有价值。此产品前后分别获得了"2021—2022年度中国制冷学会节能与生态环境产品"和"上海市节能产品"称号,该高效技术符合我国"双碳"政策的发展趋势,也受到了市场的欢迎。

3. 速冻机应用

速冻机应用中的压缩机会存在部分负载运行的情况。通过变频技术的导入,汉钟精机成功研发出了LT-S-IVX系列全配置双级变频压缩机,可以让能效在卸载的情况下和满载时的表现相同。在速冻工况下,LT-S-IVX系列全配置双级变频压缩机较双级定频压缩机综合能效高20%左右;在低温冷藏工况下,综合能效较低温单级定频压缩机高30%左右,适合节能要求更高的速冻率与低温冷藏库应用,从根本上提升系统能效,得到了众多项目应用的验证。宽温区双级定频压缩机与宽温区双级变频压缩机各负载性能对比如表5-3所示。

表5-3　宽温区双级定频压缩机与宽温区双级变频压缩机各负载性能对比

150匹宽温区双级定频压缩机——机械容调											
负载(%)	30	38	40	50	60	63	70	75	80	88	90	100
制冷量(kW)	44.82	54.55	57.79	68.69	83.16	85.95	94.3	100.4	106.5	115.65	118.7	131
功率(kW)	74.96	75.4	75.55	76.16	80	80.83	83.3	85.1	86.9	89.3	90.1	94.4
COP	0.6	0.72	0.76	0.9	1.04	1.06	1.13	1.18	1.23	1.3	1.32	1.39
160匹宽温区双级变频压缩机——变频容调											
负载(%)	30	38	40	50	60	63	70	75	80	88	90	100
制冷量(kW)	42.29	52.23	56.31	72.66	87.02	90.61	102.42	110.29	117.1	127.31	130.79	144.69
功率(kW)	35.48	39.96	42.2	51.17	60.12	62.36	70.06	75.2	80.31	87.97	90.83	102.27
COP	1.19	1.31	1.33	1.42	1.45	1.45	1.46	1.47	1.46	1.45	1.44	1.41
COP(能效)对比——变频容调/机械容调											
负载(%)	30	38	40	50	60	63	70	75	80	88	90	100
COP/COP	198%	182%	175%	158%	139%	137%	129%	125%	119%	112%	109%	101%

注:以上对比工况为:R507制冷剂,蒸发温度-45℃、冷凝温度35℃,过冷温度0℃、过热温度10℃,带经济器。

与定频技术相比,采用变频技术可大幅提升压缩机在低温工况低负载下的运行性能。此外,汉钟专用变频机满载运行频率为80Hz,可在一定程度上降低产品单位冷量成本,让此节能技术更容易被市场接受。

除了上述采用纯氟系统高效节能设备来减少间接碳排放量的方式,还可以结合使用自然工质来减少系统中氟利昂的充注量，从而减少制冷系统意外泄漏后的造成的直接碳排放量。表5-4、表5-5分别为纯氟系统以及自然工质系统中不同压缩机选型方案在冷冻库应用中和在单冻机应用中的满载性能对比。

表5-4　　　　　　　　不同压缩机选型方案在冷冻库应用中的满载性能对比

-20℃、650kW冷冻库	R507单级	R507单级/CO₂复叠	R507单级/CO₂载冷	R717单级/CO₂复叠	R507单机双级	R507单机双级变频	R507单机双级/CO₂载冷	R507单机双级变频/CO₂载冷
压缩机配置	常规低温单级螺杆125匹×4 ECO	常规高温单级螺杆160匹×2+单级活塞30匹×6	常规低温单级螺杆160匹×4 ECO	开启单级螺杆160匹×2+单级活塞30匹×6	宽温区双级螺杆150匹×1+180匹×1 ECO	宽温区双级变频螺杆160匹×2ECO	宽温区双级螺杆180匹×2 ECO	宽温区双级变频螺杆200匹×2 ECO
工况	蒸发温度-28℃/冷凝温度35℃	蒸发温度-28℃/中间冷凝温度-3℃/中间蒸发温度-6℃/冷凝温度35℃	蒸发温度-31℃/载冷温度-28℃/冷凝温度35℃	蒸发温度-28℃/中间冷凝温度-3℃/中间蒸发温度-6℃/冷凝温度35℃	蒸发温度-28℃/冷凝温度35℃	蒸发温度-28℃/冷凝温度35℃	蒸发温度-31℃/载冷温度-28℃/冷凝温度35℃	蒸发温度-31℃/载冷温度-28℃/冷凝温度35℃
冷量（kW）	640.8	658.8	711.2	658.8	695	645	703.6	708.8
功率（kW）	353.6	339.4	429.2	302.2	299.7	300.2	326.2	353.4
COP	1.81	1.94	1.66	2.18	2.32	2.15	2.16	2.00
能效对比（%）	100	107	92	120 未考虑电机效率	128	119	119	110
推荐与否	×	√	×	√	√	√	√	√
压缩机台数（台）	4	8	4	8	2	2	2	2

注：以R507单级螺杆COP为基准，各系统COP比例如表所示。

表5-5 不同压缩机选型方案在单冻机应用中的满载性能对比

4吨单冻机	R507双级配打	R507单级/CO₂复叠	R507双级配打/CO₂载冷	R717双级配打	R717单级/CO₂复叠	R507单机双级	R507单机双级变频	R507单机双级/CO₂载冷	R507单机双级变频/CO₂载冷
压缩机配置	110匹单级螺杆×3+180匹单级螺杆×2 ECO	320匹单级螺杆×1+单级活塞40匹×6	110匹单级螺杆×3+180匹单级螺杆×2 ECO	110匹单级开启螺杆×3+180匹单级开启螺杆×2 ECO	320匹单级开启螺杆+单级活塞40匹×6	双级螺杆150匹×3 ECO	双级变频螺杆240匹×2 ECO	双级螺杆180匹×2+150匹×1 ECO	双级变频螺杆300匹×2 ECO
工况	蒸发温度-42℃/中间温度-8℃/冷凝温度35℃	蒸发温度-42℃/中间冷凝温度-10℃/中间蒸发温度-13℃/冷凝温度35℃	蒸发温度-45℃/载冷温度-42℃/冷凝温度35℃	蒸发温度-42℃/中间温度-10℃/冷凝温度35℃	蒸发温度-42℃/中间冷凝温度-8℃/中间蒸发温度-11℃/冷凝温度35℃	蒸发温度-42℃/冷凝温度35℃	蒸发温度-42℃/冷凝温度35℃	蒸发温度-45℃/载冷温度-42℃/冷凝温度35℃	蒸发温度-45℃/载冷温度-42℃/冷凝温度35℃
冷量（kW）	587	580.2	521.56	547	567	540.9	555	570.5	563
功率（kW）	374	386.4	355.45	343	336.6	332.4	362.8	384.7	393.8
COP	1.57	1.5	1.47	1.59	1.68	1.63	1.53	1.48	1.43
能效对比（%）	100	96	93	101（未考虑电机效率）	107（未考虑电机效率）	104	97（见注2）	94	91（见注2）
推荐与否	×	×	×	×	√	√	√	×	√
压缩机台数（台）	5	7	5	5	7	3	2	3	2

注：1.以R507双级配打COP为基准，各系统COP比例如表所示；

2.速冻机应用中的压缩机会存在部分负载运行的情况，速冻工况下常规滑阀能调，卸载运行时能效与满载衰减相比更加明显，通过导入变频技术，变频双级机较定频双级机综合能效高20%左右，故双级变频方案列入推荐方案中。

综上对比可知，在冷冻库应用中，单机双级技术能效与成本有明显优势；在单冻机应用中，单机双级技术能效与成本有一定优势，通过导入变频技术可实现综合运行能效最佳。结合 CO_2 载冷技术：①可大幅降低氟利昂充注量；②可利用 CO_2 低温流动性、成本与环保的优势；③可保证系统的高效运行；④系统造价相对 CO_2 复叠系统略低；⑤可实现工厂完成制冷系统机组制造与整机试漏，大幅降低因现场焊接不良带来的渗漏隐患，可在环保、安全、能效、成本等多方面取得最佳的平衡点。

由于 CO_2 载冷系统中仍会充注少量氟利昂，所以遇到环保为第一优先考虑的项目时，首选可能仍为 NH3/CO_2 复叠系统。针对 NH3/CO_2 复叠系统，汉钟精机也可提供适用于自然工质的 RH、RG 系列产品以及自然工质制冷系统整体解决方案。

（四）项目案例

1. 案例一

该项目为天津某知名快递平台干改冷物流冷库，改造前期的土建消防和规划报审以及库区结构加固，是本项目实施的重要保证。由于该工程原设计为干仓，按照冷库设计规范及现有消防设计规范的要求，需要重新划分防火区，并进行消防认证。该项目被划分为3个防火区，每个防火区采取了防火性能更强的设计措施，以保证项目的顺利实施；同时，由于原有月台未封闭，为保证改造后冷库运营的质量，对改造部分的月台进行了封闭处理，并报规划部门重新审批，保证了冷库改造的合规性。

改造后的冷藏库共分为8个冷藏间和2个穿堂，其中3个变温库、4个低温库、1个中高温库（温区详见表5-6）。制冷系统分区示意如图5-5所示。

表5-6　　　　　　　　　　　　冷藏库温区分布

库容量	库房名称	库温	压缩机型式	制冷系统	末端形式
1.5万吨	低温库	-18℃/-25℃	双级螺杆	氟利昂直膨冷却系统	吊顶式冷风机
	穿堂及中高温库	0～4℃/15～20℃	单级螺杆		
	变温库	-18℃/0～4℃	单级螺杆		

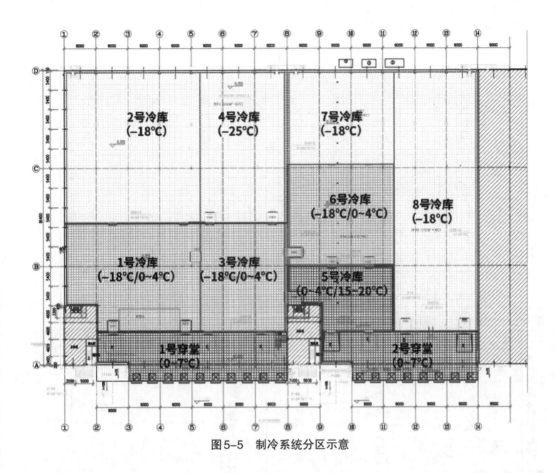

图5-5 制冷系统分区示意

综合分析，此项目为快递用物流周转库，蒸发器采用冷风机，其中，冷冻库采用了宽温区双级压缩技术，能效较常规单级压缩技术高约25%（见表5-7）。据用户统计反馈，从2021年8月调试拉初温到2022年8月，按照电价0.65元/度（当地电价）计算，平均每天每平方电费为0.3元。

2. 案例二

该项目为山东某CO_2载冷冷库建设，库温需求为−20℃，设备应用为冷藏库，储存货物为蔬菜和水果，包装材料为纸箱、编织袋，共有4个冷藏库，冷库项目尺寸如表5-8所示。

该冷库属于中大型冷库，采用汉钟精机LT−S−V系列160匹宽温区双级变频压缩机，冷库末端蒸发器采用顶排管布局，若采用直接制冷系统会导致氟充注量较大，因此采用R507/CO_2间接制冷系统，大幅降低氟利昂充注量，通过载冷剂与制冷机组的蒸发器换热，从而带走冷库内物品的热量。

（1）用户反馈。全自动控制，相较于厂内旧的氨开启设备使用方便很多。在

表5-7 低温库压缩机方案及能效对比

冷间	温度 ℃	面积 m²	体积 m³	冷间负荷 kW	冷间总负荷 kW	蒸发温度 ℃	压缩机选项方案1	冷量 kW	功率 kW	能效 kW/kW	压缩机选项方案2	冷量 kW	功率 kW	能效 kW/kW	两种方案每小时电量差异（kW·h）	两种方案每年耗电量差异（kW·h）
冷库2	-18	1660	13280	210												
冷库7	-18	742	5936	140	581	-28	100匹宽温区双级螺旋杆×3台	648.3	287.1	2.26	160匹单级螺旋杆×3台	599	328.5	1.82	41.4	151110
冷库8	-18	1737	13896	231												
冷库4	-25	1049	8392	172	172	-33	100匹宽温区双级螺旋杆×1台	179.1	89.6	2.00	160匹单级螺旋杆×1台	164	105.8	1.55	16.2	59130

表5-8 山东某CO₂载冷冷库项目尺寸

单库尺寸					冷藏库数量		
长（m）	宽（m）	高（m）			（个）		
58	18	8.5			4		
单库面积（m²）	单库容积（m³）				总面积（m²）	总容积（m³）	
1044	8874				4176	35496	

安全性、气味等提升很多，运行电费低，除霜周期长，稳定性好，使用无不良反馈。

（2）环保效益。现场使用CO_2低压循环桶5.8m3，相比于R507（GWP=3990）桶泵系统，因采用R507/CO_2载冷系统，大幅降低了R507的充足量，从而大幅降低了温室气体效应。

（3）能效收益。该冷库采用了汉钟宽温区双级变频压缩技术，节能效果明显。载冷端使用CO_2作为载冷剂时，可减少载冷剂输送过程中的压力损失，泵功率可节约90%，载冷剂分布更均匀，并且蒸发器无油膜覆盖，换热效率高。

综合分析，该冷库采用R507双级压缩技术＋变频技术+CO_2载冷技术，蒸发器采用顶排管布局，理论满载能效较纯氟单级桶泵系统高20%左右，之所以运行费用极低，是因为该冷库是出口类生产性冷库，货物周转量较小，且属于改造项目，原制冷设备老旧，引入了变频技术后，进一步提高了全负荷综合运行能效，因此，用户经对比发现新系统节能效益十分明显。

（五）未来展望

机遇与挑战并存，创新发展正当其时。汉钟精机的愿景是成为行业的领导品牌，汉钟精机也一直以此为目标进行产品发展与市场布局，希望通过高效技术引领行业升级，同时能在此过程中为行业的"双碳"转型作出更多贡献。愿汉钟精机乘时代之翼，不断竭诚创新，为制冷事业继续奋斗，为制冷环境带来纳凉春风！

（作者：汉钟精机）

第二节　冷链运输核心技术应用实施分析

一、高性能复合材料在冷链物流中的应用

（一）核心技术发展背景

上海源仕新材料科技有限公司（以下简称源仕公司）专注于车厢用复合材料面板的研发和生产，目前拥有上海、山东两个专业研发实验室，山东生产基地占地面积48000平方米。源仕公司于2019年被评为高新技术企业、2023年被评为国家级专精特新"小巨人"企业，拥有发明专利3项，参与制定国家标准1项、团体标准1项。

十几年前，源仕公司进入了连续机制车厢用复合材料板材领域，成功开发并广泛推广应用了树脂胶复合专用毛面机制玻璃钢板材、防透光玻璃钢板材、聚氨酯发泡一体化复合专用玻璃钢板材等系列产品，把连续机制车厢用复合材料板材的行业生产速度提升了3倍以上，成本降低了近40%，强度模量提升了一倍。另外，国家阻燃产品标准中的B2级氧指数为28，B1级氧指数为32，源仕公司阻燃产品在连续机制玻璃钢板材领域，氧指数已经开创性地做到了40以上。

作为复合材料的重要组成部分，玻璃钢具有重量轻、强度高、导热系数低、耐腐蚀性好、耐老化、抗疲劳、电性能和抗辐射性能好等特性，从而在航空航天、军工、游艇、风力发电叶片、高铁、房车、新能源等诸多领域应用广泛。连续机制玻璃钢板材除了具有上述特性，还具有耐划伤、易清洁、易修复、大宽幅、抗蠕变性能优等诸多优点，目前在冷链物流车厢面板应用领域占比90%以上。

据中国工程院权威数据，商用车碳排放占全部车辆碳排放的比率超过60%。由此可见，解决商用车碳排放问题的意义是多么重大。商用车作为我国交通运输的主要力量，仍以传统化石能源为主，占比90%左右。

针对节能减排的历史使命，要通过新材料、新结构、新工艺、新装备、新能源、新功能、新模式等创新，重构、重塑产业发展。在此背景下，源仕公司积极研发并陆续推出了多款适配轻量化、高阻燃等高性能复合材料产品。

（二）政策环境

根据《节能与新能源汽车技术路线图2.0》轻量化技术规划：载货车轻量化目标2025年载质量利用系数提升5%，2035年载质量利用系数提升15%；牵引车轻量化目标2025年挂牵比均值提升5%，2035年挂牵比均值提升15%。

（三）研发意义

轻量化与新能源化、智能化、网联化并称为新能源车的四大发展趋势。

对于燃油车而言，降低车身重量10%可节约燃油6%~8%。同时，对于新能源车而言，车身重量减轻10%可增加续航里程5.5%，轻量化材料将助力推动新能源商用车的发展，协助缓解新能源车的里程焦虑问题。

轻量化新材料包括高强钢、铝合金和高性能复合材料。复合材料玻璃钢板材重量占冷链物流车厢总重量近50%。作为冷链物流车厢面板行业领军企业，以新材料、新工艺促进车厢轻量化是源仕公司义不容辞的责任。在车辆荷载一定的情况下，轻量化收益包含运输收益和节油收益，可为客户创造价值，为社会创造价值，可见轻量化新材料的研发意义之重大。

案例一：源仕公司助力五菱一体化复合工艺高效运行。

源仕公司研发出了开式和闭式两种一体化复合专用玻璃钢板材，这两种板材的成功应用和推广，不仅为客户节约了材料成本，提高了生产效率，同时还减轻了车厢的重量。

传统的冷链物流车厢聚氨酯夹心玻璃钢复合板的复合工艺是使用玻璃钢面板和聚氨酯泡沫夹心，通过涂布胶水进行粘接，泡沫间缝隙需要人工进行拼缝处理，复合板四周立面同样需要人工进行封边处理。由于大量使用胶水和玻纤材料，导致该复合板重量很重，冷链物流车厢重量居高不下。

相比之下，聚氨酯发泡一体化复合工艺不但效率高，还不需要使用胶水，内部聚氨酯发泡后直接与面板粘接，一体无接缝，复合板立面四周也不需要做封边处理。该工艺使冷桥问题、保温性能、结构强度和重量等得到高度优化，从而更加节能环保。

案例二：联合中集集团共同开发大规模一体化复合工艺。

源仕公司正在配合中集集团开展大规模一体化复合工艺研发工作，目前针对该工艺要求开发了第三种聚氨酯发泡一体化复合工艺专用的玻璃钢板材，且样件已试制成功并顺利通过评审。

案例三：针对海尔医疗空运箱开发高阻燃、高模量的轻量化复合材料。

源仕公司接到了海尔医疗空运箱复合板高阻燃、高模量、轻量化面板的产品开发意向。近年来，新冠疫苗、基因工程、产业智能化、人口老龄化需求升级，市场对高端医疗、生物制品、RNA制药等温度高敏感性物资的需求日益扩大，航空冷链运输这一高时效、高安全系数的运输方式发展迅猛。然而，适用于高端温控的主动式航空温控箱却面临着长期由国外企业垄断的格局。打造自主专业、优质高效、富有竞争力的航空温控运输体系势在必行。海尔医疗空运箱的成功研发作为核心环节的功能载体应时落地。

公司联合 Kelvin 博士和相关单位联合开发的高阻燃产品进入了西门子供应链。2022年10月，公司参与制定的国家标准 GB/T 41879—2022《塑料 燃烧性能 纤维增强聚合物复合材料的中等尺寸耐火测试》发布。源仕公司依托多年积累的技术，努力向研发更高端材料产品迈进。

（作者：山东源仕）

二、澳柯玛——智慧全冷链系统解决方案提供者

（一）发展现况

1. 行业规模显著扩大

冷链物流是保障产品在生产、储存、运输和销售全过程始终处于规定温度环境下的专业物流。近年来，随着人民收入水平的不断提高，对高品质消费的需求快速增长，冷链物流发展进入快车道。未来，随着国家骨干冷链物流基地和产销冷链设施建设的稳步推进，冷链物流行业规模还将持续扩大，在调节农产品跨季供需、保障食品安全等领域作用越发显著。

2. 政策环境持续优化

近年来，各类冷链物流扶持政策密集出台，政策红利加速释放。国家先后启动三级冷链物流节点建设工程、农产品产地冷链物流设施补短板工程、冷链运输提质增效降本工程等。农业农村部通过以奖代补、贷款贴息、优惠电价等措施，支持农产品产地冷藏保鲜等设施建设。2022年，国家发展改革委下达中央预算内投资14亿元，专项支持建设服务于肉类屠宰加工及流通的冷链物流设施项目等。各省市积极响应"十四五"规划，出台"十四五"冷链相关政策、规划。

3. 发展重点更加聚焦

《"十四五"冷链物流发展规划》谋篇布局，提出建设串联主产区、主销区的"四横四纵"冷链物流骨干通道，构建"321"冷链物流运行体系。从重点领域看，国家骨干冷链物流基地、产销冷链集配中心和两端冷链物流设施是现代冷链物流体系的重要支撑和载体，特别是国家骨干冷链物流基地。从重点环节看，田间地头冷链物流设施、冷链一体化运作、销地冷链物流网络是联结产供销各环节、解决"最先一公里"和"最后一公里"问题的重要手段，尤其是产地仓储保鲜设施建设。从重点品类看，肉类、水果、蔬菜、水产品、乳品、速冻食品等生鲜食品是冷链物流主要的应用领域，实际需求量占比接近九成。

4. 产业创新明显加快

随着5G、大数据、云计算、区块链等技术迅速发展，冷链物流行业也经历着深刻变革。冷链物流基础设施向标准化、数字化、智能化方向发展，冷链物流企业运输装备更新换代进一步加快，冷链物流节能、绿色、低碳发展理念深入人心。生鲜电商、连锁餐饮等消费新场景不断涌现，催生一系列新模式新业态，如冷链快递、冷链共同配送、"生鲜电商+冷链宅配""中央厨房+食材冷链配送"等，并逐步形成了"冷链+"产业集聚新格局。一些大型冷链物流企业将业务延伸至供应链两端，从单一的冷链物流环节拓展至生产、销售各环节，打造全产业链融合发展新态势。

（二）青岛澳柯玛冷链集成有限公司

1. 公司战略

公司在"诚信、创新、担当、高效"的核心价值观指引下，秉承"互联网+全冷链"战略，践行"以科技创造幸福温度"的企业使命，围绕"温度科技专家"的品牌定位，打造增长型的"互联网+全冷链"头部企业体质，全面布局商超便利店、厨房冰箱、智能零售、冷库储存、冷链运输五大场景，借助物联网等技术，搭建冷链物联网管理平台，实现对终端设备的远程监控、控制及云资源管理，为有温度需求的客户提供了从产地到餐桌、从"最先一公里"到"最后一公里"的智慧全冷链专业定制化服务，以冷链物流行业引领者姿态，大力提升冷链装备的水平，诠释冷链发展的未来前景，推动全流程冷链物流产业的健康快速发展。

聚焦冷链物流装备需求的行业，根据《"十四五"冷链物流发展规划》以及相关政策的要求，以行业重点项目的实施为行动目标，以行业关键技术的突破为研发目标，以行业重大工程的落地为增量目标，快速推进各项工作；聚焦农、林、牧、渔行业，瞄准田间地头"最先一公里"，健全企业资质，积极拓展大、中、小型冷库（含移动冷库）市场，推动蔬菜、水果、食用菌、畜牧、中药材等与民生相关的冷库项目在重点市场落地，创造产业价值；延伸全食品链条服务，积极参与预制菜上、中、下游市场布局，抵进餐桌前"最后一公里"（甚至餐桌前零距离），推动不同类型的客户合作模式的落地、裂变，创造客户价值。

2. 智慧全冷链解决方案概念

作为智慧全冷链系统解决方案提供商，公司为有温度需求（冷藏、冷冻）的客户提供产地预冷冷库→中重型冷链运输车→食品加工制冷设备→大型冷库→城乡中型冷链配送车→城市仓→市内小型冷链运输车→前置仓→"最后一公里"冷链配送车→终端展示售卖（商超、连锁便利店、仓储零售、电商自提、餐饮外卖、无人零售）全流程、全链条系统解决方案（见图5-6）。

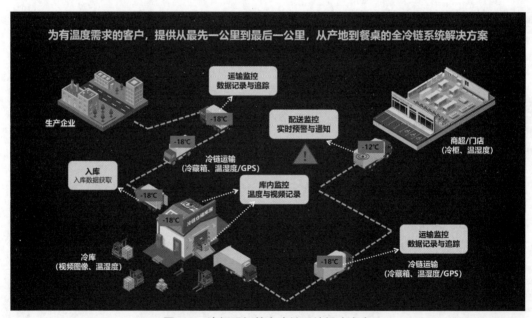

图5-6　澳柯玛智慧全冷链系统解决方案

（1）技术领先，软硬件一体化创新。

应用物联网、大数据、云计算等现代信息技术，硬件开发称重识别、图像识别等多元可视化技术，电脑端、手机端商户运营后台，构建云端大数据，为客户提供不同场景的定制化解决方案，提升智能化管理水平。

（2）物畅其流，构建全冷链全通路。

智慧全冷链管理系统（ICM）覆盖冷链全生命周期；以内外双攻为布局，协同海外营销渠道有计划地布局东南亚、欧洲等海外市场，国内市场以华东地区为中心辐射全国。

以人工智能为载体，通过自主研发的重力感应技术、AI智能分析技术、多元支付系统、自动温控节能杀菌技术、智慧全冷链管理系统等，打造全冷链智能化生态系统。

以平台生态搭建为使命，致力于参与数字化时代"互联网+全冷链"行业标准的制定，与合作伙伴共建全冷链、全场景物联网管理生态圈，为客户提供平台化综合服务。

以用户为中心，贴近市场、贴近用户，服务为先，致力于提升客户服务与体验。

（三）全冷链系统化解决方案案例

1. 冷库场景解决方案

从田间地头到仓储物流，这一段距离对于季节性强、保鲜防腐要求高的农产品，甚至整个农产品全产业链来讲，都有着至关重要的意义。预冷是生鲜农产品"最先一公里"到"最后一公里"的重中之重，其核心就是借助冷库短期储存以达到预冷的效果。原因在于蔬菜、水果、禽蛋及鲜花等生鲜农产品不论是被采摘还是宰杀之后，一方面，需要用冷库对其进行预冷，抑制生鲜农产品内部活性物质；另一方面，肉禽及水产品类在完成宰杀或捕捞后，要对其采用降温速冻，锁住其营养成分，为下一阶段的冷链运输提供保鲜恒温需求。

澳柯玛在农产品从"最先一公里"到"最后一公里"流通场景中，可提供产地冷库、流通冷库、销地冷库和港口冷库（见图5-7），不同场景冷库均可实现多种规模多温区使用。

产地冷库　　　　流通冷库　　　　销地冷库　　　　港口冷库

图5-7　澳柯玛冷库产品

（1）大中型冷库。

在农产品产地的"最先一公里"应用冷库是保障食品安全的有效性举措，可实现产地第一时间预冷，迅速去除田间热，缓解失水率，降低呼吸热，可有效降低营养成分的消耗，保持农产品的品质和口感，延长其储藏期和货架期。这是目前最有效且成本最低的降低农产品源头腐损率，提升农产品品质的方法。

大中型冷库的制冷系统通常为集中式供冷，其冷负荷受季节、原材料及每日进货量等因素的影响，具有耗冷量大、用电负荷波动较大、蒸发温度范围广（-40～10℃）等特点。因此，要在设计时根据冷藏间的冷量需求来检验制冷系统的负荷能力，以确保制冷系统在最小负荷时也能够安全运行。此外，根据实际情况合理选用螺杆、活塞或涡旋式制冷机组，并在常用蒸发器中同时配置冷风机和排管。澳柯玛冷库系统（室外压缩机组）见图5-8。

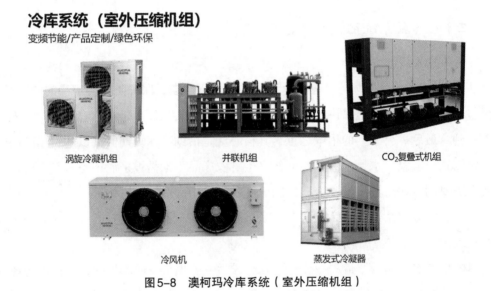

图5-8　澳柯玛冷库系统（室外压缩机组）

（2）移动式冷库。

移动式冷库分为保鲜冷库、冷冻冷库、双温冷库，可以根据使用者的不同需求，从冷库尺寸、结构、材料、温区等不同板块进行按需定制，因其便利性、可移动性等独特的优越性广泛地应用于生鲜果蔬、食品、药品等各种物品的冷冻冷藏，能摆脱气候的影响，延长农畜产品的贮存保鲜期限，以调节市场供应。

移动式冷库采用直流变频技术，可节能40%~60%，极大地降低了制冷系统的日常运行费用；同一机组超宽工作温度，可适用于-30℃低温冷库至10℃高温冷库；降温速度快、温度波动范围小，控温精度高；机组超级静音，由于采用的是双转子压缩机，有着极低的震动现象，正常工作模式下可静音至45分贝左右，几乎觉察不到机组处于运行的状态，而且具备远程监管模块，通过手机App或电脑端后台可方便地对机组进行监看和调试维护；随着互联网、物联网技术的发展，冷库运行和管理也将远程智能化，自动温度调节、无人值守、远程监控仓储等冷库运营技术越加完善。在冷链物流的销售端利用移动式冷库可移动、温湿度可控的特点，再结合现代智能信息系统，如RFID技术、WMS等，探索并挖掘基于移动式冷库的"智能存储一体柜"销售终端，拟解决高档冻鲜产品的复冻、腐损等问题。

（3）冰雪场景。

崇礼高原（国家综合）训练基地改扩建工程室外U形槽赛道改造项目位于河北省张家口市崇礼区长城岭滑雪基地，是将现有室外U形槽赛道封闭改造为室内U形槽赛道（见图5-9）。项目的主要工程包含赛道土石方塑型及支护加固工程、钢结构基础结构工程、钢结构框架吊装及维护板安装工程、旱雪安装工程、造雪系统、制冷系统、换新风系统、除湿系统、紫外线杀菌系统、提升系统、机电工程等其他附属工程，是个项目集合体。

图5-9 崇礼高原（国家综合）室内U形场地赛道改造项目内外实景图

在项目设计阶段，将场地建筑维护结构传热、造雪热负荷、机械热等多项热量叠加，作为场内设备选型依据，选择电子膨胀阀以确保精准控温，选择分散式供液方式有效克服集中供冷，选择R448A制冷剂确保环保节能，开发远程监控软件系统，跟踪记录各参数并通过网络传送至移动终端，通过专业软件模拟，场馆中各个地方温度值偏差平均不超过±1℃（见图5-10）。在项目施工阶段，制订施工进度计划并严格执行，将安全检查、安全教育落实到每日，对施工班组实施每日检查。在项目售后阶段，实施售前、售中、售后全方位服务，全天免费呼叫中心24小时畅通，及时解决用户产品出现的故障。

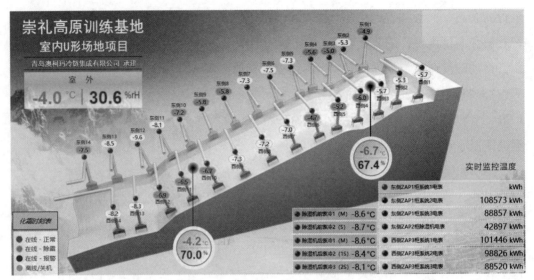

图5—10　实时远程监控系统运行

2. 冷藏车场景解决方案

移动冷链冷藏车是澳柯玛公司智慧冷链产业的重要环节和重要战略板块，公司以冷藏车、保温车、冷藏半挂车、军用方舱等产品及制冷机组、冷链设备的研发、生产、销售及服务为业务目标，推出了生鲜储存配送管理全程冷链解决方案，旨在建立从产地到餐桌的生鲜配送链条。澳柯玛冷藏车采用国际尖端技术，拥有世界先进的生产工艺与装备，设备自动化水平高、工艺先进，具有完善的质量保证体系和实验、检测能力，为每辆整车提供了技术和质量的双保障。澳柯玛冷藏车具有重量轻、保温性能好、车厢强度高、外观精美等优点。公司将依托制冷领域的雄厚实力，以行业引领者的姿态，大力提升冷链装备水平，以实际行动诠释冷链物流的未来发展前景，全力打造成中国专用车第一品牌。

厢体板块采用国际上流行的全封闭聚氨酯板块粘接结构制作，可一次成型，生产出的厢板无金属骨架、无冷桥、保温性能好、防水性能好，厢板整体强度高、质量轻；连接方式吸取了国内外同行业的优点，采用高强度螺栓和专用进口厢体组装胶连接，能承受汽车在恶劣道路条件下的震动、冲击，具有强度高、安全性好、节能环保等优点；在组装时采用专用厢体组装胶和专用密封胶的双重密封，确保厢体不漏水；保温材料采用优质的硬质聚氨酯发泡料，发泡均匀，导热系数小，吸水性和吸湿性低，抗冻性能好，无毒无味，优质环保。

门密封结构采用双层密封方式，密封端面为台阶式，门板开合过程中，外层密封条与门框间的摩擦力只有传统密封条摩擦力的1/10左右；内层密封条为球形发泡密封条，为直压式密封，门板开合过程中内层密封条与门框之间无摩擦阻力。该密封结构不仅有较好的密封效果，而且门板开关非常轻便，即使是老人、妇女、儿童也能非常容易地开门、关门，非常人性化。

玻璃钢采用抗菌配方，具有杀菌、抑菌的作用，能够在一定时间内抑制细菌、真菌、藻类及病毒类生长或繁殖，同时具有光谱抗菌性，健康无毒，不会造成环境污染；玻璃钢采用抗紫外线配方，能够阻止紫外线照射的破坏，防止玻璃钢表面泛黄和褪色，使玻璃钢在车的使用寿命期内永保鲜亮。

车厢内设计有专用通风槽，能够使货物快速冷却，配有气帘和智能风系统，能够锁住冷气、减少冷量损失，还设计有专用的货物收纳装置和温度区域，可分单元冷藏，提高运输效率，降低能源消耗。

同时，冷藏车可以与标准化的移动式冷库结合，进行标准化配套，尽可能让每一次装卸搬运都能够处在温度湿度、标准化控制的环境中，打造农产品全冷链、全流程的无缝衔接。

（四）发展前景

1. 多样化

国内的冷链物流主要集中在公路运输方面，而航空、铁路等运输形式还处在起步阶段。近期我国交通运输体制改革的突破和铁路冷链物流的建设力度加大，使铁路枢纽周边的冷链物流设施有重大投资机会，如何实现运输工具的多样化将成为新的思考点。

2. 智能化

随着大数据、物联网、5G等新技术的快速推广，"物联网+冷链物流"促进冷链物流运营升级。例如，冷链设施数字化改造，冷链货物、场站设施、冷藏车装备等要素数据化、信息化、可视化，可实现对到货检验、入库、出库、调拨、运输、移库移位、库存盘点等各作业环节数据的自动化采集与传输；应用自动立体货架、智能分拣、物流机器人、温度监控等设备，可打造自动化无人冷链仓。

3. 低碳化

在推进"碳达峰"与"碳中和"的大背景下，冷链物流的能耗与绿色环保问题成为必须考量的因素。对冷库、冷藏车等冷链装备设施开展节能改造将成为必然。老旧高能耗冷库和冷藏车逐步淘汰，新建冷库、冷藏车等设施也将要严格执行国家节能标准要求，新能源冷藏车更加符合绿色、节能、高效的趋势。

（作者：澳柯玛）

第三节 其他冷链相关技术应用分析

精创电气食品温控解决方案与冷库能源管理——让节能、新鲜看得见

（一）保证食品安全，冷链是关键

2023年，是我国"十四五"规划推进的中坚之年。冷链物流在战略机遇和风险挑战并存的大时代中，在《"十四五"冷链物流发展规划》的指导下，已经逐渐进入了成熟稳定的发展阶段。随着国家政策的引导和冷链市场的需求，各地的冷库、配送中心等冷链基础设施都在大力兴建中，无论是满足百姓日益增长的消费需求还是响应国家政策目标，冷链物流的建设都被赋予了跨越时代的意义。

尤其是随着城乡居民健康意识的不断增强，食品安全问题成了民生关注的热点话题。冷链物流承担了肉类、蔬菜、水果、水产品、乳品、速冻食品等产品以及医药、鲜花等高附加值产品的储存和运输环节，对易腐、短保质期以及高温度标准的产品来说，它扮演了极其重要的角色。

2020年9月，国家卫生健康委员会、国家市场监督管理总局联合发布了于2021年3月11日起正式实施的《食品安全国家标准 食品冷链物流卫生规范》（GB 31605—2020）。它包含了范围、术语和定义、基本要求、交接、运输配送、储存、人员和管理制度、追溯及召回、文件管理等方面的要求和管理准则，适用于各类食品出厂后到销售前需要温度控制的物流过程。

冷链物流是一个庞大的系统工程，要求全链条都具有高组织协调性，如果任一环节对温度的控制不够准确，都会给微生物制造繁殖的机会，所以其运作与能耗的成本往往比常温物流系统更高，系统搭建起来也更复杂。

冷库、冷藏车都是冷链物流的基础设施，在配备这些设施的基础上还需要搭配科学合理的管理体系，才能有效地提升食品库存的周转率，大幅降低食品物流体系出现大批次污染、腐损变质等保存不当事件的发生风险。

（二）绿色冷链箭在弦上，冷链企业亟须转型

冷库作为冷链物流的核心，具有结构复杂、技术性强、成本高、能耗高等特点。一般企业的冷藏资产占企业总资产的 80%~90%，能源消耗占企业总消耗的 75%~90%。

《国家发展改革委等部门关于统筹节能降碳和回收利用加快重点领域产品设备更新改造的指导意见》指出，目前我国在运制冷设备保有量约11.5亿台（套），在用制冷设备中，能效低于节能水平（能效 2 级）的比重超过50%，节能降碳更新改造潜力较大。《"十四五"冷链物流发展规划》也着重提到，要加速冷链物流绿色化发展进程，逐步淘汰老旧高能耗冷库和制冷设施设备。

"碳达峰"和"碳中和"是我国向世界做出的庄严承诺，绿色节能设施设备、技术工艺的研发和推广应用会成为未来发展的主要趋势。以往很多企业只关注冷库的制冷功能是否正常，在我国需要大修的冷库中，有30%是经营不善、使用方法不当造成的损坏，冷库的修缮会占用企业极大的一笔资金。未来，对新建冷库来说，选址、建筑布局、材料选用、内部的规划设计，以及压缩机、冷库门等制冷和物流设备的选用，都将以节能环保为前提进行考量。而对遗留问题久远、痛点鲜明的冷库改造来说，这注定是一场异常艰难且深刻的变革。

冷库的改造升级建设，不单单是企业转型升级的需求，更是我国冷链物流健康发展的驱动力。冷库的改造建设不仅能为企业合规经营创造必要的条件，还能满足企业对冷库的配套需求。专业的冷库改造，能够在市场需求的不断变化下，促进企业实现转型升级，帮助企业实现业务上的多元化，产生巨大的商业价值。对冷库作业效率、节能性、安全性等方面的改造，能够使冷库适应当前市场需求，提高企业竞争力，解决我国冷链企业的高耗能问题。

改造后的冷库能够在全生命周期的概念下实现节约成本、资源利用最大化。需要注意的是，冷库的改造要根据原先仓库的自身条件，不是所有的仓库都适合改造成冷库，主要类型有"干改冷""老旧冷库升级"以及"多温区改造"等形式。

所谓"干改冷"多数是针对厂房、车间或者干仓，要从建筑主体到设备设施进行全方位再设计，将其改造成符合企业客户温控需求的现代冷库。这类改造需要满足企业对干仓和冷库的双重需求，并且根据自身地理位置的现有条件，确定业务的运营方向。因为土地资源的稀缺，一些城配中心型冷库很难抢到贴近终端客户的地段来新建冷库，又或者无法在区域内找到容积和企业要求相符的冷库，这时将有改造条件的厂房、车间或者干仓改为冷库不失为上策。在"干改冷"的建造设计过程中，企业需要

根据国家相关规定对材料和制冷系统进行选择，也要科学、充分地考量温区的设置。比如，结合客观条件为普通干仓的外围配备必要的库墙、库顶和地面保温材料；再如，一些干仓顶部是弧形圆管网架式结构，荷载能力不能满足相关设备、顶部保温板的吊挂，需要注意改造的条件；还有就是对温湿度的要求，地面保温要着重做好防水、防潮与保温；在电力和消防方面，干仓和冷库的需求差别也较大，干仓往往只需要满足照明的电力需求，针对带不动冷库的设备设施，需要确定电力线缆的承载以及相应的消防需求，零度以下的环境要注意冷凝水的形成；在制冷工质方面，通常有氟利昂、氨、二氧化碳等多种工质，应尽可能跟随环保的大趋势。

从土建工程的角度看，"老旧冷库升级"存在很多棘手的难点。市场上早期兴建的大部分冷库，建筑结构不合理，多为平库，层高较低，技术较为落后，使用的物流装备技术以人工操作为主，如人工地面堆存等，技术环境并不理想，当初的建造标准也比较低。同时，设备也非常老旧，制冷系统落后，造成很多老旧冷库无法及时进行集中化有效管理，设备故障无法预测处理，维护成本大，不适用于现代冷链运作模式。要改造冷库，需要具备一定的基础条件，如建造结构、墙体荷载、可扩展面积等，如果老旧冷库的条件不具备改造的空间，只能通过一部分技术方面的改造升级，提高冷库的可用性、安全性、环保性以及节能水平。

"多温区"是指在一座冷库中设置多个不同温度的库间或库区，包括冷冻、冷藏、保鲜等，各个温区之间需要用保温隔热墙或者库板加以分隔，并分别安装多套库门，根据储存产品类型的需要，设计不同的运行温度，同时实现保鲜、冷藏和速冻的功能。多温区的温度要求分别为：保鲜库 $0 \sim 8℃$，冷藏库 $-20 \sim -15℃$，速冻库 $-35 \sim -25℃$。将高温库、冷藏库改造成低温冷冻库，会涉及地坪通风、保温、制冷系统的调整；将低温冷冻库改造成高温库、冷藏库，虽然无须调整保温和地坪通风系统，但是需要对制冷系统和消防系统进行调整。

毫无疑问，冷链物流的快速发展带动了冷库的需求，很多企业也在缺少从业经验、缺乏深入了解和调研、没有认清自身需求的情况下盲目加入了这一领域，导致新建或者改造的冷库回报周期长、不满足市场需求。而冷库一旦投入使用，就很难再对其进行改造，因为高价值的存量货物在倒库时会带来严重的货损。因此，初期的深入定位，确定详细的业务范围十分重要。

（三）精创冷云ECO²，高效运营节能降费

智慧化与智能化是未来冷链物流新的突破口，无论是冷库的长建设周期还是高运

行成本，技术的优势无疑能够弥补部分的缺口。实践证明，无论是龙头企业、民营企业还是以成本为导向的中小企业，在综合计算未来运营费用、土地费用、人工费用等成本后都更倾向于自动化、智能化的投入使用。

精创冷云的冷库节能产品是一套能够广泛应用于蔬菜、肉类、乳制品等食品的保鲜和冷冻的智能化解决方案。根据精创冷云的相关调查，90%的冷库机组运行时间不合理，无法与实际需要的冷能相匹配，大大增加了能耗，严重时带来了商品质量问题。在精创电气电控箱制冷工艺设计的基础上，冷云平台结合项目特点，运用专业知识，设计出完整优化的冷库节能自动控制方案。

优异的产品与雄厚的实力不可分割，精创冷云背后的江苏省精创电气股份有限公司（以下简称精创电气）成立于1996年，拥有多年的冷链物联网研发与配套经验，是国内领先的生命科学及食品冷链物联网供应商、国家级专精特新"小巨人"企业、国家级博士后科研工作站，致力于冷链设备控制、监测、联网以及云平台服务，年产700万台智能终端设备，配合精创冷云，致力于成为冷链物联网行业领导者。

精创电气拥有行业领先的冷链IoT研发创新中心，在美国、英国、巴西等国家设立分子公司，在60余个国家注册了Elitech商标，业务遍及全球120多个国家和地区，拥有国家级CNAS研发实验室，参与起草了《农产品产地冷链物流服务规范》等32项国家行业标准。

精创电气开发的精创冷云ECO^2云计算节能系统（见图5-11），依托智能硬件+大数据云平台，无须更改现有机组硬件，仅使用一台ECO^2节能电控箱，接入精创冷云平台即可实现节能。

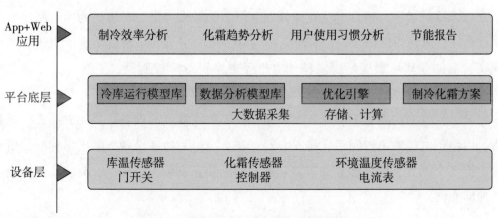

图5-11 精创冷云ECO^2云计算节能系统

根据合肥通用机电产品检测院（由国家质检总局和原机械部批准设立，国内最权威的国家压缩机制冷设备质量监督检验中心）的权威认证，精创冷云ECO^2云计算节能系统在节能模式下的相对节能率，高达24.39%。

精创冷云ECO^2云计算节能系统，帮助冷库企业在以下四个方面实现了改进与突破。

第一，冷库工作人员不再需要24小时值班，摆脱了人工巡逻效率低、覆盖面小、安全难以保证的局面，冷库机组的制冷情况、设备情况、仓库温湿度可通过电脑或手机实时获得。如有故障，可通过短信、电话、语音等多种方式，采用多层报警方式及时通知相关人员处理。

第二，该系统改变了人为无法根据环境、供电情况和货物情况动态调节温湿度的情况，减少了客户的运营负担。通过云计算，将最佳制冷工作方案输入物联网设备中，自动控制机组实现智能运行，高效节能，保证设备寿命，避免频繁启停。

第三，该系统突破了多个冷库无法形成集中管理，耗费大量人力、物力的困境，利用精创冷云，通过设备定位、组织管理和用户管理，充分利用用户、管理者和查看者的权限管理架构，将设备分配给相应用户，责任明确，监管到位，大大提高了管理效率，促进企业高速运营。

第四，该系统改变了传统模式下冷库距离远、设备故障排查困难的情况，利用精创冷云，维修人员可以通过专业数据图表定位，及时获得设备状态，提供专业高效的维修服务。

（四）精选案例

精创电气根据某大型连锁餐饮企业的需求，制定了"老店改造+新店集成"方案。一方面，针对老店，精创电气在部分现有门店的基础上进行升级，为所有制冷设施增加联网监测物联网记录仪，实现免布线4G通信，不足1小时就实现了快速联网可展现食品储存环境温度情况。精创电气还更换了冷库控制器，上线了云计算节能功能，短时间内完成了现有冷链设备的联网监控和节能功能，采用经济、快捷的方式完成了大范围切换，不影响营业秩序，也不用更换制冷设备。另一方面，针对新店，由精创电气输出控制系统集成方案，联合冷柜和冷库设备厂家出厂标配，所有制冷设备全部具备联网控制和节能功能，门店快速安装，避免二次改装，全国统一实现标准化。

经过改造的门店通过联网模式，在制冷设备超温时就可以察觉异常，在货损的萌芽阶段察觉风险，采用远程控制就可以排除风险，及时发现问题，减少货损风险。改造后，多个区域门店可共享运维团队，同时通过远程维保，大大降低了人工运维成本。

通过开通ECO^{2}节能模式，精创电气实现了全国的冷库能耗智能监测，并形成了非常直观的能耗分布地图，实时查看冷库每日/月/周/年的能耗分析，并根据大数据实时对冷库机组运行进行智能优化，减少非必要制冷，降低能耗，让数据中心的运营一目了然，直观减轻了企业的运营压力，快速实现了客户对节能、高效、安全、新鲜的需求。

（五）精创冷云：大数据＋AI打造智慧冷链

精创电气自主研发的冷云平台（见图5-12），服务于全球生命科学和食品冷链，涵盖了冷库、医药冰箱、冷藏车、冷藏箱等设施设备的全流程数据监测（监控），监控数据包含温度、湿度、光照、震动、轨迹等，总设备接入量达到130万台。

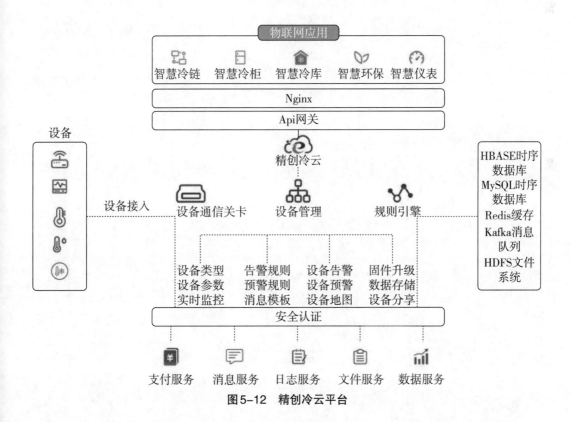

图5-12　精创冷云平台

1. 多点布控，实时监测

平台依托智能终端智能设备，可对冷库、冷藏车、冷藏箱、冷藏柜等进行多点多位置布控，对温度、湿度、设备状态、能耗等进行实时监测，实时查看数据的变化。

2. 智能预警，规避风险

平台实时记录设备运营数据情况，具有短信、微信、手机 App、邮件等多种预警方式，可进行多级预警设置，规避监控风险，做到对冷链安全的无缝监管。

3. 数据分析，BI 可视化

平台通过边缘计算层，利用各种通信手段对监控设备的数据进行采集、计算，提供设备的温度、湿度等数据变化及曲线分析，设备能耗分析、设备故障分析等，并实现BI大屏可视化监管，数据情况一览无余。

精创冷云通过物联网、云计算、大数据分析、智能温控等技术，立足于冷链安全监测行业，构建全球冷链安全云服务共享平台，为客户提供安全、可靠、合规、高质量的冷链安全云服务以及完整的云端应用一站式解决方案，助力行业实现健康良性的发展。

（作者：精创电气）

第六章 2022年区域冷链物流发展专题

第一节 国家骨干冷链物流基地建设情况

一、头部企业注重补链、延链、强链，助力国家骨干冷链物流基地"织网"

（一）政策环境

2020年，国家布局建设首批17个国家骨干冷链物流基地。2021年12月，国务院办公厅印发《"十四五"冷链物流发展规划》，提出了布局建设100个左右国家骨干冷链物流基地。2021年12月，国家发展改革委印发《国家骨干冷链物流基地建设实施方案》，对"十四五"时期国家骨干冷链物流基地布局建设作出系统安排，基本建成以国家骨干冷链物流基地为核心、产销冷链集配中心和两端冷链物流设施为支撑的三级冷链物流节点设施网络。

冷链是一个辐射面广、带动力强、发展持久的产业。发展冷链物流是保障人民群众食品安全、畅通城乡产品双向流通、全面推动乡村振兴和共同富裕的关键举措。国家骨干冷链物流基地是我国国家冷链物流体系建设的重大冷链物流基础设施，是国家骨干冷链物流设施网上的重要节点。截至2023年6月，相关部门确定三批次、共66个国家骨干冷链物流基地，其建设成果对解决行业痛点难点、促进产业发展，以及满足人民的美好生活需求都发挥着重要作用。

作为产业主体，冷链企业尤其是头部企业积极融入国家产业发展大布局，以多种方式参与国家骨干冷链物流基地的建设与运营，主动补链、强链，将加快基地建设进程，支撑基地承载城市深度融入"通道+枢纽+网络"的现代物流运营体系，全面提升国家冷链物流发展水平。

2020年，针对疫情时代下国际贸易壁垒和食品安全的双重挑战，香港玉湖集团制定"玉湖冷链大中华区战略"，在香港设立了玉湖冷链大中华区总部——玉湖冷链（中国）有限公司（以下简称玉湖冷链），开始在国内分步建设国际冷链食品交易中心实体网络。

在国家大力发展现代冷链体系布局与各方合力推动的背景下，玉湖冷链规划在我国核心城市建设10大基地，在主要节点城市建设30个二级枢纽，实现"10+30+N"多级流通冷链网络布局。

打造线下流通标准，赋能线上数智贸易。玉湖冷链在线下打造冻品标准交易与流通体系，在线上建设交易平台联通境内外食品供应链网络，促进进出口贸易质与量的双提升，并提高生产流通效能。玉湖冷链产业集群是基于全球冷链交易的综合服务模式打造的集交易、加工、仓储、物流于一体的综合服务园区。

目前，玉湖冷链在广州、成都、眉山、武汉的四个项目均已开工建设，揭阳项目已完成土地摘牌，五个项目分别被列为广东、四川、湖北三省的省重点项目。

（二）实施途径

头部企业可根据自身发展战略，以国家骨干冷链物流基地的建设运营为契机，"造"船出海、借势扬帆，发挥自身的特长与优势。

玉湖冷链从自身实践出发，提出以下3个实施途径。

1. 发挥跨国华资企业优势，构建境外品质食材供应链

香港玉湖集团是具有全球影响力的跨国华资企业，经过多年的稳步发展，拥有优质的海外资源、先进的食材供应链运营管理经验与供应合作联盟。

香港玉湖集团具备信息优势、人才优势、资金优势、科技优势，已在国际食材供应链深度布局，可有效实现全球代采，为大中华区食品供给安全提供高效保障。香港玉湖集团总部设在香港，立足香港这一"双循环"的重要支点，充分发挥粤港澳大湾区的区位优势，不仅有力支撑了玉湖冷链的"织网"，更有力助推了国家骨干冷链物流基地的"织网"。

作为香港玉湖集团旗下冷链食品供应链企业，玉湖冷链积极向产业链上游延伸，解决国际食品供给最为艰难的"进口一公里"环节的问题，与全球食品贸易领袖级企业、重量级贸易商、品牌生产商、优质出口商共建环球原产地贸易体系。

该贸易体系以境内外循环贯通为特点，涵盖源头供应、国际贸易、冷链物流、交易赋能、体验增值等内容，打破冷链食品国际贸易中的诸多难点，实现国际市场与国内市场的双向联通。

2. 冷链企业积极融入国家骨干冷链物流基地建设

倡导鼓励冷链企业通过多种方式参与国家骨干冷链物流基地及国家其他流通枢纽

的建设。玉湖冷链以重资产模式，首批在广州、成都、武汉三地（第二批在眉州）以国际标准打造全球冷链食品一级交易中心，建设集仓储、交易、平台、金融于一体的冷链园区产业集群，同时以产业集群为载体，引入国际一流的冷链技术及供应链服务，赋能产业上下游。这是国家《"十四五"冷链物流发展规划》和国家骨干冷链物流基地建设实施的生动案例。

玉湖冷链四大交易中心如图6-1所示。

图6-1　玉湖冷链四大交易中心

广州是香港玉湖集团打造玉湖冷链大中华区战略的首站，是玉湖冷链的旗舰项目。凭借独特的区位优势、产业基础以及消费能力，广州在国家冷链行业及食材行业中有着非常重要的地位。2022年11月，国家发展改革委发布2022年国家物流枢纽建设名单，广州空港型国家物流枢纽获批。玉湖冷链（广州）交易中心项目是广州空港型国家物流枢纽的重要成员之一，将强化境内外枢纽间的协同，增强全球高端资源要素聚集辐射能力。

四川是冷链食材生产和消费大省，也是玉湖冷链大中华区战略中的重点区域。成都已经获批国家骨干冷链物流基地，玉湖冷链（成都）交易中心是其中的重要组成部分。玉湖冷链（成都）交易中心被定位为"玉湖环球食品供应链中国西部基地"，规划打造全球冷链产品一级市场。项目依托青白江区位优势和交通优势，借助铁路港强化西部与沿海传统口岸的供应链，推动内外贸一体化，形成产业集聚效应，为青白江及成都相关产业建链、强链深度赋能，共建冷链生态圈。

武汉已经入选国家骨干冷链物流基地。在华中区域，玉湖冷链首站选择布局在武汉。玉湖冷链（武汉）交易中心将发挥玉湖集团在跨国食材贸易中的链主优势，带动大批贸易领袖企业入驻武汉，充分发挥及深化武汉"五型"国家物流枢纽、"国家商贸物流中心"的战略优势，将海外优质进口食品引入华中地区乃至全国，助力武汉成为食品进口贸易主桥梁。

玉湖冷链正在积极拓展一级交易中心布局，选址的重要原则之一就是围绕国家骨干冷链物流基地展开，持续发挥补链、延链、强链作用。

3. 响应国家"四横四纵"规划，积极拓展布局新节点

在积极参与国家骨干冷链物流基地建设的同时，玉湖冷链选取符合国家"四横四纵"总体规划的、具有区域辐射能力和产业特色的城市打造枢纽节点。玉湖冷链眉山项目和揭阳项目，与其他一级基地形成业务联动与互补，构成"一级基地+二级枢纽"的布局。

玉湖冷链（眉山）交易中心，规划打造成中国西部一级水果交易园区，获评四川省重点项目及四川省大型区域商品分拨配送中心试点项目。玉湖冷链（揭阳）交易中心，是玉湖冷链在粤东地区的旗舰项目，是继广州之后在粤港澳大湾区的又一重要布局，获列广东省重点项目。

（三）业态创新

1. 建设国际高标冷库集群

玉湖冷链在广州、成都、眉山、武汉、揭阳等地建设国际高标冷链仓储设施，应用数智化设备，支持全品类、大规模冷链产品储运，实现全温区覆盖，全程温控不断链；特设超低温冷库，满足高价值特殊品类冷链食材储存交易需求；可进一步扩充服务品类，提升效率质量，兼容线上线下多种交易履约模式。

玉湖冷链的国际高标冷库如图6-2所示。

图6-2　玉湖冷链的国际高标冷库

2. 推动行业标准化发展

全国统一大市场制度规则，将进一步推动涵盖供应链全流程的冷链标准建立。行业管理机构与协会带头引领，协同头部企业，共同推动冷库管理标准、冷链车准入标准、冷链数字化标准等各项标准建立，与国际接轨，打破关键堵点，促进商品要素在更大范围畅通流动。

玉湖冷链在中物联冷链委的指导下，利用跨国企业经验与优势，深度参与行业国际国内标准建设。

3. 物贸一体化新模式

在境内外"双循环"背景下，冷链食品贸易流通中存在的"卡点"与"难点"问题日益突出，业务链条较长，操作主体多，供应链参与主体间相关操作环节较多，业务交互频繁。

以冷链物流为基础，实现物贸一体化，推动商流、物流、资金流、信息流高效流动，构建冷链食品物流贸易服务体系，实现生产要素跨区域的高效流通。针对贸易过程代采、清关、运输、加工、配送等环节的个性需求，玉湖冷链提供一站式综合供应链解决方案，通过专业化和规模化运营帮助客户降低整体成本，支持全场景、全渠道、全周期的环球品质食材贸易。

玉湖冷链以国际冷链产业集群作为线下场景，发挥自身全球供应链整合能力，依托优质、稳定的海外源头贸易商、供应链联盟，实现物流贸易的一体化运营。

4. 由园区运营向平台化运营转变

玉湖冷链通过串联线下多个实体冷链园区，打造线上线下互联互通的产业服务平台，通过平台化运营使供应链上下游实现资源共享与协同，提升资源整合效率和区域内、区域间企业的整体运营效率。

玉湖冷链以"冷链+市场+平台+金融"模式，打造冷链食品供应链服务平台（见图6-3），依托自有的国际高标数智化冷链园区产业集群，提供一站式国内外代采、仓干配物流解决方案、全链路创新金融支持、高品质办公生活服务，为产业上下游从业者提供一站式、高标准的冷链供应链服务，以平台级能力推动行业内涵式发展。

图6-3　冷链食品供应链服务平台

5. 数字化与智能化水平进一步提升

冷链食品贸易与流通涵盖贸易、报关、仓储、交易、加工、配送等环节，业务差异人、流程多、复杂度高，对供应链管理的挑战巨大。不断提升数智化水平是实现行业高质量发展的重要路径。

玉湖冷链通过发力"产业新基建"，打造冷链食品智慧园区、数字化仓干配一体方案、智慧供应链系统（OTWB）、在线交易系统、创新供应链金融等系统，并集成打通，构筑真实、实时数据驱动的跨境冷链贸易与供应链服务集成赋能体系，培育协同共赢的云生态。

6. 建设绿色园区范例，助力落实"双碳"目标

在国家"双碳"政策大背景下，冷链园区成为落实"双碳"目标的重要主体。冷链物流园区的绿色低碳节能实践，核心在于价值链重塑，将节能理念融入建设和运营管理过程，建设绿色建筑，打造绿色运输、绿色仓储、绿色包装的绿色冷链物流，强化全方位能源节减复用意识，打造和谐绿色的高新技术园区。

目前，玉湖冷链在广州、成都、武汉三地的项目获评国家最高级别一级（三星）绿色仓库认证，以安全耐久、健康舒适、资源节约、环境宜居为目标，致力于成为国内高标领先的绿色高新技术示范型园区。

7. "仓储 + 交易 + 会展 + 体验"的创新业态

玉湖冷链交易中心是集冻品大宗交易与美食目的地、文旅观光、展销交易多功能于一体的新型园区，业态丰富多彩，同时满足多样化的消费需求。项目依托自身极优越的地理位置，将助力地方特色食材进入全球交易链条，有力推动本土产业向高端化、国际化的方向发展。

（作者：玉湖冷链）

二、浅析国家骨干冷链物流基地发展现状及趋势

（一）冷链物流迎来政策红利

2021年，国家发展改革委发布《城乡冷链和国家物流枢纽建设中央预算内投资专项管理办法》，针对冷链物流设施项目，指出重点支持服务于肉类屠宰加工及流通的冷链物流设施项目（不含屠宰加工线等生产设施），支持公共冷库新建、改扩建、智能化改造及相关配套设施项目。

2021年年底，国务院办公厅正式发布《"十四五"冷链物流发展规划》，紧密围绕冷链物流体系、产地冷链物流、冷链运输、销地冷链物流、冷链物流服务、冷链物流创新、冷链物流支撑及冷链物流监管体系等方面，对冷链物流的全流程、全环节、全场景提出了更高的发展要求，对"十四五"时期冷链物流高质量发展、健全现代冷链物流体系等具有重要的指导意义，冷链产业已经成为健全城乡双向流通体系、推动乡村振兴和共同富裕的重要抓手。

2022年，《中共中央 国务院关于做好2022年全面推进乡村振兴重点工作的意见》发布，提出推动冷链物流服务网络向农村延伸，整县推进农产品产地仓储保鲜冷链物

流设施建设，促进合作联营、成网配套；支持供销合作社开展县域流通服务网络建设提升行动，建设县域集采、集配中心等。

通过这些政策也可以看出，农产品是冷链物流绕不开的关键词，"大力发展农产品冷链物流"的字眼也多次在中央一号文件中现身。冷链物流与"三农"问题关系密切，充分发挥冷链物流的作用不仅可以提高农产品的议价能力，缩短农产品的环节，还能增加农民的收入，有利于促进现代农业的高效发展。

然而与普货相比，冷链物流一直以来都具备重资产、高投入、回报周期长的特点，近年来成本的增长与利润空间的下降，让从业者们更加关注降本增效。

（二）国家骨干冷链物流基地的意义

《"十四五"冷链物流发展规划》明确提出，到2025年我国将布局建设100个左右国家骨干冷链物流基地，基本建成以国家骨干冷链物流基地为核心、产销冷链集配中心和两端冷链物流设施为支撑的三级冷链物流节点设施网络，带动提升冷链物流规模化、集约化、组织化、网络化运行水平，推动农产品产运销一体化运作、全程"不断链"水平明显提高，有效发挥冷链物流在支撑农产品规模化生产、调节跨季节供需、减少流通环节损耗浪费、平抑市场价格波动、扩大优质供给等方面的重要作用。

实际上，建设国家骨干冷链物流基地并非被首次提及，早在2020年，中央一号文件《中共中央 国务院关于抓好"三农"领域重点工作 确保如期实现全面小康的意见》就明确提出"加强农产品冷链物流统筹规划、分级布局和标准制定。安排中央预算内投资，支持建设一批骨干冷链物流基地。"

国家骨干冷链物流基地面向高附加值生鲜农产品优势产区和集散地，依托存量冷链物流基地设施群建设的重大冷链物流基础设施，承担产业引领、产地服务、城市服务、中转集散、口岸贸易等功能。

以宜昌市国家骨干冷链物流基地为例，该基地于2022年正式被纳入国家物流枢纽建设名单，由功能互补的宜昌三峡物流园冷链物流功能区和湖北三峡银岭冷链物流园共同承载，两个片区距离约10公里，总面积1468亩，其中，宜昌三峡物流园片区872亩，湖北三峡银岭冷链物流园片区596亩。湖北三峡银岭冷链物流园片区由湖北三峡银岭冷链物流股份有限公司（以下简称"银岭冷链"）投资建设并运营管理。

银岭冷链建设运营的湖北三峡银岭冷链物流园（以下简称银岭冷链物流园）是三峡地区规模较大的一家专业性冷链物流园区，2018—2022年连续五年被认定为湖北省电子商务示范基地。银岭冷链2019年被认定为湖北省首家三星级冷链物流企业（综合型），同年也被评为湖北省返乡创业示范园，2020年被认定为国家级高新技术企业（系湖北省物流类首家高新技术企业），2021年升级为全国4A级物流企业，2022年升级为四星级冷链物流企业（综合型），2023年升级为五星级冷链物流企业（综合型）。2021—2022年连续两年被评为中国冷链物流百强企业。同时，也是湖北省重点物流企业、中国物流与采购联合会冷链物流专业委员会理事单位。

银岭冷链物流园（见图6-4和图6-5）作为宜昌市国家骨干冷链物流基地的重要承载区，在冷链物流基础设施建设、冷链物流技术装备应用和冷链物流业务运营方面特色鲜明。一是在冷链物流基础设施建设方面，银岭冷链物流园建有宜昌市万吨级冷库，能够满足大规模生鲜农产品和冷冻食品的储存需求。二是在冷链物流基础设施装备方面，银岭冷链控股股东珠海银岭冷链投资股份有限公司具备冷链物流设施装备制造能力，银岭冷链物流园冷库制冷设备和移动冷库均由控股股东生产制造，银岭冷链物流园也是控股股东延伸产业链的重要举措。三是在冷链物流业务运营方面，银岭冷链物流园承担了国储肉储存等保供业务，也是宜昌市重要的脐橙等生鲜农产品预冷初加工中心，依托移动冷库开展面向全市的生鲜食品配送，反向将生鲜农产品通过银岭冷链物流园初加工后面向全国进行配送。目前，银岭冷链物流园模式已在黄冈等地进行复制。

银岭冷链物流园片区累计投资达5亿元，建成了冷链仓储配送、冷链流通加工等功能区，低温冷链库容超过50万立方米。银岭冷链物流园被纳入国家骨干冷链物流基地建设名单后重点推进物流园二期建设，包括多个子项目建设。

一是多温区仓储建设项目，采取管理和技术服务入股的方式，以银岭冷链物流园区为中心，加速构建覆盖宜昌、黄冈、荆州、恩施、襄阳等地的湖北省三级冷链仓储物流体系，同步推进宜昌宗保区保税冷链仓、宜昌供销银岭惠农产业园、翠林国家现代柑桔产业园、黄冈冷链分中心、罗田大别山智慧物流园区等7个冷链分中心（前置仓、产地仓、中转仓）和冷运驿站项目，以对接银岭冷链物流园片区，形成辐射区域的物流基础设施网络，同时还将持续申请中央储备库，开展粮食、肉类等生活必需品的收储，增加应急保障物资储备。

二是生鲜冷链展示交易项目，形成集农产品展示、交易于一体的大型农产品集散中心，并不断完善农产品交易结算体系、农产品期货交易平台。

三是肉禽类加工及冷链配送项目，形成屠宰企业—冷链运输—速冻—低温储存—解冻—分割—加工—包装—低温储存—销售—冷链配送—餐桌的完整供应链。

四是城市集配中心建设项目，与顺丰冷运形成合作，增加冷链运输力量，组建冷链运输公司，形成以宜昌为中心，辐射鄂西渝东的冷链运输专线。

　　五是三峡银岭冷链供应链云平台建设项目，建设线上线下一体化的冷链流通大数据中心、线上交易平台、订单管理系统、冷链仓储管理系统、运输管理系统、商品溯源管理系统、大数据中心系统、智慧园区系统、冷链设备智慧运维节能系统，实现冷链商品流通各环节的数据管理与智慧运营，加速智慧化园区建设进程。

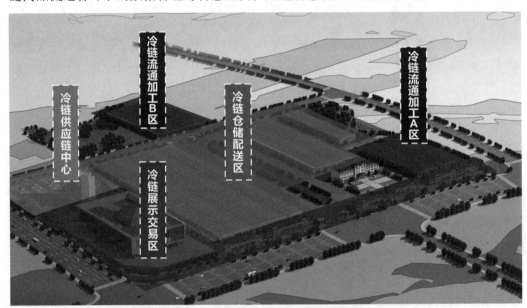

图6-4　三峡银岭冷链物流产业园鸟瞰图

图6-5　三峡银岭冷链物流园

在政策和市场需求的拉动下，国家骨干冷链物流基地对农产品等商品的生产、流通发挥着重要的作用，但在发展迅速的同时，在规划建设、运营管理等方面也存在一些困难和挑战，需要予以足够的重视。

冷链物流规模的与日俱增吸引了很多原本没有专业经验的企业纷纷踏足，然而冷链项目投资大、专业性强，在规划建设、实际运营过程中经常要受到多种因素的影响与干扰。国家骨干冷链物流基地背后都有政府主导投资、基地所在的政府部门也会大力扶持，相比之下，中小企业面临着很大的挑战。冷链物流项目相对于普通物流项目，成本要高出40%~60%，冷库的管理和运营也更趋于精细化，要想实现盈利，需要维持较高的出租率和出租价格。有很多地方冷库已经严重过剩，但仍然还在投资建设，还有一些新建冷库运营管理能力无法匹配，造成资源闲置。

冷链物流园需要在建设前就进行合理规划，借助专业团队的力量做好冷链物流园的战略定位，根据自身条件和市场需求等因素确定主营业务，确定项目选址、运营模式、规模大小等，并且在运营管理方面围绕客户创新和探索配套的服务模式。相关投资建设者和运营管理者需要对我国冷链物流行业的基本形态、主要类型以及未来的发展趋势有更加深入的认识，通过专业的角度去构建自己独特的企业价值，避免产生同质化服务严重的现象。然而，很多投资方对这些内容都缺乏深入了解，只希望能享受到行业的短期红利，不仅建造模式和定位与实际需求差别较大，在实际运营中也难以达到预期。

除此之外，一些冷链物流园有投机的行为，在享受到冷链相关的优惠政策后改变规划方向和设计方案，以商业建筑或住宅为主，减少冷库的比例，或者等土地升值后转出，获取高额利润。冷链物流园在投资建设之前一定要进行谨慎考量和理性分析。

（三）国家骨干冷链物流基地未来趋势

1. 完善两个"一公里"

"最先"和"最后"两个"一公里"离民生和消费者最近，对冷链的高质量发展有着十分重要的积极意义。《"十四五"冷链物流发展规划》提出要加快建设产销冷链集配中心，尤其要加快补齐"最先一公里"冷链物流短板，优化产地冷藏保鲜设施建设，建立产地冷链物流服务体系等，其中包括建设一批产地冷链集配中心，推广"移动冷库+集配中心（物流园区）"等新模式，提高产地冷链设施利用效率和农产品产后商品化处理水平。

未来几年在"最先一公里"，国家骨干冷链物流基地会推广保鲜预冷、低温分拣等设备设施的应用，并在试点尝试智能化、标准化的创新试验，如配合移动式冷库的技术需要，在产地建设充电桩，引进融资租赁，推动移动式冷库的共享租赁模式等；而在"最后一公里"，也会针对冷链产品的时效性、食品安全性等高需求，在城市建设一批销地冷链集配中心，集成整合流通加工、区域分拨、城市配送等功能，密切与存量冷链设施业务联系，引导存量冷链设施资源集中，优化城市冷链设施布局。

2. 多元化与灵活性

随着生鲜电商、社区团购新零售等模式的不断衍生，订单呈现出越来越碎片化的趋势。居民购买生鲜产品不再拘泥于线下渠道，通过手机下单后配送到家或者自提的便利性吸引着越来越多的人，也给冷链物流带来了不小的挑战。订单拣选效率、配送时效及加工、打包等标准的提升，逼迫冷链在冷库布局、出入库方面都要不断改进与创新。同时，在储存、运输等基础功能之外，也要考虑与电子商务的融合发展，推动"生鲜电商+冷链宅配""中央厨房+食材冷链配送"等多重物流模式。

如针对餐饮，"生鲜基地+中央厨房+冷链共配"的新兴业态，将推进食材采购、流通加工、仓储运输、预制品配送等环节标准化运作，满足当今连锁餐厅、快餐厅等供应需要。再如针对配送，"线上预订+全程冷链集约化配送+社区冷柜自提"的无接触配送模式，可以解决生鲜行业冷链环节"最后一公里"冷藏难的问题。

3. 平台化

随着市场需求越来越个性化、多元化，冷链物流基地需要承载的功能也越来越多，用开放共生的理念和思维建立起的平台化模式所能带来的商业价值在当下得以凸显。它可以通过信息技术赋能，实现冷链物流"一盘棋"，让处于供应链上的不同企业实现资源共享与协同，提高区域内所有企业的整体运营效率。比如，充分发挥物流交易、电子结算、仓单质押、融资担保等服务功能，为用户企业提供综合配套服务；整合市场供需信息，提供冷链车货匹配、仓货匹配等信息撮合服务，提高物流资源配置效率；打通数据之间的互联共享，最大范围实现各方的物流需求对接，提高行业的整体效率。此外，平台化因具备可以将产品信息集中处理的功能而方便追踪溯源，为相关监管机构和政府部门对食品安全进行监管提供了便利条件，为加强食品安全监管体系建设发挥了社会功能。

4. 智能化与数字化

随着大数据、物联网、5G等新技术快速推广，国家骨干冷链物流基地也将加快设施装备数字化转型和智慧化升级的步伐。《"十四五"冷链物流发展规划》提到，未来将推进冷链设施数字化改造，推动冷链货物、场站设施、载运装备等要素数据化、信息化、可视化，实现对到货检验、入库、出库、调拨、移库移位、库存盘点等各作业环节数据的自动化采集与传输。同时，推动冷链基础设施智慧化升级，围绕国家骨干冷链物流基地、产销冷链集配中心等建设，加快停车、调度、装卸、保鲜催熟、质量管控等设施设备智慧化改造升级。同时，鼓励企业加快传统冷库等设施智慧化改造升级，推广自动立体货架、智能分拣、物流机器人、温度监控等设备应用，打造自动化无人冷链仓。推动冷库"上云用数赋智"，加强冷链智慧仓储管理、运输调度管理等信息系统开发应用，优化冷链运输配送路径，提高冷库、冷藏车利用效率。推动自动消杀、蓄冷周转箱、末端冷链无人配送装备等研发应用。

因此，国家骨干冷链物流基地在建设时，都极度重视数字化、信息化等新技术的应用，并将其融入整体规划。无论是出入库、分拣、配送还是温度的控制与检测、产品的溯源，新技术都为大规模流程化作业提供了便捷规范操作的可能性，也有望克服农产品冷链物流一直以来信息化建设程度低的痛点。当企业不断加强自身信息化建设，不仅实现了高效率、低成本的精准营销和场景变现，也让企业在合作互利的基础上交换资源，完成精准布局，在冷链物流领域实现各个环节的无缝对接，减少了诸多不必要的环节，也让企业有更强大的能力应对突发状况，减少企业运营风险，提高企业的运作效率和盈利水平。

5. 人才的培养

冷链物流的发展离不开专业的运营管理，但我国冷链物流起步晚，发展落后，更注重自身在市场上的表现，因此专业人才的缺乏一直以来都是冷链物流的痛点之一。相关数据显示，每年从全日制物流专业毕业的学生大约有20万人，行业人才缺口却高达130万人。在高校的教育体系中，冷链物流尚未形成一个专业，与其相关的知识被包含在了物流管理工程类专业之中（物流管理工程类下设了四个专业，分别是物流管理专业、物流工程专业、采购管理专业和供应链管理专业）。冷链是一个涉及细分领域极其分散、体系庞大、内容繁杂的综合性交叉学科，很难归纳成某一个或几个专业的课程。根据企业用人需求来培养对应的专业性人才或许能有效解决当下专业人才短缺的问题。

《"十四五"冷链物流发展规划》关于冷链人才培养也给出了指导性建议。

一是完善专业人才培养体系。支持有条件的普通本科院校和职业院校开设冷链物流相关专业或课程，重点培养冷链产品供应链管理、冷链物流系统规划、冷链物流技术和企业运营等方面的专业人才。鼓励高等院校深入对接行业需求，以应用为导向发展冷链物流继续教育。完善"政产学研用"结合的多层次冷链物流人才培养体系。开展多层次、宽领域国际交流合作，培养具有全球视野和国际供应链运作经验的高层次冷链物流人才。

二是健全专业技能培养培训模式。鼓励职业院校加强与冷链物流相关企业、行业协会合作，通过实训基地、订单班、新型学徒制培养、顶岗实习及建立产业学院等方式，强化冷链物流人才实践能力及创新创业能力培养。鼓励高等院校、行业协会分级分类开设冷链物流培训课程，促进从业人员的知识更新与技能提升。

一个行业的发展，离不开人才、信息、技术、资源的支撑，人才素质的高低作为核心因素，又与其他因素有着密切的关联。可以预见，未来的国家骨干冷链物流基地在运营管理方面需要更多高素质人才，对于信息化、智能化建设人才的引入和建设，需要基地企业及时制订相关计划，实现中国人才与中国技术、中国制造在国际市场齐头并进。

6. 实现绿色低碳发展

随着"双碳"目标的提出，各行各业都在积极落实国家绿色低碳发展要求。冷链物流作为物流业的一个主要分支，也是实现"双碳"目标的重点领域。冷链企业一直是耗能大户，在推进"碳达峰"与"碳中和"目标的大背景下，国家骨干冷链物流基地的能耗与绿色环保必须得到重视。

《"十四五"冷链物流发展规划》中明确，更加注重技术装备研发攻关，更加注重设施设备效能提升，更加注重发展制度环境保障。对在用冷库及低温加工装备设施开展节能改造将成为必然，老旧高能耗冷库和制冷设施设备逐步被淘汰，新建冷库等设施也将要严格执行国家节能标准要求，绿色低碳高效制冷剂和保温耗材将得到鼓励与支持。此外，在屋顶安装光伏太阳能电池板，建设分布式光伏电站，以及园区绿化、雨水回收等方面也将成为未来冷链物流园的常规标配。

冷链物流的低碳发展，不仅承担起了减碳的重要社会责任，也会在低碳发展的过程中催生一批具有新技术、新业态和新模式的企业，为行业的可持续发展不断蓄力。

总体而言，国家骨干冷链物流基地在政府的引导和政策的支持之下，将不断加快建设的步伐，进一步完善相关配套设施的搭建，用全新的技术手段解决冷链物流基础设施一直以来存在的顽疾，建立起更加高效的冷链物流运作体系，促进相关产业实现更加健康良性的发展。

（作者：银岭冷链）

三、郑州国家骨干冷链物流基地发展建设情况

（一）推动建设相关工作情况

郑州国家骨干冷链物流基地核心建设单位为万邦集团，基地集中连片，主要位于郑州市万邦国际农产品物流城内。物流城总规划占地面积5000余亩，建筑面积300多万平方米，现已累计完成投资120亿元，运营面积4000亩，拥有固定经营商户7000家。该基地先后荣获全国供应链创新与应用示范企业、全国农产品"综合十强市场"第一名、国家级"星创天地"、全国性疫情防控重点保障企业等荣誉称号。

其中，郑州国家骨干冷链物流基地于2020年被纳入重点建设名单，总占地面积1019亩，总投资23.5亿元，其中，于2020年获得中央财政资金支持747万元。基地以果、蔬、肉等农产品交易、冷链仓储、冷链配送为主要业务，蔬菜、果品、水产冻品等冷链产品年交易量1000多万吨。

基地内冷链物流相关设施占地面积686.54亩，拥有70万吨低温冷库、10万吨冷藏保鲜库以及商户自建微型冷库群和公共配送区。其中，冷库总库容达200万立方米，现已全部建设完成并投入运营。新建的40万吨公共冷库区采用先进的复叠制冷方式，安全性高、环保无污染、综合节能效果好。

（二）建设发展主要做法与成效

1.打造物流产业集群，完善网络体系，促进产销衔接

（1）积极打造冷链物流产业集群，带动农户增收，带动二、三产业发展。万邦集团通过建设现代化、规模化、一站式的万邦国际农产品物流城，打造农副产品流通、冷链仓储、集散、配送中心，形成"市场+商户+农户"产销联结模式，带动了省内外农业生产基地1000万亩，农户400万户，在全国"南菜北运""西果东输""北粮南调"流通体系中发挥着枢纽集散作用。同时，直接带动市场内分拣包装、物流配送、餐饮酒店等从业人员10多万人，年产值50多亿元，真正做到"创业万人帮，产业帮万人"。

（2）以郑州为中心，积极布局全省农产品流通网络体系。为满足消费需求，促进农产品物流业转型升级、高质量发展，万邦集团积极构建全省农产品现代流通网络，打造以郑州国家骨干冷链物流基地为中心、省内区域物流节点城市为支撑、县域城乡分拨配送网络为基础的"一中心、多节点、全覆盖"体系。在省内各地市标准化冷链物流园区建设方面，集团已累计投资150亿元，实现濮阳、鹤壁、驻马店、焦作4地项

目开业运营，商丘、漯河、洛阳、南阳等项目即将建成开业。万邦集团的省内项目全部运营后，将进一步打通生产和消费两端，实现从农产品产地到市民餐桌、从初加工到客户体验的全产业链冷链物流发展模式。

（3）积极参加农产品产销对接活动。基地每年组织优质、骨干商户加强产销对接，仅大型产销活动，年均参加15场次以上，在全国、全球范围内遴选优质农副产品。同时，通过引导市场商户到重点贫困县、脱贫县，如南阳淅川、甘肃礼县等开展产销对接系列活动，帮助滞销产品拓宽销售渠道；积极举办新疆干果、广西蜜柚等专题展销推介活动，逐步形成重点产品常态化产销衔接机制，扩大了当地农产品销路，大幅增加了贫困地区、偏远地区农民的收入，也让市民消费到了特色、地道、多样化的农产品。

2. 通过技术引领，加快基地数字化发展步伐

（1）建设农产品综合信息发布平台。基地依托万邦物流城官网，打造农产品综合信息发布平台，面向采购商、销售商、农户、政府部门等全社会公开，提供每日价格信息、周/月/年度价格分析报告、历年价格曲线图等免费数据，并汇集农产品物流、供需、招商、行业政策等信息，为农业生产种植、流通、政府调控等提供参考依据，提高供应链透明度与可控性。

（2）自主研发万邦智慧园区管理平台。基地通过采用物联网、5G与人工智能技术，全面改造提升农批市场信息化体系，打造集交易、支付、仓储、物业、结算、物流等应用场景于一体的综合性服务平台。目前，万邦智慧园区系统已在果蔬等市场上线运营，主要对市场车辆出入、一卡通快捷支付、智慧园区App、铺位管理、无人值守地磅、质检追溯等业务场景进行开发和优化，提升了车辆进出场的速度，提高了采购商交易效率，促进了食品安全追溯体系完善。

（3）打造万邦统仓统配物流服务平台。平台主要建设农产品统一仓储、配送服务平台，依托万邦集团资源聚集、供需对接、质量管控等优势条件，面向餐饮、院校、企事业团体客户，提供农副产品集采集配、冷链仓储、加工、分货、分拣、配送一站式服务。平台于2020年开始投入运营，目前月均交易额500多万元，并保持快速增长。同时，为基地内市场商户提供高效的分拣包装、云仓配送等业务，满足消费者日益增长的多样化需求，构建产业供应链发展新生态。

3. 布局全球供应链，促进国内外市场融合发展

（1）扩大进出口贸易。为满足国内消费需求，万邦市场与全球40多个国家和地区开展优质农产品贸易业务，主要包括果品、海鲜、冻品、粮油四大类，年交易额200多亿元，已形成安全稳定的供应链条。

（2）投资建设境外农业园区。基地紧跟国家"一带一路"倡议，2018年，联合洛阳市政府、一拖集团等，共同建设乌兹别克斯坦布哈拉100平方公里农业自由经济区项目，包括农业种植（养殖）、产品加工、仓储物流、分拨中心等内容，目前一期项目正在建设中。开创了乌兹别克斯坦绿豆通过中亚班列进入中国的模式，目前已累计开行班列约200列次，实现全球资源优势互补。

4. 多措并举，提升基地绿色低碳发展水平

（1）光伏发电工程建设。基地利用万邦市场内闲置的交易区棚顶和屋顶资源，建设60MW分布式光伏电站，建设面积达60多万平方米，每年发电量能达6300万度。

（2）节能环保型冷库建设。为促进节能降耗，万邦集团新建40万吨冷库，采用更先进、更环保的NH_3/CO_2复叠制冷方式，安全性高、环保无污染、综合节能效果好。

（3）新能源充电桩项目建设。基地在万邦停车场、市场闲置区域等开展3处充电桩项目建设，为新能源冷链物流车辆更好地开展业务提供完善的配套支持。

5. 加强供应链风险防范，强化安全保障能力

（1）注重安全生产运营，建立风险预警机制。基地不断增强供应链风险防范意识，建立突发事件安全防控机制与措施，成立万邦集团安全生产管理小组，制定《安全生产管理手册》，重点在消防、电梯、用电、冷库机房等领域加强安全生产督导落实力度，做到每天有巡查、每周有检查、每月有演练、时时有抽查、隐患全排查、问题有处罚，确保物流城平安健康运营。

（2）发挥应急保供作用，保障食品安全。基地牢记使命与责任担当，制定应急保供机制。疫情期间，万邦集团作为国家保供重点农产品批发市场，快速响应各级政府号召，严格贯彻落实内防疫情、外保供应双重使命，做到全场"不加价、不断供、不停运"，免除车辆进出场交易费、减免租金等上亿元，保障了郑州市90%、河南省70%以上的生鲜农产品供应，在全省稳价保供过程中起到压舱石作用。同时，在疫情、灾情等关键时期，基地通过整合资源，先后向湖北、北京、河北、西安、上海等地紧急供应生活物资，全力做好民生保障工作，先后获得商务部、湖北黄冈、上海等地的感谢信。

2021年1月，基地联合政府部门，共同设置郑州市进口冷链食品集中监管仓，专门针对全市进口肉类等冷冻食品进行集中消杀、检测、赋码、中转等。截至目前，已累计卸货入仓1.6万多车次，累计入仓进口冷链货物约35万吨，对检测出的阳性产品进行了及时处理，有效阻断了进口冷链食品相关疫情传播风险，进一步增强了省市应急物资储备和管理体系建设，补足城乡冷链物流设施短板。

（三）未来发展

国家骨干冷链物流基地是以农产品交易、冷链仓储、冷链配送、应急保供等为主体的全国性物流中心，在民生保障、农产品大流通、产销对接及乡村振兴方面发挥着不可替代的重要作用。

1. 强化公益性职能，加强全链支持

农产品流通冷链实体行业具有较强的社会公益属性，农批市场作为我国农产品流通的主渠道，是满足人民群众日常消费需求、维持社会稳定的关键环节。同时该类项目也具有投入成本大、收益慢、回收期长的特点，存在资金投入大，土地、税费、融资等成本负担重，项目建设手续办理烦琐、落地难，产品加工程度低，冷链物流配送面临短板等问题，影响农产品现代物流业发展。应加强对国家骨干冷链物流基地所在城市的农产品市场交易、仓储、冷链等基础设施建设、升级改造方面的资金支持力度，在税收、融资、手续办理等方面出台专项扶持优惠政策，促进公益性市场、公益性基地建设。

2. 强化政策支持力度，引领行业发展

郑州万邦冷链物流基地具有较强的社会公益属性，特别是在应急保供过程中发挥了重要作用。与此同时，基地认定范围仅限定在最初申报的1019亩范围内，基地周边、万邦物流城其他高标准仓储、冷链物流设施等新建重大项目无法享受国家发展改革委《城乡冷链和国家物流枢纽建设中央预算内投资专项管理办法》等政策的支持。未来相关部门将进行综合考虑与调研研究，将基地所在区域或所在城市，均纳入中央预算内投资政策支持范围，同时制定基地用地、用电、融资、税费等综合性、细化扶持政策，进一步补足物流基础设施短板，提升核心保障功能，助力基地健康持续发展，促进降本增效与公益性基地建设。

（作者：河南省物流与采购联合会冷链行业分会）

四、商丘国家骨干冷链物流基地建设进展情况

（一）商丘国家骨干冷链物流基地概况

商丘国家骨干冷链物流基地于2022年10月入选国家建设名单。基地核心承载区位于豫东综合物流产业集聚区内，由农产品冷链物流区和智慧冷链物流区两片区组成，占地

面积930亩，其中农产品冷链物流区占地面积503亩，建成冷库24.9万立方米；智慧冷链物流区占地面积427亩，建成冷库6.4万立方米，主要存量冷链设施占比达到70.2%。基地所在的豫东综合物流产业集聚区是国家级示范物流园区，是河南省三大物流产业集聚区之一，2016—2020年连续5年被评为"全国优秀物流园"。商丘农产品中心批发市场连续20余年农产品交易量排名全国前十，是豫鲁苏皖四省交界地区规模最大的农产品交易中心、集散中心、物流中心和价格形成中心。2022年，商丘国家骨干冷链物流基地年交易额125亿元，冷链相关商品物流量达到350万吨，日车流量达2.5万辆次，承担全市90%以上的农产品供应量，面向周边200公里及京津冀、长三角等城市群进行集散。

（二）建设进展情况

1. 招商引资情况

与国内多家冷链物流运营团队进行洽谈合作，计划引进一批国内知名冷链物流运营企业入驻园区，如湖南华通汇达食品供应链管理有限公司、中远海运物流有限公司、中集冷链发展有限公司、湖南云冷投资管理股份有限公司、北京亚冷集团、天津蓝玺冷链、上海启橙冷链、河南新开元供应链公司、河南三江物流、嘉里物流、百盛物流、顺丰冷运、双汇、金锣和伊利等均有合作意向。目前已签约重大冷链物流项目5个，计划总投资86.7亿元。

2. 项目建设情况

目前已开工冷链物流项目有两个，完成投资8000多万元，3个项目正在开展前期工作。

（1）中原智慧冷链物流园。项目总占地面积约510亩，总投资约26.8亿元，主要建设全自动化智能冷库、常温高标库、普通库、海关检验检疫中心、分拣中心、展示交易中心、中央厨房、冷链总部基地等。项目建成后，可实现年300万吨级冷鲜产品吞吐量，年营业额300亿元以上。

（2）商丘农产品冷链物流园。为更好地承载国家骨干冷链物流基地功能，扩大基地辐射能级，商丘农产品中心批发市场进行扩建和升级改造，重点打造现代农产品冷链物流园。项目计划投资26亿元，重点对果菜交易区、冷藏区以及综合经营区进行扩建，建设冷链物流、加工配送、电子商务等配套服务设施。该项目已作为冷链基地补短板项目上报国家发展改革委，申报专项资金5000万元。目前，该项目占地面积7200平方米、总容积5.4万立方米，容量4万余吨的商丘进口冷链食品总仓已经建成投入使用，确保了商丘及周边地市进口冷链食品的安全供应。

（3）商丘（国际）商贸物流港。项目规划占地面积680亩，计划总投资23.2亿元。

项目规划建设超级分拨产业园、冷链产业园，其中冷链产业园占地面积320亩，主要建设生鲜冻品展示交易中心、进口冷链食品监管仓、中央厨房等。项目全部建成投产后，预计年货物吞吐量超过500万吨，年均上缴各项税收1亿元。目前已签订战略合作框架协议。

（4）商丘市智能冷链物流基地。计划投资5.7亿元，规划建筑面积8.4万平方米。主要建设冷链智能化仓库、预制菜和速冻食品加工车间以及配送中心、屋顶光伏电站，配套建设道路、景观绿化和工程管线等。该项目也已录入国家发展改革委重大项目库，通过省财政厅地债发行评审。

（5）京东冷链物流。占地面积80亩，计划投资5亿元。项目设计方案正在完善，建设用地指标已批。

（三）后续发展计划

1. 完善冷链物流基础设施

整合商丘农产品中心批发市场冷链物流功能区、商丘三全冷链物流园和商丘双汇冷链物流园等冷链存量资源，积极推进中原智慧冷链物流园、商丘农产品冷链物流园、商丘（国际）商贸物流港、商丘市智能冷链物流基地等项目建设，提升冷冻冷藏、冷链干线运输、区域分拨配送和流通加工等服务水平，打造冷链物流与产业融合发展新生态。完善自动化立体冷库、低温初加工、生产预冷等设施，充分发挥商丘农业大市的优势，提质升级速冻食品、肉类、低温乳制品等特色冷链物流的服务水平。吸引周边地区冷冻食品、肉制品及沿海地区的海产品在商丘市交易、集散、中转。

2. 加快推进冷链物流项目建设

进一步加大冷链物流项目建设支持力度，重点推进中原智慧冷链物流园、商丘农产品冷链物流园、商丘（国际）商贸物流港、商丘市智能冷链物流基地等一批项目建设，力争项目早签约、早落地、早投产。预计2~3年的时间，冷链仓储总面积可达到80万~100万立方米，交易额突破1000亿元，将冷链基地打造成集精深加工、电子商务、中央厨房、冷链物流配送等于一体辐射全国的冷链物流枢纽。

3. 提升冷链物流信息化水平

建设区域性生鲜农产品冷链物流公共信息平台，加强市场信息、电子商务、金融对接、产品检测、客户服务、库存控制和仓储管理、运输管理和交易管理智能化建设，打造全链条、可追溯、"无断链"的冷链物流体系，提供安全可靠的冷链物流服务。

（作者：河南省物流与采购联合会冷链行业分会）

第二节　河南冷链物流发展情况

一、河南冷链物流绿色低碳发展的问题与对策分析[①]

《"十四五"冷链物流发展规划》指出，要"顺应绿色生产生活方式发展趋势和推进碳达峰、碳中和需要，把绿色发展理念贯穿到冷链物流全链条、各领域"。近年来，河南省围绕"现代国际物流中心、全产业链现代物流强省"总体目标，积极推进冷链物流转型发展，并提出"发展绿色物流，提高资源利用效率，减少环境污染，实现绿色环保与降本增效协调发展"（《河南省"十四五"现代物流业发展规划》），全省冷链物流进入快速与高质量发展时期。

（一）河南冷链物流绿色低碳发展现状

河南是农业大省、人口大省，生鲜农产品和果蔬产品产量多，肉品、速冻食品加工规模大，冷链产业基础雄厚。随着我国经济快速发展，人们对水果、蔬菜和牛奶等生鲜食品和其他冷藏冷冻食品的需求量不断增加。在高质量发展背景下，人们对产品新鲜度和安全等方面的需求也日益增长，促使全程冷链物流的快速发展。目前，河南冷链物流产业门类齐全，涵盖冷链上下游多个环节，拥有万邦、四季水产物流港等大型冷链物流园区，华鼎、华夏易通、锦和等冷链仓储冷链运输企业，三全、思念、双汇等大型冷链食品加工企业，新飞、宇通、凯雪等冷链装备制造企业。截至2021年年底，全省冷库总容量超过1370万立方米，冷藏车保有量达2.54万辆。冷链物流作为需要严格控制温度和湿度的物流系统，制冷设备与保鲜技术的使用加剧了冷链系统的碳排放。狭义上，冷链物流的直接碳排放来源于各作业环节及制冷与保鲜技术。广义上，冷链物流的碳排放还包括冷链产品的腐质、损耗等。

为了实现节能减排、绿色低碳发展的目标，省内冷链相关企业积极开展实践探索，形成了从上游到下游丰富的全产业链应用实践案例。冷链设施设备方面，企业积极研发高节能设备和引入新能源技术，多维结合减少化石能源消耗量，降低碳排放。如凯雪推出新能

---

① 本文系河南省科技厅软科学项目（项目编号：232400411156）和2022年度河南省社会科学界联合会调研课题（项目编号：SKL-2022-2401）的研究成果。

源制冷机组，宇通接连推出电动、氢能源等冷链车辆等。在运营方面，多家冷链运输企业积极引入新能源运输车，通过同仓共配、共仓共配，路径优化等措施，提高运营效率，降低冷链运营环节的碳排放量。省内冷链企业已经积累了一定的绿色低碳发展的经验。

（二）河南冷链物流绿色低碳发展问题分析

1. 冷链新能源设施设备的占比不足

一方面，新能源冷藏车的占比小。目前，多家冷链运输企业虽然逐步引入新能源冷藏车，但是占比较低，并且以小型城配冷藏车为主。另一方面，冷库光伏改造占比低。相比于省外先进冷链企业，省内冷库的"屋顶光伏"改造和升级还处于初级阶段。据武汉市山绿农产品集团股份有限公司（简称山绿集团）负责人介绍，山绿集团的屋顶光伏计划，能保证园区60%所需电量的供应，有效降低碳排放量。

2. 冷链物流协同衔接效率不高

一是冷链企业内部的各环节衔接存在漏洞，二是冷链物流不同环节之间存在障碍。以三全为例，企业内部不同环节之间有中断现象。生产的速度远远高于生产后产品进入速冷车间的速度，生产的汤圆会在传送带上停滞一段时间。中断时间和时长会影响绿色生产的效率。冷链不同环节之间的衔接障碍主要表现在出入库的衔接。出库的效率、月台情况、装卸效率、车辆的预冷及衔接障碍等会导致高能耗。

3. 冷链设施设备不足，全程冷链不完善

虽然河南省冷链已经初具规模，但是冷链物流发展仍不均衡，冷链基础设施设备还严重不足。省内冷库数量并不能满足需求，冷链各个环节的设施设备还存在较大的空白。设施设备的不足直接导致冷链产品的腐质、损耗等，间接推升碳排放量，阻碍冷链物流的绿色低碳发展。

4. 冷链物流的废弃物处置及逆向物流体系不完善

冷链物流中的废弃物包括冷链生产加工环节中的不合格品、运输中的腐质产品、最终产品、末端配送的泡沫保温箱、冷媒等。冷链物流中的废弃物合理处置，如加工成动物饲料、堆肥等有助于增加冷链产品的使用价值，降低其他生产资料的消耗，宏观上促进绿色低碳的实现。逆向物流体系的完善是实现冷链物流废弃物合理处置效率提升的关键。

（三）河南冷链物流绿色低碳发展的对策分析

冷链物流绿色低碳发展是一个长期系统工程，前期投入成本大、见效周期长。需要通过全局规划引领，结合政策体系、战略导向、管理体系、运营机制、技术和人才多维层面，实现政府与市场双轮驱动冷链物流绿色低碳化变革。

1. 完善激励政策和机制

政府应积极构建补贴、税收减免等激励政策和机制，优化绿色低碳金融市场，促进资本投资冷链低碳节能设施设备升级，推动新能源技术应用，加速逆向供应链建设，鼓励冷链物流的协同与优化，促进冷链物流绿色低碳技术变革和创新，形成规模效应。

2. 构建监管和标准化体系

冷链物流多主体和多流程引致主体监管困境，各地应明确绿色低碳经济产业的边界划分，加强产业指导目录的编制，研究运行监测体系和其他相关指标体系。推动冷链物流与碳交易市场的深度对接与融合，提升低碳价值，为全链低碳发展提供动力。

3. 加快冷链物流数字化升级

加快冷链物流企业集合式数字化转型，确保数据连通性、系统兼容性、信息时效性、共享性，提升数据分析能力和挖掘能力。完善冷链物流信息追踪、物流调度预测、碳排放空间仿真功能，优化冷链物流高效协同与衔接，提高运营和管理效率。

4. 推动产学研一体化

加强高校、科研院所与企业等的合作，支持合作建立冷链物流绿色低碳发展实践实训基地、产学研研究中心等，通过专项试点摸索冷链低碳发展的具体过程与实践经验，加快技术研究与推广应用，加大人才培训力度，推动产学研一体化建设。助力全省冷链物流绿色低碳发展全面实施。

5. 普及低碳教育，倡导低碳生产生活

开展教育下乡、进校、进社区、进企业等活动，加强低碳教育普及，提升冷链全流程参与主体，包括管理人员、技术人员、操作工人、销售人员、消费者等的低碳环保意识，把绿色低碳观念根植于日常生活工作，形成习惯，强化冷链绿色低碳发展成果。

（作者：河南牧业经济学院物流与电商学院　王俊涛）

二、打通冷链物流"最先一公里"，助力全面推进乡村振兴

《中共河南省委 河南省人民政府关于做好2023年全面推进乡村振兴重点工作的实施意见》也明确提出，要建设一批冷链仓储中心，高质量发展乡村产业，支持建设产地冷链集配中心，建设公共型农产品冷链物流骨干网络。发展现代乡村服务业，推动冷链物流服务网络向乡村下沉。

　　随着国家政策对农产品流通行业的扶持、物流技术的高速发展以及生鲜电商的居民接受度提高等多重因素影响，近年来，我国农产品物流总额呈现逐年递增趋势。同时，随着人民生活水平的不断提高、科学技术水平的不断进步，农产品冷链的需求也在持续增长。"农产品冷链物流体系"是农产品进城、消费品下乡的重要渠道之一，对满足农民生产生活需要、释放农村消费潜力、促进乡村振兴具有重要意义。

　　但目前，随着消费群体对生鲜食品的需求激增，冷链物流行业迎来了新的发展机遇，冷链物流短板亟须解决。一是冷链物流区域覆盖还不均衡。一般大中型城市的冷鲜配送行业竞争最为激烈，而其他广大城乡地区的市场却有待进一步开发。二是冷链食品在配送过程中信息化程度低。缺乏系统化、规范化、连贯性运作，信息多靠人工传递，效率低下，"断链"现象颇为严重，极大地限制了冷链系统的及时性，机械化水平偏低。三是智能化、数字化冷链仓储还有待提升。

（一）大迈六宝新基建冷链仓储项目概况

　　作为源头，农产品冷链"最先一公里"在农产品流通体系中具有重要地位。河南大迈六宝冷链物流仓储有限公司根据多年智慧冷链仓储物流体系的实施经验，为打通"最先一公里"全面赋能，提供稳定、高效的智慧冷链支撑。该项目分为两期，其中一期占地面积50.86亩，总投资2.5亿元，主要建设内容为新建一座31560吨的-23℃低温保税仓，一座3层的智能电商分拣生产车间。二期占地面积49.14亩，总投资3.5亿元，主要建设内容为一座3.5万吨的常恒温保鲜仓，一座3.5万吨的-23℃低温保税仓和三座3层的智能电商分拣生产车间。目前，一期已经建设完成，将承担公用型保税仓和进境肉类指定监管场地两大功能（见图6-6）。

图6-6　大迈六宝新基建冷链仓储项目

（二）大迈六宝新基建冷链仓储项目优势

（1）库位优势：保税仓库为自动化智能立体冷库，总占地面积为10360平方米，冷库容量达3万余吨，拥有31560个库位，对比传统仓库大大增加了使用面积和空间。

（2）设备优势：库内使用自动堆垛机10台，日吞吐量可达3000吨；穿堂内使用机器人码垛机进行自动分拣码垛，自动运输，代替传统叉车、减少人工作业，降低了人工成本，提高了仓储作业效率，保障了仓储货物及人员安全。

（3）智能系统：六宝新基建冷链云仓采用人工智能算法引擎和智能设备调度平台，利用WMS、CCS（协调控制系统）、WCS系统对仓库进行控制和监控，利用TMS系统进行订单管理、承运商管理、运力调度、统计分析，实现全仓无人智能化、自动化存取货物，大大提升了准确率、工作效率，降低了人工成本及时间成本。

（4）智慧物联平台：六宝新基建冷链云仓还可以接入用户、银行、海关监管、物流运输、电商等，搭建云端指尖智慧物联平台，实现全方位的远程识别、读取、操作、互动等智能化互通互联，形成云端指尖智慧物联平台。

（5）安全优势：保税仓库设置摄像监控点120余个，实现全覆盖监控，保证库内货品的安全性，以及装卸货物的追溯性。

（6）供应链金融服务：借助金融资本优势，帮助客户解决经营发展过程中融资难问题，提升国内外优质采购商的客户黏性，为客户提供库存融资、商业保理、消费金融等服务。

（7）物流配送服务：为客户提供全场景、数字化、端到端的冷链运输集成服务。

六宝新基建冷链云仓利用温控、保鲜等技术工艺和自动码垛机、传输线、AGV搬运机器人、自动化堆垛机等先进设备，确保冷链产品在初加工、储存、运输、流通加工、销售、配送等全过程始终处于规定的专业物流温度环境，以减少食品损耗，从而保证食品质量，保障我们的健康。

（作者：河南大迈六宝冷链物流仓储有限公司）

三、以冷链下沉助推区域经济社会高质量发展

（一）下沉市场冷链物流大有可为

一个行业变化的背后一定是时代的推动。在国家"十四五"发展蓝图这一时代趋

势下，冷链物流行业正迎来巨变，如何在行业高质量发展道路上"走得更远"，是每个企业必须思考和解决的问题。

在国家乡村振兴战略背景下，随着城乡居民消费结构不断升级，"十四五"期间将加速释放超大规模的市场潜力，为冷链物流提高供给水平、适配新型消费、加快规模扩张奠定坚实基础，而随着冷链行业向细分化、场景化不断发展，也将深刻影响和改变现有的冷链物流运营模式。

（二）冷链下沉破解城乡失衡矛盾

作为河南省首批物流"豫军"企业的华鼎供应链，以敏锐的市场嗅觉，持续聚焦县乡冷链下沉市场，积极探索冷链物流模式创新，以下沉市场冷链基础设施建设为基本盘，通过数字化转型实现冷链物流的高效运转，冷链下沉及冷链到店服务能力进一步提升，集约化的冷链综合服务平台已初具规模。

与大多数主打干线运输和城市配送的冷链企业不同，借助"省级区域中心仓—城市仓—前置仓"的三级网络，以及完善冷藏车和冷链设施设备的共享共用机制，华鼎供应链构建起了设施集约、运输高效、服务优质、安全可靠、城市和乡村双向融合的一体化冷链物流网络。目前，华鼎供应链全国化冷链仓配网络拥有18个省级区域仓储中心，仓储面积30万平方米，干/支线运输路线2470条，整合冷藏车辆资源15000余辆。一方面，华鼎供应链能快速高效地将冻品食材配送至24个省、243个地级市、1749个县的乡镇终端门店，解决冷链配送的"最后一公里"难题；同时借助返程车辆提高农产品出村进城效率，将新鲜农产品或者工厂的产品带回中心仓分发到全国，解决"最先一公里"难题。

（三）数字化转型提升冷链服务效率

在科技浪潮的不断冲击下，冷链物流行业数字化转型的大门已经打开，但冷链物流数字化转型具体是什么？能给冷链物流企业带来怎样的变化？或许只有少数身处其中并不断探索前行的企业，才真正明白数字化转型的必要性和迫切性。

华鼎供应链自成立之初就加大科技的投入，每年投入3000多万元进行系统自研，已构建起从生产端到销售端的各类系统，涵盖了采购、生产加工、流通加工、仓储物流、销售、报货App、银行清分、订单管理、客户查询等18套系统。同时通过数据无纸化传输、订单轨迹追踪、全程温度监控、自动计费等，实现冷链流通环节全链条数字化、冷链物流过程端到端的温度透明与品控追溯，让冷链物流的订单效率提升80%以上。

（四）助推区域经济社会高质量发展

华鼎供应链正在以技术驱动创新，以产品助推服务，以平台整合资源，依托强大的供应链一体化优势，重点提升冷链综合服务能力，构建覆盖全流程、全场景的F2B2C一站式冷链下沉服务网络，希望以科技、管理、标准提供赋能，持续发挥冷链全产业链优势，助力区域经济高质量发展。

1. 以企业发展持续带动社会就业、创业

华鼎供应链目前已带动社会就业3000多人、带动产业上下游人员创业超过200人，每年可为区域创造税收约600万元，随着企业进一步发展，持续加大冷链食材流通领域的软硬件设施建设和对产业上下游资源的整合，将持续带动区域冷链物流行业发展，吸引高素质人才回流，创造更多就业和创业机会。

2. 持续推进农产品进城、助力乡村振兴

冷链物流是优质农产品出村进城的重要保障。华鼎供应链借助强大的技术优势和全国化冷链仓配网络，破解农产品进城"最初一公里"难题，通过持续推动优质农产品进城，能持续支撑农业规模化、产业化发展，促进农业转型和农民增收，助力乡村振兴。

3. 以冷链物流促进区域产业聚集

冷链物流是新鲜食材流通的重要渠道，以更高品质、更低成本的冷链物流综合服务，能进一步吸引食品加工、下游连锁餐饮、食材交易和新零售等上下游客户，形成产业聚集，打造区域经济对外的一张新名片，提升区域影响力和号召力，吸引更多优质企业投资落户。

4. 以冷链物流助推区域经济社会高质量发展

冷链物流连接着生产端和消费端。优质的冷链物流，能持续带动相关上下游产业服务能力提升，进而促进区域消费升级，提升区域经济活力，助力区域经济社会高质量发展。

（作者：河南华鼎供应链管理有限公司）

第三节　深圳冷链物流发展情况

根据2022年全年的工业营收数据，中国工业十强城市分别为深圳、上海、苏州、

重庆、佛山、北京、东莞、宁波、广州、天津。其中，2022年深圳工业增加值达到 1.13万亿元，首次超过上海位居全国第一。深圳的出口贸易总额已经连续多年排在了 我国各大城市首位，全市的贸易总额为3.67万亿元，同比增长3.7%。

深圳之所以能超过上海，除了因为上海受到疫情影响，更体现出深圳工业发展的 良好局面。2022年，深圳工业增加值占GDP的比重达35.1%，工业成为深圳这座大城 市经济发展的关键因素。

一、深圳冷链物流产业发展背景、政策环境及行业现状

深圳冷链物流行业是随着经济和贸易的发展而发展起来的。为了促进深圳冷链 行业的发展，政府出台了一系列措施，其中包括《广东省推进冷链物流高质量发展 "十四五"实施方案》，该方案旨在基本建成符合广东省产业结构特点、适应经济社 会发展需要的冷链物流体系，使区域冷链物流综合实力稳居全国前列。此外，深圳市 政府工作报告也提出了加快建设具有全球重要影响力的物流中心的目标，并且计划通 过建设供应链组织中心、打造商贸服务型国家物流枢纽等措施来推动深圳冷链行业的 发展。

目前，深圳物流企业约有8万家，其中供应链服务企业超过4000家，数量占全国 80%以上。深圳冷链物流行业已经形成了较为完整的产业链，包括冷库建设、冷链运 输、冷链加工、冷链配送等环节。同时，深圳冷链物流行业也面临着一些挑战，如冷 库资源利用率不高、行业分散无序竞争、生鲜农产品冷链流通率低等问题。为了解决 这些问题，深圳冷链物流行业需要在智慧化、数字化方面加快发展，形成深圳冷链的 加工国际标准，实现整体冷链环节的聚集效应，打造具有全球重要影响力的冷链物流 中心。华鼎供应链深圳分公司优势明显，周边交通便利，邻近武深高速、沈海高速、 清平高速等，不仅能满足深圳、广州的冷链城际配送服务需求，也能实现粤港澳大湾 区城市间的冷链干线运输和零担运输，凭借华鼎供应链强大的冷链下沉能力，还能打 通冷链物流"最后一公里"，实现对粤港澳大湾区县级城市乃至乡镇区域的冷链物流全 覆盖。

深圳冷链物流的发展趋势主要体现在以下五个方面。

（一）市场需求持续增长

随着人们对食品安全和品质的要求不断提高，冷链物流的重要性逐渐增加。深圳

是我国较大的进出口口岸之一，冷链物流市场需求较大，同时也有较多的冷链物流企业和从业人员。

（二）技术和信息化水平不断提高

冷链物流的发展离不开技术和信息化的支持。随着物联网、大数据、人工智能等技术的不断发展，冷链物流企业逐渐开始采用智能化、数字化的手段来提高运营效率和服务质量。

（三）冷链网络全国覆盖

随着国家骨干冷链物流基地和产销冷链集配中心的建设，以及"冷链物流＋物联网"等新模式的发展，深圳冷链物流的全国覆盖范围不断扩大，冷链效率也得到大幅提高。

（四）多元化服务模式的发展

冷链物流不仅提供运输和仓储服务，还需要提供加工、包装、配送等多元化服务。随着消费升级和市场需求的变化，冷链物流企业开始提供个性化、定制化的冷链物流解决方案，以满足不同客户的需求。

（五）环保和可持续发展的要求

随着国家环保和可持续发展的要求不断提高，冷链物流企业需要采取更加环保和可持续的发展方式。例如，使用更加环保的运输工具、优化冷链物流流程、减少能源消耗和废弃物产生等措施，以实现可持续发展。

二、当前深圳冷链物流发展面临的制约因素和不足

（一）政策层面的制约因素

深圳建立之初就是按照"小政府大市场"的模式定型的。企业家对深圳的评价是营商环境公平，没有特权限制，所以企业经营很轻松，真正靠能力发展。但是这种"小政府大市场"的模式放在冷链物流行业上，其弊端就显现出来了。没有一个部门能够出头、愿意出头来统筹规划深圳冷链物流行业的发展，造成有利多处伸手、无利无人问津的被动局面。

中共中央对深圳改革开放、创新发展寄予厚望，支持深圳实施综合改革试点，以清单批量授权方式赋予深圳在重要领域和关键环节改革上更多自主权，一揽子推出27条改革举措和40条首批授权事项，要求深圳经济特区扛起责任，牢牢把握正确方向，解放思想、守正创新，努力在重要领域推出一批重大改革措施，形成一批可复制、可推广的重大制度创新成果。

然而，这种创新能力并没有在深圳充分释放出来。以国家重点实验室为例，北京有116家，上海有44家，广州有20家，深圳仅有6家。大科学设施建设起步晚，缺乏重大科研基础设施和国家级基础研究平台，难以支撑战略性新兴产业发展。冷链相关的平台建设更加落后，究其原因，可能与政府的重视程度有关。

另外，需要引起我们高度重视的是，这几年在国家出台的上千项改革方案、举措的基础上，各省、市政府层层加码，使地方根本没有时间去真正落实所有的改革方案。这种状况不从根本上改变，中共中央的改革目标可能会基本落空，尤其会影响深圳作为改革排头兵的作用。

因此，面对国家已经出台的多项改革措施，应当以是否达到改革效果为目标进行具体分析排查，实事求是地重新确定改革的时间表。该延长的延长，该补充的补充。要突出改革工作的重点，抓住影响改革全局的关键环节，力争尽早实现突破，带动改革全局，尽快改变当前许多改革领域面临着的胶着状态。为了推动重点领域、关键环节的改革取得突破，建议国家层面建立一些重点改革领域的协调推进机制，制定这些领域关键环节改革的具体方案和举措。形成以关键环节改革的突破，带动重点领域的突破；以重点领域的改革突破，带动全面深化改革的全局突破。

（二）商业模式层面的制约因素

深圳历来是以民营经济为主的地方，央企或者地方国企在相当长的一段时间内，或者没有涉足冷链物流行业，或者冷链物流行业的成分很小，这造成了深圳冷链物流行业野蛮、无序、重复建设的发展状况。

2022年7月，由深圳市交通运输局联合市规划和自然资源局编制的《深圳市现代物流基础设施体系建设策略（2021—2035）及近期行动方案》发布，在打造专业化高效物流服务网络方面，深圳提出六方面举措，包括提升全球制造业供应链资源配置能力，支撑打造畅通国内循环、参与国际循环的"深圳样本"；提升电商、跨境电商物流服务能力；建设全球跨境快邮集散中心，推进交邮融合发展；打造高品质冷链物流体系，促进冷链物流规模化发展，探索开展冷链共同配送、"生鲜电商+冷链宅配"等新模式；构建安全可靠、快速高效的应急物流网络；完善口岸物流体系，优化口岸营商环境。

该方案提出，到2035年深圳市冷库库容超过150万吨，综合冷链流通率超过90%。国家规划与地方政策在一定程度上刺激了大企业加入深圳冷链物流行业的建设。但是矛盾依然是突出的。

第一，大型国企严重缺乏冷链物流行业方面的经验和常识，交了不少学费。而像玉湖冷链这样的企业，主要投资方向又不在深圳。因此，在供应链的"1+N"模式中，深圳冷链物流行业依然严重缺乏这个关键的"1"。

第二，大型国企利用政策和资源优势，开始严重挤占民营企业的生存空间，造成了大量的冷链货代企业、仓储企业经营日趋困难，甚至倒闭。而上述企业却往往蕴含着深圳模式的闪光点。

（三）土地资源层面的制约因素

深圳市土地面积仅为1997.47平方公里（不包括深汕地区），其中还包括大片不适宜开发的山地，全市将近一半土地被纳入基本生态保护区域。四大一线城市中，深圳面积大约是北京的1/8，上海及广州的1/3。土地匮乏、用地短缺已成为制约深圳发展的瓶颈之一。

几十年来，深圳不断地填海造地，但对于巨大的用地缺口来说，显然是杯水车薪。随着土地价格持续上涨，租地和人力成本水涨船高，大量制造业和仓储企业难以为继，被迫向周边地区转移。经济发达及沿海地区的土地资源越来越难以获得。

（四）行业协会层面的制约因素

与全国其他同类型城市相比，深圳行业协会较多，但是踏踏实实为产业赋能的少见。虽然行业协会在参与行业治理方面具有超越政府和市场的优势，但就目前中国大部分行业协会而言，其在承接政府职能、参与市场治理方面还存在许多问题，无法真正发挥其作为政府和企业之外"第三部门"的真正功能。

三、立于"十四五"发展半程，深圳冷链物流未来的方向和趋势

2023—2025年是"十四五"的后半程，冷链物流高质量发展将加速实施，我国冷链物流行业发展趋势将呈现出如下新的特点。

（一）政策环境为冷链物流行业发展筑强基础

《"十四五"冷链物流发展规划》作为冷链物流行业的首个五年规划，从2021年年底发布到如今全面落地实施，掀起了我国冷链物流高质量发展的新高潮。加之中央各部门以及各级地方政府纷纷出台鼓励扶持冷链物流发展的政策举措，行业顶层设计日趋完善。此外，构建全国统一大市场、实施乡村振兴战略、发布稳经济大盘一揽子政策、出台扩大内需战略规划、实施质量强国战略等，为冷链物流行业发展营造了绝佳的政策环境。

（二）冷链市场多元共生

根据天眼查最新数据，我国目前有超过67000家企业从事冷链相关业务。在多业态、多模式、多元化的需求下，冷链物流企业也在形成与之对应的多种服务类型共存的行业生态。冷链需求市场也呈现出多样化特征。传统连锁餐饮商超冷链需求稳中有进；食品生产加工、中央厨房后劲充足，已经形成更为成熟的冷链市场；生鲜电商距离成功模式越来越近；新兴预制菜、直播带货潜力巨大，未来有可能培育出新的增长点。另外，我国的冷链物流将向更多领域拓展，如电子产品、生物制品等行业，以满足市场需求。

（三）冷链技术创新应用

随着大数据、物联网、人工智能等新兴科技的发展，相关技术在冷链物流的应用落地越来越频繁，自动搬运、无人设备、远程监控、智慧管理都取得了可喜的成果。但我国冷链物流行业数字化、智能化发展之路却不算顺畅，信息壁垒、数据孤岛成为制约行业向数智化发展的"绊脚石"。未来还需要建立更加科学有效的机制，促进数据共建、信息共享，打通数据链，创造更大价值。

（四）绿色冷链转型升级

在绿色发展理念下，冷链物流行业将加快淘汰高排放冷藏车，鼓励新增或更新的冷藏车采用新能源车型；鼓励企业对在用冷库及低温加工装备设施开展节能改造；逐步淘汰老旧高能耗冷库和制冷设施设备，新建冷库等设施要严格执行国家节能标准要求；鼓励使用绿色低碳高效制冷剂和保温耗材。此外，绿色设备、绿色材料、绿色包装、绿色管理都成为行业值得关注的方向。未来，冷链物流将更加注重环保和可持续发展，采用新能源、低碳技术等手段，降低碳排放和环境污染。冷链物流行业的绿色发展还有很多道路需要探索。

在这种大背景下，深圳冷链物流未来的方向和趋势主要体现在以下4个方面。

1. 注重"东扩"

近期，盐田港区东作业区建设如火如荼。这个预计于2025年全面建成完工的项目，承载着扩大盐田港区规模、巩固盐田港华南地区主枢纽港和深圳港全球集装箱干线港地位的重任，也是深圳"推进空港型国家物流枢纽建设"的重要阵地。

从《国家新型城镇化报告2019》和《广东省建立健全城乡融合发展体制机制和政策体系的若干措施》来看，粤港澳大湾区的广州都市圈和深圳都市圈已经成型，前者以广州为核心，涵盖了广州、佛山、肇庆以及清远、韶关和云浮六座城市；后者以深圳为龙头，包括了深圳、东莞、惠州以及汕尾和河源五座城市。

事实上，深圳应当继续注重向东发展，扩展深汕合作区"飞地模式"。如果深汕合作区很成功，就能够用这种方式进一步发挥深圳的经济带动作用。

2. 注重粤港澳大湾区冷链一体化发展

《粤港澳大湾区发展规划纲要》公布以来，粤港澳大湾区建设不断推进，香港、澳门和内地城市加速融合发展。粤港澳大湾区作为冷链物流产业相对集中、设施相对先进、服务水平较高的区域，一体化进程将有助于实现区域冷链物流安全、高效运转，切实保障居民食品有效供给。

粤港澳大湾区作为中国开放程度高、经济活力强的区域之一，GDP总量超过12万亿元，对推进国内冷链物流行业发展具有极大的积极意义。粤港澳大湾区聚集了大批优秀的冷链物流企业，要充分利用粤港澳大湾区的特色与优势，打通冷链物流上下游，完善冷链标准体系，构建全球先进的一体化冷链物流。

3. 注重海洋经济

"十四五"期间，深圳海洋经济以建设"全球海洋中心城市"为总目标，构建统筹海洋经济发展格局，推动高质量发展，增进民生福祉，全面深化改革开放，加快向海发展步伐，打造国内国际双循环战略支点，打造全国海洋经济高质量发展引领区、全球海洋科技创新高地，努力创建竞争力、创新力、影响力卓越的全球海洋中心城市、社会主义海洋强国战略的城市范例。

海洋牧场是一种新型的海洋渔业可持续发展方式，将产业发展和生态环境保护有机结合，构建科学、生态、高效的牧场渔业发展新模式。2023年4月，习近平总书记在广东考察时指出，要树立大食物观，既向陆地要食物，也向海洋要食物，耕海牧渔，建设海上牧场、"蓝色粮仓"。深圳是南海多种经济鱼类的种质资源库，也是南海渔业资源的种苗库之一，为海洋牧场高质量发展奠定了基础。

4. 注重冷链产业供应链的"链主"模式

深圳要依照自身特点，扬长避短，参照美国等发达国家的经验，充分注重冷链产业供应链的"链主"模式。

现代经济社会中，产业的竞争已经从单个企业彼此之间的竞争扩大到整个供应链之间的竞争。因此，如何促进供应链整体绩效的提升，成为链中企业都非常关注的问题。这时候，链主企业的诞生有助于供应链资源的整合，助力绩效的提升。

（作者：深圳市冷链物流产业协会）

第七章 2022年冷链热点赛道新发展

第一节 解析顺丰"一盘货"服务，打通线上线下壁垒

零售业作为我国消费领域的关键组成部分，对促进经济增长、推动产业升级发挥了重要作用。尤其是生鲜零售业近年来正在快速迭代，这与我国数字经济、物流和供应链的发展以及新冠肺炎疫情的暴发有着直接关系，线上零售模式在过去的三年中呈现出快速增长的趋势，消费者购买食材的渠道和方式发生了很大变化。短视频、直播等模式都在推动生鲜食材通过数字化发展走出农村，销往全国各地。

生鲜等食材供应链离不开冷链物流的护送，对冷链物流发展有里程碑作用的《"十四五"冷链物流发展规划》聚焦了"6+1"重点品类，包括了肉类、水果、蔬菜、水产品、乳品、速冻食品等主要生鲜食品以及疫苗等医药产品，提出要分类优化冷链服务流程与规范，健全"从农田到餐桌、从枝头到舌尖"的生鲜农产品质量安全体系，提高医药产品物流全过程品质管控能力，支撑实施食品安全战略和建设健康中国战略。

政策之外，消费者对于品质、品牌和服务的要求也越来越高，无论是线上还是线下，食材零售行业都面临着诸多的问题和挑战。一方面，消费市场呈现多元化，不同地域、不同年龄、不同消费习惯的消费者对食材的要求也不同，如何满足消费者需求，提高产品和服务质量是行业面临的挑战之一；另一方面，新技术应用已经成为食品冷链的重要发展方向，大数据、人工智能等也有效提高了零售业的服务质量和效率，企业需要积极接纳和布局。此外，企业还需要思考如何整合资源、调整营销策略、提升客户留存率，以顺应食材零售市场的变化和消费趋势。

未来，食材零售市场的线上与线下融合将更加紧密，线上线下在物流配送方面也将向着一体化靠拢。食材零售业也会更加注重数据的应用和分析，通过数字化转型实现精准营销、个性化服务、精细化管理等目标。

一、传统零售业模式下的弊端

零售业能够直观地反映出一个国家或地区的经济运营状况，也是检验国民经济发展协调、经济结构是否合理的试金石。数字化转型有利于行业利用虚拟现实、计算机网络和多媒体等技术，迅速收集资源信息，并对其进行分析、规划、重组，更快地响应终端用户需求。

目前，零售行业已经进入了全渠道发展的时代，打通销售渠道之间的壁垒尤为重要。物流是连接企业、客户与消费者的关键节点，建立以消费者体验为中心，能够及时履约、保障货物时效性和稳定性的物流体系，可以推动全行业的高质量发展。

然而线上线下渠道跨越的改变，增加了物流服务的难度，有悖于很多消费者希望下单后快速送货的需求，无论次日达、当日达还是一小时之内到达，都需要供应链作出快速反应。这就必须依靠先进的技术和智能化设备的支持，让物流"新基建"不断完善，在技术上各个环节协同，通过数据的采集与分析，实现信息的实时共享，对库存作出合理规划，从而在分拣、决策、配送等方面呈现更加优异的表现。

从物流的角度看，不同零售渠道决定了不同的库存及配送方式，而全渠道零售的各个渠道交叉并行，需要在线上、线下的不同销售渠道设置不同的商品库存，这种"多盘货"的库存管理模式呈现出割裂、繁冗的特性。

比如从源头的化工、包装原材料、设备供应商到终端消费者，中间隔着厂商、线上分销商以及主要电商平台自营线上店铺下设的多个环节。B2B方面的厂商下设了总代理/销售团队、一级代理/区域销售、二级代理，由它们抵达包括百货、商超、专营店、药妆店、直销等线下零售渠道；B2C方面的线上店铺包括了品牌自建商城、线上品牌集合店、垂直自营B2C、社区团购、直播电商平台等环节，线上分销商方面又包括了代运营、自营电商团队、分销商/代理商。这些错综复杂的供应链架构中需要设立生产库存、总仓库存、B2B库存、门店库存以及多个经销商库存和多个B2C库存，彼此之间不能打通，不便协调。

以上可以看出，传统的供应链体系庞大，多渠道、多业态的销售体系导致库存割裂。销量波动也较大，串货严重，并且库存时间长，资金压力大，分销只能依赖代理商，难以触达终端。销售计划不准确性较大，各区铺货失衡，丧失了很多市场机会。渠道库存和销售数据不透明，难以获取真实数据。同时，多级多渠道库存并存，库存增长高于销售增长。代理商库存管理不专业，缺乏服务标准，订单交付周期较长、时效差，消费者对服务不满意。

二、顺丰"一盘货"系统

为了解决如上种种问题，顺丰搭建了"一盘货"系统，通过去中心化、ONI（一盘货）、DT（直达流量）、Express Fulfillment（极致履约）、PT（一人一店）、Green Solution（绿色供应链）等模块，覆盖电商、本地生活、社交、搜索等领域。

在过去几年，零售业渠道和人力都越来越分散，服务难度越来越高，而公司对成本控制的要求却是实现共享库存、盘活库存，以便实现高效的履约。这也是整个供应链的发展方向——"一盘货"，即把各线上渠道整体打通，实现库存共享，由物流公司统一调配。"一盘货"能打破线上线下渠道相对割裂，各个渠道的订单、库存、配送资源相对分散的现状，将多个渠道的库存融为一体，直达消费者。

顺丰"一盘货"系统主要包含了战略规划、战术计划&运营计划、执行、财务四个层面（见图7-1）。

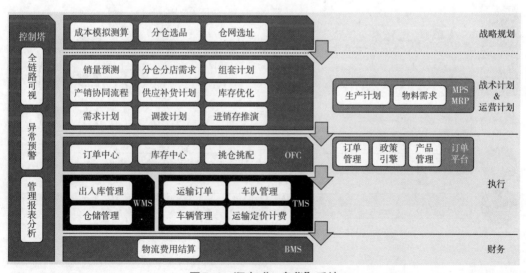

图7-1　顺丰"一盘货"系统

在技术架构方面，可视化也是顺丰"一盘货"系统的基础能力之一。可视化功能能够实时监控物品的在途状态，精准化位置、轨迹、状态、停留点等信息，让路线明确，实现信息实时更新，避免提货延迟、运输晚点、停留异常等运输超时。

顺丰"一盘货"系统的可视化管理可以通过供应控制塔的四个方面实现。

一是智能分析，对执行层进行描述性分析，包括业务主题报表、质量仪表盘、实时数据看板等；对主管层进行挖掘型分析，包括购物篮分析、用户画像、单量预测、杜邦分析、入库计划/出库计划等；对决策层进行决策分析，包括仓网规划、路线规划、产能规划、品类规划、财务决策等。

二是在全渠道订单、全局库存、质量管理、预警管理、成本管理五大功能区域实现商品库存数据、仓储资源数据、运输运力资源数据、成本数据、质量数据等业务数据沉淀。

三是根据数据接入层，完成数据库的建立。

四是将 ERP、POS、GPS、第三方系统、电商平台等系统接入平台。

在订单碎片化的消费升级时代，个性化、定制化已成为趋势，服务和产品满足用户的精准化需求，考验的是供应链响应能力。能否把握好消费者的喜好，是现代零售业能否快速发展的重要因素之一。对此，顺丰"一盘货"模式在供应链战略、规划、计划、执行方面提供咨询服务，包括变革管理、仓网规划、分仓策略、项目管理等环节，对 V1.0 BC一堆货、V2.0 2B/2C一盘货、V3.0 全渠道一盘货、V4.0 产业一盘货提出供应链和数字化的解决方案（见图7-2）。

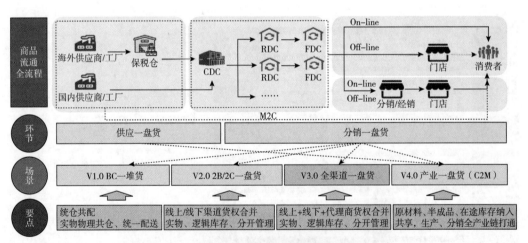

图7-2 "一盘货"模式的供应链和数字化解决方案

在 V1.0 BC一堆货以及 V2.0 2B/2C一盘货的阶段，"一盘货"模式能够实现优化库存、降低缺货率、优化整体物流成本等价值，可以应对仓配运营模式的变革、物流网络的重新设计、预测与计划体系的调整、企业内部管理体系的变化（组织、流程、结算、KPI……）、数字化信息系统的支持等挑战。

在 V3.0 全渠道一盘货的阶段，"一盘货"模式可以实现供应链全网库存优化、渠道扁平化和触达终端、赋能合作伙伴专注销售和服务、建立统一的服务标准、直达消费者、提供极致的消费者服务体验（个性化和多样化）、快速响应和支持商业模式的创新等价值（见图7-3）。

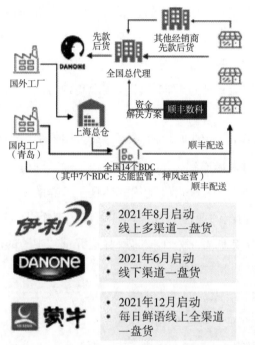

图7-3　顺丰"一盘货"解决方案乳制品行业服务经验案例

在V4.0产业一盘货的阶段，"一盘货"模式可以实现打通上下游产业链、优化整体供应链成本、搭建行业生态圈、平台化运营、向平台化服务商转变等价值。

除了食材零售渠道，顺丰供应链还为美妆、服饰与配件、汽车、休闲食品、咖啡、消费电子、高新科技等诸多行业的海内外品牌提供了"一盘货"物流服务，能根据不同品牌的客户需求，提供价格标签、刻字等定制化增值服务，共创品牌附加商业价值。

（作者：顺丰冷运）

第二节　以价值构建时代大物流精神的探讨

时代先进的生产力促进了商品的大流通，使物资的交易从原始的区域小集发展到如今的集市与集贸。在这场社会性的变革中，集约和高效优化了散乱与无序，而现代化、专业、专精、专强的业态适时而生。共享化、集群化、生态化的有利要素在协同发展，同时集约化、精细化、价值化的优质产品也在不断地扩大市场边界。广泛性且全球化的商品流通，正成为当下产业协同的价值取向。

人类文明的发展史亦是物资交易的发展史。我们分析理解市场的功能与价值，从几千年前的赶集、市集到如今的集贸、集配。市场的形式逐渐优化、进化，而内在的集约化精神与价值不变。我们在探讨现代大物流的集约化时，需汇多极成大集、集多点成集约、疏乱流为顺流；通过双向物流，实现高效与集约化，如同车站构成双向对流，往返皆有客。

我们可以把物资在社会中的流通比作营养在一棵树中的传递，养分从末端的树须汇集到树根，再从树根传递到树干，然后从树干输送到树枝，最后再从树枝分配到树叶。这个"须→根→干→枝→叶"的模式体现了营养的传递是一个从分散到集中再到分散的过程。对应物流的业态，我们同样可以用五个节点来解释，即五"中"理论——五个中的谐音字或同音字。下文将解释这五个"中"的内涵与宗旨，而这亦是完善供应链体系的五个精髓与精神：

"宗"源——产地、厂家、源头（正宗）；

"综"合——物流企业、配送公司（运输）；

"中"心——物流园区、陆港、码头（中转枢纽）；

"忠"实——贸易商、代理商（构建忠实与价值）。

"终"端——零售商、门店（价值交付）。

这五个"中"环环相扣，息息相关。通过优化这五个节点之间的联通，我们也就掌握了物流的精髓。目前国家政策与行业的关注点都在"最先一公里"与"最后一公里"，可是这两端都没有主宰统筹系统的能力。我们把大物流供应链比做盖楼的五个步骤：固基石、正立柱、中构梁、稳砌墙、精装修。物流的前后一公里就好比装修，当基础不稳、立柱不正、构梁不衡、砖墙不固时，装修就沦为了表层的粉饰。

行业中鲜少有人关注"核心骨干枢纽"的角色——从农业、畜牧业、渔业的产区，到农业、畜牧业、渔业的工厂，再到农业、畜牧业、渔业的市场。三大场景（产区、工厂、市场）汇聚，从一产延伸到三场，需要依赖中心物流园区的力量才能充当整合、优化、消化碎片化资源的核心功能，通过共享化、集群化、生态化实现集约化的价值要素。

名成集团秉承着五"中"的内涵与精髓，一直在水产冷链行业深耕不辍。于2010年10月在潍坊成立"山东中凯兴业贸易广场有限公司"，投资建设中凯智慧物流园，园区占地1120亩，总投资40亿元人民币，建筑面积128万平方米。目前已完成投资10.3亿元，建设23个单体，总建筑面积37万平方米。配备20万吨冷库，5000个市场交易摊位。日均吞吐量3000吨以上，年吞吐量100万吨，占整体市场吞吐量的40%以上，是中国冷链物流50强、中国100强农产品综合批发市场。至此集团已初步完成水产品和畜牧产品南北呼应的冷链物流大流通的战略布局。

围绕中心打造全国大物流的枢纽是构建生鲜供应链的基础性工程。构建大共享、大集群、大生态的资源整合是提高科学生产力的决定性因素。同时必须理解与匹配枢纽的自然要素与天然禀赋，因为大宗生鲜农产品一旦远离了最佳的地理位置与资源优势区，伴随着的便是错综复杂的问题与现实。

中凯智慧冷链物流园为适应时代需求，致力于打造世界领先的"一站式"智慧冷链物流综合服务品牌，提出集聚源头、集中配送、集中采购、集群发展、集汇数据的"五集"商业理念，以中凯冷库群、东亚畜牧产品交易所、中凯生鲜源头货批发市场、中凯生鲜食品共同配送联盟、终端采购商联盟为生鲜食品行业"垂直⇆联动"最新采购模式的落地抓手，将源头货供应商、物流运输商、终端采购商紧密联系在一起，通过掌握生鲜食品源头货源，整合冷链运力资源，实现集中配送，从而减少食品流通中间环节，使生鲜食品从生产源头直接送达消费者手中，为消费者提供新鲜、安全、可追溯的放心食材。为众商家提供一个客流、商流、物流、资金流、信息流"五流集汇"的千亩一站式生鲜食品智慧冷链物流综合服务平台和现代化、信息化、专业化水平较高的农副产品一级批发市场。

因此，智慧物流、农场、农业首先需要考虑的是围绕中心枢纽形成的集约化生态与科学汇合。通过产业集群、精强协同、共享集约的生态圈，实现专、精、强要素的相互融合，搭建具有产业互联、精益敏捷精神的供应链体系。围绕产业中心形成的对流循环、集中调配，就是推动全物流产业升级的必要支撑节点。下面以山东潍坊为例分析其优势资源。

一是地理优势，山东地处京沪中间位置，潍坊是胶东半岛的走廊，胶东半岛的物产运输途经潍坊。同时山东也是重要的冷暖节点，山东以北，在冬天运输时冻品无须依赖冷链配送，物流车队可以山东为枢纽，打造双向物流，并以此来优化成本。

二是人口优势，山东人口众多，而人口乘以购买力即是市场规模，故以潍坊为中心打造物流枢纽可以辐射全国最大的市场。

三是资源禀赋，山东是中国农副产品丰富的产区，是沟通中国南北产品的中心，也是上下游产业的汇合点。全山东省拥有八个具有全国影响力的单品类综合大市场，早在20多年前就诞生了闻名全国的寿光蔬菜交易市场和诸城的水产冻品批发市场，而寿光和诸城仅是潍坊辖区内一南一北的两个县级市。

综上所述，潍坊是构成中国农产品物流骨干中心不可或缺的要素，也是呼应中国统一大市场、大流通、大循环的核心服务的基础载体。

（作者：名成水产）

第三节　关于实现国家"十四五"冷链物流规划物理性与社会性科学适配的思考

当今世界正经历百年未有之大变局，而且这个变局的进程在逐步加快，后疫情时代国内国际双循环、产业链供应链和物流发展战略与格局面临着重大调整。因此，国家陆续发布了《"十四五"冷链物流发展规划》《"十四五"现代物流发展规划》等相关规划。我们可以思考一个问题，不论在哪个时空、哪个层级，冷链物流规划是否都应该遵循一个最基本的物理性和社会性定律和原理？因为物流是物理性的，供需是社会性的，这与第一性原理的自然科学和社会科学根本属性和逻辑是一致的。

物流是供需链，也就是供应链的重要组成部分，它的物理性基本原理就是物体通过移动去实现价值。物品向哪里移动，或者说根据什么原则移动才能实现它的最高价值，是依据市场的需求，也就是商流的社会性决定的。保证不同物理性的农产品、食品、药品安全、保质、及时地实现储运移动价值，包括对生产、加工、流通、消费等各环节储能运力的科学配置，就是冷链物流的物理性的第一性原理。满足人民对美好生活和安全优质食品的需求，就是以基于人性消费需求为基础的商流社会性的第一性原理。这就是冷链物流规划应该遵循的物理性和社会性的第一性原理。

人们对美食的向往和搬运食物从狩猎采集社会就存在，这也验证了第一性原理是时空性、物理性和社会性的逻辑基础，是在最大空间和最长时间相对不变的原理和定律。

2021年，国家《"十四五"冷链物流发展规划》发布实施后，根据国家规划布局，全国各省市也相继制定发布了各自区域性规划，根据国家规划陆续开建了国家物流枢纽、国家骨干冷链物流基地相关重点工程项目。但是有些地方也出现了冷链物流工程与市场商流需求不适配的问题，以及园区冷库利用率较低、租金价格低、亩效坪效低的三低现象。还有些在建和规划中的项目，仍没有接受教训，未来还有可能产生下一批不适配的"三低"工程，影响冷链物流产业的健康发展。

不管是主管物流的综合部门还是各业务部门，都应坚持冷链物流空间布局、功能布局与产业、产能、进出口和人口消费布局相适配，要精准统计基于生产、流通、消费的冷链物流规划物理性和社会性的基本数据，这也是冷链物流"统计补短板"的重要任务，目前这项工作已经滞后于冷链物流产业的蓬勃发展。这些要分析研究的基础数据包括：不同区域农业、农产品上行方面的品类资源、土地亩效、产能及食品供应链方面（包括食品加工业、预制菜）的情况和优劣势；不同城市商贸冷链物流体系，包括人口结构、消费模式、储运集散方面的情况和优劣势等；各类运输方式运力、运量和进出口的口岸布局、通关数量、进出口贸易品类、辐射范围的情况和优劣势。

首先是农业产地冷链物流规划。按照第一性原理，要从源头入手的逻辑，最先要进行顶层设计的冷链物流发展规划是农业产地冷链物流。从我国现行的行政管理体制和物理时空看，每个农产品重点县（区）的农产品特色产能、辐射半径与冷链物流设施动态且精准适配程度，是农业产地上行冷链物流和商业销地下行冷链规划的基本依据。农业产地冷链物流设施与土地产能的品类、生物学属性和流量、流向、流速的物理和社会（供求）属性关联度更高。所以说，农业部门在各省市冷链整体顶层设计规划和县区整体方案设计的优劣，直接影响国家冷链物流规划城乡体系实施的整体绩效和各类扶持资金的使用效果。

其次是城市商贸冷链物流规划。这是各级商务、交通、工信、邮政等部门主管的与人口、商业、餐饮、食品制造业有着密切关系的食品冷链物流下行工程，是食品安全和消费升级的重要保障，是我国食品实现从无害消费向品质消费的重要民生工程，对城乡和国内国际双循环起着重要的拉动和引领作用。城市冷链物流基础设施的存量和增量，取决于城市人口的冷货消费模式和消费升级对增量的拉动力，还取决于大中城市对周边地区的辐射和集散能力。对这些存量和增量数据的统计研判分析，可以提高城市商贸冷链物流规划的适配度和设施利用率，对第一、第二、第三产业精准融合发展会起到重要的支撑保障作用。

再次是进出口双循环温控供应链口岸冷链建设规划。农产品、食品类进出口的口岸冷链物流基础设施建设，对国家以国内大循环为主体，促进国内国际双循环协同发展战略有着重要意义。进出口冷链食品是对国内市场需求的重要补充和平衡，也是消费升级的重要保障。后疫情时期，食品保税加工将有较大的需求，对检验检疫、消杀防疫、食品安全和食品出口也将起到重要作用。口岸冷链物流基础设施的布局增量也应该与冷链货品辐射腹地市场、人口和时空需求相适配。

最后是规划指标绩效考核的逻辑和方法。建议尽快对区域空间冷链基础设施建设需求构建数据模型，基础数据有农产品食品产能和上行数据、城市人口与消费下行数据、进出口数据、区域集散辐射数据、区位交通等，进行精准统计后，通过建模测算出区域空间的冷链基础设施的精准需求，指导各地的冷链建设。不建议规划绩效用以往"冷链流通率、运输率和腐损率"的"三率"指标来表述和约束。建议根据未来的统计和绩效表达逻辑，用增减量和增减率结合的概念。比如综合部门，可以考虑统计和运用全产业链主要品类冷链储运"十三五"时期存量和"十四五"时期的总量，由此计算相关的增减率（某品类国家"十四五"时期较"十三五"时期的冷链增减量除以"十三五"时期冷链存量＝全国第一、第二、第三产业全链条的冷链储运的增减率）。比如农业部门的产地冷链设施，在"十三五"时期的存量是多少，"十四五"时期的增减量是多少，包括冷储量、冷运量和它们的增减量，这是能统计出来的。关于制造业，工信部门冷链物品的加工量的数据也是能统计出来的，包括进厂、出厂和厂内加工冷链物流相关数。商务部门、市场监督等部门主管城市商贸物流下行的环节，冷链物品的分品类的储运量，也都能统计出来。交通部门主管的各类运输、海关和口岸办等，也有各类运量和进出口冷链物品的相关数据。未来统计部门也应参考这个逻辑和方法进行冷链物流大数据整合，用科学算法，产生更多有价值的统计衍生品成果。我们切实解决政府协同、产业融合、集成创新和标准兼容等方面存在的诸多问题。加快构建冷链物流知识、人才、产业三大标准体系架构。

（作者：国家农产品现代物流工程技术研究中心）

第四节　冷链发展进入新模式，挑战与机遇并存！

当前，人们需要适应之前新冠肺炎疫情带来的影响与变化，并探索新的生活方式和经济模式，这个时期不仅是一个从危机中走向稳定、从恢复中迈向发展的过渡期，更是一个开启未来新篇章、实现可持续发展目标的重要契机。此时，冷链发展进入新模式，挑战与机遇并存！

一、面临的挑战

（一）冷链物流基础设施建设结构失衡

当前我国冷链物流基础设施体量依然无法满足市场需求，盲目建设冷库、购置车辆、扩充网络等导致的"吃不饱"问题还是很多，值得警惕和反思。从冷库分布上来看，全国冷链发展主要集中在华东、华北、华中地区，其中，上海、山东、广东、江苏等地的冷链水平较高，冷链网络及体系相对健全。

（二）冷链相关设施设备市场混乱

国内商用制冷设备行业规模小而散，缺乏高品质、规模型企业，且针对制冷行业的监管体系有待完善。冷藏车改装未形成专业化、系统化规模，以个体改装为主，缺乏相关行业标准。

二、政策监管

（一）冷链通行限制多

多个部门背负降低环境污染和交通拥堵的考核指标，对冷链运输实施高压限制政策，在城市通行、营运证办理、车辆停靠等多个方面设定障碍。冷链运输环节面临限高、限号、限行，没有享受到特种车辆的特权，导致企业需购置更多冷藏车来保证运力，且各省限号政策不一致，有可能出现目的地禁行，要等到第二天才能配送。

（二）城市配送通行证制度有待优化

冷链物流企业面临停车难问题，特别是现在禁止货车通行的道路越来越多，大多道路都是禁止停车，部分地区冷藏车进入市区需办理通行证，企业在市内配送的运营成本高。当日违章后次日无法办理通行证，没有给企业处理车辆违章留出有效时限，此规定与生鲜食品日常刚需的特性矛盾。部分城市规定通行证需当日办理有效，且系统维护升级期间无法办理通行证，影响了生鲜配送的时效性，企业需承担违法成本。

（三）冷链用地困难、面临约束多

冷链物流用地属于基础设施用地，投资额度大（拿地费用另计，仅建设成本每平米5000元以上）、回收周期长（一般为6~10年），导致新增冷链物流用地很难被纳入城市规划并获得指标，即使获得冷链物流用地指标，也存在税收贡献、投资强度等具体约束，且当前存量冷链物流用地受到拆迁和整顿影响正在加速缩减。

三、存在的机遇

（一）健康标准的重新定义

随着人们对高质量生活的需求增加以及疫情带来了生鲜电商的火爆，冷链物流再次走到幕前。不同阶层的人群对优质食品和冷链物流的需求越来越大，政府和消费者对冷链物流理念的认识越来越深刻，冷链市场规模继续扩大。现阶段人民群众对优质食品、安全食品的需求和落后的流通体系之间存在一定的矛盾。大部分市民对食品的需求已经从"吃饱"转变为"吃好"。随着近些年来我国国民经济水平迅猛地发展，人们生活水平不断提高，饮食结构有了很大的改善，因此，人们对新鲜食材及预制食品的需求量也越来越大，消费量、生产量不断增长，这些增长带来的不仅仅是食品行业在食品质量、口味、价格、技术等方面的不断变化与提高，对物流配送等配套服务方面的需求也随之快速增加。我们都知道，与普通常温产品不一样的是，新鲜食材及预制食品在保存、运输和售卖的过程中必须在恒温或者冷藏的环境中才可以很好地保存。因此，冷链物流的发展，是食品企业发展的品质保障。随着冷链物流热起来，市场规模的不断扩大，冷链物流的未来会向着"三高一低"的服务模式发展（高科技、高端人才和高标准、低碳化）。

（二）数字化加速并行

对于企业来说，疫情期间各种新需求的倒逼，将使其更有意愿和动力开展数字化转型。对于冷链行业的未来，企业要注重新技术的投入、高端人才的引入以及搭建规范的品质服务与体系。长三角地区是我国经济发展活跃、开放程度高、创新能力强的区域之一，在国家现代化建设大局和全方位开放格局中具有举足轻重的战略地位。推动长三角冷链一体化发展，增强长三角地区创新能力和冷链物流竞争能力，对引领全国高质量发展、建设现代化经济体系意义重大，领鲜物流也致力于深耕长三角冷链的一体化发展。冷链数字化行业的发展趋势，必须加大科技与信息方面的投入，同时结合"业财一体化"信息项目，实现各物流业务"实时化、可视化、数字化、移动化"；加快整合GPS、AI视频、温控感应、智能钥匙柜及人脸识别等技术设施，利用物联网、大数据实现冷链物流管理升级；导入自动货架、机器人搬运及自动装卸货等智能装备，推进冷链物流数字化、智慧化转型；优化体制、机制，为物流转型发展提供人才和组织保障，紧密与大专院校、行业协会的合作，加大梯队建设，加强人才储备；通过逐步建造国内一流的多业态集约化配送中心，形成多业态集约化配送中心综合体，实现生产与物流的深度融合、信息技术与资源的深度融合、统仓与共配的深度融合，减少中间环节，不断降低物流成本，提升整体效率，响应低碳物流的号召。

（三）深化网络建设

结合《"十四五"现代物流发展规划》，冷链物流将着力健全县、乡、村三级物流体系。由于目前众多冷链物流配送体系的网络分布基本是以行政区划为依据，存在明显的不合理情况，基于大数据的网络优化可能带来显著的成本节约。采用行业内成熟的专业软件，分析现有工厂和仓库及配送点的布局，优化仓库和越库转运点的布局，最终获得在满足客户配送服务要求下，最为经济的整体网络规划，降低整体运输成本。基于给定的配送网络，优化运输网络，实现多点运输的动态优化，提高单一车辆运行频次，减少车辆总体数量；基于给定的配送网点，优化配送路线，减少运输距离，提高运营效率。未来运输领域的核心优势在于具有多方需求的情况下，企业可以整合优化运输需求，把不同客户的运输需求，整合成若干路线的整合运输需求，把半载变成满载，把零担变成整车。现有的便利店配送服务由于配送频率高、配送货量低，导致配送成本较高。为了优化便利店配送成本，可以提高配送货量，共同配送其他货物；降低配送频率，相对增加配送货量；采取其他低成本的配送方法。新建仓库需要根据使用目的、订单特点进行科学规划，提高使用效率，避免现有部分冷库运营条件不合理的情况。仓库建设应注意以下问题：常温库和冷库应该尽量放在同一地点；对现有的常温库进行库位优化，减少拣货行走距离。越库作业的难点在于前后运输的衔接要准确，越库过程要快速，装车卸车要快速。可以在区域中心仓集中分拣，减少在各个越库点进行二次分拣，减少总体的分拣人员；采用标准化的装载器具，提高装卸车的效率。

（作者：光明领鲜）

第五节　四川港投新通道物流产业投资集团有限公司城乡冷链物流供应链体系

四川港投新通道物流产业投资集团有限公司（以下简称新通道物流公司）是四川省港航投资集团有限责任公司直属一类企业，承担着服务和融入西部陆海新通道建设、发展物流产业园区、助力川货出川出海的重要使命。新通道物流公司成立于2020年5月，总资产超过70亿元，年营业收入超100亿元，现有员工200余人。新通道物流公司通过ISO9001国际质量管理体系认证，是全国4A级物流企业、全国3星级冷链物流企业、商务部全国商贸物流重点联系企业、中物联冷链委副会长单位、中国物流学会产学研基地。新通道物流公司与中物联冷链委合作共建国家骨干冷链物流基地（成都），与重庆交通大学、西南交通大学分别合作共建重庆市研究生联合培养基地、四川省轨道交通智能运输组织工程技术研究中心铁路冷链分中心。新通道物流公司《面向西部陆海新通道的冷链物流体系建设及运输组织关键技术研究》科技项目入选交通运输部2022年全国交通运输行业重点科技项目，配套研发的《冷链物流路径规划方法、装置、设备及可读存储介质》获国家发明专利。新通道物流公司先后荣获中国冷链产业十佳冷链仓储设施服务商、中国城市物流优秀案例、四川省青年文明号等荣誉。

长期以来，新通道物流公司立足主责主业，深刻把握高质量发展要求，积极践行新发展理念，狠抓四川特色农牧产品"产—运—销"关键环节，倾力打造集种植（直采）、加工、仓储、运输、分级分拣、城市配送于一体的城乡冷链物流供应链体系，着力畅通四川农牧产品从"农田到餐桌、从枝头到舌尖"的现代产业链，积极满足群众的个性化、持续升级的需求，实现农业增产、农民增收、企业增效、政府增税，把"绿水青山"变成"金山银山"。

一、以市场为导向，着力推进川字号特色农牧产品提质增效

当前，城乡居民的生活方式和消费结构正在发生深刻变化。由于优质农产品的需

求快速扩张，优质绿色健康品牌日益受到消费者的关注，逐渐成为消费农产品的风向标和晴雨表，决定着农产品能否获得市场的认同、能否在激烈的市场竞争中占有一席之地。经过长期的行业摸爬滚打和对行业发展市场的科学把握，新通道物流公司决定依托四川各地的地理位置、气候、土壤、海拔、风俗文化等资源，深挖牦牛肉等"土特产"，引种培育草莓、蓝莓、西蓝花等新产品，打造绿色、优质、健康的农产品品牌，不断满足城乡居民个体化、多样化、高端化消费需求。实践证明，马尔康牦牛肉、金川豌豆尖、西昌白草莓、蒲江猕猴桃等特色产品深受市场认可，且需求仍在扩大。

二、以产品为基础，大力建设特色农牧产品直采直供基地

新通道物流公司坚持主动融入、深度融入四川省委、省政府现代物流体系建设、乡村振兴发展战略以及地方社会经济发展，紧密围绕四川特色农牧产品发展冷链物流。目前，新通道物流公司结合各地实际采用自有种植示范基地、直采基地、订单农业、联合发展等模式，在阿坝州马尔康市、金川县、茂县，凉山州西昌市、德昌县，雅安市芦山县、天全县，成都市蒲江县等地建立牦牛肉、豌豆尖、香菜、西蓝花、白草莓、猕猴桃、车厘子等16个特色农牧产品直采直供基地，总面积达6.6万亩，实现主要农产品长期稳定供应。其中，阿坝州金川县是四川省国资委乡村振兴定点帮扶点。新通道物流公司在金川县打造的"高山鲜"蔬菜示范基地规划面积2000亩，2022年项目一期种植豌豆尖和香菜320亩；2023年种植草莓50亩，并与成渝等地的豌豆尖、香菜、西蓝花形成错季供应，既实现了高品质市场供给，又促进企业增效。项目从种植到采摘再到预分拣包装全部使用当地农民，解决就业100余人，每年带动当地农民增收近100万元，并免费提供优质种子、配备一批懂农业、爱农村、爱农民的技术人员常驻当地指导种植、施肥、养护等，进一步促进当地产业振兴、乡村振兴、农民增收。

三、以物流为核心，全力畅通特色农牧产品城乡冷链物流供应链体系

新通道物流公司坚持从仓储、运输、分级分拣、城市配送等环节发力，推进现代物流与农业产业全面融合，全力畅通农产品仓储保鲜绿色冷链物流体系。目前，新通道物流公司以国家骨干冷链物流基地（成都）为中心，在全省布局"1+N"仓储基地。

"1"即西部陆海新通道综合冷链物流成都国际铁路港基地（以下简称成都冷链物流基地），"N"即全省多个临时气调库和移动冷库。成都冷链物流基地共计规划 310 亩，其中建成投运的一期项目仓储面积达 10000 平方米，共计可储存货物 8000 余吨。同时，在重庆、西安等地设立区域代管仓，在泰国等地设立海外货物收发货仓。新通道物流公司自有及整合冷链车辆超过 200 辆，开通运营城乡冷链物流路线 50 余条，覆盖成渝20 余市，并延伸至粤港湾、长三角、京津翼等地区，目前货物周转量超 100000 吨 / 年。计划 2023 年开通广西友谊关至广东广州，四川成都至西藏昌都，新疆喀什、阿拉山口至四川成都、重庆、广东广州、浙江嘉兴等地的水果运输专线。气调库、移动冷库、冷链车均实现云端全程监控，确保产品可溯源，实现绿色、安全供给。在销售端，新通道物流公司创新搭建"州市生产 + 成都销售""成都总部 + 全国市场"的模式，通过成都批发市场、佳沃、盒马等生鲜头部企业以及京东等电商平台深度合作，实现四川农产品无缝连接全国各地市场。

新通道物流公司依托乡村与城市互联互通的特色农牧产品城乡冷链物流供应链体系，在满足乡村与城市的双向冷链需求的同时，还解决了区域性自然灾害，以及应急状态下的农牧产品烘干难、储存难、运输难、销售难等问题，有效降低了各环节的浪费问题，进一步赋能应急冷链物流网络建设，实现应急状态下持续、稳定地提供冷链物流服务和农牧产品应急保供，并减少农民损失。例如，2022 年 9 月，在成都新冠肺炎疫情期间"买菜难"的情况下，新通道物流公司特色农牧产品城乡冷链物流供应链体系为成渝地区整合果蔬超过 600 万斤，为成都打赢疫情阻击战贡献了力量。

（作者：四川港投新通道物流产业投资集团有限公司）

第六节　便利店驶入发展快车道，连锁化大势所趋

在现代社会快节奏的生活方式中，便利店作为非常有竞争力的零售业态，已经渗入居民的生活。便利店一般是指面积在 50~150 平方米，商品品类有 2000~3000 种，以日常必需品为主，临近居民区，营业时长为 16~24 小时的经营模式，通常全年无休。随着时代的发展，便利店的面积越来越小，商品品类越来越精简，陈列十分有序，但也仍然存在定位不明确、特点不突出等一系列问题。

商务部指出，便利店是服务保障民生、促进便利消费的重要商业设施，是便民惠民的重要零售业态。为全面贯彻落实《关于推动品牌连锁便利店加快发展的指导意见》，进一步提升便利店品牌化、连锁化水平，织密便利店网络，提高便民服务质量，激发消费潜力，《商务部办公厅关于开展便利店品牌化连锁化三年行动的通知》印发，在全国范围开展三年行动，截至2022年，全国便利店门店数量已近30万家，是2019年的13.2万家的两倍多。

文件指出，要聚焦影响便利店发展的关键领域和薄弱环节，加快网点布局，推动数字化改造，建立智慧供应链，通过"新建一批、加盟一批、提升一批"，全面推进便利店品牌化、连锁化发展。包括做大便利店规模、推动提质增效、提升服务能力三项重点任务，以及优化政策环境、完善工作机制、加强企业培育、加强统计监测、加强总结宣传等保障举措。要求进一步深化"放管服"改革，加大政策支持力度，推动便利店品牌化、连锁化发展，成为消费便利的主要载体，便民服务的重要平台。

城乡居民的消费升级，生活节奏日益加快，以及政策的鼎力支持，使连锁便利店的竞争优势越发明显。形成连锁经营，能够充分发挥便利店的规模优势、构建高效的物流配送系统，满足消费者逐渐凸显的个性化需求。在未来的发展中，便利店也需要紧跟时代的需求，系统规划并建立完善的互联网信息管理系统，并对系统进行科学维护和管理，提供多元化服务，从而提高便利店的整体经营效益。

一、便利店的优势及发展潜力

便利店的优势有几个方面：在商品上，食品的即食、规格包装的一次性消费量，精准地切中了消费者的心理需求；在陈列上，便利店面积小，货架低，消费者可以快速找到所需商品，选货后方便迅速付款；在成本上，小型店铺的库存更好周转，面对的租金压力更小；在距离上，一般消费者步行5~10分钟即可到达。

对现代消费需求而言，便利店想要健康发展，在现有优势上还要注重服务能力的多元化建设，展现出多样化、个性化需求的应对能力，比如满足客户手机充电、物品存放、快递收存、代订车票等周边服务。近年来，我国便利店的销售额和规模都在不断增长，2022年，全国便利店销售额从2019年的2556亿元增长至3834亿元。在激烈的现代商业竞争中，服务能力是便利店的核心竞争力，随着自身业态的延展，一些细化的服务在满足了客户购物需求的基础上也增强了客户的黏性，帮助便利店在同质化竞争中脱颖而出。

目前便利店的头部品牌与其他品牌在经营能力和相关服务水平上差距较大，因为品牌知名度不同，供应链管理、服务规范性等方面表现也不同。便利店的连锁化也已经成为一种趋势。

虽然便利店的规模在不断上涨，但是在大环境并不友好的情况下，资金制约了很多便利店规模化的发展。连锁零售业本身就面临诸多的融资问题，尤其是中小型便利店，各国政府针对零售业普遍都提供了政策上的支持，帮助从业者们弥补资金与市场供给之间的空白。我国政府也为扶持中小型便利连锁企业出台了不少政策，并投入了大量资金。比如，取消很多对连锁零售行业的收费项目，在信贷上给予较大支持，地方政府也将扶持连锁便利店发展作为主要工作之一，如完善担保体系，建立担保风险补偿机制，搭建中小便利店融资平台等。

前沿技术的应用也促进了行业的发展，在降低成本、优化管理决策方面都产生了极大的推动力。比如，信息技术与智能技术、控制技术相融合，实现了商品的进、销、存的自动化管理，降低经营成本，提高了便利店商业运行的效率和效益。信息技术在商业领域的创新和应用非常广泛，布局无人零售就是方向之一。随着大数据、人工智能、云计算、移动支付等新兴技术的发展，无人零售便利店的技术越发成熟，不仅解决了人力成本的问题，也在全时段的消费场景中提供了更加轻松、完善的运营方案。

二、便利店如何提升效率

目前来看，我国便利店的运营效率与经营效益仍然会受到一些问题的阻碍。

第一个问题是，在我国，很多便利店的经营理念和定位都不够清晰，照搬了超市的经验和管理模式，使便利店成了小型超市，在成本上没有优势，也很难发挥出便利店的诸多"便利"特性。

第二个问题是，便利店的选址，有很多便利店和大型商超以及其他的小型超市重叠，不仅失去了地理优势，还凸显了价格及选品劣势，盲目开店可能会面临恶劣的生存环境。

第三个问题是，同质化严重，商品缺少特色，竞争力不足。便利店的优势在于服务的多样化和供应的便利性，便利店应当不断拓展业务范围，增加可行的服务项目，将服务多样化，提供更新鲜、营养、健康的食品，而不是沿用超市的食品类型。缺乏有竞争力的战略性产品，便利店就难以开展有效的业态之间的差别竞争。如今，消费者的生活品质有了显著提升,对便利店的食品标准要求也已经从吃饱上升到了吃好。《2023年中国便利店发展报告》指出,便利店应围绕消费者的日常消费场景,拓展更多元、更精选、广度更宽的品类,培养全客群的黏性和忠诚度,增强单店营利能力。

第四个问题是,管理技术落后,物流配送滞后,受制于空间上的局限性。只有依靠科学的管理手段、物流配送和较强的信息技术装备,才能减少进货的不准确性,降低库存、加快资金的周转,提高管理效率。

我国很多小型的便利店还缺乏现代化的物流配送系统,商业特征决定了便利店货物种类繁多,也面临着物流配送要求多样化、配送管理复杂、交货时间长等问题。完善的物流配送可以最大限度地降低门店的库存量,确定订货、补货数量,针对便利店商品品种广泛但没有足够储存场所的特性,配送中心能够及时补充商品尤为重要。高效的物流配送是帮助便利店在竞争中取胜的有力工具,选择合理的物流配送模式,是实现便利店货物高效流通的有效途径。

以2001年成立于上海的某连锁便利店品牌为例,该品牌发展至今已辐射华东、华南等地区,目前在全国已建立超过1000家门店。为其华东地区提供物流配送解决方案的是快行天下。快行天下提供的方案有效解决了该便利店华东各区物流货物管控难、交货时间过长等问题,同时依托大数据分析,迭代运营模式,输出区域销售预测方案,助力物流整体优化迭代。方案的成功主要依赖于以下四个方面。

一是专业、高效的团队。快行天下在进行团队运营时,考虑到便利店所需配送的货物主要是高复购率、周期性短的产品,容易出现配送时间长、破损等情况,因此,在组建项目团队和司机团队时,运营负责人着重挑选了具有零售便利店工作经验的人员,同时,还为司机设计了项目配送考核目标,打造出一支细致专业的运营团队。

二是智能系统的搭建。该项目的特点是配送门店多且交付时间长,这对司机的驾驶技术、精力都是很大的考验。快行天下通过自主研发的物流管理系统,为客户合理规划物流运输任务、实现高效智能调度,通过提取车辆、订单、地点等信息,赋予车辆路径优化、智能订单匹配、智能物流配送等能力,不仅如此,在实现了物流配送全程可视化的同时,客户的货物周转效率也大幅提升,配送时长也从原来24小时缩短至现在的12小时。

三是选择新能源车配送。在该项目中,各种新能源冷藏车得到广泛运用,新能源车在城配物流中充分发挥节能、低碳、降噪的优势,有效节省成本。快行天下的新能源车如图7-4所示。

图7-4　快行天下的新能源车

四是实时高效的物流运输系统。快行天下利用自身强大的物流运输系统，以数智化为核心驱动，为客户创造更大的核心价值，在项目中，根据气象研究部门提供的物流气象信息，运输部门针对雷暴等恶劣天气的提示，提前做好预案，做好充足备货的准备。

与该便利店的成功合作，给了快行天下继续进行数智化产品推广运行的经验与决心。未来通过数智化赋能客户，快行天下还将助力客户在供应链业务模式不断创新和迭代升级过程中，创造更大的价值。

三、三个趋势

通过上述案例可以看到，配送中心是控制便利店进货效率、配置品类以及总量成本核算的关键。与超市相比，便利店对配送的要求更高、更细，需要第三方物流体系来支撑。现代化物流配送体系的建立，可以帮助便利店构建跨区域经营的连锁能力，已经成了便利店发展的重要因素。此外，便利店在扩大规模的同时，还应该完善电子订货系统、增值网络系统、电子数据交换系统等基础设施，及时准确地传递和掌控信息。

第一个趋势是便利店的定位越来越精准。需求的细化，可以让便利店更好地结合自身优势，找准市场定位，避开同质化竞争，向着垂直领域发力。2022年，商务办公区型便利店呈现出增长的趋势，因为该区域的便利店能够解决消费者早餐、中餐、下午茶、晚餐和夜宵的需求，非常契合快节奏工作人员。从目前的经济形势和大众消费习惯、业态特征来看，这一特征可能会是长期的。所以，便利店要根据客户群以及潜在的市场划分，提供差异化的服务。

第二个趋势是规模化的形成。实现规模经营是连锁化的关键所在，在实际运营中，一个便利店连锁品牌要实现盈利，必须依靠近一百家的门店作支撑，其中的物流配送与管理模式相当复杂，总部的资金、技术、品牌都必须有自己的优势和能力。

第三个趋势是自有品牌的发展。便利店的创新能力也是至关重要的，这关系到购物的便利性、经营的独创性以及商品的个性化。依据成熟的连锁品牌经验，独创商品必须占到50%以上才能获取30%的毛利，才能帮助品牌在竞争中立足。

总体来看，随着我国社会的发展，消费者对便利店的需求越来越细分也越来越多样，新的变化会为便利店带来新的机会，同时也在存量市场中引发更加激烈的竞争。因此，从业者们要走规模化的路线，找准自身的定位，建立完善的信息管理系统，提高物流配送和采购效率，通过开展多元化的服务，在发展中延展自身的优势。快行天下也会通过数智化突破连锁品牌在配送方面的种种瓶颈，助力行业走向更广阔的未来。

（作者：快行天下）

第七节　乳制品冷链加速奶业新"食"代

一、乳制品冷链物流发展背景

《"十四五"奶业竞争力提升行动方案》指出，优化奶源区域布局；提升自主育种能力；增加优质饲草料供给；支持标准化、数字化规模养殖；引导产业链前伸后延；稳定生鲜乳购销秩序；提高生鲜乳质量安全监管水平；支持乳制品加工做优做强。

二、卫岗乳业乳制品冷链物流相关业务发展路径

南京卫岗乳业有限公司（以下简称卫岗乳业）始于1928年，其前身是宋庆龄、宋美龄共同创建的国民革命军遗族学校实验牧场。历经90多年的传承创新，卫岗乳业现

已成为国家农业产业化重点龙头企业、中国食品百强企业、江苏省先进乳品生产企业，卫岗牛奶成为中国优质农产品、江苏省名牌产品。

卫岗乳业一直与国家政策同行，优化调整冷链物流布局，加大冷链物流设施设备投入，加强物流信息化、数字化、智能化、绿色化建设，加快乳制品与其他农产品的冷链物流资源整合，同时建立科学、高效、安全的冷链物流过程监督及安全保障体系，保障冷链物流运作安全，引领行业物流标准体系建设，始终保持在行业前列。

卫岗江宁、日照、淮安新工厂及物流基地陆续建成使用，打造智能化物流园区，实现了智能、绿色的仓储物流一体化，大幅提升了物流服务质量。同时，卫岗乳业扩大乳制品冷链物流网络覆盖，整合第三方物流资源，持续发展统仓共配，为农产品供给侧保障持续助力。

三、当前乳制品冷链物流发展面临的制约因素

（一）乳制品冷链物流自动化程度不高

乳制品冷链物流自动化程度不高的原因：一是我国没有统一的冷链物流行业企业标准和完善的冷链物流产业政策扶持，二是实现物流自动化需要巨大的资金投入、需要引入大量的技术设备。农产品利润较薄，而农产品冷链要求又较高，冷链物流资源投入巨大，企业成本压力较大。

（二）人们对冷链物流服务要求极高

随着时代的进步和人们生活水平的提高，人们的饮食要求不再是填饱肚子那么简单，更注重营养的搭配及食品的品质，这就导致人们对冷链物流服务的要求越来越高。乳品企业在产品的物流过程中不仅要考虑时间效应和空间效应，还要保证产品的质量不会在运输、销售过程中下降。例如，当下消费者已不再满足于能喝到酸奶，还要求酸奶中所含的有益菌类没有被破坏。

（三）企业缺乏专业的物流人员

乳品企业注重在生产环节中培养专业的技术人员来操作整个生产线，而忽视了对运输、配送、销售等环节的控制与监督。无论是在生产线，还是在其他任何环节都需要专业的物流人员来完成工作，这样才能保证产品质量一直处于最优状态。

（四）冷链系统缺乏可靠的物流服务商

整个冷链系统中都存在缺乏可靠的物流服务商的情况，尤其是在奶业界，第三方冷链物流服务的发展比较缓慢，能提供综合性、全过程、集成化的冷链物流服务的第三方物流企业不多，目前主要是以提供货物代理、仓储、库存管理、搬运和定向性运输为主。第三方物流服务网络和信息系统不够健全，大大影响了冷链物流的在途质量、准确性和及时性，同时冷链物流的成本和商品损耗率很高。

四、乳制品冷链物流的发展趋势

（一）乳制品冷链物流的服务水平提升

在"十四五"规划背景下，从全国冷链物流资源分布上来看，未来会形成区域较大的冷链物流基地以及一批骨干冷链物流企业，最先、最后"一公里"基础设施得到完善，保障国内各区域的快速覆盖；城乡物流统筹发展，推动完善以县级物流节点为核心、乡镇服务网点为骨架、村级末端站点为延伸的县、乡、村三级物流体系，工业品下乡、农产品出村双向物流服务通道得到升级扩容。乳制品冷链物流作为冷链物流的重要组成之一，侧重乳制品流通体系搭建，也将得到快速发展。同时，伴随消费者质量安全意识的提升，乳制品冷链物流的服务标准日益提高，监督体系日益完善，全程冷链、全程可视化将作为乳制品冷链物流的基本要求。

（二）创新驱动，信息化水平进一步提升

乳制品冷链物流的发展会更加信息化、智能化，物流先进设施设备普及使用。伴随着信息技术、新型智慧装备的广泛应用，现代产业体系质量不断提升，既为物流创新发展注入新活力，也加快了现代物流业数字化、网络化、智慧化进程。

（三）资源充分融合

在乳制品冷链物流服务产品上，各类农产品冷链物流均有较快发展，企业间资源整合日趋增多，产业融合、协同共赢局面普遍形成。

（四）绿色引领，推进节能减排

绿色环保理念贯穿现代物流发展全链条，提升物流可持续发展能力。推进绿色低碳物流创新，依托行业协会等机构，开展绿色物流企业对标、贯标、达标活动，推广

一批节能低碳技术装备，创建一批绿色物流枢纽、绿色物流园区。在运输、仓储、配送等环节，扩大新能源、清洁能源应用。

冷链物流的作用不仅仅是保障高品质市场供给，满足城乡居民个性化、品质化、差异化消费需求，推动消费升级和培育新增长点，更是国家深入实施扩大内需战略和促进形成强大国内市场的重要途径、助力乡村振兴的重要基础、支撑实施食品安全战略和建设健康中国的重要保障。当前，我国物流业仍有巨大的发展潜力和拓展空间。相信在各方努力下，我国物流业将迎来新的发展机遇，加速由"物流大国"迈向"物流强国"，更好地实现地尽其利、货畅其流。

（作者：卫岗乳业）

第八节 大连金普新区冷链物流基地建设

一、"基地所在地"——大连金普新区经济社会发展基本情况

大连市位于中国东北辽东半岛南端，东濒黄海，西临渤海，南与山东半岛隔海相望，北依辽阔的东北平原。全市陆地和岛屿总面积约12574平方公里。毗连海域面积约29000平方公里，海岸线长2211公里，有天然岛屿251个。全市包括10个区市县，149个乡镇(街道)，1683个社区和行政村。考虑经济社会发展需要，全市划分出 12 个"市县级"管理功能区。金普新区设立于2014年6月，是全国第10个、东北地区第一个国家级新区。根据《国务院关于同意设立大连金普新区的批复》(国函〔2014〕76号)，大连金普新区金州区全部行政区域和（原）普兰店市部分地区，总面积约2299平方公里。大连金普新区的核心区域金州区所辖包括25个街道，陆域面积1745.9平方公里，"七普"总人口154.6万。金普新区是我国北方重要的开放热土、活力源泉和对外窗口，也是大连乃至辽宁、东北改革开放事业的发源地。金普新区地处东北亚地理中心位置，背靠广袤的东北大地，濒临浩瀚的黄渤两海，是我国东北地区走向世界的海空门户，也是与东北亚国家经贸往来和开放合作的重要枢纽，在东北老工业基地振兴战略、国家"一带一路"倡议中，位置举足轻重，作用不可替代。1984年10月15日，被誉为"神州第一开发区"的大连经济技术开发区破土动工，奏响了东北地区改革开放的强劲序曲。此后，这里又相继诞生了高新技术产业园区、保税区、金石滩旅游度假区、出口加工区、保税物流园

区、保税港区、辽宁自贸试验区大连片区(大连保税区)，成为全国拥有国家级功能区最多、最全、最具发展活力的区域之一。金普新区是大连市新市区，国家给予的功能定位是"一地一极三区"("一地"即我国面向东北亚区域开放合作的战略高地，"一极"即引领东北地区全面振兴的重要增长极，"三区"即老工业基地转变发展方式的先导区、体制机制创新与自主创新的示范区、新型城镇化和城乡统筹的先行区)。金普新区现代产业基础优势明显。2020年，金普新区地区生产总值为2079.4亿元，占大连全市的29.6%，是大连市综合经济实力最强的发展板块。第一、第二、第三产业比重分别为3.1%、60.4%、36.5%。全区一般公共预算收入152.3亿元。目前，大连市81%的港口吞吐量，64%的国际贸易量，东北地区80%以上的国际集装箱量和大连市60%以上的冷链物流量集中在这一区域。现有各类企业5万多家，其中外资企业5000多家，引进了包括美国英特尔、辉瑞制药、德国大众、日本佳能等来自世界近70个国家和地区的60多个世界500强企业投资建设的近100个项目。培育形成了装备制造、石油化工、电子信息、整车及零部件、港航物流等多个产业集群，初步构建起以工业为主导，以通用航空、新材料等新兴产业和金融、旅游、物流等现代服务业为补充的现代产业体系。金普新区拥有国内首屈一指的全方位交通及现代物流基础设施配置。金普新区地处东北亚地理中心位置和黄渤海经济圈枢纽地带，是大连航运中心核心功能区，建有10万吨级集装箱、30万吨级原油和矿石、大型粮食和汽车滚装等现代化专业泊位，有万吨级以上深水泊位39个，与世界160多个国家和地区的300多个港口有贸易往来，承担了东北地区70%以上的外贸货物运输和90%以上的外贸集装箱运输，年货物吞吐量3.37亿吨、集装箱吞吐量930.1万标箱。金普新区毗邻的大连周水子国际机场有22条国际航线、158条国内航线，年旅客吞吐量1415万人次。位于金州湾的大连新机场正在加快建设，建成后每年进出港旅客将达到3000万以上。沈大高速、丹大高速、哈大高铁、丹大快铁等多条高速公路、国省干道和铁路在此交汇，金普城际铁路、渤海大道即将通车，集疏运体系非常便利。即将开工的大连湾跨海交通工程，将以"桥隧结合"的方式开辟一条新的连接大连主城区与金普新区的快捷通道。由此可见，无论是从经济总量、城市服务功能，还是支撑冷链物流基础设施等多方面分析比较，金普新区是东北地区最适宜建立国家骨干冷链物流基地和区域性冷链物流中心的区域。

二、金普新区冷链物流需求

金普新区具有一定的农业发展空间和优越的自然条件，农业发展现代水平较高，大连金州国家农业科技园区是科技部第二批入选园区。农业部门齐全，设施农业发达，

"两水一菜一花"是农业产业构成特点，水果、水产海珍品及藻类、蔬菜、花卉优势特色明显。布局方面，呈现出"四带、三区、两点、一线"的基本格局，其中大小黑山一线西部区域以大樱桃为主，东部以蔬菜、花卉等为主体的设施农业为主，东西沿海滩涂为海洋牧场区域。农业产业化龙头企业主要有大连友兰企业集团、大连阿蒙德乳业有限公司、大连华农豆业集团股份有限公司等99家。从促进农村一二三产业融合发展优势来看，本地与农产品产销关联的现状规模以上制造业企业74家。根据金普新区在大连市域内的水产品、畜产品、水果蔬菜及其他产品冷链物流领域的现状地位、发展条件和市场潜力综合测算2022—2025年，金普新区的内各类冷链物流货物需求总量450万吨/年，冷链物流营业收入可达152.5亿元/年。综合以上三个空间维度和四类冷链物流货物的评估测算，2022—2025年，基地相关联的冷链物流需求总量为2040万吨，冷链物流营业收入761亿元，具有相当大的市场潜力。根据金普新区在大连市域内的水产品、畜产品、水果蔬菜及其他产品冷链物流领域的现状地位、发展条件和市场潜力综合测算，2022—2025年，金普新区的内各类冷链物流货物需求总量450万吨/年，冷链物流营业收入可达152.5亿元/年。综合以上三个空间维度和四类冷链物流货物的评估测算，2022—2025年，基地相关联的冷链物流需求总量为2040万吨，冷链物流营业收入761亿元，具有相当大的市场潜力。

2021年，进入全国冷链物流百强企业的有大连港毅都冷链有限公司（33位）、大连鲜悦达冷链物流有限公司（第50位）、辽渔集团有限公司（第68位）。

大连港毅都冷链有限公司（以下简称毅都冷链）成立于2004年，注册资本5.21亿元。总部位于大连保税物流园区内，已成为集物流服务、金融服务、贸易服务、交易服务一体的综合性冷链物流企业，致力于成为"生鲜食品供应链最佳服务商"。

毅都冷链分为五期运营，预计总仓储能力53万吨，水果加工库223间，水果储存库25间，专业装卸平台268个。2012年，全国首架水果包机唯一进口商，2018年全国首例水果包船开启水果运输新模式。毅都冷链目前已在美国、南美、欧洲、南非、东南亚、澳大利亚、新西兰等地成立海外采购分公司，在香港、广州、上海、北京、沈阳、长春、哈尔滨等地设立了销售分公司及配送中心。毅都冷鲜港以大连、沈阳、郑州、广州、上海为建设基地，全力打造多地联合、技术一流、信息畅通、政策匹配、国际标准的"一站式"冷链物流服务平台。

三、基地建设情况

本基地冷链物流基础设施主要包括各类冷库、冷链物流通道、冷链物流专用车辆及支撑冷链物流运营的信息系统平台等。

1. 冷库建设情况

基地内现有冷链仓储容积56万吨，未来两年新增60万吨。大窑湾港冷链物流功能区现有项目冷库容积53万吨。①大连港毅都冷链有限公司28.5万吨（毅都一期项目建有4万吨单体冷库，毅都二期项目建设2座共12万吨冷库，毅都水果交易中心项目（毅都四期）0.5万吨冷库）。②大连普冷獐子岛冷链物流有限公司，总存储能力5万吨。③恒浦（大连）国际物流有限公司19.5万吨（恒浦一期项目建有4.5万吨单体冷库，恒浦二期项目建设2座总储存规模15万吨的冷库）。大窑湾港冷链物流功能区在建项目，毅都全球中心仓（毅都五期），主体工程计划于2024年前陆续建成投产，项目建成后将形成冷冻冷藏仓储规模30万吨。三十里堡冷链物流功能区的中铁铁龙冷链发展有限公司食品冷链物流园项目（B地块）仓储库容量5.8万吨，其中冷库容量3万吨。与大连现代农业产业中心项目同步建设项目，2022年3月已开工建设，预计建成后冷链仓储容量达到30万吨。

2. 冷链物流通道

本基地冷链物流通道包括沿海港口——基地物流通道、铁路车站——基地物流通道、基地对外公路交通网络、基地内的"南区"同"北区"区域联系通道。从大窑湾港冷链物流功能区来看，多元化组合型的集疏运体系健全完善。紧邻大窑湾保税港区和铁路中心站，港口和铁路运输条件十分优越。距离大连周水子国际机场直线距离25公里，距离未来大连金州湾新机场直线距离20公里，空港运输基础设施支撑条件比较优越。对外公路交通有大窑湾高速公路、海港大道、港兴大道等主干道连接到区域公路交通，网络体系中，公路交通十分便利。从三十里堡冷链物流功能区来看，大连市渤海岸的对外快速通道渤海大道、辽宁滨海路横贯基地，公路运输十分便利。同是距离大窑湾港、火车站、机场、高速公路出口等物流基础设施节点的直线距离不超过30公里，冷链物流配送车辆能够在30分钟到达现有重要交通运输节点。随着今后铁路专用线接入，冷链物流通道将更加畅通。基地内的"南区"同"北区"区域联系通道有待进一步完善。东部通道沿当前的大窑湾高速公路—爱大线（国道202线）—石北线，总长度36.7公里，今后按照冷链物流通道建设的基本技术要求，平行于以上公路路由建设专业通道。西部通道沿港兴大街—五一路—渤海大道一线，长度44.14公里，今后在现有基础上，增加冷链物流通道要求的基础设施。

3. 冷链物流设施设备

大连现有公路冷链运输专用车辆 5800 多台，具有冷藏运输功能的船舶 110 多艘。

当前，基地内的骨干冷链物流企业中铁铁龙冷链发展有限公司、大连港毅都冷链有限公司、大连普冷獐子岛冷链物流有限公司、恒浦（大连）国际物流有限公司等，均有自身独立的冷链物流管理运营信息系统，但没有兼顾各方的冷链物流公共信息平台。大连已成为当前国内最大冷链物流基地和第二大冷鲜货物进口口岸，口岸的冷链货物吞吐量逐年攀升。每年从大连港进口的冷藏集装箱超过 20 万标箱，进口水果、冻肉等冷藏货物份额多年位居全国前列，菲律宾的香蕉，智力的车厘子，澳大利亚、加拿大的肉类、海鲜都已经成为大众的餐桌食品。冷藏水产等国际中转业务也正以 60% 的年增速快速发展。今后，充分发挥基地的冷链物流枢纽职能，积极对接"一带一路"倡议，有效利用大连港成熟的码头、物流、支线、信息、内陆营销、航线营销等服务网络，发挥大连港水陆运输、铁路运输、环渤海中转网络等优势，整合社会资源，发挥"互联网+"优势，建设口岸冷链物流供应链平台、冷链电子商务平台、口岸冷链金融与贸易平台，完善冷链物流体系功能，为发展建设国际冷链中转基地建设奠定基础。大连港还将依托"中韩俄"物流大通道，实现冷链物流多式联运的大跨域发展，促进港口冷链产业的升级换代，打造东北亚核心的冷链交易、中转、分拨物流基地。

（作者：毅都冷链）

第八章　冷链物流资料汇编

第一节　2022年冷链物流相关政策盘点

序号	发布时间	发文部门	标题	内容摘要	关键词
1	2022-01	国务院	国务院关于支持贵州在新时代西部大开发上闯新路的意见	大力发展现代山地特色高效农业。严格落实全省耕地保护任务与责任，强化耕地数量保护和质量提升，调整优化耕地布局，核实整改补划永久基本农田，促进优质耕地集中连片，到2030年建成高标准农田2800万亩以上。做优做精特色优势农产品，提高重要农产品标准化、规模化、品牌化水平。深入实施品牌强农战略，打造一批区域公用品牌、农业企业品牌和农产品品牌。加快现代种业、特色优势杂粮、优质稻推广，推动山地适用小型农机研发推广应用，推进丘陵山区农田宜机化改造。支持建设产地冷链物流设施，鼓励农业产业化龙头企业、农产品流通企业和大型商超在贵州建设绿色农产品供应基地，推动"黔货出山"	农产品产地冷链物流基础设施
2	2022-01	国务院	国务院关于印发"十四五"节能减排综合工作方案的通知	城镇绿色节能改造工程。全面推进城镇绿色规划、绿色建设、绿色运行管理，推动低碳城市、韧性城市、海绵城市、"无废城市"建设。全面提高建筑节能标准，加快发展超低能耗建筑，积极推进既有建筑节能改造、建筑光伏一体化建设。因地制宜推动北方地区清洁取暖，加快工业余热、可再生能源等在城镇供热中的规模化应用。实施绿色高效	

序号	发布时间	发文部门	标题	内容摘要	关键词
2				制冷行动，以建筑中央空调、数据中心、商务产业园区、冷链物流等为重点，更新升级制冷技术、设备，优化负荷供需匹配，大幅提升制冷系统能效水平。实施公共供水管网漏损治理工程。到2025年，城镇新建建筑全面执行绿色建筑标准，城镇清洁取暖比例和绿色高效制冷产品市场占有率大幅提升	绿色冷链、冷链节能减排
3	2022-01	农业农村部	农业农村部关于落实党中央国务院2022年全面推进乡村振兴重点工作部署的实施意见	加强农产品流通体系建设。大力推进农产品仓储保鲜冷链物流设施建设，支持特色农产品优势区和鲜活农产品生产大县整县推进，促进合作联营、成网配套。认定一批国家级农产品产地市场，指导各地结合实际开展田头市场建设。深入推进"互联网+"农产品出村进城工程，推动建立长期稳定的产销对接关系。培育壮大县级产业化运营主体，优化提升产业链供应链，促进直播电商、社交电商等新业态规范健康发展	农产品冷链物流设施建设
4	2022-01	国家发展改革委、商务部	国家发展改革委 商务部关于深圳建设中国特色社会主义先行示范区放宽市场准入若干特别措施的意见	组织建筑、民用航空、地面交通、无线电等专业机构，制订无人系统接入城市建筑物的统一标准和空域、无线电电磁等环境要求，研究优化无人系统使用频段，推动智能网联无人系统与城市建筑、立体交通、空港码头、5G网络、数据中心的环境适配，率先探索智能网联无人系统在工业生产、物流配送、冷链运输、防灾减灾救灾、应急救援、安全监测、环境监测、海洋调查、海上装备、城市管理、文化旅游等领域的产业化应用，推动海陆空无人系统产业协同发展和技术跨界融合。支持深圳市以宝安区为基础，以机场、	冷链智能装备应用

序号	发布时间	发文部门	标题	内容摘要	关键词
4				港口、物流园区、开发区、铁路物流基地、城市道路、地下管廊、空中海上运输线路为依托，组织重要相关市场主体打造统一共享的底层基础数据体系，率先建设海陆空全空间无人系统管理平台，进一步深化拓展深圳地区无人驾驶航空器飞行管理试点，提升无人驾驶航空器飞行便利性和监管有效性，优化飞行活动申请审批流程，缩短申请办理时限，试点开通深圳与珠海等地无人机、无人船跨域货运运输航线	
5	2022-01	交通运输部	交通运输部关于做好2022年道路水路春运疫情防控和运输服务保障工作的通知	重点督促指导进口冷链物流企业，严格高风险岗位人员管理，加强进口冷链食品装卸、运输环节的人员防护、装备消杀、单证查验、信息登记等防控工作。同时，密切跟踪境外疫情形势变化，督促指导相关物流企业按照有关要求，做好进口高风险非冷链货物运输工具消毒、从业人员防护、应急处置等各项工作	冷链疫情防控
6	2022-01	国务院办公厅	国务院办公厅关于印发推进多式联运发展优化调整运输结构工作方案（2021—2025年）的通知	加强技术装备研发应用。加快铁路快运、空铁（公）联运标准集装器（板）等物流技术装备研发。研究适应内陆集装箱发展的道路自卸卡车、岸桥等设施设备。鼓励研发推广冷链、危化品等专用运输车船。推动新型模块化运载工具、快速转运和智能口岸查验等设备研发和产业化应用	冷链智能装备研发应用
7	2022-02	国务院	国务院关于印发"十四五"国家应急体系规划的通知	消防。超高层建筑、大型商业综合体、城市地下轨道交通、石油化工企业等高风险场所；人员密集场所、"三合一"场所、群租房、生产加工作坊等火灾易发场所；博物馆、文物古建筑、古城古村寨等文物、文化遗产保护场所和易地扶	应急管理、冷链仓储

序号	发布时间	发文部门	标题	内容摘要	关键词
7				贫搬迁安置场所；电动汽车、电动自行车、电化学储能设施和冷链仓库、冰雪运动娱乐等新产业新业态；船舶、船闸、水上加油站等水上设施	
8	2022-02	国务院	国务院关于印发"十四五"推进农业农村现代化规划的通知	推进重点区域农业发展。深入推进京津冀现代农业协同发展，支持雄安新区建设绿色生态农业。深化粤港澳大湾区农业合作，建设与国际一流湾区和世界级城市群相配套的绿色农产品生产供应基地。推进长江三角洲区域农业一体化发展，先行开展农产品冷链物流、环境联防联治等统一标准试点，发展特色乡村经济。发挥海南自由贸易港优势，扩大农业对外开放，建设全球热带农业中心和动植物种质资源引进中转基地。全域推进成渝地区双城经济圈城乡统筹发展，建设现代高效特色农业带	农产品冷链物流
9	2022-02	交通运输部	交通运输部关于做好交通运输业助企纾困扶持政策落实工作的通知	认真落实严格、科学、精准的疫情防控措施，坚决防止和避免"放松防控"和"过度防控"两种倾向，有效恢复和保持服务业发展正常秩序。一是建立精准监测机制，运用大数据手段建立餐厅、商超、景点、机场、港口、冷链运输等服务业重点区域、重点行业从业人员库，落实重点人员和高风险岗位人员核酸检测频次，做到应检尽检。二是提升精准识别能力，确保疫情在服务业场所发生时全力以赴抓好流调"黄金24小时"。三是强化精准管控隔离，科学精准定位服务业重点、高危人群，对密切接触者和密接的密接进行集中隔离医学观察，对其他	冷链疫情防控

序号	发布时间	发文部门	标题	内容摘要	关键词
9				人员按照相关规定进行分类管理。四是推广精准防护理念，餐饮、零售、旅游、交通客运、民航等行业和相关服务场所工作人员做到疫苗应接尽接，建立工作人员每日健康监测登记制度，增强从业人员和公众疫情防控意识	
10	2022-02	中共中央、国务院	中共中央 国务院关于做好2022年全面推进乡村振兴重点工作的意见	加强县域商业体系建设。实施县域商业建设行动，促进农村消费扩容提质升级。加快农村物流快递网点布局，实施"快递进村"工程，鼓励发展"多站合一"的乡镇客货邮综合服务站、"一点多能"的村级寄递物流综合服务点，推进县乡村物流共同配送，促进农村客货邮融合发展。支持大型流通企业以县城和中心镇为重点下沉供应链。加快实施"互联网+"农产品出村进城工程，推动建立长期稳定的产销对接关系。推动冷链物流服务网络向农村延伸，整县推进农产品产地仓储保鲜冷链物流设施建设，促进合作联营、成网配套。支持供销合作社开展县域流通服务网络建设提升行动，建设县域集采集配中心	农产品冷链物流设施建设
11	2022-02	中国民用航空局	民航局关于加快成渝世界级机场群建设的指导意见	面向航空、汽车、电子信息等产业需求和电商速递、生鲜冷链等消费需求，加快提升国际邮件快件、航空转运、跨境电商和冷链物流等专业化保障能力，打造电子货运公共信息服务平台，完善机场口岸功能建设，提升 7×24 小时通关效率	航空冷链物流
12	2022-03	农业农村部	农业农村部关于实施新型农业经营主体提升行动的通知	参与乡村发展和乡村建设。鼓励新型农业经营主体发展新产业新业态，由种养业向产加销一体化拓展。支持县级及以上示范社和示范家庭农场建设农产品仓储保鲜冷链设施，	农产品冷链物流设施建设

序号	发布时间	发文部门	标题	内容摘要	关键词
12				改善生产条件。支持符合条件的新型农业经营主体参与乡村建设，承担土地整治、高标准农田建设、小型农田水利工程等项目实施和农村基础设施运行维护	
13	2022-03	交通运输部	交通运输部关于印发《公路、水路进口冷链食品物流新冠病毒防控和消毒技术指南（第四版）》的通知	货主或货代应主动向承运单位提供相关进口冷链食品海关通关单证，冷链物流企业如实登记装运货物信息、车船信息、司乘人员（船员）信息、装卸货信息及收货人信息等，不得承运无法提供进货来源的进口冷链食品，有关单位应积极配合卫生健康、交通运输、海关、市场监管等部门按职责开展对进口冷链食品采集相关样本及冷链货物运输车辆的核酸检测工作。港口企业、货运场站等经营单位要如实登记进出港口场站的冷链食品运输车辆信息及驾驶员信息。进口商或货主如委托第三方物流公司提供运输、仓储等服务，在货物交付第三方物流公司时，应当主动将相关食品安全和防疫需要的检测信息提供给第三方物流公司。本地肉类屠宰、加工、经营企业，应当严格执行冷链食品的相关质量管理和操作规范，加强环境卫生管理。配合进行冷藏货物新冠病毒检疫的港口作业人员及场站工作人员应相对固定，全程正确穿戴防护服、护目镜、口罩、防护手套等防护用品	冷链疫情防控
14	2022-03	国家发展改革委	国家发展改革委关于印发《2022年新型城镇化和城乡融合发展重点任务》的通知	推进城镇基础设施向乡村延伸。因地制宜推动供水供气供热管网向城郊乡村和规模较大中心镇延伸，农村自来水普及率达到85%。推动县乡村（户）道路联通，促进城乡道	城乡冷链设施建设

序号	发布时间	发文部门	标题	内容摘要	关键词
14				路客运一体化。建设联结城乡的冷链物流、电商平台、农贸市场网络，建设重要农产品仓储设施和城乡冷链物流设施。推动城乡基础设施管护一体化	
15	2022-03	交通运输部、国家发展改革委	交通运输部 国家发展改革委关于印发《多式联运示范工程管理办法（暂行）》的通知	联运模式组织情况。主要包括：多式联运全程运输一体化组织及转运流程优化情况；公铁联运、铁水联运、空陆联运发展情况，高铁快运、双层集装箱运输等新型多式联运组织形式发展情况；冷链、危化品、国内邮件快件等专业化联运发展情况	冷链多式联运
16	2022-03	交通运输部、公安部、商务部	交通运输部 公安部 商务部关于印发《城市绿色货运配送示范工程管理办法》的通知	物流基础。物流枢纽站场等基础设施条件较好，信息化水平较高，物流需求旺盛，城市配送、甩挂运输、冷链物流等重点领域发展潜力大	绿色冷链
17	2022-03	交通运输部、科学技术部	交通运输部 科学技术部关于印发《交通领域科技创新中长期发展规划纲要（2021—2035年)》的通知	壮大供应链服务、冷链快递、高铁快运、双层集装箱运输、即时直递、无人机（车）物流递送等新业态新模式	冷链智能装备应用
18	2022-03	财政部办公厅、商务部办公厅、国家乡村振兴局综合司	关于支持实施县域商业建设行动的通知	以人口相对聚集的乡镇为重点，支持升级改造一批商贸中心、大中型超市、集贸市场等，完善冷藏、陈列、打包、结算、食品加工等设施设备	县域冷链基础设施
19	2022-04	国务院办公厅	国务院办公厅关于进一步释放消费潜力促进消费持续恢复的意见	加快发展冷链物流，完善国家骨干冷链物流基地设施条件，培育一批专业化生鲜冷链物流龙头企业。大力推广标准化冷藏车，鼓励企业研发应用适合果蔬等农产品的单元化包装，推动实现全程"不倒托"	国家骨干冷链物流基地、冷藏车标准化、进口冷链食品、

序号	发布时间	发文部门	标题	内容摘要	关键词
19				"不倒箱"。健全进口冷链食品检验检疫制度，加快区块链技术在冷链物流智慧监测追溯系统建设中的应用，推动全链条闭环追溯管理，提高食品药品流通效率和安全水平	冷链物流智能化系统、信息追溯
20	2022-04	交通运输部、国家铁路局、中国民用航空局、国家邮政局、中国国家铁路集团有限公司	关于加快推进冷链物流运输高质量发展的实施意见	优化枢纽港站冷链设施布局。结合国家冷链物流骨干通道网络建设，依托农产品优势产区、重要集散地和主要销区所在地货运枢纽、主要港口、铁路物流基地、枢纽机场，统筹冷链物流基础设施规划布局，推动铁路专用线进入物流园区、港口码头，完善干支衔接、区域分拨、仓储配送等冷链运输服务功能，提升冷链运输支撑保障能力	冷链基础设施、冷链装备、冷链运输组织模式、冷链监管
21	2022-04	交通运输部办公厅	交通运输部办公厅关于开展冷藏集装箱港航服务提升行动的通知	提升冷藏集装箱道路水路联运服务质量。鼓励推动冷藏集装箱航运企业、道路运输企业、港口企业、货代等企业依托区块链电子放货平台，逐步开展物流信息上链业务，开发应用电子运单，推动实现冷藏集装箱道路水路运输全过程温湿度、位置等信息实时监控，拓展完善物流服务功能，提升全程运输服务质量。鼓励示范创新，北部湾港、厦门港以冷链生鲜货物集装箱为重点，上海港以冷链危险货物集装箱为重点，强化水路与陆路冷藏集装箱运输数据交换共享，实现全程温度"不断链"、位置信息全掌控、货物信息可视化，构建完善冷藏集装箱联运体系	港口冷藏集装箱
22	2022-04	农业农村部、财政部、国家发展改革委	农业农村部 财政部 国家发展改革委关于开展2022年农业现代化示范区创建工作的通知	加强5G、物联网、快递网点等建设，加快农田水利、冷链物流、加工仓储等设施智能化转型	农产品冷链物流设施建设

序号	发布时间	发文部门	标题	内容摘要	关键词
23	2022-04	交通运输部	交通运输部关于进一步统筹做好公路交通疫情防控和保通保畅工作的通知	千方百计保障服务区正常运行。受疫情影响的高速公路服务区要坚持开放运营状态，不得擅自关停。有条件的服务区，可设置高、中风险地区和冷链物流车辆的停放专区以及司乘人员休息专区、安装专用移动卫生间、户外卫生间，或者设置集装箱运输车辆等货车临时专用服务区，实施闭环管理。因出现确诊或密接人员等情况确需关停的，应报经省级联防联控机制批准后方可实施，并提前向社会公布关停信息；根据防疫相关规定，积极配合有关部门完成人员隔离、精准流调、快速处置、全面终末消毒等工作，尽快恢复运行。高速公路服务区临时关停期间，要在严格做好防疫工作的同时，继续保留加油、如厕等服务功能，满足驾乘人员基本需求	冷链车辆疫情防控、保畅保供
24	2022-04	教育部办公厅	学校教职员工疫情防控期间行为指引（试行）	校内负责外出采购以及接受校外物流的工作人员，科学佩戴N95口罩和防疫手套，强化个人防护，按规定做好物流缓冲区物资管理工作，对外来物资配送和快递人员核查、登记与管理，加强冷链食品包装、邮快件预防性消毒，接触校外来人应保持安全距离。根据疫情变化遵守学校相对闭环管理规定，减少或不与校内其他教职员工接触	冷链食品疫情防控
25	2022-05	国务院	国务院关于印发扎实稳住经济一揽子政策措施的通知	在农产品主产区和特色农产品优势区支持建设一批田头小型冷藏保鲜设施，推动建设一批产销冷链集配中心	农产品产地冷链物流基础设施、产销冷链集配中心

序号	发布时间	发文部门	标题	内容摘要	关键词
26	2022-05	国务院办公厅	国务院办公厅关于印发"十四五"国民健康规划的通知	加强免疫规划冷链系统管理，提升追溯能力。加大疑似预防接种异常反应监测力度。巩固重点寄生虫病、地方病防治成果	药品冷链追溯
27	2022-05	财政部办公厅、商务部办公厅	关于支持加快农产品供应链体系建设 进一步促进冷链物流发展的通知	通过中央财政服务业发展资金（以下简称服务业资金）引导有关省（自治区、直辖市，以下统称省）统筹推进农产品供应链体系建设，抓住集散地和销地两个关键节点，进一步聚焦发展农产品冷链物流，提高农产品流通效率和现代化水平	冷链奖补、资金支持
28	2022-06	农业农村部办公厅、财政部办公厅	农业农村部办公厅 财政部办公厅关于做好2022年农产品产地冷藏保鲜设施建设工作的通知	合理集中建设产地冷藏保鲜设施。各地要认真落实"十四五"农产品冷链物流布局规划，加强产地冷藏保鲜设施与冷链集配中心、骨干冷链物流基地的有效衔接，整体构建功能衔接、上下贯通、集约高效的产地冷链物流体系。支持县级以上示范家庭农场和农民专业合作社示范社，已登记的农村集体经济组织等主体，在重点镇和中心村建设产地冷藏保鲜设施，不断提升设施综合利用效率，满足田头贮藏保鲜和商品化处理需要。引导各类市场主体在产地重要流通节点，建设改造产地冷链集配中心，强化产地预冷、分拣分级、初加工、集散配送、产地直销等功能，打造支撑农产品上行的产地综合服务平台。鼓励开展符合实际的冷藏保鲜设施数字化、智能化建设，提升产地冷链物流信息化水平	农产品产地冷链物流基础设施

续表

序号	发布时间	发文部门	标题	内容摘要	关键词
29	2022-07	农业农村部办公厅、国家乡村振兴局综合司、国家开发银行办公室、中国农业发展银行办公室	农业农村部办公厅 国家乡村振兴局综合司 国家开发银行办公室 中国农业发展银行办公室 关于推进政策性开发性金融支持农业农村基础设施建设的通知	现代设施农业。支持发展设施种植业，因地制宜发展温室大棚、戈壁农业、寒旱农业等。支持发展设施畜牧业，发展工厂化标准化集约养殖，推动生猪、肉牛、肉羊、奶牛、蛋鸡、肉鸡等规模化养殖场改造升级，支持优质饲草基地建设及畜禽屠宰加工企业升级改造，支持国家级生猪产能调控基地建设。支持发展立体生态水产养殖，推动陆基工厂化水产养殖和深远海大型智能化养殖渔场建设，加强渔港建设。支持农产品仓储保鲜冷链物流设施建设，重点发展农产品产地冷藏保鲜设施，建设产地冷链集配中心和骨干冷链物流基地	农产品产地冷链物流基础设施、产地冷链集配中心、骨干冷链物流基地
30	2022-07	交通运输部	公路、水路进口冷链食品物流新冠病毒防控和消毒技术指南（第五版）	中转转运装卸货区宜配备封闭式月台，并配有与冷藏运输车辆对接的密封装置。加强入库检验，除查验冷链食品的外观、数量外，还应当查验冷链食品的中心温度。加强库内存放管理，冷链食品堆码应当按规定置于托盘或货架上。冷链食品应当按照特性分库或分库位码放，对温湿度要求差异大、容易交叉污染的冷链食品不应混放。应当定期检测库内的温度和湿度，库内温度和湿度应当满足冷链食品的中转转运要求并保持稳定。定期对中转转运设施内部环境、货架、作业工具等进行清洁消毒，具体清洁消毒措施见"三、装卸、运输过程消毒要求"	冷链疫情防控
31	2022-07	财政部、交通运输部	关于支持国家综合货运枢纽补链强链的通知	规则标准及服务软联通。引导完善与多式联运适配的服务和规则标准。一是加快推动多种运输方式的信息平台互联互通，应用全程"一单制"	冷链多式联运

续表

序号	发布时间	发文部门	标题	内容摘要	关键词
31				联运服务，铁路运单、订舱托运单、场站收据、海运提单、邮政快递运单等实现单证信息交叉验证与互认；促进保单等金融服务产品与联运单全程化匹配。二是丰富联运服务产品，依托综合货运枢纽，提供优质的全程联运方案，实现货运全程跟踪定位查询功能，开展冷链等专业化多式联运业务。三是推动建立健全多式联运标准和规则。包括多式联运的货物品类划分标准、运载单元标准、产品和服务标准、安检标准及安全管理规则、信息互认规则等制度体系	
32	2022-07	交通运输部	国内游轮常态化疫情防控工作指南（第五版）	科学餐饮管理。游轮应当保证船上食物来源卫生安全，使用进口冷链食品应当通过正规渠道采购并经检验检疫合格	进口冷链疫情防控
33	2022—07	交通运输部	交通运输部关于印发《港口及其一线人员新冠肺炎疫情防控工作指南（第十版）》的通知	完成登临国际航行船舶的引航员和作业人员、进口冷链货物直接接触装卸人员等港口高风险岗位人员疫苗接种，增加防疫经费预算	进口冷链疫情防控
34	2022-08	市场监管总局办公厅、教育部办公厅、国家卫生健康委办公厅、公安部办公厅	市场监管总局办公厅 教育部办公厅 国家卫生健康委办公厅 公安部办公厅关于做好2022年秋季学校食品安全工作的通知	严格进口冷链食品等重点食品原料的管理，完善食品追溯体系，查验留存检疫合格证明、核酸检测合格证明及消毒单位出具的消毒证明等	冷链疫情防控

序号	发布时间	发文部门	标题	内容摘要	关键词
35	2022-08	科技部	科技部关于支持建设新一代人工智能示范应用场景的通知	针对智能仓储、智能配送、冷链运输等关键环节，运用人机交互、物流机械臂控制、反向定制、需求预测与售后追踪等关键技术，优化场景驱动的智能供应链算法，构建智能、高效、协同的供应链体系，推进智能物流与供应链技术规模化落地应用，提升产品库存周转效率，降低物流成本	冷链智能装备研发应用
36	2022-08	国家铁路局	铁路进口冷链食品运输新冠病毒防控和消毒技术指南（第四版）	进口冷链食品运输应严格落实货物运输实名制度。托运人应主动向铁路进口冷链食品运输企业提供有效身份证件、托运物品的详细信息和相关进口冷链食品海关通关单证以及相关食品安全和防疫需要的检测信息。铁路进口冷链食品运输企业应查验托运人身份、相关进口冷链食品海关通关单证等，并如实记录相关信息，不得承运无法提供进货来源的进口冷链食品。铁路进口冷链食品运输企业应积极配合卫生健康、交通运输、海关、市场监管等部门按职责开展对进口冷链食品采集相关样本及冷链货物运输工具的核酸检测工作。配合进行冷藏货物新冠病毒检疫的铁路场站工作人员应相对固定，全程正确穿戴防护服、护目镜、口罩、防护手套等防护用品	铁路冷链
37	2022-09	国务院	国务院关于支持山东深化新旧动能转换 推动绿色低碳高质量发展的意见	扎实推进乡村振兴。扛牢维护粮食安全大省责任，严守耕地保护红线，加快推进高标准农田建设，开展盐碱地等耕地后备资源利用。实施种业振兴行动，加快农产品仓储保鲜冷链物流设施建设，建设重要农产品和蔬果供应保障基地。推进绿色生态农业技术研发应用，实现化肥、农药、地膜使用量负增长，提升农业废弃物综合利用水平。实施农房质量安全提升	农产品冷链物流

续表

序号	发布时间	发文部门	标题	内容摘要	关键词
37				工程，深化农村人居环境整治提升。做好黄河滩区居民迁建后续扶持，统筹推进搬迁安置、产业就业、公共设施和社区服务体系建设	
38	2022-09	交通运输部办公厅	智能冷藏集装箱终端设备技术指南	智能冷藏集装箱在装货时对冷藏集装箱机组设定温度和订舱温度进行对比，并提供温度偏差报警。在装货后对冷藏集装箱送回风温度和设定温度进行实时监控，如发生有可能造成货品质的温度偏差进行智能报警。对全程异常断电，如陆路运输卡车未插电和码头作业断电时间过长等场景进行实施监控，同时对冷藏集装箱机组传感器如氧气/二氧化碳浓度进行实时监测和记录，并提供智能报警功能，以上各项功能可时刻掌握货物环境情况，确保货物品质	冷链智能装备研发应用
39	2022-09	农业农村部办公厅	农业农村部办公厅关于深入学习贯彻《中华人民共和国农产品质量安全法》的通知	突出品质提升，鼓励选用优质特色农产品品种，采用绿色生产技术和全程质量控制技术，实施分等分级，打造农产品品牌；支持冷链物流基础设施建设，推动农产品流通现代化，扩大高品质市场供给	农产品冷链物流
40	2022-10	农业农村部、水利部、国家发展改革委、财政部、自然资源部、商务部、中国人民银行、中国银行保险监督管理委员会	关于扩大当前农业农村基础设施建设投资的工作方案	农产品仓储保鲜冷链物流设施建设。目前，果蔬、肉类和水产品产地低温处理率分别仅为11%、52%、54%，果蔬产后损失率超过20%。在结合实际需要、分区分片合理集中建设冷藏保鲜设施的基础上，通过项目带动整省、整市、整县推进，加快完善农产品产地冷链物流设施节点布局、服务网络和支撑体系，融入国家冷链物流骨干通道网络，实现减损增效、顺畅销售。一是产地冷藏保鲜设施。在重点镇和中心村，推进建设一批田头小	农产品冷链物流基础设施

序号	发布时间	发文部门	标题	内容摘要	关键词
40				型冷藏设施，增加产地仓储保鲜库容，筑牢产地冷链物流设施网络基石。 二是产地冷链集配中心。在产地重要流通节点，推进建设一批具有仓储保鲜、初加工、冷链配送能力的产地冷链集配中心，形成支撑农产品上行的产地综合服务平台。 三是产地区域性冷链物流基地。依托国家级农产品产地市场、大型农产品交易中心、大型物流园区、农垦企业集团等主体，建设一批具有引领产业、辐射城乡和"菜篮子"应急保供等能力的产地区域性冷链物流基地。 四是水产品就地加工和冷链物流设施设备。在广东、福建等沿海和湖南、江西等内陆水产养殖大省，建设一批水产品就地加工及冷链物流设施设备，支持淡水鱼、小龙虾等重点品种加工、预制菜生产、海洋食品及功能产品生产	
41	2022-11	交通运输部	公路水路进口冷链食品物流新冠病毒防控和消毒技术指南（第六版）	国际航行船舶经海关检疫，并取得检验检疫证明材料后，船公司或船舶代理出具船员健康承诺，方可安全稳妥地开展港口装卸作业。装卸作业过程中，采取相应的告示牌、警戒线等隔离措施，原则上禁止船员进入码头作业区域；需要船岸配合时，应当要求船员正确佩戴口罩、手套等个人防护用品，并采取轮流作业或增加作业间隔等措施，尽量避免码头人员与船员发生直接接触；对确需上岸作业的船员，应进行体温检测	进口冷链疫情防控

序号	发布时间	发文部门	标题	内容摘要	关键词
42	2022–11	市场监管总局、网信办、发展改革委、科技部、工业和信息化部、民政局、财政部、住房城乡建设部、交通运输部、农业农村部、商务部、文化和旅游部、卫生健康委、人民银行、国资委、税务总局、银保监会、全国工商联	关于印发进一步提高产品、工程和服务质量行动方案（2022—2025年）的通知	推动物流网络化一体化发展，加快城市配送绿色货运、冷链物流发展，完善农村物流服务体系，推广标准化、集装化、单元化物流装载器具和包装基础模数	冷链发展规划
43	2022–11	交通运输部	国内游轮常态化疫情防控工作指南（第六版）	游轮应当保证船上食物来源卫生安全，使用进口冷链食品应当通过正规渠道采购并经检验检疫合格	冷链疫情防控
44	2022–11	交通运输部	港口及其一线人员新冠肺炎疫情防控工作指南（第十一版）	进口冷藏集装箱拆箱作业中，按规定配合做好预防性消毒相关工作，直接接触冷藏货物的人员应定期检测体温，采取严格的防护措施，全程穿防护服、佩戴防护口罩以及防疫手套、防护面罩等用品，避免货物紧贴面部、手触摸口鼻，发生疫情地区按当地规定加大检测频率。冷藏货物检测出现阳性的，装卸人员应立即按规定进行核酸检测，按当地联防联控机制要求进行处置	冷链疫情防控
45	2022–11	农业农村部办公厅、中国农业银行办公室	金融助力畜牧业高质量发展工作方案	完善冷链配送体系和拓展销售网络提升畜禽产品市场流通能力，支持畜禽产品主产区配套建设冷却库，低温分割车间等冷藏加工设施和冷链物流设施	畜禽冷链

序号	发布时间	发文部门	标题	内容摘要	关键词
46	2022-12	国务院办公厅	"十四五"现代物流发展规划	完善冷链物流设施网络。发挥国家物流枢纽、国家骨干冷链物流基地的资源集聚优势，引导商贸流通、农产品加工等企业向枢纽、基地集聚或强化协同衔接。加强产销冷链集配中心建设，提高产地农产品产后集散和商品化处理效率，完善销地城市冷链物流系统。改善机场、港口、铁路场站冷链物流配套条件，健全冷链集疏运网络。加快实施产地保鲜设施建设工程，推进田头小型冷藏保鲜设施等建设，加强产地预冷、仓储保鲜、移动冷库等产地冷链物流设施建设，引导商贸流通企业改善末端冷链设施装备条件，提高城乡冷链设施网络覆盖水平提高冷链物流质量效率。大力发展铁路冷链运输和集装箱公铁水联运，对接主要农产品产区和集散地，创新冷链物流干支衔接模式。发展"生鲜电商＋产地直发"等冷链物流新业态新模式。推广蓄冷箱、保温箱等单元化冷链载器具和标准化冷藏车，促进冷链物流信息互联互通，提高冷链物流规模化、标准化水平。依托国家骨干冷链物流基地、产销冷链集配中心等大型冷链物流设施，加强生鲜农产品检验检疫、农兽药残留及防腐剂、保鲜剂、添加剂合规使用等质量监管。研究推广应用冷链道路运输电子运单，加强产品溯源和全程温湿度监控，将源头至终端的冷链物流全链条纳入监管范围，提升冷链物流质量保障水平。健全进口冷链食品检验检疫制度，筑牢疫情外防输入防线。国家骨干冷链物流基地建设工程。到2025年，面向农产品优势产区、重	冷链基础设施建设

序号	发布时间	发文部门	标题	内容摘要	关键词
46				要集散地和主销区，依托存量冷链物流基础设施群布局建设100个左右国家骨干冷链物流基地，整合集聚冷链物流市场供需、存量设施以及农产品流通、生产加工等上下游产业资源，提高冷链物流规模化、集约化、组织化、网络化水平。探索建立以国家骨干冷链物流基地为核心的安全检测、全程冷链追溯系统。 产地保鲜设施建设工程。到2025年，在农产品主产区和特色农产品优势产区支持建设一批田头小型冷藏保鲜设施，推动建设一批产地冷链集配中心，培育形成一批一体化运作、品牌化经营、专业化服务的农产品仓储保鲜冷链物流运营主体，初步形成符合我国国情的农产品仓储保鲜冷链物流运行模式，构建稳定、高效、低成本运行的农产品出村进城冷链物流网络	
47	2022-12	交通运输部	公路服务区和收费站新冠肺炎疫情防控工作指南（第九版）	对肉类等冷链食品外包装，严格采用有效的低温消毒方法进行消毒处理，并定期对消毒措施执行情况和效果进行评价。对其他货物外包装，根据消毒对象的特点，选择安全有效方式进行预防性消毒，同时做好消毒工作记录和质量控制。直接接触冷链货物的人员，应采取严格的防护措施，并避免货物紧贴面部、手触摸口鼻等动作	冷链疫情防控
48	2022-12	交通运输部	港口及其一线人员新冠肺炎疫情防控工作指南（第十二版）	进口冷藏集装箱拆箱作业中，按规定配合做好预防性消毒相关工作，直接接触冷藏货物的人员应定期检测体温，采取严格的防护措施，全程穿防护服、佩戴防护口罩以及防疫手套、防护面罩等用品，避免货物紧贴面部、手触摸口鼻，发生疫	冷链疫情防控

续表

序号	发布时间	发文部门	标题	内容摘要	关键词
48				情地区按当地规定加大检测频率。冷藏货物检测出现阳性的，装卸人员应立即按规定进行核酸检测，按当地联防联控机制要求进行处置	
49	2022–12	交通运输部	国内游轮常态化疫情防控工作指南（第七版）	游轮应当保证船上食物来源卫生安全，使用进口冷链食品应当通过正规渠道采购并经检验检疫合格	冷链疫情防控
50	2022–12	国家发展改革委	"十四五"扩大内需战略实施方案	推进国家骨干冷链物流基地布局建设，提升冷链物流规模化、集约化、网络化发展水平，加快实施农产品产地仓储保鲜冷链物流设施建设工程	冷链基础设施建设
51	2022–12	中共中央、国务院	扩大内需战略规划纲要（2022—2035年）	加快建设农产品产地仓储保鲜冷链物流设施，提高城乡冷链设施网络覆盖水平，推动食品产销供的冷链全覆盖	农产品冷链物流基础设施
52	2022–12	国务院应对新型冠状病毒感染疫情联防联控机制春运工作专班	2023年综合运输春运新型冠状病毒感染疫情防控指南	进口冷链货物直接接触装卸人员等交通运输从业人员纳入"白名单"管理，优先保障交通运输从业人员口罩、消毒用品、抗原检测试剂、药品等防疫物品供应，优先保障无疫苗接种禁忌、符合接种条件的从业人员完成新冠病毒疫苗加强接种	冷链疫情防控

第二节　2022年冷链物流标准汇总

一、农副产品、食品冷链物流基础标准

序号	标准编号	标准名称	发布日期	实施日期	规定范围
1	GB 7718—2011	食品安全国家标准 预包装食品标签通则	2011–04–20	2012–04–20	本标准适用于直接提供给消费者的预包装食品标签和非直接提供给消费者的预包装食品标签。本标准不适用于为预包装食品在储藏运输过程中提供保护的食品储运包装标签、散装食品和现制现售食品的标识
2	GB/T 14440—1993	低温作业分级	1993–06–10	1994–01–01	本标准规定了低温作业环境冷强度大小及其对人体机能影响程度的级别。本标准适用于对低温作业实施劳动保护分级管理
3	GB/T 18706—2008	液体食品保鲜包装用纸基复合材料	2008–06–25	2008–12–01	本标准规定了液体食品包装用纸基复合材料的分类、要求、试验方法、检验规则、标志、包装、运输和贮存。本标准适用于以原纸为基体，与塑料经复合而成，供液体食品保鲜包装用的复合材料。本标准也适用于以原纸为基体，与塑料、铝箔或其他阻隔材料等经复合而成，供液体食品热灌装用的复合材料
4	GB/T 19480—2009	肉与肉制品术语	2009–04–27	2009–10–01	本标准适用于肉与肉制品的加工、贸易和管理
5	GB/T 26604—2011	肉制品分类	2011–06–16	2011–12–01	本标准规定了肉制品分类的原则及其分类。本标准适用于肉制品的生产、销售和检验
6	GB/T 18517—2012	制冷术语	2012–11–05	2013–03–01	本标准界定了制冷术语。本标准适用于制冷专业的产品制造、工程设计、施工、维护管理以及科研、教育等领域

序号	标准编号	标准名称	发布日期	实施日期	规定范围
7	GB/T 30590—2014	冷冻饮品分类	2014–09–30	2015–02–01	本标准规定了冷冻饮品的术语、定义和分类。本标准适用于冷冻饮品的生产、检验和销售
8	GB/T 21001.1—2015	制冷陈列柜 第1部分：术语	2015–09–11	2016–04–01	GB/T 21001的本部分规定了用于销售和陈列食品的制冷陈列柜的术语和定义。本部分不适用于制冷自动售货机和拟用于餐饮的非零售用的制冷陈列柜
9	GB/T 32950—2016	鲜活农产品标签标识	2016–08–29	2017–03–01	本标准规定了鲜活农产品标签标识的基本要求、内容、方式等。本标准适用于鲜活农产品的标签标识，包括预包装、散装、裸装、储运包装以及现制现售的可食用鲜活农产品和非食用鲜活农产品的标签标识
10	GB/T 34262—2017	蛋与蛋制品术语和分类	2017–09–07	2018–04–01	本标准规定了蛋与蛋制品的术语及其定义，分类原则和分类。本标准适用于蛋与蛋制品的加工、检验、物流和销售
11	GB/T 34343—2017	农产品物流包装容器通用技术要求	2017–10–14	2018–05–01	本标准规定了农产品物流包装容器的基本要求、质量要求、标志要求等内容。本标准适用于农产品物流包装容器的设计、制造、销售和检测
12	GB/T 34344—2017	农产品物流包装材料通用技术要求	2017–10–14	2018–05–01	本标准规定了农产品物流包装材料的基本要求、质量要求等内容。本标准适用于农产品物流过程相关包装材料的制造、销售和检测
13	GB/T 36193—2018	水产品加工术语	2018–05–14	2018–12–01	本标准规定了水产品加工领域常用的基本术语。本标准适用于水产品加工业的生产、流通、科研、教学及管理等相关领域
14	GB/T 37710—2019	粮食物流名词术语	2019–06–04	2020–01–01	本标准界定了粮食物流活动中的基础术语和粮食物流技术、设施设备、信息、经济与管理的术语及其定义。本标准适用于与粮食物流相关的生产、运营、贸易、管理、科研、教学等领域
15	GB/T 40001—2021	食品包装评价技术通则	2021–04–30	2021–11–01	本标准规定了食品包装评价的术语和定义、评价原则及评价要求。本标准适用于食品包装的评价

续表

序号	标准编号	标准名称	发布日期	实施日期	规定范围
16	GB/T 40446—2021	果品质量分级导则	2021–08–20	2022–03–01	本文件规定了果品质量分级的术语和定义、一般规定、分级一般原则、分级要素及指标的选择和确定、分级指标值和级差的确定、容许度规定、大小规格规定、检验和判定规则规定。 本文件适用于以新鲜或原有状态供消费者直接食用的果品分级标准等规范性文件的编制，不包括加工果品
17	GB/T 28577—2021	冷链物流分类与基本要求	2021–11–26	2022–06–01	本文件规定了冷链物流的分类，以及设施设备、信息系统、温度控制、物品保护、质量管理、人员要求、安全管理、环境保护等方面的基本要求。本文件适用于冷链物流及相关领域的管理与运作
18	GB/T 42184—2022	货物多式联运术语	2022–12–31	2022–12–31	本文件界定了货物多式联运的基础术语，以及与货物多式联运的组织形式、装备、设施、换装作业经营者、服务与管理、国际联运相关的常用术语和定义。本文件适用于货物多式联运相关活动
19	GB/T 23156—2022	包装 包装与环境 术语	2022–07–11	2023–02–01	本文件界定了包装与环境领域的有关术语和定义。本文件适用于包装与环境领域
20	JB/T 7249—1994	制冷与空调设备术语	2022–04–08	2022–10–01	本标准规定了制冷与空调设备及其附属设备和控制元器件设计的主要名词术语及定义。本标准适用于制冷与空调行业制定产品标准及编写技术文件。编写和翻译专业手册、教材及书刊时参照使用
21	JT/T 1348—2020	冷链货物空陆联运通用要求	2020–12–30	2021–04–01	本标准规定了冷链货物空陆联运的基本要求及温度监测、设施设备、交接转运、信息采集与追溯、异常情况处理等要求。本标准适用于国内冷链货物航空和道路的联运
22	NY/T 1431—2007	农产品追溯编码导则	2007–09–14	2007–12–01	本标准规定了农产品追溯编码的术语和定义、编码原则和编码对象

序号	标准编号	标准名称	发布日期	实施日期	规定范围
23	NY/T 1056—2021	绿色食品 贮藏运输准则	2021–05–7	2021–11–01	本文件规定了绿色食品储藏与运输的要求。本文件适用于绿色食品的储藏与运输
24	QB/T 5284—2018	冷冻食品术语与分类	2018–07–04	2019–01–01	本标准规定了冷冻食品的术语、分类。本标准适用于冷冻食品工业管理、生产、科研、教学及其他有关领域
25	SB/T 10794.1—2012	商用冷柜 第1部分：术语	2012–09–19	2012–12–01	本部分规定了用于销售和储存食品的商用冷柜的术语和定义
26	SB/T 11073—2013	速冻食品术语	2014–04–06	2014–12–01	本标准规定了速冻食品的通用术语、产品术语与定义。本标准适用于速冻食品的生产、检验、物流和销售服务
27	SC/T 3035—2018	水产品包装、标识通则	2018–12–19	2019–06–01	本标准规定了水产品的包装和标识要求。本标准适用于水产品的包装和标识
28	WB/T 1055—2015	物流从业人员职业能力要求 第1部分：仓储配送作业与作业管理	2015–10–21	2016–02–01	《物流从业人员职业能力要求》的本部分对物流从业人员仓储、配送作业与作业管理的职业能力提出了规范性要求，适用于各类物流企业在仓储、配送的作业和作业管理，生产、商贸流通等企业的物流相关部门可参照使用
29	WB/T 1055—2015	物流从业人员职业能力要求 第2部分：运输运输作业与作业管理	2015–10–21	2016–02–01	《物流从业人员职业能力要求》的本部分规定了物流从业人员运输、运输代理作业与作业管理的职业能力要求。本部分适用于公路运输、铁路运输、航空运输、水路运输和运输代理等各类物流企业的运输、运输代理作业和作业管理，生产、商贸流通等企业的物流相关部门可参照使用

二、农副产品、食品冷链物流设施设备相关标准

序号	分类	标准编号	标准名称	发布日期	实施日期	规定范围
30	冷库	GB 28009—2011	冷库安全规程	2011–12–30	2012–12–01	本标准规定了冷库设计、施工、运行管理及制冷系统长时间停机时的安全要求。本标准适用于以氨、卤代烃等为制冷剂的直接制冷系统及间接制冷系统的冷库。其他类型的冷库和制冷系统可参照执行。本标准不适用于作为产品出售的室内装配式冷库
31		GB 50072—2021	冷库设计标准	2021–06–28	2021–12–01	本标准适用于采用氢、卤代烃及其混合物、二氧化碳为制冷制的亚临界蒸汽压缩直接式制冷系统和采用二氧化碳、盐水等为载冷剂的间接式制冷系统的新建、扩建和改建食品冷库
32		GB 51440—2021	冷库施工及验收标准	2021–06–28	2021–12–01	本标准适用于采用氨、卤代烃及其混和物、二氧化碳为制冷剂的亚临界蒸气压缩直接式制冷系统和采用二氧化碳、盐水等为载冷剂的间接式制冷系统的新建、扩建、改建食品冷库施工及验收
33		GB/T 15912.1—2009	制冷机组及供制冷系统节能测试 第1部分：冷库	2009–10–30	2010–05–01	本部分规定了采用制冷压缩机（机组）、冷凝器、蒸发器及附件、管路等独立零部件在用户现场安装的制冷系统的节能监测内容和节能测试方法。本部分适用于储存空间大于 $500m^3$ 的冷冻、冷藏库（以下简称冷库）
34		GB/T 24400—2009	食品冷库HACCP应用规范	2009–09–30	2010–03–01	本标准规定了食品冷库建立和实施 HACCP 体系的总要求以及文件、良好操作规范（GMP）、卫生标准操作程序（SSOP）、标准操作规程（SOP）、有害微生物检验和HACCP体系的建立规程等要求。本标准适用于食品冷库企业HACCP体系的建立、实施和相关的评价活动
35		GB/T 29372—2012	食用农产品保鲜贮藏管理规范	2012–12–31	2013–07–14	本标准规定了食用农产品保鲜贮藏基本要求、贮藏前的准备、贮藏及运输要求。本标准适用于果蔬、肉类、等的保鲜贮藏

序号	分类	标准编号	标准名称	发布日期	实施日期	规定范围
36	冷库	GB/T 30103.1—2013	冷库热工性能试验方法 第1部分：温度和湿度检测	2013–12–17	2014–11–01	GB/T 30103的本部分规定了各种类型冷库主要性能参数温度和湿度的检测方法。本部分适用于各型冷库的所有冷间及制冷系统中温度和湿度分布、表面温度、环境温度、制冷剂温度、冷风机入出口温度和湿度的测定
37		GB/T 30103.2—2013	冷库热工性能试验方法 第2部分：风速检测	2013–12–17	2014–11–01	GB/T 30103的本部分规定了各种类型冷库主要热工性能的风速参数检测方法。本部分适用于各种类型冷库的所有冷间内有关风速分布的测定
38		GB/T 30103.3—2013	冷库热工性能试验方法 第3部分：围护结构热流量检测	2013–12–17	2014–11–01	GB/T 30103的本部分规定了土建冷库及装配式冷库保温性能中围护结构热流量和传热系数的检测方法。本部分适用于各种类型新旧冷库冷间隔热性能和对能耗影响的计算
39		GB/T 30134—2013	冷库管理规范	2013–12–17	2014–12–01	本标准规定了冷库制冷、电气、给排水系统，库房建筑及相应的设备设施运行管理、维护保养要求和食品贮存管理要求。本标准适用于贮存肉、禽、蛋、水产及果蔬类的食品冷库，贮存其他货物的冷库可参照执行
40		GB/T 31078—2014	低温仓储作业规范	2014–12–22	2015–07–01	本标准规定了低温仓储的入库作业、储存作业、出库作业、环境控制、安全控制及信息处理的要求。本标准适用于公共低温仓库的仓储作业活动，自营低温仓库的仓储作业活动可参照执行。本标准不适用于人工调控气体成分的低温仓库、仓储作业自动化的低温仓库、储存危险品或有毒有害物品的低温仓库，以及国家相关部门有特殊要求的低温仓库的仓储作业活动
41		GB/T 38375—2019	食品低温配送中心规划设计指南	2019–12–31	2020–07–01	本标准给出了食品低温配送中心规划设计的总体原则，并就规划设计、主体建筑、核心功能区、道路及动线、作业设

序号	分类	标准编号	标准名称	发布日期	实施日期	规定范围
41						备选用、信息化管理等提出了设计和规划参考的标准和方法。本标准适用于食品低温配送中心的新建、改建或扩建
42		CB/T 4266—2014	船用食品冷库	2014–05–06	2014–10–01	本标准规定了以硬质聚氨脂泡沫为隔热层组合而成的船用食品冷库（以下简称冷库）的分类和标记、要求、试验方法、检验规则、标志、包装、运输及储存。本标准适用于冷库的制造和验收
43		JB/T 9061—2018	组合冷库	2018–04–30	2018–12–01	本标准规定了组合冷库的术语和定义、型式、型号与基本参数、技术要求、试验方法、检验规则以及标志、包装、运输和贮存。本标准适用于在工厂生产、可部分或整体发运的冷库
44	冷库	SBJ 11—2000	冷藏库建筑工程施工及验收规范（附条文说明）	2000–06–21	2000–08–01	本规范共分为十章三个附录。其主要内容为：总则、材料、砌体工程、模板工程、钢筋工程、混凝土工程、隔汽工程、隔热工程、冷藏门制作安装工程、抹灰工程
45		SB/T 10569—2010	冷藏库门	2010–10–09	2011–06–01	本标准规定了冷藏库门的术语和定义、分类、规格、型号、各项要求、试验方法、检验规则和标志、包装、运输、贮存。本标准适用于主要以建筑钢材、铝合金建筑型材及玻璃钢制作的冷藏库门。本标准仅适用与冷藏库门产品标准。不适用于卷帘门、防火门、防辐射屏蔽门等特种门
46		SB/T 10797—2012	室内装配式冷库	2012–09–19	2012–12–01	本标准规定了室内装配式冷库的产品分类技术要求、试验方法和检验规则。本标准适用于由隔热夹芯板组装公称容积不大于500m³库内温度范围为–60~15℃的，主要用于食品储藏的室内装配式冷库（以下简称冷库）

续表

序号	分类	标准编号	标准名称	发布日期	实施日期	规定范围
47	冷库	SB/T 10870.1—2012	农产品产地集配中心建设规范	2013-01-04	2013-07-01	本标准规定了农产品产地集配中心的场地环境要求、设施设备要求和管理要求。本标准适用于以果蔬为主的农产品产地集配中心建设与评价,其他农产品产地集配中心可参照执行
48		SB/T 10873—2012	生鲜农产品配送中心管理技术规范	2013-01-04	2013-07-01	本标准规定了生鲜农产品配送中心的基本要求、场地环境要求、经营设施设备要求、供应商管理要求和经营管理要求。本标准适用于生鲜农产品配送中心的运营管理
49		SB/T 11091—2014	冷库节能运行技术规范	2014-07-30	2015-03-01	本标准规定了冷库节能运行技术规范的基本要求、冷库建筑的节能要求、制冷系统运行中的节能操作条件、制冷设备运行中的节能条件和制冷系统与设备维护的节能操作等要求。本标准适用于 $500m^3$ 以上的冷库
50	冷藏车	GB 29753—2013	道路运输食品与生物制品冷藏车安全要求及试验方法	2013-09-18	2014-07-01	本标准规定了冷藏车的术语和定义、分类、要求及试验方法。本标准适用于采用已定型汽车整车或二类、三类底盘上改装的装备机械制冷机组的道路运输易腐食品与生物制品的冷藏车和冷藏半挂车
51		GB 1589—2016	汽车、挂车及汽车列车外廓尺寸、轴荷及质量限值	2016-07-26	2016-07-26	本标准规定了汽车、挂车及汽车列车的外廓尺寸、轴荷及质量的限值。本标准适用于在道路上使用的汽车(最大设计总质量超过 26 000 kg 的汽车起重机除外)、挂车及汽车列车。不适用于军队装备的专用车辆
52		GB/T 22918—2008	易腐食品控温运输技术要求	2008-12-31	2009-08-01	本标准规定了易腐食品控温运输的相关术语和定义、运输基本要求、装载要求、运输途中要求、卸货要求和转运接驳要求。本标准适用于易腐食品的公路、铁路、水路及上述各种运输方式的多式联运的运输管理

续表

序号	分类	标准编号	标准名称	发布日期	实施日期	规定范围
53	冷藏车	GB/T 26774—2016	车辆运输车通用技术条件	2016-07-26	2016-07-26	本标准规定了车辆运输车的定义、技术要求、试验方法、检验规则、标志、随车文件、运输、贮存等。本标准适用于在道路上行驶的专门为运输汽车设计的货车、挂车及列车，运载其他类车辆的专用车可参照执行
54		GB/T 40475—2021	冷藏保温车选型技术要求	2021-08-20	2022-03-01	本标准确立了冷藏保温车的分类、整车要求、车厢要求、专用配置要求、车辆选型与车体标识要求。本标准适用于道路运输冷藏保温车的选用
55		QC/T 449—2010	保温车、冷藏车技术条件及试验方法	2010-08-16	2010-12-01	本标准规定了保温车、冷藏车的技术要求、试验方法、检验规则、标志、使用说明书、随车文件、运输、贮存。本标准适用于采用定型汽车底盘改装的保温车、冷藏车和保温半挂车、冷藏半挂车，其他型式的保温车、冷藏车亦可参照执行
56		QC/T 23—2014	鲜奶运输车辆	2014-10-14	2015-04-01	本标准规定了奶罐车的术语、产品分类、技术要求、试验方法、检验规则和标、运输、贮存等。本标准适用于定型汽车底盘改装的装运生鲜奶的罐式汽车及罐式半挂汽车列车
57		SB/T 11092—2014	多温冷藏运输装备技术要求及测试方法	2014-07-30	2015-03-01	本标准规定了多温冷藏运输装备的分类和标记、技术要求、测试方法和检验规则等。本标准适用于多温冷藏汽车、多温冷藏集装箱等各类多温冷藏运输装备。其他型式的多温多空间冷藏运输装备可参照标准执行
58		WB/T 1060—2016	道路运输食品冷藏车功能选用技术规范	2016-10-24	2017-01-01	本标准规定了食品冷藏车的一般要求、其他要求、产品标识、功能选用。本标准适用于道路运输食品冷藏车

序号	分类	标准编号	标准名称	发布日期	实施日期	规定范围
59	冷藏保温箱（厢）	GB/T 20154—2014	低温保存箱	2014–12–05	2015–12–01	本标准规定了低温保存箱的术语与定义、分类与命名、要求、试验方法、检验规则、标志、包装、运输、贮存。本标准适用于封闭式电动机驱动压缩式低温保存箱（以下简称低温箱）
60		GB/T 31550—2015	冷链运输包装用低温瓦楞纸箱	2015–05–15	2016–01–01	本标准规定了冷链运输包装用低温瓦楞纸箱（以下简称为纸箱）产品的分类、要求、试验方法、检验规则、标志、包装、运输和贮存。本标准适用于冷链运输与贮存商品包装用低温单瓦楞纸箱、双瓦楞纸箱的设计、生产及检验
61		GB/T 13145—2018	冷藏集装箱堆场技术管理要求	2018–03–15	2018–10–01	本标准规定了机械式冷藏集装箱堆场应具备的技术管理要求，适用于港口及中转站所设置的冷藏集装箱专用堆场。其他类型冷藏集装箱专用堆场可参照使用。本标准所规定的堆场适用于堆存1EEE、1EE、1AAA、1AA、1A、1CC和1C型机械式冷藏集装箱，但不适用于装载危险货物的机械式冷藏集装箱
62		GB/T 40363—2021	冷藏集装箱和冷藏保温车用硬质聚氨酯泡沫塑料	2021–08–20	2022–03–01	本标准规定了冷藏集装箱冷藏车和保温车用硬质聚氨酯泡沫塑料的分类、要求、试验方法、检验规则、标志、包装、运输与贮存。本标准适用于以多元醇和多异氰酸酯为主要原料发泡生产，用于冷藏集装箱（标箱）、冷藏车和保温车绝热用硬质聚氨酯泡沫塑料。其他冷藏箱、保温箱用聚氨酯泡沫塑料也可参考采用
63		JB/T 6898—2015	低温液体贮运设备使用安全规则	2015–04–30	2015–10–01	本标准规定了低温液体贮运设备的安全要求和措施、事故处理等要求。本标准适用于贮存液氧、液氮、液氩的固定式低温液体容器，运输液氧、液氮、液氩的汽车罐车及罐式集装箱。二氧化碳、氪、氙等非易燃低温液体贮运设备可参照使用本标准贮运氧、氮、氩类低温液体的条款

序号	分类	标准编号	标准名称	发布日期	实施日期	规定范围
64	冷藏保温箱（厢）	JT/T 1288—2020	冷藏集装箱多式联运技术要求	2020-02-28	2020-04-01	本标准规定了冷藏集装箱多式联运的设施设备要求、联运作业要求、联运信息要求。本标准适用于冷藏集装箱的多式联运
65		QB/T 4498—2013	桶装啤酒冷藏箱	2013-07-22	2013-12-01	本标准规定了家用和类似用途桶装啤酒冷藏箱的术语和定义、产品分类与型号命名、要求、试验方法、检验规则、标志、包装、运输和贮存。本标准适用于200L以下的桶装啤酒冷藏箱
66		SN/T 1995—2007	进出口食品冷藏、冷冻集装箱卫生规范	2007-12-24	2008-07-01	本标准规定了进出口食品冷藏、冷冻集装箱卫生规范。本标准适用于进出口食品冷藏、冷冻集装箱检验
67		YZ/T 0174—2020	冷链寄递保温箱技术要求	2020-12-18	2021-03-01	本文件规定了冷链寄递保温箱（以下简称保温箱）的型号，要求，试验方法，检验规则，包装、标志、运输和存储等内容。本文件中适用于除医药冷链外的保温箱的制作、检验、包装标志、运输和存储
68	其他	GB/T 21001.2—2015	制冷陈列柜 第2部分：分类、要求和试验条件	2015-09-11	2016-04-01	GB/T 21001的本部分规定了用于销售和陈列食品的制冷陈列柜的结构、特性和性能的要求，同时也规定了制冷陈列柜的试验条件、试验方法、分类方法、分级方法和由制造商提供的产品标志及产品特性信息。本部分不适用于制冷自动售货机和拟用于餐饮的非零售用的制冷柜；也不适用于陈列柜内所展示食品类型的选择
69		GB/T 21001.3—2015	制冷陈列柜 第3部分：试验评定	2015-09-11	2016-04-01	GB/T 21001的部分在GB/T 21001.2的基础上，补充规定了用于销售和陈列食品的制冷陈列柜的安全和性能的试验评定方法，以及评定依据标准

序号	分类	标准编号	标准名称	发布日期	实施日期	规定范围
70		GB/T 35145—2017	冷链温度记录仪	2017–12–29	2018–07–01	本标准规定了冷链温度记录仪的产品分类和基本参数、技术要求、试验方法、检验规则及标志、包装、贮藏要求。本标准适用于电子式冷链温度记录仪，不适用于机械走纸式记录仪
71		GB/T 10942—2017	散装乳冷藏罐	2017–09–29	2018–04–01	本标准规定了散装乳冷藏罐（以下简称乳罐）的范围、术语、技术要求、试验方法、试验报告。本标准适用于农场、乳收集点的二次挤乳量（24 h）和四次挤乳量（48 h）自动控制的固定式或移动式散装乳冷藏罐
72		GB/T 39907—2021	果蔬类周转箱尺寸系列及技术要求	2021–08–20	2022–03–01	本文件规定了果蔬类产品用周转箱的尺寸系列、技术要求和试验方法。本文件适用于塑料制成的果蔬类产品周转箱的设计与生产
73	其他	GB/T 40065—2021	果蔬类周转箱循环共用管理规范	2021–08–20	2022–03–01	本标准规定了果蔬类产品周转箱循环共用的总体要求、参与方的要求、作业管理要求、信息管理要求，以及评价与改进。本标准适用于用塑料制成的果蔬类产品周转箱循环共用的管理
74		GB/T 40469—2021	畜禽屠宰加工设备 牛屠宰成套设备技术条件	2021–08–20	2022–03–01	本文件规定了牛屠宰成套设备的组成及配置、通用技术要求、主要设备技术要求、检验方法、检验规则、标志、包装、运输和贮存要求。本文件适用于牛屠宰加工成套设备的设计、制造、安装、试验、检验和使用管理
75		GB/T 40470—2021	畜禽屠宰加工设备 禽屠宰成套设备技术条件	2021–08–20	2022–03–01	本文件规定了禽屠宰成套设备的组成及配置、通用技术要求、主要设备技术要求、试验方法、检验规则、标志、包装、运输和贮存的要求。本文件适用于家禽屠宰加工成套设备的设计、制造、安装、试验、检验和使用管理

序号	分类	标准编号	标准名称	发布日期	实施日期	规定范围
76	其他	GB/T 40471—2021	畜禽屠宰加工设备 羊屠宰成套设备技术条件	2021-08-20	2022-03-01	本文件规定了羊屠宰成套设备的组成和配置、通用技术要求、主要设备技术要求、检验方法、检验规则、标志、包装、运输和贮存。本文件适用于羊屠宰加工成套设备的设计、制造、安装、试验、检验和使用管理
77		GB/T 42119—2022	畜禽屠宰加工设备 家禽胴体螺旋冷却设备	2022-12-30	2023-07-01	本文件规定了家禽胴体螺旋冷却设备（以下简称螺旋冷却设备）的配置、技术要求、试验方法、检验规则及标志、包装、运输和贮存。本文件适用于家禽胴体螺旋冷却设备的制造和应用
78		GB/T 42121—2022	畜禽屠宰加工设备 家禽屠宰加工输送设备	2022-12-30	2023-07-01	本文件规定了家禽屠宰加工输送设备的分类和用途、技术要求、试验方法、检验规则及标志、包装、运输和贮存。本文件适用于家禽屠宰加工输送设备的制造、安装和应用
79		DG/T 294—2023	果蔬预冷设备	2023-02-03	2023-02-03	本大纲规定了果蔬预冷设备推广鉴定的鉴定内容、方法和判定规则。本大纲适用于真空预冷机和冷风预冷机的推广鉴定
80		JB/T 12908—2016	冷链物流用蓄冷超导箱式转运设备技术条件	2016-10-22	2017-04-01	本标准规定了冷链物流用蓄冷超导箱式转运设备的术语和定义、分类、基本要求、试验方法、检验规则、标志、包装、运输和贮存等。本标准适用于不同类型、规格的冷链物流用蓄冷超导箱式转运设备
81		JB/T 7244—2018	冷柜	2018-04-30	2018-12-01	本标准规定了冷柜的术语和定义、型式与型号、技术要求、试验方法、检验规则以及标志、包装、运输和贮存。本标准适用于电动机驱动压缩机的自携式冷柜
82		JB/T 14618—2022	冷藏肉腐败变质实时监测装置	2022-09-30	2023-04-01	本文件规定了冷藏肉腐败变质实时监测装置的型号与性能参数、技术要求、试验方法、检验规则及标志、包装、运输和贮存。本文件适用于冷藏肉腐败变质实时监测装置的制造

序号	分类	标准编号	标准名称	发布日期	实施日期	规定范围
83		JB/T 14619—2022	生鲜肉营养成分无损检测装置	2022-09-30	2023-04-01	本文件规定了生鲜肉营养成分无损检测装置的型号与性能参数、技术要求、试验方法、检验规则及标志、包装、运输和贮存。本文件适用于生鲜肉营养成分无损检测装置的制造
84	其他	SN/T 0890—2000	（出口商品）冷藏舱检验规程	2000-06-22	2000-11-01	本标准规定了装运出口肉食、水产品等货物的船舶冷藏舱（室）清洁卫生与冷藏效能检验的技术要求及检验方法
85		SN/T 1995—2007	进出口食品冷藏、冷冻集装箱卫生规范	2007-12-24	2008-07-01	本标准规定了进出口食品冷藏、冷冻集装箱卫生规范。本标准适用于进出口食品冷藏、冷冻集装箱检验

三、农副产品、食品冷链物流技术与管理标准

序号	分类	标准编号	标准名称	发布日期	实施日期	规定范围
86		GB 14881—2013	食品安全国家标准 食品生产通用卫生规范	2013-05-24	2014-06-01	本标准规定了食品生产过程中原料采购、加工、包装、贮存和运输等环节的场所、设施、人员的基本要求和管理准则。本标准适用于各类食品的生产，如确有必要制定某类食品生产的专项卫生规范，应当以本标准作为基础
87	综合	GB 31621—2014	食品安全国家标准 食品经营过程卫生规范	2014-12-24	2015-05-24	本标准规定了食品采购、运输、验收、贮存、分装与包装、销售等经营过程中的食品安全要求。本标准适用于各种类型的食品经营活动
88		GB 31605—2020	食品安全国家标准 食品冷链物流卫生规范	2020-09-11	2021-03-11	本标准规定了食品冷链物流过程中的基本要求、交接、运输配送、储存、人员和管理制度、追溯及召回、文件管理等方面的要求和管理

续表

序号	分类	标准编号	标准名称	发布日期	实施日期	规定范围
88						准则。本标准适用于各类食品出厂后到销售前需要温度控制的物流过程
89		GB 31654—2021	食品安全国家标准 餐饮服务通用卫生规范	2021–02–22	2022–02–22	本标准规定了餐饮服务活动中食品采购、贮存、加工、供应、配送和餐（饮）具、食品容器及工具清洗、消毒等环节场所、设施、设备、人员的食品安全基本要求和管理准则。本标准适用于餐饮服务经营者和集中用餐单位的食堂从事的各类餐饮服务活动，如有必要制定某类餐饮服务活动的专项卫生规范，应当以本标准作为基础
90	综合	GB/T 19220—2003	农副产品绿色批发市场	2003–06–23	2003–12–01	本标准规定了农副产品绿色批发市场管理使用的术语和应遵循的原则，以及对农副产品绿色批发市场场地环境、设施设备、商品质量、商品管理、交易管理、市场管理、市场信用的要求。本标准适用于综合农副产品批发市场和蔬菜、水果、肉禽蛋及水产品等专业农副产品批发市场
91		GB/T 19221—2003	农副产品绿色零售市场	2003–06–23	2004–11–11	本标准规定了绿色零售市场管理使用的术语和遵循的原则，以及对农副产品绿色零售市场场地环境、设施设备、商品质量、商品管理、现场食品加工、定牌食品生产、市场管理、市场信用的要求。本标准适用于经营农副产品的零售场所
92		GB/T 19575—2004	农产品批发市场管理技术规范	2004–08–13	2004–11–01	本标准规定了农产品批发市场的经营环境、经营设施设备和经营管理的技术要求。本标准适用于申请设立和运营中的农产品批发市场，也适用于包含农产品批发交易活动的其他类型的批发市场，大宗农产品电子交易市场除外

序号	分类	标准编号	标准名称	发布日期	实施日期	规定范围
93	综合	GB/T 22502—2008	超市销售生鲜农产品基本要求	2008-11-04	2009-01-20	本标准规定了超市销售生鲜农产品的环境要求、基础设施设备要求、工具容器及包装材料要求、从业人员要求、供应商要求和交易技术要求。本标准适用于经营生鲜农产品的超市
94		GB/T 28843—2012	食品冷链物流追溯管理要求	2012-11-05	2012-12-01	本标准规定了食品冷链物流的追溯管理总则以及建立追溯体系、温度信息采集、追溯信息管理和实施追溯的管理要求。本标准适用于预包装食品从生产结束到销售之前的运输、仓储、装卸等冷链物流环节中的追溯管理
95		GB/T 31086—2014	物流企业冷链服务要求与能力评估指标	2014-12-22	2015-07-01	本标准规定了物流企业从事农产品、食品冷链服务所应满足的基本要求，以及物流企业冷链服务类型、能力级别划分及评估指标。本标准适用于物流企业的农产品、食品冷链服务及管理
96		GB/T 33305—2016	易腐食品加工储运过程信息采集与工艺优化指南	2016-12-13	2017-07-01	本标准规定了易腐食品加工储运过程质量安全信息的采集要求，以及依据过程信息进行工艺优化与评审的流程和内容。本标准适用于易腐食品加工储运过程的信息采集和工艺优化
97		GB/T 36080—2018	条码技术在农产品冷链物流过程中的应用规范	2018-03-15	2018-10-01	本标准规定了条码技术在农产品冷链物流过程中的编码规则、符号表示、检测与质量评价。本标准适用于农产品获取、加工、冷的贮藏、冷链运输及配送、冷藏销售等关键冷链物流环节条码技术的应用

序号	分类	标准编号	标准名称	发布日期	实施日期	规定范围
98	综合	GB/T 36088—2018	冷链物流信息管理要求	2018–03–15	2018–10–01	本标准规定了冷链物流信息管理原则、信息内容和信息管理要求。本标准适用于冷链物流各环节信息的记录和应用
99		GB/T 37060—2018	农产品流通信息管理技术通则	2018–12–28	2019–07–01	本标准规定了农产品流通信息管理的一般要求、信息内容、采集要求、存储要求、交换要求、使用要求和归档要求。本标准适用于农产品流通过程中收购、初加工、交易、储运等环节信息的管理
100		GB/T 24616—2019	冷藏、冷冻食品物流包装、标志、运输和储存	2019–08–30	2020–03–01	本标准规定了冷藏、冷冻食品在物流过程中的包装、标志、运输、储存和追溯要求。本标准适用于冷藏、冷冻食品的物流作业与管理
101		GB/T 38574—2020	食品追溯二维码通用技术要求	2020–03–31	2021–04–01	本标准规定了食品追溯二维码使用原则、目标，数据内容、管理要求。本标准适用于食品追溯二维码在食品追溯体系中的应用
102		GB/T 39058—2020	农产品电子商务供应链质量管理规范	2020–09–29	2021–04–01	本标准规定了电子商务交易环境下食用农产品的采购和供应、初加工处理与包装、贮存与运输、销售、配送等各环节的质量管理要求。本标准适用于电子商务交易环境下食用农产品供应链各环节的相关方在主体资质、设施设备、作业环境过程控制、检验检测、信息记录等方面的质量管理
103		GB/T 39664—2020	电子商务冷链物流配送服务管理规范	2020–12–14	2021–07–01	本标准规定了电子商务冷链物流配送的基本要求、管理要求、作业流程及要求和评审及改进。本标准适用于电子商务冷链物流配送服务提供方对配送作业服务的管理，本标准不适用于医药冷链物流配送

序号	分类	标准编号	标准名称	发布日期	实施日期	规定范围
104		GB/T 40956—2021	食品冷链物流交接规范	2021–11–26	2022–06–01	本文件规定了食品冷链物流交接作业的总体要求和入库、出库、配送交接要求。本文件适用于食品冷链物流过程中的交接管理
105		GB/T 41438—2022	牛肉追溯技术规程	2022–04–15	2022–11–01	本文件确立了牛肉追溯的程序，规定了牛肉追溯目标、精度和范围的确定、追溯码赋码和编码规则，追溯信息采集和输入，追溯码与信息关联，追溯码读取和解码等内容，描述了相应的证实方法。本文件适用于肉牛饲养，交易，屠宰，分割包装、运输和产品销售等过程中追溯的相关技术操作
106	综合	GB/T 41636—2022	易腐加工食品运输储藏品质特征识别与控制技术规范	2022–07–11	2023–02–01	本文件规定了易腐加工食品在运输、储藏过程中的品质特征识别与控制的基本要求、识别要求、控制要求和证实方法。本文件适用于易腐加工食品在运输、储藏过程中的品质特征识别与控制管理
107		GB/T 21720—2022	农贸市场管理技术规范	2022–10–12	2023–05–01	本文件规定了农贸市场经营环境要求、经营设施设备要求和经营管理要求，描述了相应的证实方法。本文件适用于申请开业和运营中农贸市场的管理
108		GH/T 1311—2020	鲜（冻）食用农产品社区配送服务规范	2020–12–07	2021–03–01	本文件规定了鲜（冻）食用农产品服务的术语和定义、基本要求、配送流程、投诉处理、评价与改进等。本文件适用于从配送机构到社区终端的鲜（冻）食用农产品配送服务
109		JT/T 1234—2019	道路冷链运输服务规则	2019–01–02	2019–03–01	本标准规定了道路冷链运输服务的企业、人员、设施设备、作业、文件和记录等要求。本标准适用于道路运输企业从事的普通货物道路冷链运输业务，不适用于危险货物道路冷链运输业务

序号	分类	标准编号	标准名称	发布日期	实施日期	规定范围
110		JT/T 1313—2020	城市配送服务规范	2020-07-31	2020-11-01	本标准规定了城市配送服务的一般要求、单证管理、装卸作业、配送运输、信息服务和服务质量保障。本标准适用于提供城市配送服务的企业，企业内部配送业务可参照使用
111		LY/T 3265—2021	食用林产品质量追溯要求通则	2021-06-30	2022-01-01	本文件规定了食用林产品质量追溯的追溯原则、编码方法、信息采集、信息管理，追溯标识，追溯内部审核、外部监管和质量问题处置等技术要求。本文件适用于食用林产品初级生产阶段（不包括深加工阶段）的质量追溯，追溯体系和标准的设计、制定
112	综合	NY/T 1761—2009	农产品质量安全追溯操作规程 通则	2009-04-23	2009-05-20	本标准规定了农产品质量安全追溯的术语与定义、实施原则与要求、体系实施、信息管理、体系运行自查、质量安全问题处置。本标准适用于农产品质量安全追溯体系的建立与实施
113		NY/T 419—2021	绿色食品 稻米	2021-05-07	2021-11-01	本文件规定了绿色食品稻米的术语和定义要求，检验规则标签，包装，运输和储存。本文件适用于绿色食品稻米包括大米（含糯米）米、胚芽米、蒸谷米、紫（黑）米、红米以及作为绿色食品稻米原料的稻谷，不适用于加入添加剂的稻米
114		NY/T 421—2021	绿色食品 小麦及小麦粉	2021-05-07	2021-11-01	本文件规定了绿色食品小麦及小麦粉的术语和定义要求，检验规则标签，包装，运输和储存。本文件适用于绿色食品小麦小麦粉和全麦粉

序号	分类	标准编号	标准名称	发布日期	实施日期	规定范围
115		NY/T 893—2021	绿色食品 粟、黍、稷及其制品	2021–05–07	2021–11–01	本文件规定了绿色食品粟、黍、稷及其制品的术语和定义，要求，检验规则，标签，包装，运输和储存。本文件适用于绿色食品粟、黍、稷及其制品，包括粟，黍、稷、粟米、黍米、稷米及其加工成的粉状产品
116		NY/T 1512—2021	绿色食品 生面食、米粉制品	2021–05–07	2021–11–01	本文件规定了绿色食品生面食、米粉制品的术语和定义，要求，检验规则，标签，包装，运输和储存。本文件适用于绿色食品生面食制品，米粉制品。生面食制品包括生干面制品（挂面、面叶、通心粉等）和生湿面制品（面条、切面、饺子皮、馄饨皮、烧卖皮等）；米粉制品包括米粉干制品和湿制品
117	综合	NY/T 1890—2021	绿色食品 蒸制类糕点	2021–05–07	2021–11–01	本文件规定了绿色食品蒸制类糕点的术语和定义要求，检验规则，标签，包装，运输和储存。本文件适用于蒸蛋糕类，印模糕类，韧糕类、发糕类、松糕类等绿色食品蒸制类糕点，也适用于绿色食品馒头和花卷
118		NY/T 2108—2021	绿色食品 熟粉及熟米制糕点	2021–05–07	2021–11–01	本文件规定了绿色食品熟粉及熟米制糕点的术语和定义要求，检验规则，标签，包装，运输和储存。本文件适用于绿色食品熟粉及熟米制糕点
119		NY/T 2111—2021	绿色食品 调味油	2021–05–07	2021–11–01	本文件规定了绿色食品调味油的术语和定义要求，检验规则，标签，包装，运输和储藏。本文件适用于绿色食品调味油
120		SB/T 10428—2007	初级生鲜食品配送良好操作规范	2007–07–24	2007–12–01	本标准规定了初级生鲜食品配送组织的质量管理体系、资源管理、配送过程控制和产品召回等方面的要求。本标准适用于初级生鲜食品配送组织

续表

序号	分类	标准编号	标准名称	发布日期	实施日期	规定范围
121	综合	SB/T 10512.4—2008	零售业基层岗位技能要求 生鲜工	2008–12–29	2009–08–01	本标准规定了零售卖场生鲜从业人员应具备的知识和技能。本标准适用于零售卖场对生鲜从业人员技能的鉴定和职业培训
122		SB/T 10678—2012	主食冷链配送良好操作规范	2012–03–15	2012–06–01	本标准规定了主食冷链配送企业的质量管理体系、资源管理、配送过程控制、产品追溯与召回等方面的要求。本标准适用于主食加工配送、冷链物流等企业
123		SB/T 10648—2012	冷藏调制食品	2012–03–15	2012–06–01	本标准规定了冷藏调制食品的术语和定义、分类、技术要求、检验方法、检验规则及标签和标志、包装、贮存、运输、销售及召回的要求。本标准适用于3.1定义产品的生产、检验和销售
124		SB/T 10828—2012	豆制品良好流通规范	2012–12–20	2013–06–01	本标准规定了豆制品良好流通规范的要求。本标准适用于豆制品销售链中采购、流通加工、贮存、运输、销售等流通环节中的任何组织
125		SB/T 10928—2012	易腐食品冷藏链温度检测方法	2013–01–23	2013–09–01	本标准规定了易腐食品冷藏链各环节中环境空气温度和食品温度的检测要求和方法。本标准适用于易腐食品在冷藏链加工、贮藏、运输、销售各环节及环节间的环境空气温度、食品或其包装的表面温度和食品中心温度的测量。通过冷藏链流通的其他货物，其有关温度测量方法可参照本标准执行
126		SB/T 11151—2015	冷链配送低碳化评估标准	2015–11–09	2016–09–01	本标准规定了冷链配送低碳化的定义与适用环节，以及我国冷链配送的低碳化评估指标。本标准适用于冷链配送作业规范与管理

序号	分类	标准编号	标准名称	发布日期	实施日期	规定范围
127	综合	SN/T 1881.2—2007	进出口易腐食品货架贮存卫生规范 第2部分：新鲜果蔬	2007–04–06	2007–10–16	本部分规定了进出口新鲜水果和蔬菜的包装、货架贮存的卫生要求。本部分适用于新鲜水果和蔬菜的货架贮存，包括水果及叶菜类、茎菜类、根菜类、花菜类、茄果类、瓜菜类、豆菜类和新鲜食用菌类货架贮存
128		SN/T 1881.3—2007	进出口易腐食品货架贮存卫生规范第3部分：糕点类食品	2007–04–06	2007–10–16	本部分规定了进出口糕点类食品运输与货架贮存的卫生规范。本部分适用于进出口糕点类食品的运输和货架贮存
129		SN/T 4529.3—2016	供港食品全程RFID溯源规程 第3部分：冷冻食品	2016–06–28	2017–02–01	本部分规定了供港冷冻食品RFID全程溯源体系的实施原则、实施要求、溯源系统模型、信息记录和处理、体系运行自查、溯源管理和产品召回。本部分适用于供港冷冻食品全程RFID溯源体系的构建和实施
130		WB/T 1054—2015	餐饮冷链物流服务规范	2015–10–21	2016–02–01	本标准规定了餐饮冷链物流服务的基本要求、包装、储存、分拣、装卸搬运、运输配送、交接、服务质量的主要评价指标。本标准适用于餐饮食材在流通过程中的冷链物流服务及管理
131		WB/T 1103—2020	食品冷链末端配送作业规范	2020–05–11	2020–06–01	本标准规定了食品冷链末端配送的基本要求和作业要求。本标准适用于食品冷链末端配送作业和管理
132		YZ/T 0162—2017	冷链快递服务	2017–12–20	2018–03–01	本标准规定了冷链快递服务的服务分类、基本要求、服务条件、服务环节、服务质量评价与改进等内容。本标准适用于提供冷链快递服务的组织和人员，药品冷链快递除外

序号	分类	标准编号	标准名称	发布日期	实施日期	规定范围
133	速冻食品	GB 31646—2018	食品安全国家标准 速冻食品生产和经营卫生规范	2018-06-21	2019-06-21	本标准规定了速冻食品原料采购、加工、包装、贮存、运输和销售等环节的场所、设施与设备、人员的基本要求和管理准则。本标准适用于速冻食品，不适用于冷冻饮品
134		GB 19295—2021	食品安全国家标准 速冻面米与调制食品	2021-09-07	2022-03-07	本标准适用于速冻面米和速冻调制食品，不适用于速冻动物性水产制品
135		GB/T 31273—2014	速冻水果和速冻蔬菜生产管理规范	2014-10-10	2015-03-11	本标准规定了速冻水果和速冻蔬菜生产管理规范的术语和定义、总则、文件要求、原料要求、厂房、设施和设备、人员要求、卫生管理、生产过程的控制和质量管理等的要求。本标准适用于速冻水果和蔬菜的生产管理
136		GB/T 34317—2017	食用菌速冻品流通规范	2017-09-07	2018-04-01	本标准规定了食用菌速冻品流通的基本要求、包装、贮存、运输、销售、召回等内容。本标准适用于食用菌速冻品
137		LY/T 3096—2019	速冻山野菜	2019-10-23	2020-04-01	本标准规定了速冻山野菜的要求、试验方法、检验规则及标志、标签、包装、运输和贮存。本标准适用于以山野菜鲜品为原料，经漂烫、速冻加工制成的速冻山野菜产品
138		SB/T 10379—2012	速冻调制食品	2012-12-20	2013-06-01	本标准规定了速冻调制食品的术语和定义、分类、原料和辅料、技术要求、检验方法、判定规则、标签、标志、包装、运输和贮存以及销售和召回的要求。本标准适用于3.1定义产品的生产、检验和销售

续表

序号	分类	标准编号	标准名称	发布日期	实施日期	规定范围
139	速冻食品	SB/T 10699—2012	速冻食品生产管理规范	2012-03-15	2012-06-01	本标准规定了速冻食品生产管理规范的术语和定义、总则、文件要求、原辅料及食品添加剂要求、厂房和设施、人员要求及管理、卫生管理、生产过程的关键控制、质量管理和标识的要求。本标准适用于3.3产品的生产、检验、运输和售后服务
140		SB/T 10824—2012	速冻食品二维条码识别追溯技术规范	2012-12-20	2013-06-01	本标准规定了速冻食品二维条码识别追溯规范的术语和定义、追溯的原则和目标、系统功能、追溯信息的要求。本标准适用于对速冻食品原辅料选用、加工、储运、配送及销售过程信息的可追溯管理
141		SB/T 10827—2012	速冻食品物流规范	2012-12-20	2013-06-01	本标准规定了速冻食品物流规范的术语和定义、速冻食品物流流程、速冻食品品质要求、包装、标签与标志、运输和储藏、配送、销售和召回的要求。本标准适用于速冻食品的流通环节
142	乳制品	GB 12693—2010	食品安全国家标准 乳制品良好生产规范	2010-03-26	2010-12-01	本标准适用于以牛乳（或羊乳）及其加工制品等为主要原料加工各类乳制品的生产企业
143		NY/T 1172—2006	生鲜牛乳质量管理规范	2006-07-10	2006-10-01	本标准规定了生鲜牛乳的质量标准、生产要求、销售、收乳、检验方法、检验规则和法律责任。本标准适用于所有奶牛养殖场、生鲜牛乳收购站、乳制品加工企业、第三方质检机构
144		NY/T 2362—2013	生乳贮运技术规范	2013-05-02	2013-08-01	本标准规定了生乳贮存和运输的术语和定义、贮运工具、贮运工具的清洗消毒、生乳贮存和生乳运输。适用于生鲜乳收购站、牧场、奶牛养殖合作社和生乳运输部门

续表

序号	分类	标准编号	标准名称	发布日期	实施日期	规定范围
145	乳制品	NY/T 3818—2020	农产品质量安全追溯操作规程 乳与乳制品	2020–11–12	2021–04–01	本标准规定了乳与乳制品质址安全追溯术语和定义、要求、追溯码编码、追溯精度、信息采集、信息管理、追溯标识、体系运行自查和质量安全问题处置。本标准适用于乳与乳制品质量安全追溯操作和管理
146		NY/T 657—2021	绿色食品 乳与乳制品	2021–05–07	2021–11–01	本文件规定了绿色食品乳与乳制品的要求，检验规则，标签、包装、运输和储存。本文件适用于绿色食品牛羊乳及其制品，包括生乳，巴氏杀菌乳、灭菌乳，调制乳、发酵乳、炼乳、乳粉、干酪、再制干酪和奶油
147		NY/T 4054—2021	生牛乳质量分级	2021–12–15	2022–06–01	本文件规定了生牛乳质址分级的术语和定义、技术要求、取样、检验方法和检验规则。本文件适用于生牛乳质量分级
148		SN/T 1881.1—2007	进出口易腐食品货架贮存卫生规范 第1部分：液态乳制品	2007–04–06	2007–10–16	本部分适用于以鲜乳或乳粉、植物蛋白乳（粉）、果蔬汁或糖类为原料，添加或不添加食品添加剂与辅料，经杀菌、冷却、接种乳酸菌发酵剂、培养发酵、稀释而制成的活性或非活性饮料运输和货架贮存
149	水产品	GB 20941—2016	食品安全国家标准 水产制品生产卫生规范	2016–12–23	2017–12–23	本标准规定了水产制品生产过程中原料采购、验收、加工、包装、贮存和运输等环节的场所、设施、人员的基本要求和管理准则。本标准适用于水产制品的生产
150		GB/T 23498—2009	海产品餐饮加工操作规范	2009–04–27	2009–12–01	本标准规定了海产品餐饮加工操作的原料和辅料要求及加工经营场所、加工过程管理、卫生管理要求。本标准适用于大中型餐饮企业、集体食堂活集体用餐配送单位的海产品餐饮加工操作。其他加工海产品的餐饮企业可参照执行

序号	分类	标准编号	标准名称	发布日期	实施日期	规定范围
151	水产品	GB/T 24861—2010	水产品流通管理技术规范	2010-06-30	2011-01-01	本标准规定了对水产品流通过程采购、运输、贮存、批发、销售环节和对相关从业人员的要求。本标准适用于鲜、活和冷冻动物性水产品的流通
152		GB/T 26544—2011	水产品航空运输包装通用要求	2011-06-16	2012-01-01	本标准规定了航空运输水产品包装的基本要求、包装材料、包装容器和包装方法。本标准适用于水产品航空运输包装。本标准不适用于有特殊要求的水产品包装
153		GB/T 27638—2011	活鱼运输技术规范	2011-12-30	2012-04-01	本标准规定了活鱼运输的术语和定义、基本要求和充氧水运输、保湿无水运输、活水舱运输和暂养管理技术的要求。本标准适用于商品鱼的活体流通运输，亲鱼、鱼种和鱼苗的运输可参照执行
154		GB/T 29568—2013	农产品追溯要求 水产品	2013-07-19	2013-12-06	本标准规定了水产品供应链可追溯体系的构建和追溯信息的记录要求。本标准适用于水产品供应链中各组织可追溯体系的设计和实施
155		GB/T 31080—2014	水产品冷链物流服务规范	2014-12-22	2015-07-01	本标准规定了水产品冷链物流服务的基本要求、接收地作业、运输、仓储作业、加工与配送、货物交接、包装与标志要求和服务质量的主要评价指标。本标准适用于鲜、活、冷冻和超低温动物性水产品流通过程中的冷链物流服务。水产品生产过程中涉及的水产品冷链物流服务可参照执行
156		GB/T 34767—2017	水产品销售与配送良好操作规范	2017-11-01	2018-05-01	本标准规定了水产品销售操作的基本要求、批发要求、配送要求、零售要求和人员管理。本标准适用于水产品销售与配送活动的质量控制

序号	分类	标准编号	标准名称	发布日期	实施日期	规定范围
157	水产品	GB/T 34770—2017	水产品批发市场交易技术规范	2017–11–01	2018–05–01	本标准规定了水产品批发市场交易环境要求、交易设施设备、交易要求、人员管理要求和记录管理。本标准适用于专业水产品批发市场交易，农产品批发市场中的水产品交易
158		GB/T 36192—2018	活水产品运输技术规范	2018–05–14	2018–12–01	本标准规定了活水产品运输的基本要求、运输工具、运输管理和暂养，适用于活鱼、活虾、活贝、活蟹的运输，其他活水产品可参照执行
159		GB/T 24402—2021	鲅鱼罐头质量通则	2021–08–20	2022–03–01	本文件规定了鱼罐头的产品分类及代号、技术要求、试验方法、检验规则和包装、标志、运输和贮存。本文件适用于以鲜（冻）鲅鱼为主要原料，经去鳞、去头、去内脏、油炸等预处理、装罐、密封、杀菌、冷却制成的上鱼罐头
160		GB/T 40745—2021	冷冻水产品包冰规范	2021–10–11	2022–05–01	本文件规定了冷冻水产品的产品规格分类、包冰技术要求、生产过程中冰衣含量的监控及生产记录。本文件适用于鱼、虾、贝、蟹、头足类等冷冻水产品及其制品的包冰
161		GB/T 40963—2021	冻虾仁	2021–11–26	2022–06–01	本文件规定了冻虾仁的术语和定义，产品分类、要求、试验方法，检验规则、标签、标志、包装、运输和储存。本文件适用于以对虾科（Penaeidae），长额虾科（Pandalidae），褐虾科（Crangonidae），长臂虾科（Palaemonidae），管鞭虾科（Solenoceridae）等虾为原料，经清洗、去头、去壳（或部分去壳）、去肠腺（或不去肠腺）、速冻等工艺得到的产品。以其他品种虾为原料加工的冻虾仁参照执行

续表

序号	分类	标准编号	标准名称	发布日期	实施日期	规定范围
162	水产品	GB/T 41233—2022	冻鱼糜制品	2022–03–09	2022–10–01	本文件规定了冻鱼糜制品的要求、试验方法，检验规则、标识、包装、运输、贮存。本文件适用于以动物性水产品为主要原料，添加食用盐和淀粉等辅料，经一定工艺加工制成的非即食的冻鱼糜制品和冻复合鱼糜制品
163		GB/T 41545—2022	水产品及水产加工品分类与名称	2022–07–11	2023–02–01	本文件规定了水产品及水产加工品的分类原则、产品名称使用规则、产品分类及名称。本文件适用于水产品及水产加工品的统计、生产及流通
164		NY/T 2976—2016	绿色食品 冷藏、速冻调制水产品	2016–10–26	2017–04–01	本标准规定了绿色食品冷藏、速冻调制水产品的术语和定义、分类、要求、检验规则、标签、包装、运输和储存。本标准适用于冷藏或速冻条件下的绿色食品调制水产品。不适用于绿色食品鱼糜制品、海参制品、海蜇制品、蛙类制品、藻类制品、干制水产品、水产调味品、软体动物休闲食品、水产品罐头；也不适用于生食调制水产品，包括生食的酒渍水产品（如醉虾、醉蟹）和生食的腌制水产品（如生食的腌制虾、蟹、贝和泥螺）
165		NY/T 840—2020	绿色食品 虾	2020–08–26	2021–01–01	本标准规定了绿色食品虾的要求、检验规则、标签、包装、运输与储存。本标准适用于绿色食品对虾科、长额虾科，褐虾科，长臂虾科和螯虾科的活虾、鲜虾、速冻生虾，速冻熟虾。冻虾的产品形式可以是冻全虾、去头虾、带尾虾和虾仁，不包括虾干制品

序号	分类	标准编号	标准名称	发布日期	实施日期	规定范围
166	水产品	NY/T 1514—2020	绿色食品 海参及制品	2020-08-26	2021-01-01	本标准规定了绿色食品海参及制品的术语和定义、要求，检验规则，标签、包装、运输和储存。本标准适用于绿色食品海参及制品，包括活海参、盐渍海参、干海参、冻干海参和即食海参
167		NY/T 1515—2020	绿色食品 海蜇制品	2020-08-26	2021-01-01	本标准规定了绿色食品海蜇制品的要求、检验规则、标签、包装、运输和储存。本标准适用于绿色食品海蜇制品，包括盐渍海蜇皮、盐渍海蜇头和即食海蜇
168		NY/T 1516—2020	绿色食品 蛙类及制品	2020-08-26	2021-01-01	本标准规定了绿色食品蛙类及制品的术语和定义、要求，检验规则，标签、包装、运输和储存。本标准适用于活蛙（包括牛蛙、虎纹蛙、棘胸蛙、林蛙、美国青蛙等可供人们安全食用的养殖蛙类）鲜蛙体、干制品、冷冻制品
169		NY/T 1710—2020	绿色食品 水产调味品	2020-08-26	2021-01-01	本标准规定了绿色食品水产调味品的术语和定义、要求、检验规则，标签、包装，运输和储存。本标准适用于绿色食品水产调味品
170		NY/T 841—2021	绿色食品 蟹	2021-05-07	2021-11-01	本文件规定了绿色食品蟹的要求，检验规则、标签、包装、运输和储存。本文件适用于绿色食品蟹，包括淡水蟹活品，海水蟹活品及其初加工冻品
171		NY/T 842—2021	绿色食品 鱼	2021-05-07	2021-11-01	本文件规定了绿色食品鱼的要求，检验规则、标签、包装、运输和储存。本文件适用于绿色食品活鱼，鲜鱼及仅去内脏或者分割加工后进行冷冻的初加工鱼产品
172		NY/T 1709—2021	绿色食品 藻类及其制品	2021-05-07	2021-11-01	本文件规定了绿色食品藻类及其制品的术语和定义、分类，要求，检验规则、标签、包装、运输和储存。本文件适用于绿色食品可食用藻类及其制品

续表

序号	分类	标准编号	标准名称	发布日期	实施日期	规定范围
173	水产品	NY/T 3899—2021	绿色食品 可食用鱼副产品及其制品	2021-05-07	2021-11-01	本文件规定了绿色食品鱼可食用副产品及其制品的术语和定义，要求，检验规则，标签、包装、运输和储存。本文件适用除鱼肉以外的可食用副产品及其加工品，包括鱼籽酱，粗鱼油，精制鱼油和鱼油粉
174		NY/T 4320—2023	水产品产地批发市场建设规范	2023-02-17	2023-06-01	本文件规定了水产品产地批发市场的术语与定义、一般规定、建设规模与项目构成、选址与建设条件、工艺与设备、建设用地与规划布局、建筑工程及配套工程、节能节水与环境保护和主要技术经济指标等内容。本文件适用于以渔港为依托的水产品产地批发市场新建和改扩建项目，综合市场的水产品（批发）大厅可参考执行
175		QB/T 5499—2020	即食虾	2020-12-09	2021-04-01	本标准规定了即食虾的术语和定义、产品分类、要求、试验方法、检验规则、标志、标签、包装、运输和贮存。本标准适用于即食虾的生产、检验和销售
176		SC/T 9020—2006	水产品低温冷藏设备和低温运输设备技术条件	2006-07-10	2006-10-01	本标准规定了水产品低温（-70~-30℃）冷藏、运输设备的技术条件。本标准适用于水产品低温（-70~-30℃）冷藏、运输设备的设计、制造以及产品检验
177		SC/T 6041—2007	水产品保鲜储运设备安全技术条件	2007-12-18	2008-03-01	本标准规定了冷冻、冰鲜、活体水产品储运装备在设计、制造、安装及操作等的安全技术条件。本标准适用于冷库、冻结机、输送机、制冰机、冰柜、海上收鲜船、活鱼运输箱、活鱼运输车船，以及增氧装置、杀菌装置等水产品保鲜储运设备

序号	分类	标准编号	标准名称	发布日期	实施日期	规定范围
178	水产品	SC/T 3115—2022	冻章鱼	2022–11–11	2023–03–01	本文件规定了冻章鱼的原料、食品添加剂、加工用水，感官要求，理化指标、安全指标和净含量等要求，描述了相应的试验方法、检验规则、标签、标志、包装、运输和储存等。本文件适用于短蛸（Octopus ocellatus）、长蛸（Octo pus variabilis）、真蛸（Octopus oulgaris）、卵蛸（Octopus ovalum）等蛸属（Octopus）的章鱼，经去脏或不去脏、漂洗、切割或不切割，冷冻等工艺，进行的冻章鱼生产、管理和贸易
179		SC/T 3058—2023	金枪鱼冷藏、冻藏操作规程	2023–04–11	2023–08–01	本文件确立了海洋捕捞金枪鱼的冷藏、冻藏操作流程，规定了船上操作、装卸、陆上操作、运输等阶段的操作指示，以及各阶段之间的转换条件，描述了船上操作记录、装卸记录、陆上操作记录、运输记录和档案管理等追溯方法。本文件适用于指导海洋捕捞太平洋蓝鳍金枪鱼（Thunnus orientalis）、大西洋蓝鳍金枪鱼（Thunnus thynnus）、南方蓝鳍金枪鱼（Thunnus maccoyii）、黄鳍金枪鱼（Thunnus albacores）、大眼金枪鱼（Thunnus obesus）的船上和陆上冷藏、冻藏操作。其他的金枪鱼品种的冷藏、冻藏操作可参照执行
180		SN/T 1885.1—2007	进出口水产品储运卫生规范 第1部分:水产品保藏	2007–04–06	2007–10–16	本部分规定进出口水产品保藏过程中的卫生要求。本部分适用于进出口淡水或咸水的鱼类、软体的贝类动物、甲壳类等水产品的保藏过程
181		SN/T 1885.2—2007	进出口水产品储运卫生规范 第2部分:水产品运输	2007–04–06	2007–10–16	本部分规定进出口水产品运输过程中的卫生要求。本部分适用于进出口水产品的运输过程

序号	分类	标准编号	标准名称	发布日期	实施日期	规定范围
182	水产品	SB/T 10523—2009	水产品批发交易规程	2009-04-02	2009-12-01	本标准规定了水产品批发交易的总体要求，以及车（船）入场、产品检测、产品陈列与贮存、交易、结算和货物交割、车（船）出厂等方面基本要求
183		SB/T 10877—2012	冷冻对虾购销规范	2013-01-04	2013-07-01	本标准规定了冷冻对虾购销过程中的商品要求、包装与标识、贮藏与保鲜、产地采购要求、批发、销售、购销风险管理和购销管理要求。本标准适用于批发市场和零售市场的冷冻对虾购销
184		SB/T 11032—2013	冷冻水产品购销技术规范	2013-06-14	2014-03-01	本标准规定了冷冻水产品购销过程中的商品质量基本要求、包装与标识、加工、贮藏与保鲜、产地采购要求、运输、批发与零售以及购销管理要求。本标准适用于冷冻水产品（如冻带鱼、冻大黄鱼、冻罗非鱼等）的批发与零售
185		WB/T 1100—2018	活体海产品冷链物流作业规范	2018-07-16	2018-08-01	本标准规定了鲜活甲壳类海产品冷链运输规范的定义、基本要求、包装材料、暂养、包装、装载、运输配送、货物交接、服务质量的主要评价指标。本标准适用于鲜活海产品在活体运输过程中的第三方冷链物流服务及管理
186		YZ/T 0175—2020	鲜活水产品快递服务要求	2020-12-18	2021-03-01	本文件规定了鲜活水产品快递服务的基本要求、服务条件、服务环节以及服务质量评价与改进等内容。本文件适用于提供鲜活水产品快递服务的组织和人员。鲜活水产品邮政服务可参照执行
187	肉制品	GB 12694—2016	食品安全国家标准 畜禽屠宰加工卫生规范	2016-12-23	2017-12-23	本标准规定了畜禽屠宰加工过程中畜禽验收、屠宰、分割、包装、贮存和运输等环节的场所、设施设备、人员的基本要求和卫生控制操作的管理准则。本标准适用于规模以上畜禽屠宰加工企业

续表

序号	分类	标准编号	标准名称	发布日期	实施日期	规定范围
188	肉制品	GB 20799—2016	食品安全国家标准 肉和肉制品经营卫生规范	2016–12–23	2017–06–23	本标准规定了肉和肉制品采购、运输、验收、贮存、销售等经营过程中的食品安全要求。本标准适用于肉和肉制品经营活动。本标准的肉包括鲜肉、冷却肉、冻肉和食用副产品等。本标准不适用于网络食品交易、餐饮服务、现制现售的肉和肉制品经营活动
189		GB/T 17996—1999	生猪屠宰产品品质检验规程	1999–11–10	1999–12–01	本标准规定了生猪屠宰加工过程中产品品质检验的程序、方法及处理。本标准适用于中华人民共和国境内的生猪屠宰加工厂或场
190		GB/T 20809—2006	肉制品生产HACCP应用规范	2006–12–29	2007–06–01	本标准规定了肉制品生产企业建立和实施HACCP体系的总要求以及文件、良好操作规范（GMP）、卫生标准操作程序（SSOP）、标准操作规程（SOP）、有害微生物检验和HACCP体系的建立规程方面的要求、提出了肉制品HACCP计划模式表。本标准适用于肉制品生产企业HACCP体系的建立、实施，可作为相关评价活动的参考依据
191		GB/T 9959.2—2008	分割鲜、冻猪瘦肉	2008–08–12	2008–12–01	本标准规定了分割鲜、冻猪瘦肉的相关术语和定义、技术要求、检验方法、检验规则、标识、贮存和运输。本标准适用于以鲜、冻片猪肉按部位分割后，加工成的冷却（鲜）或冷冻的猪瘦肉
192		GB/T 28640—2012	畜禽肉冷链运输管理技术规范	2012–07–31	2012–11–01	本标准规定了畜禽肉的冷却冷冻处理、包装及标识、贮存、装卸载、运输、节能要求以及人员的基本要求。本标准适用于生鲜畜禽肉从运输准备到实现最终消费前的全过程冷链运输管理

续表

序号	分类	标准编号	标准名称	发布日期	实施日期	规定范围
193	肉制品	GB/T 29342—2012	肉制品生产管理规范	2012-12-31	2013-08-01	本标准规定了肉制品加工的术语和定义、总则、文件要求、原料、辅料、食品添加剂和包装、厂房和设施、设备、人员的要求及管理、卫生管理、生产过程管理、质量管理和标识的要求。本标准适用于肉制品加工企业产品生产过程的质量管理
194		GB/T 30958—2014	生猪屠宰成套设备技术条件	2014-07-08	2015-01-10	本标准规定了生猪屠宰设备制造企业生猪屠宰成套设备配置基本要求和三类生猪屠宰企业工艺装备基本配置要求。本标准适用于新建、扩建和技术改造不同类型的生猪屠宰企业
195		GB/T 34769—2017	肉类批发市场交易技术规范	2017-11-01	2018-02-01	本标准规定了肉类批发市场的交易环境、交易设施设备、交易管理要求、人员管理和记录管理。本标准适用于肉类批发市场交易和农产品批发市场内的肉类交易
196		GB/T 20575—2019	鲜、冻肉生产良好操作规范	2019-03-25	2019-10-01	本标准规定了鲜、冻肉生产的选址及厂区环境、厂房和车间、设施与设备、生产原料要求、检验检疫、生产过程控制、包装、贮存与运输、产品标识、产品追溯与召回管理、卫生管理及控制、记录和文件管理。本标准适用于供人类消费的鲜、冻猪、牛、羊、家禽等产品（包括直接或经进一步加工后供食用的鲜、冻猪、牛、羊、家禽等产品）的生产
197		GB/T 19479—2019	畜禽屠宰良好操作规范 生猪	2019-03-25	2019-10-01	本标准规定了生猪屠宰加工的选址及厂区环境、厂房和车间、设施设备、检验检疫、屠宰加工的卫生控制、包装、贮存和运输、产品追溯与召回管理、人员要求、卫生管理、记录和文件的管理要求。本标准适用于生猪屠宰加工企业

序号	分类	标准编号	标准名称	发布日期	实施日期	规定范围
198	肉制品	GB/T 17236—2019	畜禽屠宰操作规程 生猪	2019-03-25	2019-10-01	本标准规定了生猪屠宰的术语和定义、宰前要求、屠宰操作程序及要求、包装、标签、标志和贮存以及其他要求。本标准适用于生猪定点屠宰加工厂（场）的屠宰操作
199		GB/T 13214—2021	牛肉类、羊肉类罐头质量通则	2021-08-20	2022-09-01	本标准规定了牛肉类、羊肉类罐头的术语和定义、产品分类及代号、要求、试验方法、检验规则及包装、标志、运输、贮存。本标准适用于以牛肉或羊肉（带骨或不带骨）为主要原料，经预处理、装罐、密封、杀菌、冷却制成的罐头食品
200		GB/T 40464—2021	冷却肉加工技术要求	2021-08-20	2022-03-01	本文件规定了冷却肉的屠宰、冷却加工、包装、标识、贮存、运输、记录、追溯和召回等要求。本文件适用于冷却肉生产的屠宰、冷却、分割等初加工
201		GB/T 40465—2021	畜禽肉追溯要求	2021-08-20	2022-03-01	本文件规定了畜禽肉追溯体系目标、要求、实施、评价与改进的要求。本文件适用于畜禽肉在生产、贮存及出厂等环节的追溯体系建设
202		GB/T 40466—2021	畜禽肉分割技术规程 猪肉	2021-08-20	2022-03-01	本文件规定了猪肉分割的术语和定义，原料要求、分割车间基本要求、分割方式、分割程序及要求、标识、包装、贮存和运输要求。本文件适用于鲜、冻猪肉的分制加工
203		GB/T 17238—2022	鲜、冻分割牛肉	2022-04-15	2022-11-01	本文件规定了鲜、冻分割牛肉的产品种类、技术要求、检验规则、标签、标志、包装、贮存和运输要求。本文件适用于以鲜、冻牛胴体、二分体、四分体为原料按部位分割加工的牛肉产品

序号	分类	标准编号	标准名称	发布日期	实施日期	规定范围
204	肉制品	GB/T 17239—2022	鲜、冻兔肉及副产品	2022-04-15	2022-11-01	本文件规定了牛胴体及分割肉质量分级的基本要求、质量等级划分、标志、包装和记录的要求，描述了牛胴体及分割肉的技术指标评定方法和质量等级评定方法。本文件适用于肉牛（牦牛，水牛和小牛除外）的牛肉质量分级
205		GB/T 19676—2022	畜禽肉质量分级 鸡肉	2022-04-15	2022-11-01	本文件规定了肉鸡胴体及分割肉质量分级的基本要求、质量等级划分、标志、包装和记录要求，描述了肉鸡胴体及分割肉的技术指标评定方法、质量等级评定方法。本文件适用于屠宰加工企业的肉鸡胴体及分割肉的质量分级
206		GB/T 29392—2022	畜禽肉质量分级 牛肉	2022-07-11	2023-02-01	本文件规定了牛胴体及分割肉质量分级的基本要求、质量等级划分、标志、包装和记录的要求，描述了牛胴体及分割肉的技术指标评定方法和质量等级评定方法。本文件适用于肉牛（牦牛，水牛和小牛除外）的牛肉质量分级
207		GB/T 42069—2022	瘦肉型猪肉质量分级	2022-10-12	2023-05-01	本文件规定了瘦肉型猪肉质量分级的技术要求，评定方法、标志与标识。本文件适用于瘦肉型猪的胴体及其主要部位肉的质量分级
208		GB/T 42120—2022	冻卷羊肉	2022-12-30	2023-07-01	本文件规定了冻卷羊肉的分类及规格、技术要求、标识、包装、贮存和运输要求，描述了冻卷羊肉的试验方法和检验规则。本文件适用于以羔羊肉、大羊肉加工而成的冻卷羊肉。冻砖羊肉参照使用

续表

序号	分类	标准编号	标准名称	发布日期	实施日期	规定范围
209	肉制品	GB/T 23586—2022	酱卤肉制品质量通则	2022–12–30	2022–12–30	本文件规定了酱卤肉制品的产品分类、原辅料要求、技术要求、生产加工管理、检验规则、标志、包装、贮存、运输及销售的要求，描述了检验方法。本文件适用于酱卤肉制品的生产，检验和销售
210		JB/T 14618—2022	冷藏肉腐败变质实时监测装置	2022–09–30	2023–04–01	本文件规定了冷藏肉腐败变质实时监测装置的型号与性能参数、技术要求、试验方法、检验规则及标志、包装、运输和贮存。本文件适用于冷藏肉腐败变质实时监测装置的制造
211		NY/T 1764—2009	农产品质量安全追溯操作规程 畜肉	2009–04–23	2009–05–20	本标准规定了畜肉质量追溯术语和定义、要求、信息采集、信息管理、编码方法、追溯标识、体系运行自查和质量安全问题处置。本标准适用于猪、牛、羊等畜肉质量安全追溯
212		NY/T 2534—2013	生鲜畜禽肉冷链物流技术规范	2013–12–12	2014–04–01	本标准规定了生鲜畜禽肉冷链物流过程的术语和定义、冷加工、包装、贮存、运输、批发及零售的要求。本标准适用于生鲜畜禽肉从冷加工到零售终端的整个冷链物流过程中的质量控制
213		NY/T 3469—2019	畜禽屠宰操作规程 羊	2019–08–01	2019–11–01	本标准规定了羊屠宰的术语和定义、宰前要求、屠宰操作程序和要求、冷却、分割、冻结、包装、标签标志和储存及其他要求。本标准适用于羊屠宰厂（场）的屠宰操作
214		NY/T 3471—2019	畜禽血液收集技术规范	2019–08–01	2019–11–01	本标准规定了畜禽血液收集的术语和定义、基本要求、收集要求、检验检疫要求、储藏要求、运输要求、产品追溯和召回、记录和文件管理。本标准适用于食用血制品原料的畜禽血液收集

序号	分类	标准编号	标准名称	发布日期	实施日期	规定范围
215	肉制品	NY/T 3383—2020	畜禽产品包装与标识	2020-08-26	2021-01-01	本标准规定了畜禽产品包装与标识的术语和定义、包装和标识要求。本标准适用于屠宰加工厂的鲜,冻畜禽产品包装与标识
216		NY/T 3741—2020	畜禽屠宰操作规程 鸭	2020-08-26	2021-01-01	本标准规定了鸭屠宰的术语和定义、宰前要求、屠宰操作程序及要求、包装、标签、标志和储存以及其他要求。本标准适用于鸭屠宰企业的屠宰操作
217		NY/T 3742—2020	畜禽屠宰操作规程 鹅	2020-08-26	2021-01-01	本标准规定了鹅屠宰的术语和定义、宰前要求、屠宰操作程序及要求、包装、标签、标志和储存以及其他要求。本标准适用于鹅屠宰企业的屠宰操作
218		NY/T 3743—2020	畜禽屠宰操作规程 驴	2020-08-26	2021-01-01	本标准规定了驴屠率的术语和定义、宰前要求、屠宰操作程序及要求、冷却、分制、冻结、包装、标签、标志和储存以及其他要求。本标准适用于驴屠宰企业的居宰操作
219		NY/T 753—2021	绿色食品 禽肉	2021-05-07	2021-11-01	本文件规定了绿色食品禽肉的术语和定义、要求,检验规则、标签,包装、运输和储存。本文件适用于绿色食品鲜禽肉、冷却禽肉及冷冻禽肉
220		NY/T 1564—2021	畜禽肉分割技术规程 羊肉	2021-11-09	2022-05-01	本文件规定了羊肉分割的术语和定义、原料要求、分割车间基本要求、分割方式、分割程序及要求、标签、标志、包装、储存和运输要求。本文件适用于羊肉的分割加工
221		NY/T 3962—2021	畜禽肉分割技术规程 鸭肉	2021-11-09	2022-05-01	本文件规定了鸭肉分割的术语和定义、原料要求、分割车间要求、分割程序及要求、标签、标志、包装、储存和运输要求。本文件适用于鸭肉的分割加工

续表

序号	分类	标准编号	标准名称	发布日期	实施日期	规定范围
222	肉制品	NY/T 3963—2021	畜禽肉分割技术规程 牦牛肉	2021-11-09	2022-05-01	本文件规定了牦牛肉分割的术语和定义、原料要求、分割车间基本要求、分割程序及要求、标签、标志、包装、储存和运输要求。本文件适用于牦牛肉的分割加工
223		NY/T 4026—2021	冷却肉加工及流通技术规范	2021-12-15	2022-06-01	本文件规定了冷却肉加工、运输、销售、追溯与召回、记录等要求。本文件适用于冷却肉的加工及流通
224		SB/T 10481—2008	低温肉制品质量安全要求	2008-09-27	2009-03-01	本标准规定了低温肉制品原辅料和包装材料的要求、质量指标、生产加工过程的卫生要求、检验方法、检验规则、包装、标识、贮藏、运输、销售和产品质量检验
225		SB/T 10730—2012	易腐食品冷藏链技术要求 禽畜肉	2012-08-01	2012-11-01	本标准规定了猪、牛、羊和鸡、鸭、鹅等肉类食品（以下简称畜禽肉）在冷藏链中的加工、贮藏、运输、销售各环节及环节间的技术要求。本标准适用于供人类食用的冷却、冷冻畜禽肉。本标准不适用于肉类制品
226		SB/T 10731—2012	易腐食品冷藏链操作规范 畜禽肉	2012-08-01	2012-11-01	本标准规定了猪、牛、羊和鸡、鸭、鹅等肉类食品在冷藏链中的加工、贮藏、运输、销售各环节及环节间的操作要求。本标准适用于供人类食用的冷却、冷冻畜禽肉。本标准不适用于肉类制品
227		SB/T 10408—2013	中央储备肉冻肉储存冷库资质条件	2014-04-06	2014-12-01	本标准规定了中央储备冻肉储存冷库的质量管理体系、环境、设施设备、管理、安全、人员、资信、出入库管理及其他要求等方面的要求。本标准适用于中央储备冻肉储存冷库的确立、管理和公检
228		SN/T 1881.4—2007	进出口易腐食品货架贮存卫生规范 第4部分：熟肉制品	2007-04-06	2007-10-16	本部分规定了进出口熟肉制品运输与货架贮存的要求。本部分适用于进出口熟肉制品的运输和贮存

序号	分类	标准编号	标准名称	发布日期	实施日期	规定范围
229	肉制品	SN/T 0396—2011	进出口冷冻畜禽肉检验规程	2011–09–09	2012–04–01	本标准规定了进出口冷冻畜禽肉的抽样、检验、贮存和运输要求，检验结果的判定和处置，检验有效期。本标准适用于进出口冷冻畜禽肉的检验。鲜（冷）畜、禽肉和野生畜、禽经屠宰、分割加工的冷冻肉类产品的检验可参照本标准进行
230		WB/T 1059—2016	肉与肉制品冷链物流作业规范	2016–10–24	2017–01–01	标准规定了肉与肉制品冷链物流的基本原则、基本要求、冷链作业、包装与标识等。标准适用于肉与肉制品冷链物流过程中的控温与作业管理
231		GB 31652—2021	食品安全国家标准 即食鲜切果蔬加工卫生规范	2021–02–22	2022–02–22	本标准规定了即食鲜切果蔬生产过程中原料采购、验收、加工、包装、贮存和运输等环节的场所、设施与设备、人员的基本要求和管理准则等。本标准适用于即食鲜切果蔬企业的生产
232	果蔬	GB/T 8867—2001	蒜薹简易气调冷藏技术	2001–07–20	2001–12–01	本标准规定了蒜薹简易气调冷藏中所必需的技术条件和操作方法。本标准适用于蒜薹的冷库简易气调冷藏
233		GB/T 18518—2001	黄瓜 贮藏和冷藏运输	2001–11–12	2002–05–01	本标准规定了专供鲜销或加工用黄瓜（Cucumis sativus L.）的贮藏及远距离运输的条件。本标准适用于黄瓜贮藏和冷藏运输
234		GB/T 20372—2006	花椰菜 冷藏和冷藏运输指南	2006–06–30	2006–10–01	本标准规定了鲜销或加工用的不同种类花椰菜的冷藏和远距离冷藏运输的方法，本标准涉及的花椰菜隶属于芸薹术甘蓝种以花球为产品的一个变种
235		GB/T 16862—2008	鲜食葡萄冷藏技术	2008–08–07	2008–12–01	本标准规定了各品种鲜食葡萄冷藏的采前要求、采收要求、质量要求、包装与运输要求、防腐保鲜剂处理、贮前准备、入库堆码和冷藏管理等内容。本标准适用于我国生产的各类鲜食葡萄果实的冷藏

续表

序号	分类	标准编号	标准名称	发布日期	实施日期	规定范围
236	果蔬	GB/T 23244—2009	水果和蔬菜 气调贮藏技术规范	2009-03-28	2009-08-01	标准规定了水果和蔬菜气调贮藏的规程与技术。本标准适用于各种果蔬，特别适用于呼吸跃变型水果、蔬菜，如苹果、梨、香蕉和蒜薹等的气调贮藏
237		GB/T 16870—2009	芦笋 贮藏指南	2009-11-15	2009-12-01	本标准规定了保存芦笋的条件及达到条件的办法。本标准适用于贮藏后的芦笋直接消费、生产加工
238		GB/T 25867—2010	根菜类 冷藏和冷藏运输	2011-01-10	2011-06-01	本标准规定了新鲜根菜类蔬菜的冷藏和冷藏运输的技术条件。本标准适用于无茎的根菜类蔬菜在大容量的贮藏库中进行长期冷藏和冷藏运输。本标准不适用于带叶的根菜类蔬菜，其只能做短期贮藏。本标准适用于萝卜、菊牛蒡、胡萝卜、辣根、根用香芹、根甜菜和类似的根菜类作物
239		GB/T 25868—2010	早熟马铃薯 预冷和冷藏运输指南	2011-01-10	2011-06-01	本标准给出了用于直接食用或者用于加工的早熟马铃薯的预冷和冷藏运输的指南。本标准适用于采后直接销售的早熟马铃薯，一般是在完全成熟前采收，且外皮易除去
240		GB/T 25869—2010	洋葱 贮藏指南	2011-01-10	2011-06-01	本标准给出了洋葱在使用或者不使用人工制冷条件下的贮藏指南，目的是使其长期贮藏并在新鲜状态下销售
241		GB/T 25870—2010	甜瓜 冷藏和冷藏运输	2011-01-10	2011-06-01	本标准规定了甜瓜（CucumismeloL.）在冷藏和冷藏运输前的处理，以及冷藏和冷藏运输的技术条件。本标准适用于早、中、晚熟甜瓜的栽培品种
242		GB/T 25871—2010	结球生菜 预冷和冷藏运输指南	2011-01-10	2011-06-01	本标准给出了结球生菜预冷和冷藏运输的指南。本标准适用于结球生菜的预冷和冷藏运输

序号	分类	标准编号	标准名称	发布日期	实施日期	规定范围
243		GB/T 25872—2010	马铃薯 通风库贮藏指南	2011–01–10	2011–06–01	本标准给出了种用、食用或加工用马铃薯在通风贮藏库中的贮藏指南。本标准给出的贮藏方法有利于种用马铃薯的生长潜力和出芽率，以及食用马铃薯的良好烹饪品质。标准的贮藏方法适用于温带地区
244		GB/T 25873—2010	结球甘蓝 冷藏和冷藏运输指南	2011–01–10	2011–06–01	本标准规定了结球甘蓝在冷藏和冷藏运输前的操作，以及冷藏和冷藏运输的指南。本标准适用于结球的食用甘蓝
245		GB/T 26432—2010	新鲜蔬菜贮藏与运输准则	2011–01–14	2011–06–01	本标准规定了新鲜蔬菜贮藏与运输前的准备、贮藏与运输的方式和条件、贮藏与运输的管理等准则。本标准适用于新鲜蔬菜的贮藏与运输，包括加工配送用的新鲜蔬菜
246	果蔬	GB/T 29373—2012	农产品追溯要求 果蔬	2012–12–31	2013–07–01	本标准规定了果蔬供应链可追溯体系的构建和追溯信息的记录要求。本标准适用于果蔬供应链中各组织可追溯体系的设计和实施
247		GB/T 33129—2016	新鲜水果、蔬菜包装和冷链运输通用操作规程	2016–10–13	2017–05–01	本标准规定了新鲜水果、蔬菜包装、预冷、冷链运输的通用操作规程。本标准适用于新鲜水果、蔬菜的包装、预冷和冷链运输操作
248		GB/T 34768—2017	果蔬批发市场交易技术规范	2017–11–01	2018–02–01	本标准规定了果蔬批发市场的交易环境、市场设施设备、交易管理要求、人员管理和记录管理。本标准适用于果蔬批发市场交易和农产品批发市场的果蔬交易
249		GB/T 35105—2017	鲜食果蔬城市配送中心服务规范	2017–12–29	2018–07–01	本标准规定了鲜食果蔬城市配送中心的术语和定义、总则、一般要求、服务流程及要求、产品追溯、投诉处理、评价与改进等。本标准适用于鲜食果蔬城市配送中心的服务与管理

续表

序号	分类	标准编号	标准名称	发布日期	实施日期	规定范围
250	果蔬	GB/T 29379—2021	马铃薯脱毒种薯贮藏、运输技术规程	2021–10–11	2022–05–01	本文件规定了马铃薯脱毒种薯收获后处理，包装，标识，运输，贮藏库的准备，贮藏量和堆码以及贮藏管理等技术的要求。本文件适用于马铃薯脱毒种薯的贮藏及运输
251		GB/T 40743—2021	猕猴桃质量等级	2021–10–11	2022–05–01	本文件规定了猕猴桃鲜果的规格、等级、检验方法、判定规则、包装和标识。本文件适用于中华猕猴桃原变种（Actinidia，chinensis Planch.var.chinensis）和美味猕猴桃变种（A.chinensis Planch.var.deliciosa）品种果实的分级
252		GB/T 40748—2021	百香果质量分级	2021–10–11	2021–10–11	本文件规定了百香果的分级要求、检验方法、检验规则、包装、标志、运输和贮藏的要求。本文件适用于生产和销售的紫果，黄果和其杂交品种的百香果鲜果，加工用百香果除外
253		GB/T 40827—2021	枇杷采后处理技术规程	2021–10–11	2022–05–01	本文件确立了枇杷果实采后处理程序，规定了枇杷果实的采收、整理与挑选、预冷、分级、贮藏、包装、标识、运输、销售等阶段的操作指示，以及上述阶段之间的转换条件，描述了过程记录，标记等追溯方法。本文件适用于枇杷果实采后处理各环节的操作和管理，包括红肉和直肉枇杷品种
254		GB/T 40960—2021	苹果冷链流通技术规程	2021–11–26	2022–06–01	本标准规定了苹果采收、分级、预冷、贮藏、出库、包装、标识、运输、销售等冷链流通环节技术要求。本标准适用于鲜食苹果的冷链流通

序号	分类	标准编号	标准名称	发布日期	实施日期	规定范围
255		GB/T 40964—2021	桃冷链流通技术操作规程	2021–11–26	2022–06–01	本标准规定了桃采收、分级、预冷、贮藏、出库、包装、标识、运输、销售等冷链流通环节技术要求。本标准适用于鲜桃的冷链流通
256		GB/T 42503—2023	农产品产地冷链物流服务规范	2023–03–17	2023–03–17	本文件规定了农产品产地冷链物流服务的基本要求、服务保障、服务内容及要求、服务质量评价与改进的内容。本文件适用于面向产地农产品的冷链物流服务与管理
257		GB/T 42482—2023	生鲜银耳包装、贮存与冷链运输技术规范	2023–03–17	2023–07–01	本文件规定了生鲜银耳预冷前摆放、预冷包装、贮存、冷链运输、标识标志等技术要求。本文件适用于代料栽培生鲜银耳的包装、贮存与冷链运输
258	果蔬	GB/Z 40948—2021	农产品追溯要求 蜂蜜	2021–12–31	2022–07–01	本文件提供了蜂蜜生产、加工、物流、销售环节追溯信息记录的指导建议。本文件适用于蜂蜜产品的追溯
259		BB/T 0079—2018	热带水果包装通用技术要求	2018–12–21	2019–07–01	本标准规定了热带水果包装的分类、技术要求、标识、运输和贮存等。本标准适用于热带水果包装的设计、生产及流通环节
260		GH/T 1129—2017	青椒冷链物流保鲜技术规程	2017–02–28	2017–07–01	本标准规定了青椒采收、产品质量、分级、预冷、包装与标识、冷藏、出库、运输和销售等要求。本标准适用于青椒的冷链物流
261		GH/T 1130—2017	蒜薹冷链物流保鲜技术规程	2017–02–28	2017–07–01	本标准规定了蒜薹产品质量、采收、分拣整理、贮前准备、预冷、保鲜处理、包装、贮藏、出库、运输、销售等要求。本标准适用于鲜蒜薹的冷链物流

续表

序号	分类	标准编号	标准名称	发布日期	实施日期	规定范围
262	果蔬	GH/T 1131—2017	油菜冷链物流保鲜技术规程	2017-02-28	2017-07-01	本标准规定了油菜采收、产品质量、预冷、包装与标识、冷藏、出库、运输和销售等要求。本标准适用于叶用油菜的冷链物流
263		GH/T 1228—2018	蓝莓冷链流通技术操作规程	2018-06-20	2018-10-01	本标准规定了蓝莓采收、分级、预冷、贮藏、出库、包装、运输、销售等冷链流通环节的技术要求。本标准适用于新鲜蓝莓的冷链流通
264		GH/T 1238—2019	甜樱桃冷链流通技术规程	2019-03-21	2019-10-01	本标准规定了甜樱桃采收、分级、预冷、包装、贮藏、出库、标识、运输、销售冷链流通环节技术要求。本标准适用于鲜食甜樱桃的冷链流通
265		GH/T 1272—2019	枇杷冷链流通技术规程	2019-11-28	2020-03-01	本标准规定了枇杷采收、预冷、分级、包装、贮藏、运输、销售等冷链流通环节的技术要求。本标准适用于鲜食枇杷的冷链流通
266		GH/T 1152—2020	梨冷藏技术	2020-12-07	2021-03-01	本标准规定了梨的采收与质量、预冷、冷藏技术及贮藏管理等要求。本标准适用于酥梨、黄冠、雪花、鸭梨、南果、库尔勒香、京白、往梨、苹果梨等主要品种鲜梨的中、长期冷藏。其他品种也可参照使用
267		GH/T 1184—2020	哈密瓜	2020-12-07	2021-03-01	本标准规定了哈密瓜的术语和定义、质量要求、试验方法、检验规则、包装和标签、贮存和运输。本标准适用于哈密瓜的收购和销售
268		GH/T 1140—2021	速冻黄瓜	2021-03-11	2021-05-01	本文件规定了速冻黄瓜的术语和定义、产品分级、质量要求、检验方法、检验规则、标志、包装、运输和贮藏等要求。本文件适用于以成熟的新鲜黄瓜为原料，采用速冻装置生产的速冻黄瓜

序号	分类	标准编号	标准名称	发布日期	实施日期	规定范围
269		GH/T 1141—2021	速冻甜椒	2021-03-11	2021-05-01	本文件规定了速冻甜椒的术语和定义、产品分级、质量要求、检验规则、标志、包装、贮藏及运输等要求。本文件适用于以成熟的甜椒为原料，采用速冻装置生产的速冻甜椒
270		GH/T 1153—2021	西瓜	2021-03-11	2021-05-01	本标准规定了西瓜的术语和定义、质量要求、试验方法、检验规则、包装和标签、贮存和运输。本标准适用于鲜食西瓜的收购和销售
271		GH/T 1326—2021	冻干水果、蔬菜	2021-03-11	2021-05-01	本文件规定了冻干水果、蔬菜的术语和定义、要求、检验方法、检验规则、标志、包装、运输和贮存。本文件适用于以食用水果、蔬菜为原料，经原料预处理、真空冷冻干燥等工艺制成的产品
272	果蔬	GH/T 1336—2021	宽皮柑橘采后贮藏物流操作规程	2021-03-11	2021-05-01	本文件规定了宽皮柑橘（Citrus reticulata Blanco）库房与容器消毒、果实采收与质量要求、贮前处理、贮藏、出库与商品化处理、物流和销售等技术要求。本文件适用于鲜食宽皮柑橘的贮藏流通，其他柑橘种类可参照使用
273		GH/T 1341—2021	鲜切果蔬	2021-07-07	2021-10-01	本文件规定了鲜切果蔬的术语和定义、要求、检验规则、包装、标识、标签、运输和贮存。本文件适用于以新鲜果蔬为原料生产的鲜切果蔬
274		GH/T 1342—2021	百香果冷链流通技术规程	2021-07-09	2021-10-03	本文件规定了百香果（Passiflora edulis Sims）采收、分级、预冷、包装、贮藏、出库、标识、运输、销售等冷链流通环节技术要求。本文件适用于鲜食百香果的冷链流通

续表

序号	分类	标准编号	标准名称	发布日期	实施日期	规定范围
275	果蔬	GH/T 1148—2021	桃脯	2021-12-24	2022-03-01	本文件规定了桃脯的技术要求、生产加工过程卫生要求、检验规则、标签和标志、包装、贮运和销售等要求。本文件适用于桃脯产品
276		GH/T 1149—2021	梨脯	2021-12-24	2022-03-01	本文件规定了梨脯的技术要求、生产加工过程卫生要求、检验规则、标签和标志、包装、贮运和销售等要求。本文件适用于梨脯产品
277		GH/T 1359—2021	果品流通追溯平台供应商评价规范	2021-12-24	2022-03-01	本文件规定了对果品类农产品追溯平台供应商评价管理的原则、相关组织要求、程序。本文件适用于果品采购商或其他使用者、内部或外部人员和机构（如评价机构、第三方评价人员）对可追溯果品供应商进行的符合性评价，以及供应商的自我评价
278		GH/T 1409—2022	草莓冷链流通技术规程	2023-02-09	2023-03-01	本文件规定了草莓采收、质量要求、包装、预冷、贮藏、出库、运输和销售等冷链流通环节技术要求。本文件适用于鲜食草莓的冷链流通
279		LY/T 1674—2006	板栗贮藏保鲜技术规程	2006-08-31	2006-12-01	本标准规定了贮藏板栗的采收与质量要求、贮藏前准备与采后处理、贮藏方式与贮藏条件、贮藏管理、贮藏期限、出库、包装与运输以及检验的技术要求。适用于壳斗科栗属植物的板栗
280		LY/T 1841—2009	猕猴桃贮藏技术规程	2009-06-18	2009-10-01	本标准规定了猕猴桃的采收与质量要求、贮藏前准备、采后处理与入库、贮藏方式与贮藏条件、贮藏管理、贮藏期限、出库、包装与运输等

续表

序号	分类	标准编号	标准名称	发布日期	实施日期	规定范围
281	果蔬	LY/T 1833—2009	黄毛笋在地保鲜技术	2009-06-18	2009-10-01	本标准规定了黄毛笋和黄毛笋在地保鲜的术语和定义、在地保鲜技术、采收、分级、包装。本标准适用于黄毛笋在地保鲜
282		LY/T 1651—2019	松口蘑采收及保鲜技术规程	2019-10-23	2020-04-01	本标准规定了松口蘑（松茸）[Tricholomamatsutake（S.Ito et Imai）Sing]的术语和定义、生境条件、采收和保鲜要求。本标准适用于松口蘑的采收和保鲜
283		NY/T 1198—2006	梨贮运技术规范	2006-12-06	2007-02-01	本标准规定了贮运对梨果实的质量要求、采收成熟度、采收要求、冷藏条件、气调贮藏、库房管理、检测方法、贮运注意事项及运输要求
284		NY/T 1394—2007	浆果贮运技术条件	2007-06-14	2007-09-01	本标准规定了浆果贮藏和运输的术语和定义、贮运用果的要求，贮运前的处理、贮藏技术条件、包装运输方式和条件。本标准适用于浆果的贮藏和运输
285		NY/T 1401—2007	荔枝冰温贮藏	2007-06-14	2007-09-01	本标准规定了荔枝果实的术语和定义、采收要求、采后处理、冰温贮藏要求、贮藏期限及出库指标。本标准适用于妃子笑、黑叶、白腊、淮枝等荔枝品种，其他品种可参照执行
286		NY/T 1530—2007	龙眼、荔枝产后贮运保鲜技术规程	2007-12-18	2008-03-01	本标准规定了龙眼和荔枝果实的采收、采后处理保鲜工艺条件、贮藏运输要求、贮藏期限指标。本标准适用于储良、石硖、古山二号、东壁、乌龙岭等龙眼品种和妃子笑、黑叶、白腊、玉荷包、桂味、糯米糍、淮枝等荔枝品种，其他品种可参照执行

序号	分类	标准编号	标准名称	发布日期	实施日期	规定范围
287	果蔬	NY/T 1762—2009	农产品质量安全追溯操作规程 水果	2009-04-23	2009-05-20	本标准规定了水果质量安全追溯的术语和定义、要求、编码方法、信息采集、信息管理、追溯标识、体系运行自检、质量安全问题处置。本标准适用于水果质量安全追溯体系的实施
288		NY/T 1939—2010	热带水果包装、标识通则	2010-09-21	2010-12-01	本标准规定了热带水果包装标识、运输、贮存的要求。本标准适用于热带水果的包装和销售
289		NY/T 1993—2011	农产品质量安全追溯操作规程 蔬菜	2011-09-01	2011-12-01	本标准规定了蔬菜质量安全追溯的术语和定义、要求、编码、关键控制点、信息采集、信息管理、追溯标识、体系运行自查和质量安全问题处置。本标准适用于蔬菜质量安全追溯体系的实施
290		NY/T 2117—2012	双孢蘑菇冷藏及冷链运输技术规范	2012-02-21	2012-05-01	本标准规定了鲜销或加工用的双孢蘑菇采收后的冷藏及冷链运输技术规范。本标准适用于人工栽培的新鲜双孢蘑菇、双环蘑菇的冷藏及冷链运输
291		NY/T 2315—2013	杨梅低温物流技术规范	2013-05-20	2013-08-01	本标准规定杨梅鲜果的采收和质量要求、分级、预冷、贮藏、包装、运输以及销售等低温物流技术。本标准适用于东魁和荸荠种等杨梅品种的低温物流，其他品种可参照本标准执行
292		NY/T 2380—2013	李贮运技术规范	2013-09-10	2014-01-01	本标准规定了鲜李贮运的贮前质量与采收要求、库房与入库要求、冷藏条件、出库与贮后质量、运输和检验。本标准适用于鲜李的贮藏和运输
293		NY/T 2381—2013	杏贮运技术规范	2013-09-10	2014-01-01	本标准规定了鲜杏贮运的贮前质量与采收要求、库房与入库要求、冷藏条件、出库与贮后质量、运输和检验。本标准适用于鲜杏的贮藏和运输

序号	分类	标准编号	标准名称	发布日期	实施日期	规定范围
294	果蔬	NY/T 3026—2016	鲜食浆果类水果采后预冷保鲜技术规程	2016-12-23	2017-04-01	本标准规定了鲜食浆果类果品的术语和定义、基本要求、预冷和储藏。本标准适用于葡萄、猕猴桃、草莓、蓝莓、树莓、蔓越莓、无花果、石榴、番石榴、醋栗、穗醋栗、杨桃、番木瓜、人心果等鲜食浆果类果品的采后预冷和储藏保鲜
295		NY/T 3569—2020	山药、芋头贮藏保鲜技术规程	2020-03-20	2020-07-01	本标准规定了山药、芋头储藏保鲜的采收要求、质量要求、储藏设施要求、预处理、分级与包装、堆码、储藏、出库（窖）与运输。本标准适用于山药、芋头的储藏保鲜
296		NY/T 3570—2020	多年生蔬菜贮藏保鲜技术规程	2020-03-20	2020-07-01	本标准规定了多年生蔬菜储藏保鲜的采收和质量要求、储藏设施、预冷、分级与包装、堆码、储藏、出库及运输等技术要求。本标准适用于芦笋、黄秋葵、食用百合、香椿的储藏保鲜
297		NY/T 1202—2020	豆类蔬菜贮藏保鲜技术规程	2020-07-27	2020-11-01	本标准规定了豆类蔬菜贮藏保鲜的采收和质量要求、贮藏前库房准备、预冷、包装、入库、堆码、贮藏、运输及出库等技术要求。本标准适用于菜豆、豇豆、豌豆和毛豆新鲜豆类蔬菜的贮藏
298		NY/T 1203—2020	茄果类蔬菜贮藏保鲜技术规程	2020-07-27	2020-11-01	本标准规定了茄果类蔬菜贮藏保鲜的采收和质量要求、贮藏前库房准备、预冷、包装、入库、堆码、贮藏、运输及出库等技术要求。本标准适用于辣椒、甜椒、茄子、番茄和樱桃番茄新鲜茄果类蔬菜的非制冷贮藏和机械冷藏

续表

序号	分类	标准编号	标准名称	发布日期	实施日期	规定范围
299	果蔬	NY/T 654—2020	绿色食品 白菜类蔬菜	2020-08-26	2021-01-01	本标准规定了绿色食品白菜类蔬菜的要求、检验规则、标签、包装、运输和储存。本标准适用于绿色食品白菜类蔬菜，包括大白菜、普通白菜、乌塌菜、紫菜薹、菜薹、薹菜等
300		NY/T 655—2020	绿色食品 茄果类蔬菜	2020-08-26	2021-01-01	本标准规定了绿色食品茄果类蔬菜的要求，检验规则、标签、包装、运输和储存。本标准适用于绿色食品茄果类蔬菜，包括番茄、茄子、辣椒、甜椒、酸浆、香瓜茄等
301		NY/T 743—2020	绿色食品 绿叶类蔬菜	2020-08-26	2021-01-01	本标准规定了绿色食品绿叶类蔬菜的要求、检验规则、标签、包装、运输和储存。本标准适用于绿色食品绿叶类蔬菜，包括菠菜、芹菜、落葵、莴苣（包括结球莴苣、莴笋、油麦菜、皱叶莴苣等）、蕹菜、茴香（包括小茴香、球茎茴香）、苋菜、青葙、芫荽、叶恭菜、茼蒿（包括大叶茼蒿、小叶茼蒿、蒿子秆）、荠菜、冬寒菜、番杏、菜苜蓿、紫背天葵、榆钱菠菜、菊苣、鸭儿芹、苦苣、苦荬菜、菊花脑、酸模、珍珠菜、芝麻菜、白花菜、香芹菜、罗勒、薄荷、紫苏、莳萝、马齿苋、蕺菜、蒲公英、马兰、蒌蒿等
302		NY/T 744—2020	绿色食品 葱蒜类蔬菜	2020-08-26	2021-01-01	本标准规定了绿色食品葱蒜类蔬菜的要求，检验规则，标签、包装、运输和储存等。本标准适用于绿色食品葱蒜类蔬菜，包括韭菜、韭黄、韭薹、韭花、大葱、洋葱、大蒜、蒜苗、蒜薹、薤、韭葱、细香葱、分葱、胡葱、楼葱等

续表

序号	分类	标准编号	标准名称	发布日期	实施日期	规定范围
303	果蔬	NY/T 745—2020	绿色食品 根菜类蔬菜	2020-08-26	2021-01-01	本标准规定了绿色食品根菜类蔬菜的要求、检验规则、标签、包装、运输和储存等。本标准适用于绿色食品根菜类蔬菜，包括萝卜、胡萝卜、芜菁、芜菁甘蓝、美洲防风、根荠菜、婆罗门参、黑婆罗门参、牛蒡、山葵、根芹菜等
304		NY/T 746—2020	绿色食品 甘蓝类蔬菜	2020-08-26	2021-01-01	本标准规定了绿色食品甘蓝类蔬菜的要求、检验规则，标签、包装、运输和储存。本标准适用于绿色食品甘蓝类蔬菜，包括结球甘蓝、赤球甘蓝、抱子甘蓝、皱叶甘蓝、羽衣甘蓝、花椰菜、青花菜、球茎甘蓝、芥蓝等
305		NY/T 747—2020	绿色食品 瓜类蔬菜	2020-08-26	2021-01-01	本标准规定了绿色食品瓜类蔬菜的要求、检验规则，标签、包装、运输和储存。本标准适用于绿色食品瓜类蔬菜，包括黄瓜、冬瓜、节瓜、南瓜、笋瓜、西葫芦、越瓜、菜瓜、丝瓜、苦瓜、瓠瓜、蛇瓜、佛手瓜等
306		NY/T 748—2020	绿色食品 豆类蔬菜	2020-08-26	2021-01-01	本标准规定了绿色食品豆类蔬菜的要求，检验规则、标签、包装、运输和储存。本标准适用于绿色食品豆类蔬菜，包括菜豆、多花菜豆、长豇豆、扁豆、莱豆、蚕豆、刀豆、豌豆、食荚豌豆、四棱豆、菜用大豆、黎豆等（学名、英文名及别名参见附录A）
307		NY/T 750—2020	绿色食品 热带、亚热带水果	2020-08-26	2021-01-01	本标准规定了绿色食品热带、亚热带水果的术语和定义、要求，检验规则，标签、包装、运输和储存。

续表

序号	分类	标准编号	标准名称	发布日期	实施日期	规定范围
307						本标准适用于绿色食品热带和亚热带水果，包括荔枝、龙眼、香蕉、菠萝、杧果、枇杷、黄皮、番木瓜、番石榴、杨梅、杨桃、橄榄、红毛丹、毛叶枣、莲雾、人心果、西番莲、山竹、火龙果、菠萝蜜、番荔枝和青梅
308	果蔬	NY/T 752—2020	绿色食品 蜂产品	2020–08–26	2021–01–01	本标准规定了绿色食品蜂产品的分类、要求，检验规则、标签、包装、运输和储存。本标准适用于绿色食品蜂蜜，蜂王浆（包括蜂王浆冻干粉）蜂花粉。本标准不适用于巢蜜、蜂胶、蜂蜡及其制品
309		NY/T 1044—2020	绿色食品 藕及其制品	2020–08–26	2021–01–01	本标准规定了绿色食品藕及藕粉的术语和定义、要求、检验规则、标签、包装、运输和储存。本标准适用于绿色食品藕及藕粉，不适用于泡藕带、卤藕和藕罐头
310		NY/T 1711—2020	绿色食品 辣椒制品	2020–08–26	2021–01–01	本标准规定了绿色食品辣椒制品的术语和定义、要求、检验规则、标签、包装、运输和储存。本标准话用于绿色食品辣椒制品，不适用于辣椒油
311		NY/T 453—2020	红江橙	2020–11–12	2021–04–01	本标准规定了红江橙的术语与定义、要求、检验方法、检验规则、包装与标志、储存与运输、销售。本标准适用于红江橙鲜果的生产、收购和销售
312		NY/T 426—2021	绿色食品 柑橘类水果	2021–05–07	2021–11–01	本文件规定了绿色食品柑橘类水果的术语和定义、要求、检验规则、标签、包装、运输和储存。本文件适用于绿色食品宽皮柑橘类甜橙类、柚类、柠檬类、金柑类和杂交柑橘类等柑橘类水果的鲜果柑橘类水果类别（名称）详见附录B

序号	分类	标准编号	标准名称	发布日期	实施日期	规定范围
313	果蔬	NY/T 435—2021	绿色食品 水果、蔬菜脆片	2021–05–07	2021–11–01	本文件规定了绿色食品水果、蔬菜脆片的术语和定义、产品分类、要求、检验规则、标签、包装、运输和储存。本文件适用于绿色食品水果、蔬菜（含食用菌）脆片
314		NY/T 751—2021	绿色食品 食用植物油	2021–05–07	2021–11–01	本文件规定了绿色食品食用植物油的术语和定义，要求，检验规则，标签，包装、运输和储存。本文件适用于绿色食品食用植物油，包括菜籽油、大豆油、花生油、芝麻油、亚麻籽油、葵花籽（仁）油、玉米油、油茶籽油、茶叶籽油、米糠油、核桃油、红花籽油、葡萄籽油、橄榄油、牡丹籽油、棕榈（仁）油、沙棘籽油、紫苏籽油、精炼椰子油、秋葵籽油、南瓜籽油及食用植物调和油
315		NY/T 1047—2021	绿色食品 水果、蔬菜罐头	2021–05–07	2021–11–01	本文件规定了绿色食品水果、蔬菜罐头的术语和定义、要求，检验规则，标签、包装、运输和储存。本文件适用于绿色食品水果、蔬菜罐头，不适用于果酱类、果汁类、蔬菜汁（酱）类罐头和盐渍（酱渍）蔬菜罐头
316		NY/T 1048—2021	绿色食品 笋及笋制品	2021–05–07	2021–11–01	本文件规定了绿色食品笋及笋制品的术语和定义、要求，检验规则，标签、包装、运输和储存。本文件适用于绿色食品笋及笋制品（包括鲜竹笋，竹笋罐头，即食竹笋及竹笋干等）
317		NY/T 3910—2021	非浓缩还原果蔬汁冷链物流技术规程	2021–05–07	2021–11–01	本文件规定了非浓缩还原果蔬汁冷链物流的基本要求，设施要求，物流包装及标识、储存、运输、销售、人员管理和质量管理。本文件适用于采用超高压等非热杀菌或巴氏杀菌制成的或其他对储藏运输有冷链需求的非浓缩还原果蔬汁制品

续表

序号	分类	标准编号	标准名称	发布日期	实施日期	规定范围
318	果蔬	NY/T 3911—2021	火龙果采收贮运技术规范	2021-05-07	2021-11-01	本文件规定了火龙果采收储藏前处理，储藏、运输，检验规则与检验方法。本文件适用于大红、金都一号和美龙二号火龙果的采收与储运。其他品种火龙果的采收储运可参照执行
319		NY/T 3912—2021	无花果采收贮运技术规范	2021-05-07	2021-11-01	本文件规定了鲜食无花果的采收、预冷，储藏，出库以及运输环节的技术规范。本文件适用于主栽的麦斯依陶芬、布兰瑞克、青皮、波姬红等鲜食无花果的采收、储藏和运输
320		NY/T 3914—2021	蒜薹低温物流保鲜技术规程	2021-05-07	2021-11-01	本文件规定了蒜薹低温冷链流通的技术规程。包括术语和定义，采收、预冷、冷藏条件与管理，商品包装与标识、运输、销售、管理等冷链流通的基本要求。本文件适用于新鲜蒜薹的低温物流保鲜技术领域
321		NY/T 4165—2022	柑橘电商冷链物流技术规程	2022-07-11	2022-10-01	本文件规定了用于电商销售的鲜食柑橘类果实的质量要求、采收、预冷、防腐保鲜处理、分级、包装、短期储藏、冷链运输、配送与追溯等技术要求。本文件适用于柚类、宽皮柑橘类、甜橙类、柠檬类等鲜食柑橘类果实的电商冷链物流
322		NY/T 4166—2022	苹果电商冷链物流技术规程	2022-07-11	2022-10-01	本文件规定了电商销售苹果的采收与质量要求、分选、预冷、包装、储藏、出库、运输、分拣与配送、记录与追溯等冷链物流环节的要求。本文件适用于电商模式下鲜苹果的冷链物流
323		NY/T 4167—2022	荔枝冷链流通技术要求	2022-07-11	2022-10-01	本文件规定了荔枝（Litchi chinensis Sonn.）果实冷链流通的术语和定义、采收与质量要求，采后处理、储藏、冷链运输、销售和追溯要求。本文件适用于新鲜荔枝的冷链流通

序号	分类	标准编号	标准名称	发布日期	实施日期	规定范围
324	果蔬	NY/T 4168—2022	果蔬预冷技术规范	2022-07-11	2022-10-01	本文件规定了果蔬预冷技术的预冷方式选择、预冷前准备、采收与质量要求、包装、预冷、预冷终止与储运。本文件适用于水果、蔬菜的采后预冷
325		QB/T 5627—2021	非浓缩还原果汁 橙汁	2021-12-02	2022-04-01	本文件规定了非浓缩还原果汁橙汁的要求、检验规则、标志、包装、运输和贮存,给出了产品分类,描述了相应的试验方法,界定了相关的术语和定义。本文件适用于第3章所定义的非浓缩还原果汁橙汁
326		QB/T 5654—2021	水果冻罐头	2021-12-02	2022-04-01	本文件规定了水果冻罐头的要求、检验规则、标签、包装、标志、运输和贮存,描述了相应的试验方法,给出了产品分类。本文件适用于以水果和(或)果汁等为主要原料,经或不经去皮、开瓣、去核、修整等预处理,经或不经粉碎、压榨、取汁、过滤等工艺,添加或不添加其他配料,以及增稠剂等食品添加剂,经调配、装杯、密封、杀菌、冷却而制成的罐藏食品的生产、检验和销售
327		SB/T 10091—1992	桃冷藏技术	1992-12-30	1993-06-01	本标准规定了鲜桃冷藏的技术要求,检验方法,检验规则,包装和运输。本标准适用于鲜桃中、晚熟品种的冷藏
328		SB/T 10285—1997	花椰菜冷藏技术	1997-04-09	1997-12-01	本标准规定了花椰菜冷藏的收购与质量、冷藏前的准备、冷藏条件与管理的一般技术要求。本标准适用于我国直接消费的新鲜花椰菜的冷藏
329		SB/T 10447—2007	水果和蔬菜 气调贮藏原则与技术	2007-12-28	2008-05-01	本标准规定了水果和蔬菜的气调贮藏原则与技术。本标准适用于各种水果和蔬菜(尤其是苹果、梨和

续表

序号	分类	标准编号	标准名称	发布日期	实施日期	规定范围
329						香蕉）。气调贮藏具体应用到每种产品时，除了保持最佳的温度和相对湿度，氧气含量也低于正常水平的21%（体积分数），气体的分压也会降低。气调贮藏时氧气的含量不能低于1.5%（体积分数），因为在缺氧状态下，水果和蔬菜会进行无氧呼吸，产生发酵作用，果实表面也会褐变。二氧化碳含量的增加会导致二氧化碳含量过高8%~10%（体积分数），引发各种生理病害（二氧化碳伤害），从而导致产品质量的下降和重量的减少
330	果蔬	SB/T 10448—2007	热带水果和蔬菜包装与运输操作规程	2007–12–28	2008–05–01	本标准规定了热带新鲜水果和蔬菜的包装与运输操作方法，目的是使产品在运输和销售过程中能保持其质量
331		SB/T 10449—2007	番茄 冷藏和冷藏运输指南	2007–12–28	2008–05–01	本标准规定了番茄冷藏和冷藏运输之前的操作以及冷藏和冷藏运输过程中的技术条件。本标准不适用于加工用番茄
332		SB/T 10572—2010	黄瓜流通规范	2010–12–21	2011–03–01	本标准规定了黄瓜的术语和定义、商品质量基本要求、等级、包装、标识和流通过程要求。本标准适用于密刺型黄瓜流通的经营和管理，其他类型黄瓜的流通可参照执行
333		SB/T 10573—2010	青椒流通规范	2010–12–21	2011–03–01	本标准规定了青椒的术语和定义、商品质量基本要求、商品等级、包装、标识和流通过程要求。本标准适用于鲜食灯笼形青椒和粗牛角椒的经营和管理，其他品种青椒的流通可参照执行
334		SB/T 10574—2010	番茄流通规范	2010–12–21	2011–03–01	本标准规定了番茄的术语和定义、商品质量基本要求、商品等级、包装、标识和流通过程要求。本标

续表

序号	分类	标准编号	标准名称	发布日期	实施日期	规定范围
334						准适用于毛粉番茄的经营和管理，其他品种番茄的流通可参照执行
335		SB/T 10575—2010	豇豆流通规范	2010–12–21	2011–03–01	本标准规定了豇豆的术语和定义、商品质量基本要求、商品等级、包装、标识和流通过程要求。本标准适用于青皮、白皮豇豆流通的经营和管理，紫皮豇豆可参照执行
336		SB/T 10576—2010	冬瓜流通规范	2010–12–21	2011–03–01	本标准规定了冬瓜的术语和定义、商品质量基本要求、商品等级、包装、标识和流通过程要求。本标准适用于黑皮冬瓜流通的经营和管理，其他种类的冬瓜可参照执行
337	果蔬	SB/T 10577—2010	鲜食马铃薯流通规范	2010–12–21	2011–03–01	本标准规定了鲜食马铃薯（简称马铃薯）的术语和定义、商品质量基本要求、商品等级、包装、标识和流通过程要求。本标准适用于马铃薯流通的经营和管理，种薯、加工用薯、彩色马铃薯不适用于本标准
338		SB/T 10890—2012	预包装水果流通规范	2013–01–04	2013–07–01	本标准规定了预包装水果的商品质量基本要求、商品等级、包装、标识和流通过程要求。本标准适用于预包装水果的经营和管理
339		SB/T 10714—2012	芹菜流通规范	2012–08–01	2012–11–01	本标准规定了芹菜流通的商品质量基本要求、商品等级、包装、标识和流通过程要求。本标准适用于叶用芹菜（不含香芹）流通的经营和管理，不适用于根芹
340		SB/T 10715—2012	胡萝卜贮藏指南	2012–08–01	2012–11–01	本标准规定了胡萝卜（Daucuscarota Linnaeus）在使用或不使用人工制冷条件下达到最佳贮藏效果的贮藏方法。本标准适用于胡萝卜的冬季贮藏

序号	分类	标准编号	标准名称	发布日期	实施日期	规定范围
341	果蔬	SB/T 10716—2012	甜椒冷藏和运输指南	2012-08-01	2012-11-01	本标准给出了鲜食甜椒（Capsicumannum L.）在短期存放、冷藏和冷藏运输过程中的贮藏方法。本标准适用于加工用甜椒。本标准应用的局限性参见附录A
342		SB/T 10717—2012	栽培蘑菇冷藏和冷藏运输指南	2012-08-01	2012-11-01	本标准给出了鲜食或加工用栽培蘑菇（双孢菇，Agaricusbisporus L.）的冷藏和长距离冷藏运输的技术条件
343		SB/T 10728—2012	易腐食品冷藏链技术要求 果蔬类	2012-08-01	2012-11-01	本标准规定了水果蔬菜类易腐食品（以下简称果蔬）在预冷、冷藏、运输、销售等环节及环节间的技术要求和包装标识要求。本标准适用于未经加工或经初级加工，供人类食用的新鲜蔬菜（包括食用菌）、水果等。本标准不适用于速冻果蔬类易腐食品
344		SB/T 10729—2012	易腐食品冷藏链操作规范 果蔬类	2012-08-01	2012-11-01	本标准规定了水果蔬菜类易腐食品在采后、预冷、冷藏、运输和销售等环节及环节间的操作规范。本标准适用于未经加工或经初级加工，供人类食用的新鲜蔬菜（包括食用菌）、水果等。本标准不适用于速冻果蔬类易腐食品
345		SB/T 10889—2012	预包装蔬菜流通规范	2013-01-04	2013-07-01	本标准规定了预包装蔬菜的商品质量基本要求、商品等级、商品规格、包装、标识和流通过程的要求。本标准适用于预包装蔬菜的经营和管理
346		SB/T 10966—2013	芦笋流通规范	2013-04-16	2013-11-01	本标准规定了芦笋的商品质量基本要求，商品等级、包装、标识和流通过程要求。本标准适用于白芦笋和绿芦笋的流通经营和管理，其他类型的芦笋可参照执行

序号	分类	标准编号	标准名称	发布日期	实施日期	规定范围
347	果蔬	SB/T 11031—2013	块茎类蔬菜流通规范	2013-06-14	2014-03-01	本标准规定了块茎类蔬菜的商品质量基本要求、商品等级、包装、标识和流通过程要求。本标准适用于马铃薯、姜、莲藕等块茎类蔬菜的流通，其他块茎类蔬菜的流通可参照执行
348		SB/T 11029—2013	瓜类蔬菜流通规范	2013-06-14	2014-03-01	本标准规定了瓜类蔬菜的商品质量基本要求、商品等级、包装、标识和流通过程要求。本标准适用于黄瓜、苦瓜、丝瓜等瓜类蔬菜的流通，其他瓜类蔬菜的流通可参照执行
349		SN/T 1884.1—2007	进出口水果储运卫生规范 第1部分：水果储藏	2007-04-06	2007-10-16	本部分规定了进出口新鲜水果在采后保护，储藏过程中的卫生要求。本部分适用于新鲜水果的保护储藏
350		SN/T 1884.2—2007	进出口水果储运卫生规范 第2部分：水果运输	2007-12-24	2008-07-01	本部分规定了进出口新鲜水果包装运输过程中的卫生要求。本部分适用于进出口新鲜水果运输
351		SN/T 1886—2007	进出口水果和蔬菜预包装指南	2007-04-06	2007-10-16	本标准规定了进出口水果和蔬菜预包装的卫生要求。本标准适用于水果和蔬菜的预包装
352	冷冻饮品	GB 2759—2015	食品安全国家标准 冷冻饮品和制作料	2015-11-13	2016-11-13	本标准适用于冷冻饮品和制作料。本标准不适用于现制现售的冷冻饮品
353		GB/T 30800—2014	冷冻饮品生产管理要求	2014-07-08	2014-11-01	本标准界定了冷冻饮品生产的术语和定义，规定了原料、辅料、食品添加剂及包装材料、厂区、厂房及设备、人员、卫生管理、生产过程、产品出厂检验和产品储存、运输的要求。本标准适用于从事冷冻饮品生产的企业

序号	分类	标准编号	标准名称	发布日期	实施日期	规定范围
354	冷冻饮品	GB/T 31114—2014	冷冻饮品 冰激凌	2014-09-03	2015-04-01	本标准规定了冰激凌的术语和定义、产品分类、原辅材料、技术要求、生产过程控制、检验方法、检验规则、标签、包装、运输、贮存、销售和召回的要求。本标准适用于定型预包装冰激凌的生产、检验和销售，不适用于现制现售的软冰激凌制品
355		GB/T 31119—2014	冷冻饮品 雪糕	2014-09-03	2015-04-01	本标准规定了雪糕的术语和定义、产品分类、原辅材料、技术要求、生产过程管理、检验方法、检验规则、标签、包装、运输、贮存、销售和召回的要求。本标准适用于雪糕的生产、检验和销售
356		SB/T 10014—2008	冷冻饮品 雪泥	2008-12-04	2009-07-01	本标准规定了雪泥的术语和定义、产品分类、技术要求、生产过程控制、检验方法、检验规则、标签、包装、运输、贮存和销售等要求。本标准适用于定型预包装雪泥的生产、流通和检验
357		SB/T 10016—2008	冷冻饮品 冰棍	2008-12-04	2009-07-01	本标准规定了冰棍的术语和定义、产品分类、技术要求、生产过程控制、检验方法、检验规则、标签、包装、运输、贮存和销售等要求。本标准适用于定型预包装冰棍的生产、流通和检验
358		SB/T 10017—2008	冷冻饮品 食用冰	2008-12-04	2009-07-01	本标准规定了食用冰的术语和定义、产品分类、技术要求、生产过程控制、检验方法、检验规则、标签、包装、运输、贮存和销售等要求。本标准适用于定型预包装食用冰的生产、流通和检验

续表

序号	分类	标准编号	标准名称	发布日期	实施日期	规定范围
359	冷冻饮品	SB/T 10327—2008	冷冻饮品 甜味冰	2008–12–04	2009–07–01	本标准规定了甜味冰的术语和定义、产品分类、技术要求、生产过程控制、检验方法、检验规则、标签、包装、运输、贮存和销售等要求。本标准适用于定型预包装甜味冰的生产、流通和检验
360		NY/T 899—2016	绿色食品 冷冻饮品	2016–10–26	2017–04–01	本标准规定了绿色食品冷冻饮品的术语和定义、分类、要求、检验规则、标签、包装、运输和储存。本标准适用于绿色食品冷冻饮品
361	蛋制品	GB 2749—2015	食品安全国家标准 蛋与蛋制品	2015–11–13	2016–11–13	本标准适用于鲜蛋与蛋制品
362		GB 21710—2016	食品安全国家标准 蛋与蛋制品生产卫生规范	2016–12–23	2017–12–23	本标准规定了蛋与蛋制品的生产过程中原料采购、加工、包装、贮存和运输等环节的场所、设施、人员的基本要求和管理准则。本标准适用于蛋与蛋制品的生产
363		GB/T 39438—2020	包装鸡蛋	2020–11–19	2021–06–01	本标准规定了包装鸡蛋的术语和定义、分级、检测方法、检验规则、包装、标签与标识、贮存、运输和销售
364		GB/T 42235—2022	蛋液质量通则	2022–12–30	2022–12–30	本文件规定了蛋液的分类、技术要求、检验方法、检验规则、标签与标志、包装、贮存与运输的要求。本文件适用于蛋液产品的生产、检验和销售
365		NY/T 3817—2020	农产品质量安全追溯操作规程 蛋与蛋制品	2020–11–12	2021–04–01	本标准规定了蛋与蛋制品质量安全追溯的术语和定义、要求、追溯码编码、追溯精度、信息采集、信息管理、追溯标识、体系运行自查和质量安全问题处置。本标准适用于蛋与蛋制品质量安全追溯操作和管理

续表

序号	分类	标准编号	标准名称	发布日期	实施日期	规定范围
366	蛋制品	NY/T 754—2021	绿色食品 蛋及蛋制品	2021-05-07	2021-11-01	本文件规定了绿色食品蛋及蛋制品的术语和定义、要求、检验规则、标签、包装、运输和储存。本文件适用于绿色食品禽蛋（鸡蛋、鸭蛋、鹅蛋、鸽子蛋、鹌鹑蛋，鹅鹑蛋等）液态蛋（巴氏杀菌冰全蛋、冰蛋黄，冰蛋白，巴氏杀菌全蛋液、鲜全蛋液、巴氏杀菌蛋白液、鲜蛋白液、巴氏杀菌蛋黄液，鲜蛋黄液）蛋粉和蛋片（巴氏杀菌全蛋粉、蛋黄粉、蛋白片）和皮蛋，肉蛋、咸蛋、咸蛋黄、糟蛋等蛋制品
367		NY/T 4279—2023	洁蛋生产技术规程	2023-02-17	2023-06-01	本文件规定了洁蛋生产厂房和生产设施的要求，以及生产工艺流程和生产过程要求。本文件适用于以鸡蛋、鸭蛋、鹅蛋、鹌鹑蛋、鸽蛋等鲜禽蛋生产的洁蛋

玉湖冷链 YUHU COLD CHAIN | 冷链新旗舰 服务新体验

玉湖冷链是玉湖集团旗下的冷链食品供应链企业，依托自有的国际高标数智化冷链园区产业集群，**提供一站式国内外代采、仓干配物流解决方案、全链路创新金融支持、高品质生活办公服务**，打造线下流通标准，赋能线上数智贸易，构建双循环产业生态。

玉湖集团投资版图

大中华区
国际高标数智化冷链园区产业集群
广东、四川、湖北、陕西、山东、云南、海南
北京、上海

华南地区
综合体发展运营
深圳·揭阳·惠州

西南地区
清洁能源开发
四川东义

东南亚
绿色产业发展
泰国

大洋洲
综合体发展运营
悉尼·黄金海岸
源地海鲜农牧食材贸易
南太平洋

体验增值
终端展销
美食文创体验

交易赋能
多模式交易
支付与结算
供应链金融服务

智慧园区
数字化、网络化
信息化、自动化、智能化

源地供应
玉湖集团旗下自营源地
及供应商联盟资源保障

国际贸易
国际标准管控
畅通贸易模式

冷链物流
全温区、超大库容的高标
物流设施及领先运营模

**一站式冷链食品供应链
服务平台**

玉湖冷链公众号　　玉湖冷链资讯

📞 +852-2152 3888(香港) | 0755-8630 8603(深圳)
✉ www.yuhucoldchain.com
📍 香港九龙中国人寿中心9楼 | 深圳南山海岸城西座26

- 玉湖冷链（广州）交易中心
广东省重点项目、广州市重点项目

- 玉湖冷链（成都）交易中心
四川省重点项目、成都市重点项目

- 玉湖冷链（揭阳）交易中心
广东省重点项目

- 玉湖冷链（武汉）交易中心
湖北省重点项目、武汉市级重大项目

- 玉湖冷链（眉山）交易中心
四川省重点项目
四川省大型区域商品分拨配送中心试点项目

万纬物流 VX LOGISTICS

　　万纬物流是万科集团旗下成员企业，于2015年成立，历经多年发展，已成为国内出色的全温层综合物流解决方案服务商。

　　万纬物流核心业务布局47个城市，拥有170多个物流园区，仓储规模超过1200万平方米，服务超过1600家企业。

　　万纬冷链成立于2017年，是万纬物流的核心业务之一，2018年，万纬冷链融合太古冷链物流平台，进一步扩大冷链业务全国版图。目前万纬冷链在全国范围内运营管理49个专业冷链园区，业务覆盖国内一线城市及内陆核心港口城市，具备全国性、一站式的仓储、干线、配送等专业服务能力。万纬冷链具备完善的全温层仓储网络和运输资源池，可为商超零售、连锁餐饮、快消、肉类、果蔬、乳制品、医药7大行业头部客户提供多温区仓运一体化供应链服务。

| | 47个
进驻城市 | 49个
冷链园区 | 170+个
物流园区 | 1200+万平方米
仓储规模 | 1600+家
服务企业 |

提升企业供应链效能 为美好生活保驾护航　　📞 400-056-5656　　📍 上海市闵行区申长路988弄虹桥万科中心T7&T8-2层

科技物流

· 业务数据无缝对接
· 科技提升物流效率
· 整板进出、拆零分拣
· 整合、规范、提效、降本

一体化供应链解决方案

· 全自主研发供应链优化平台
· 帮助企业洞察风险、优化政策
· 在不确定市场环境中，以万策应万变

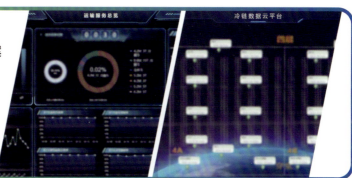

食品安全管理体系

· 星巴克年供应链服务商最佳质量奖
· 沃尔玛食品安全年度评审全国第一
· 费列罗年全球供应商最高荣誉 Ferrero Excellence
· 首家获取BRC AA级别认证的第三方冷链企业
· 首家申请即获得BRC AA级别认证的企业

守护食品安全 为美好生活保驾护航

绿色建筑

多个园区获得LEED铂金级/金级和绿色仓库三星认证
· 累计绿色建筑认证面积超过770万平方米
· 101个项目获得绿色三星认证
· 12个冷链园区获得LEED铂金级/金级

绿色建筑面积	获绿色三星认证	获LEED铂金级/金级
770⁺万平方米	101个项目	12个冷链园区

• 万纬杭州钱塘新区冷链园区是国内首个LEED物流与分拨中心体系铂金级项目
• 万纬上海奉贤临港园区获得德国莱茵TUV与英国建筑研究院净零碳建筑认证证书，是国内首个物流园区净零碳建筑认证项目，也是首个零碳智慧物流示范园区

开利运输冷冻（中国）专业生产和销售冷藏运输制冷机组，产品包括适用于小型货车
CITIMAX、XARIOS、NEOS和PULSOR系列，适用于大中型冷藏车的SUPRA和OASIS系列，以
适用于半挂冷藏车的X4和VECTOR系列。

非独立机组

独立机组

开利运输冷冻（中国）将生产、销售及服务中心设于上海，并在北京、广州和成都设有办公室，同公司拥有覆盖全国的经销与维修服务网络。

开利运输冷冻（中国）在上海设立首家开利直营4S售后服务中心，集运输制冷机组维修保养、训、零部件供应等功能于一体，彰显开利运输冷冻（中国）作为运输冷链专业企业在质量管理和系化服务上的实力。

半挂车机组

400-820-4909

2014年9月 ▶▶▶

顺丰推出顺丰冷运 (SF Cold Chain) 服务。顺丰冷运依托强大的运输网络、优质的仓储服务、智能的分仓解决方案、专业的温控技术和先进的系统管理,为客户提供专业、安全、定制、高效的全程可控冷链服务,业务覆盖食品行业生产、电商、经销、零售等多个领域。

2019年12月31日 ▶

国际认证机构BSI正式向顺丰冷运颁发了国内首家物流企业ISO 22000食品安全管理体系国际标准认证证书。

Cold Chain

❄ 冷运产品

01 冷运标快

· 电商包裹≤20千克
· 服务场景：生鲜电商/产地经济

02 冷运大件标快

· 入店/入仓/门到门 50~500千克
· 服务场景：连锁餐饮/社区门店/社区团

03 冷运大件到港

· 大批量/港到港500千克以上
· 服务场景：经销商备货/电商入仓/商超备货/专业市场

04 冷运整车

· 整车点对点直达
· 服务场景：经销商备货/大宗调拨

05 冷运到店

· 同城/跨城餐饮零售门店配送
· 服务场景：区域门店配送

06 冷运仓储

· 储存+库内作业
· 服务场景：生鲜电商/中央仓/城市配送

❄ 增值服务

保价
运输

包装
方案

签单
返还

动检证
盖章换证

特殊
入仓

货物
保管

2022年9月 ▶▶▶

得中国物流与
购联合会颁发
五星级冷链物
企业称号。

2023年6月

中国物流与采购联合
会冷链委发布"中国
冷链物流百强企业"
名单,顺丰冷运连续
五年位居第一。

顺丰冷运
冷在手·暖在心

全国布局 (全国性冷链网络布局 助力客户品牌扩张)

31个
专业食品冷仓

24.78万平方米
食品冷库

5个
温区选择

15000+辆
可调配冷藏车

133条
食品干线

4012条
流向

929个
区县

153个
服务城市

200+套
定制化包装解决方案

数据截至2023.03

全国统一客服热线

95338

扫码关注顺丰冷运

小程序一键下单

添加企业微信

SINOTRUK
中国重汽

中国重型汽车集团有限公司
CHINA NATIONAL HEAVY DUTY TRUCK GROUP CO.,LTD.

地址：济南市高新区华奥路777号　全国统一客服热线：**4001 888 666**
Http://www.cnhtc.com.cn

客户满意是我们的宗旨！
We aim at customers' satisfaction.

中国重汽微信平台　　　　"智慧重汽" App

国家农产品现代物流工程技术研究中心
National Engineering Research Center for Agricultural Products Logistics

　　国家农产品现代物流工程技术研究中心是2009年经科技部批复的、我国物流领域唯一的也是农口国家中心中带有服务业属性的国家级工程技术研究中心。2020年,山东省科技厅研究决定批准在国家工程技术研究中心的基础上转建山东省农产品现代物流技术创新中心,该创新中心在物流冷链装备、冷链物流信息化和食品安全检测领域拥有科研设备仪器总值近亿元,是目前国内本领域基础设施最完备的研究机构,并设有泰山学者岗位和院士工作站。

　　国家农产品现代物流工程技术研究中心围绕"完成面向行业的农产品现代物流工程技术的研发、示范、推广三大任务和复合型人才培养基地"这一总体目标,以果蔬、畜禽、水产品三大品类为重点研究对象,以冷链技术、物流信息技术和食品安全技术集成为支撑,针对易腐生鲜农产品物流在产、加、贮、运、销、消各环节存在的问题开展工程技术研发,从而减少农产品物流损耗,降低物流成本,提高农产品品质与安全,实现农产品精准物流和放心消费。

2010年以来,中心承担国家级课题10余项,省级及地市级课题80项,获省部级以上奖励20项,鉴定成果25项,授权发明专利40余项,参与制定国家、行业、地方和团体标准40余项,发表论文200余篇。

01 技术研发

- 前沿物流技术孵化
- 冷链物流技术研发
- 冷链物流装备研制

02 联合开发

- 联合开发冷链物流技术
- 联合研制冷链物流装备
- 联合开发冷链测试平台

03 技术成果转化

- 水产品无水保活运输技术推广
- 生鲜农产品物流品控技术推广
- 冷链物流装备与产品推广

04 技术咨询服务

- 冷链物流服务平台建设
- 冷链物流园区(实验室)规划
- 生鲜农产品检验检测

National Engineering Research Center
for Agricultural Products Logistics

冷链全球仓

    项目可以提供保税清关仓储、国际中转、车船直取、口岸查验、口岸加工、铁路专列、配送等进口生鲜供应链上的全套服务。配备铁路、公路、定时、定点冷藏班列及冷藏车，配送货物吨位不限，配送频率高、配送成本低，具有可实现进口全国覆盖、出口全球覆盖的配送服务网络。

项目建成后包含：

栋冷藏加工库；

2个加工车间；

.2万平方米集装箱堆存场地；

满足1万人居住的集中住宿区。

YIDU 毅都

大连港
毅都冷链

大连港毅都冷链成立于2004年，依托大窑湾保税港区政策优势，构建集约化、专业化冷链物流产业集群。

冷链全球仓项目

全球仓项目分三期建设：

· 总建设投资18亿元；

· 总占地面积13万平方米；

· 建筑面积约43.5万平方米；

· 总储存能力40万吨；

· 距码头直线距离200米。

0411-87595788
📍 大连保税区物流园区港三路7-2号

上海光明领鲜物流有限公司

光明乳业旗下物流品牌，领鲜更

上海光明领鲜物流有限公司成立于 2003 年，是光明乳业旗下以冷链为主的多温度带综合性物流企

得益于光明乳业的冷链品质管控，深谙冷链体系及各温域物流服务体系建设。

服务于光明乳业的同时，上海光明领鲜物流有限公司也面向社会为第三方客户提供食品物流服务，

专业供应链解决方案提供商。

光明领鲜
城市配送冷链物流领导者
智慧物流,全程可追溯

中国物流与采购联合会冷链委常务副会长单位
中国冷链物流联盟常务理事单位
上海冷藏库协会副理事长单位
上海物流协会冷链分会会长单位

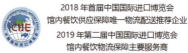
2018 年首届中国国际进口博览会
馆内餐饮供应保障唯一物流配送推荐企业
2019 年第二届中国国际进口博览会
馆内餐饮物流保障主要服务商

2010 年
冷链物

高标准品质管理

光明领鲜借鉴、融合国内外先进标准，不断健全光明"五星"冷链管理系统。提出了多项行业独创、可量化、科学的冷链评估系统。

科学的绩效目标	量化的评价数据	无盲点的监控系统	信息化的数据平台	高标准的硬件设施
◆ 1 项核心目标 ◆ 3 项关键指标 ◆ 8 项聚焦数据	◆ 冷库温度合格率 ◆ 配送温度合格率 ◆ 终端温度合格率	◆ GPS 监控系统 ◆ 冷库视频监控 ◆ 超温抓拍系统	◆ WMS 仓储管理系统 ◆ DPS 拣货系统 ◆ TMS 运输管理系统	◆ 1000 辆 F 级冷藏车 ◆ 26 座现代化物流中心 ◆ 0~2℃的全程冷链保障

第六届中国国际食品安全与创新技术展览会

"光明五星冷链质量管理系统"获得
2018—2019年度食品安全示范项目奖

✓ 《食品冷链物流追溯管理要求》国家标准试点企业
✓ 《餐饮冷链物流服务规范》行业标准达标企业
✓ ISO 9001 质量管理体系认证
✓ BRC-S&D 食品安全全球标准认证
✓ IFS 国际食品标准认证

智慧物流一码追溯

低温产品　　　常温产品

∨ 工厂出库
∨ 中转仓入库
∨ 中转仓出库
∨ 分仓入库
∨ 配送终端

全国首家且唯一通过
BRC-S&D AA+
最高级别认证的冷链物流企业

完善的物流网络

全国范围布局物流中心，形成华东、华北、华南、华中、西南五大物流圈，并通过 300 条以上干线，实现以华东为纽带的各物流圈间的联动。

▶ 物流网可延伸至各县级城市及乡镇
▶ 每日始发干线线路 100 余条
▶ 客户下单 24 小时送达
▶ 城配规模全国第一

 65 座综合物流中心　　 1008 辆冷藏配送车辆　　 17.3 万平方米库区面积

 1500 条城市配送线路　　 50000 家终端站点

期待与您合作！
让更多人感受美味和健康的快乐！

最新动态
请关注微信公众号

Reliable & Technological
Cold Chain Logistics Platform
运荔枝

运荔枝是世界500强新希望集团旗下全资子公司，定位于科技驱动的一站式冷链服务商，为餐饮连锁、食品工贸、商超零售、休闲食品四大类型客户提供一体化供应链解决方案，以"科技驱动+全国履约"为两大能力抓手，依托大数据、AI、IoT、云计算等前沿科技，将系统科技能力深入渗透至食材流通全场景，帮助客户打造柔性交付能力，赋能客户供应链效率提升。

截止目前，运荔枝已积累服务超4000家B端客户，四大细分行业TOP50客户覆盖率超80%，在全国拥有100余个线下服务机构，日均接单量超10万单，可调配冷链车超20万台、可调配云仓超1100万平米，全国配送门店超70万个，覆盖全国31省、超2800区县。

数 智 产 品

AI预警	冻品绿码	仓网优化	履约驾驶舱	货翼云	防窜货
自动对账	云仓监控	站点监控	仓可视化	荔枝付	干线组网
智能排线	动态订存	运力推荐	食安溯源	电子回单	商圈画像

体验更优

· 实现运输、存储任务实时全程跟踪的查询功能

· 有效管控渠道窜货，并实现商品的全流程追溯

· 有效根治门店送达失时、送达失温、送达失准的问题

· 提供门店配送无人交接解决方案的设计及实施

· 提供企业自有物流SaaS服务

效率更高

· 提供高效的人工智能网点配送排线调度

· 高效解决物流服务对账难、对账慢的问题

· 有效解决仓储运营货品混乱、劳效低下的问题

· 实现门店多次、逆向智能调度

· 提供连锁门店选址推荐服务

运荔枝解决方案

成本更低

· 解决新区域市场启动销量低、运费高、仓储贵的矛盾

· 帮助实现运输服务商的票务合规管理

· 为多门店及新拓门店的客户提供资金支持

· 让您0成本实现物流管理环节的数字化转型和物流管理无纸化

· 有效解决运输高峰车辆需求问题

· 有效解决运输服务过程中的资金需求

· 为您提供更多的运力选择及更客观更及时的运费价格指导

我们的荣誉

上海莱奥制冷设备有限公司

公司成立于2008年，拥有销售、技术、安装、售后四大核心团队，致力于为食品加工、冷链物流、生物医药、连锁餐饮、生鲜零售等行业提供完整的冷库解决方案，提供从战略定位、规划设计、设备集采、工程施工至售后维保等一站式服务。

客户包括美库供应链、第一产业、新夏晖、巴比食品、翡克仓储、普冷国际、佳沃鑫荣懋、郑明物流、上海医药等知名企业。

50⁺个	150⁺个	1000⁺个
国际业务遍布全球50多个国家和地区	国际项目分布在150多个城市	服务客户超过1000家

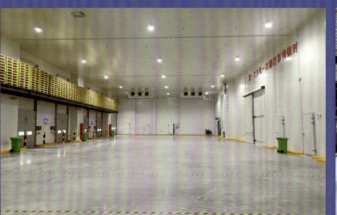

上海快行天下供应链管理有限公司 ▶▶▶

　　2015年至今，快行天下供应链围绕华东、华南、华北、东北、华中、西南及西北重要节点城市布局**37个**多温层仓，覆盖城市达**260个**，仓储面积超过**30万**平方米，全国可调配车辆超过**5000辆**。2021年快行天下荣获菜鸟网络战略投资，加大冷链B2C能力建设，集线上平台商家、社区团购、线下品牌商于一体的供应链服务，加强冷链全国端到端的仓配一体化供应链能力。

— — — — — — — 全国冷链端到端的仓配一体化供应链服务商 — — — — — — —

服务客户

▶ 连锁商超

▶ KA

▶ 新零售便利

▶ 连锁餐饮

📍 上海市普陀区绥德路470弄128号　　📞 400-8287-667　　🌐 www.kxtxlogistic.com

中外运冷链物流有限公司
SINOTRANS COLD CHAIN LOGISTICS CO., LTD.

电话:0755-26801788
网址:http://coldchain.sinotrans.com/
地址:广东省深圳市前海深港合作区南山街道自贸西街151号招商局前海经贸中心一期A座17楼

合作客户

连锁餐饮	生产制造	商场便利	进出口

中外运冷链物流有限公司（简称"外运冷链"）于2018年月4日在上海成立，注册资本3亿元，系中国外运股份有限公司（简称"中国外运"）全资子公司及直属二级公司，负责冷链块投资、管理、运营的统一平台。在16个城市拥有下属分、子司。在招商局集团"打造世界一流综合物流产业"和中国外"打造世界一流智慧物流平台企业"的战略指引下，秉承"聚融合整合、融心融力融行"，通过招商美冷、中外运上海冷链中外运普菲斯三大行业内具有代表性和影响力的企业品牌集中并，外运冷链将作为重要的专业冷链物流板块加以重点培育和展，致力于打造成为"中国一流综合性冷链供应链平台企业"。

整合后的外运冷链平台，集战略、业务、管理、文化、本、运营于一体，拥有前所未有的资源实力和平台实力，行业名度与影响力及品牌形象也进一步得到强化。目前公司在北京上海、广州、深圳、香港、苏州、武汉、成都、郑州、青岛、原、天津、哈尔滨等地设有恒温、冷藏、冷冻、深冷等多温区的链服务设施20座，面积逾46万平方米，可容储位近40万板，并套封闭式温控装卸平台、驶入式双进深货架、红外感应式快速闭门、电子标签拣货系统、高层电动叉车等先进设备。公司拥多种不同规格且搭载GPS定位的专业冷藏冷冻配送车辆2000台，凭借先进的物流信息系统，客户可对仓储、配送等整个冷环节进行全程跟踪监控。

外运冷链主营业务涵盖物流方案设计、仓储、分拣、再加及运输配送、租船订仓、出口代理、报关、配套金融等多元流服务，现已形成"仓干配一体化"冷链物流网络服务、进冷链服务、供应链综合服务三大业务平台协同发展格局。

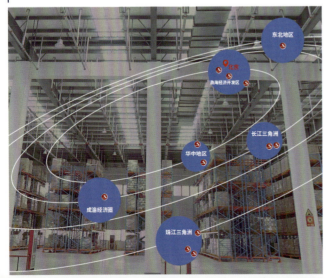

捷曼
门业

捷曼门业成立于2009年，是专业从事工业门及装卸口设备研发、生产、安装、服务的解决方案服务商。

捷曼门业经过十几年的发展已经成为行业内领先的企业之一。连续多年荣获全国各行业协会、标准机构颁发的"全国工业门、物流设备知名品牌""冷链设备十佳供应商""三优产品"等诸多荣誉。

捷曼门业运营中心位于北京房山，目前组建了2家工厂，北方工厂位于天津市武清区，华东工厂位于江苏省南通。为更好地服务本地客户，公司先后在沈阳、成都、无锡、广州等地成立多家分公司及办事处。

捷曼门业一直努力为用户提供安全、专属、经济的工业门及装卸货口设备产品。

客户的支持就是我们前进的最大动力，感谢以下客户伙伴以及因排版限制未提及的客户伙伴……

邮箱：gemlin@126.com

地址：北京市房山区长政南街2号
　　　双子座北楼510室

电话：010-83318982　400-666-1770

厂址：天津市武清区万兴工业园兴旺道4号
　　　南通市苏锡通产业园黄山路22号4栋

网址：www.gemlin.com

远洋物流 SINO-OCEAN LOGIS

400-770-5688
www.sinooceanlas.com

中国领先的物流
基础设施开发及运营

远洋物流成立于2017年,是从事物流地产全周期开发管理、收并购、制服务的物流地产品牌。具备投资规划、设计建造、物业管理等覆盖物流产全流程的专业能力,提供高标仓、冷链仓等多样化的仓储解决方案。

目前远洋物流已投资管理近40个物流地产项目,覆盖近20个核心市,总运营面积近400万平方米,其中6个冷链项目总运营面积近40方米,服务于中国外运、顺丰冷运、美团优选、京东、百丽、沃尔玛等多家业优质客户。

近40个 投资管理物流地产项目

近20个 覆盖城市

近400万平方米 在管面积

100⁺个 团队成员

300⁺家 服务客户

高标仓项目推荐

嘉兴南湖产业园

成都青白江产业园

武汉江夏产业园

贵阳龙里产业园

天津北辰产业园

重庆沙坪坝产业园

服务客户

远洋物流已为零售电商、快递快运、3PL、生鲜链等多种业态的300多家客户提供兼具标准化和个化的仓储解决方案。

300⁺家
服务行业客户数

物业管理　　干仓改冷
库型定制　　能耗管控

冷链项目推荐

昆山高新产业园

嘉兴平湖温控产业园

苏州张家港产业园

远溪冷链食品加工中心

武汉东西湖新沟西产业园

重庆江津产业园

全国布局

华北区域
进驻城市
北京、天津、石家庄

中西部区域
进驻城市
武汉、西安、
成都、重庆、贵阳

华东区域
进驻城市
嘉兴、南京、苏州、
太仓、合肥、宁波

亚冷，全球领先的冷链产业运营商。

我们一直是冷链地产运营服务的行业标杆，致力于提供超越用户期待的冷库使用体验，在国内一、二线城市的物流核心区域，拥有19个高标准冷链园区，管理面积60多万平方米，为客户提供冷库租赁和运营支持。

我们始终追求与合作伙伴的发展共赢，致力于为客户持续创造价值、赋能中小客户成长，不断引领行业标准的提升，驱动冷链产业的全面快速发展。

30年	**高新技术企业**	**60**万+
行业深耕，让我们更专业		平方米运营面积
13个	**TOP 1**	**19**个
重点城市群	全国冷库企业综合竞争力	已运营园区
2处在建	**商业创新**	**100**+
北京园区、济南园区	中国商业科技创新型企业	优秀合作伙伴

冷库类型

- 变温冷库
- 气调冷库
- 中央厨房冷库
- 自动化立体冷库
- 医药冷库

咨询专线：
400-166-5156

关注我了解更多！

扫我，随时看库！

食品冷链物联网解决方案

精益求精 创新科技

精创冷云®
安全合规 放心之选

- 实时监控，24小时守护
- FDA认证，符合GSP要求
- 多重预警，规避风险
- 设备预警和维保

食品生产
食品冷库

冷链运输
冷链监测系统

食品储存仓库
食品冷库存储

食品终端配送
冷链监测系统

消费者

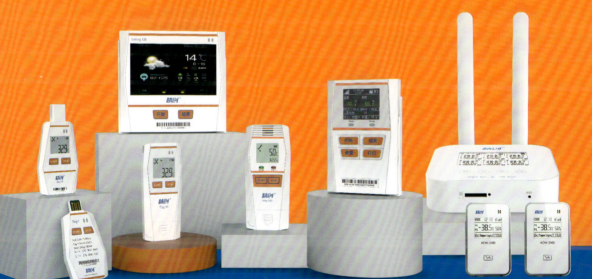

 FDA NIST WHO NPS CE FC CNAS **UN38.3** 航空运输条件鉴定

400-067-5966
www.e-elitech.com
江苏省精创电气股份有限公司

精创股份公众号

精创冷云公众号

RUNのING
源仕复材

深圳源仕复合材料有限公司

公司简介

　　深圳源仕复合材料有限公司成立于2010年,是集研发、生产、销售和服务于一体的高新技术企业,目前拥有上海和山东两个专业研发实验室,山东生产基地占地面积48000平方米。公司专注于车厢用复合材料面板的研发和生产,产品包括玻璃钢平板、复合板、装饰板等优质产品。该产品被广泛应用于冷藏车厢、冷库、房车、客车、轨道交通、罐厢车、游艇、建筑家居、装饰装潢(食品加工、餐厅、酒店、实验室、医院等场所的墙壁、门、天花板等)、环保防腐工程等专业领域。

公司优势

1. 具有近15年专业研发和生产经验,立志在行业全球市场树立中国品牌
2. 参与制定国家标准和团体标准各1项
3. 拥有发明专利3项,实用新型专利15项
4. 拥有上海和山东两个专业研发实验室
5. 拥有四条复合材料生产线,产能充分,交货迅速

产品优势

◆ 保温隔热、重量轻、比强度高、抗蠕变性能好

◆ 耐水、耐腐蚀、耐老化、抗菌防霉变

◆ 抗污、易清洁、易维修

◆ 高阻燃产品可满足美国 ASTM E84标准,国标产品氧指数可高达40

◆ 个性化定制产品宽幅可达3米,单板厚度可达20毫米

◆ 可提供高亚光各等级表面纹路产品、光毛面各等级产品供客户甄选。

品质赢得尊重　创新勇闯未来

KEEP YOUR FAVORITE TEMPERATURE

FRP PANEL

 ## 企业荣誉

产品展示 ▶

上海源仕新材料科技有限公司
地址：上海市金山区枫泾镇钱明东路1958号
电话：021-33693040 传真：021-33696876

山东源仕新材料有限公司
地址：山东省潍坊市安丘市昆仑大街148号
电话：0536-4939566 传真：0536-4936566

安徽源仕新材料有限公司
地址：安徽省马鞍山经济技术开发区梅山1516号
电话：18321225530

成都办事处
电话：18321225530   网址：www.runsing.com
邮箱：marlongwong@runsing.com
skyseafly@runsing.com

安徽安车新材料有限公司

安车新材

高光泽房车专用板

玻璃钢高光泽003板

玻璃钢平板

冷藏车板

安车新材

地址：安徽省宣城市宣州区狸桥镇宣州经济开发区光明大道188号

电话：贺经理13916999685　网址：www.eastfrp.com

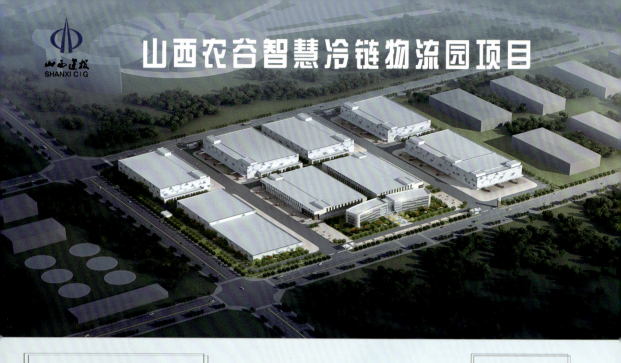

山西农谷智慧冷链物流园项目

公司简介

　　山西农谷园区产业发展有限公司于2021年3月16日注册成立，注册资本为1亿元，系山西园区建设发展集团有限公司全资子公司，为山西建设投资集团有限公司三级子公司。

园区概况

　　山西晋中国家骨干冷链物流基地是2020年7月国家发展改革委首批批准建设的17个国家骨干冷链物流基地之一，山西农谷智慧冷链物流园项目作为山西晋中国家骨干冷链物流基地主要承载项目，2020年被国家发展改革委纳入国家重大建设项目库，2021年、2022年均被列入省级重点工程。

　　山西农谷智慧冷链物流园位于晋中市水秀乡白村，由山西农谷园区产业发展有限公司投资建设，总占地面积213.11亩，分两期建设，其中一期占地面积110亩，总投资54923万元。建筑面积77041.70平方米，于2021年7月开工，工期两年。建成后库容可达5万托。厂区一期共分3个功能区域，包括冷链仓储中心、共享加工中心、智慧供应链数据中心(智慧数据、体验展示中心、办公、住宿)。二期地块占地面积103.11亩，为一期作功能补充。

项目亮点

1.项目仓储全温区覆盖，仓储温度有0～4℃/-25～ -20℃，可满足产品冷冻、冷藏需求。

2.制冷设备均采用国际一流品牌
(比泽尔压缩机、昆腾冷风机、伐德鲁斯板壳换热器、丹佛斯自控阀件)。

3.采用氟+二氧化碳复叠制冷系统，在全省首家采用，符合"双碳"目标发展趋势。

4.园区配套共享加工中心，可满足食品热加工、冷加工需要。

5.项目位于山西冷链物流产业带中心、晋中国家农高区范围内，园区居住、工作、生活等配套设施齐全。

地址: 山西省晋中市太谷区水秀乡科创路1号

联系人: 赵云彩

联系电话:18135129495

项目产品

1#、2# 冷链仓储中心

3#冷链仓储中心及综合保税库

共享加工中心

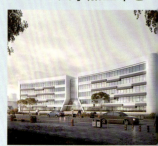

智慧供应链数据中心

家家送冷链
冷的是温度 · 暖的是服务

家家送 · 冷链物流有限公司

　　公司成立于2010年，是一家集生鲜食品配送、仓储及专业冷链物流于一体的大型企业，拥有0~8℃保鲜库2万平方米、-18℃冷库1万平方米，拥有4.2~15米全系列冷链运输车辆。提供物流在途GPS温度监控24小时实时跟踪服务。公司具备每年百万吨的冷货物运输能力，目前在北京、上海、广州、深圳、武汉、西安、成都、重庆、沈阳、大连、长春、哈尔滨、青岛、济南、太原、呼浩特等地区设有多个分公司或办事处，覆盖范围广，与国内多家知名餐饮企业、食品企业及知名连锁超市等企业合作，以标准化、性化的物流解决方案，为广大客户提供仓储、运输、配送等综合服务。

家家送冷链　　冷的是温度　　暖的是服务

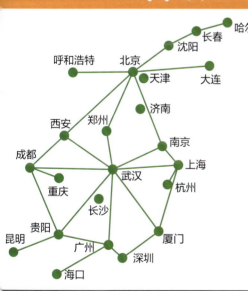

全国冷链卡班网络

卡班线路：**30⁺个**

仓库：北京、郑州、武汉、长沙、广州、合肥、南昌、福州、厦门、西安、成都、重庆、沈阳、长春、大连

配送城市：**40⁺个**

覆盖省份：**30⁺个**

冷藏车：**3000⁺辆**

全国冷链一件代发

订单量：日均**50000单**

北京、上海、武汉、广州、重庆、沈阳均有三温仓，均可实现一件代发

京仓库	成都仓库	武汉仓库	广州仓库	上海仓库	西安仓库	沈阳仓库
00平方米冷藏	900平方米冷藏	1200平方米冷藏	3000平方米冷藏	3500平方米冷藏	3200平方米冷藏	1200平方米冷藏
00平方米冷冻	1000平方米冷冻	900平方米冷冻	5000平方米冷冻	8000平方米冷冻	7000平方米冷冻	3000平方米冷冻

司拥有0~8℃保鲜库2万平方米、-18℃冷冻库1万平方米

📞 01083778888　　📞 13121210077　　📞 13121215500　　📞 13121216600